DIE ZISTERZIENSER

GESCHICHTE UND ARCHITEKTUR

FOTOS VON HENRI GAUD
TEXT VON JEAN-FRANÇOIS LEROUX-DHUYS

INHALT

EINLEITUNG

Vor 900 Jahren begann die Geschichte des Zisterzienserordens und seiner Ausbreitung über ganz Europa. Noch einige Jahrzehnte vor der Entstehung der großen gotischen Kathedralen in Frankreich entwickelten die Zisterzienser eine durch strenge Einfachheit und Schmucklosigkeit geprägte Architektur als Ausdruck ihrer Spiritualität.

Es war eine Zeit des Umbruchs und des Neubeginns auf allen Ebenen, in die die Gründung des Ordens fiel. Die Jahrtausendwende, zu der man den Weltuntergang erwartet hatte, der durch Hungersnöte und Seuchen angekündigt zu sein schien, war überstanden.

Nach dem ereignislos und katastrophenlos vorübergegangenen Jahr 1000 begann eine Zeit des demographischen und wirtschaftlichen Aufschwungs, das Zeitalter des Hochfeudalismus. Das geschlossene Herrschaftsgefüge des fast ganz Europa umfassenden Frankenreiches, begründet durch das Geschlecht der Karolinger, war nach vielen Teilungen vollständig zerbrochen. Autonomiebestrebungen der Pfalzen, Herzogtümer und Grafschaften hatten das Reich zerfallen lassen.

Auch die Kirche, zunächst Stütze des Königs, wollte sich nun von dessen Einflußnahme befreien. Die gregorianische Kirchenreform, die ihren Anfang auf der Synode von Sutri 1046 nahm, verfolgte das Ziel der Freiheit der Kirche. Der Investiturstreit zwischen *sacerdotium* und *regnum*, päpstlicher und königlicher Gewalt, entbrannte.

Die monastischen Reformbewegungen des 10. und 11. Jahrhunderts, insbesondere die von Cluny ausgehende, hatten ein geistliches Klima geschaffen, das die Kirchenreformbemühungen begünstigte, die ihrerseits den Nährboden für die Entstehung neuer Orden gegen Ende des 11. und zu Beginn des 12. Jahrhunderts bildeten, zu denen der Zisterzienserorden gehörte.

Robert, Abt des Benediktinerklosters Molesme, unzufrieden mit mangelnder Strenge und Ernsthaftigkeit des dortigen monastischen Lebens, verließ seine Abtei, um im Jahre 1098 das spätere Kloster Cîteaux zu gründen, den Geburtsort des Zisterzienserordens. Weltentsagung und Askese waren die Ziele des neuen Ordens, der seine Form durch die Nachfolger Roberts, Alberich und vor allem Stephan Harding, erhielt, der der streng zu befolgenden Benediktsregel eine eigene Ordensverfassung, die *Charta Caritatis*, hinzufügte.

Von überragender Bedeutung nicht nur für die Zisterzienser, sondern für die gesamte Kirchenpolitik seiner Zeit war Bernhard von Clairvaux, der die Ausbreitung des Ordens über ganz Europa vorantrieb. Die strenge monastische Lebensform, die Hinwendung zu Armut, Arbeit und Einsamkeit, übte eine große Anziehungskraft auf den Adel und das mittelalterliche Rittertum aus, die sich über ein Jahrhundert lang halten konnte. So erreichte das mittelalterliche Mönchtum mit der Hochblüte der Zisterzienserklöster seinen Gipfel.

Zurückgezogenheit von jedweder Siedlung und Verpflichtung zur Autarkie – das waren Vorgaben Benedikts von Nursia, die die Zisterzienser nicht nur befolgten, sondern zum Anlaß der Schaffung eines ausgeklügelten Wirtschaftssystems nahmen, so daß die Klöster zu wichtigen landwirtschaftlichen und industriellen Zentren wurden. Ihre ursprüngliche Stadtfeindlichkeit mußten die Zisterzienser revidieren. Sie beteiligten sich am städtischen Markthandel, erwarben dort Haus- und Grundbesitz und errichteten eigene Studienhäuser. Jedoch sahen sie gerade durch die Städte und die dort entstehenden Orden, die Franziskaner und Dominikaner, die für die Stadtbewohner attraktiver waren als die in der Einöde siedelnden Zisterzienser, ihre Position zunehmend gefährdet. Dennoch prägten sie auch noch im 13. Jahrhundert durch ihre fortschrittliche Architektur die christliche Welt.

Neben einem gewissen Modetrend, der für mittelalterliche Klosterarchitektur wieder größeres Interesse hervorgerufen hat – ob für die prächtigen Benediktinerklöster oder die Zisterzienserklöster in ihrer Kargheit –, gibt es andere Gründe, weshalb die Welt der Zisterzienser bis heute einen großen Reiz auf ein breites Publikum ausübt: Verkörpert sie doch den Wert des Landlebens im Gegensatz zu den Problemen des modernen Großstadtlebens und verwirklicht dabei den Traum von einer geradezu ökologischen Eigenbewirtschaftung, die zu den durch Arbeitsteilung geprägten heutigen Produktionsweisen im Kontrast steht.

Daher sind die Zisterzienserklöster für uns Sinnbild für eine Utopie des Mittelalters, die uns an die grundlegenden Fragen des Lebens erinnert. Und es ist die Übereinstimmung von Ethik und Ästhetik, die die Faszination der zisterziensischen Bauwerke ausmacht.

ERSTER TEIL

VOR

NEUNHUNDERT

JAHREN

WURZELN UND GRUNDLAGEN

Wenige Jahre nach Mitte des 11. Jahrhunderts gingen die politischen und moralischen Wirren, die das Deutsche Reich um die Jahrtausendwende geschüttelt hatten, zu Ende. Für die Kirche begann eine Zeit des Aufschwungs und der Expansion, die über zwei Jahrhunderte währte und in der die Zisterzienser eine wichtige Rolle spielen sollten.

Um die Aufbruchstimmung verstehen zu können, die das Abendland veränderte, muß man zunächst nach ihren Wurzeln suchen.

Die Geschichte der christlichen Kirche beginnt in Palästina, findet aber bald ihr Zentrum in Rom, wo sich auch die ersten Zeugnisse christlicher Architektur befinden. Die erste Phase der Geschichte des Christentums reicht von der Urgemeinde bis zur Konstantinischen Wende Anfang des 4. Jahrhunderts, als es zur staatstragenden Religion wurde. Aber auch seither war die Kirche um viele Traditionen reicher geworden, so daß die Zisterzienser zum Zeitpunkt ihrer Gründung ein reiches Erbe vorfanden, auf dem aufbauend sie Europa über Jahrhunderte hinweg mit ihrer Spiritualität und ihrer Architektur maßgeblich prägten.

KAPITEL I

DIE WURZELN DES CHRISTENTUMS

DAS ERBE ROMS

Nach Jahrzehnten der Christenverfolgungen begann um 260 eine allmähliche Zurücknahme der kirchenfeindlichen Gesetze. Unter Kaiser Maxentius wurden 307 die Verfolgungen endgültig eingestellt. Erst Konstantin setzte aber das entscheidende Zeichen mit dem Mailänder Edikt, das die Religionsfreiheit im Römischen Reich garantierte. Da er die impulsgebende Kraft und den Selbstbehauptungswillen der Christen für den im Verfall begriffenen Staat als nützlich erkannte, erhob er bald das Christentum zur staatstragenden Religion. Er selbst, nach römischer Tradition „Pontifex Maximus", war nun verantwortlich für die rechte Verehrung des christlichen Gottes in seinem Reich. Als im Osten des Reiches seit dem Jahr 319 der sogenannte Arianische Streit, vom Presbyter Arius ausgelöst, um die Frage der Gottgleichheit oder Gottähnlichkeit Christi die Kirche entzweite, berief Konstantin, der den religiösen Frieden als entscheidende Voraussetzung für das Staatswohl ansah, das Konzil von Nicaea ein. Das Ergebnis des Konzils war ein Entscheid für die Göttlichkeit Christi, der in einem ausformulierten Bekenntnis, dem Nicaenum, festgehalten wurde. Die Einheit der Religion war zumindest scheinbar erreicht.

Mit Konstantin begann das Jahrhunderte überdauernde Bündnis zwischen Staat und Kirche, das immer wieder durch Kämpfe um die reale Macht erschüttert wurde.

Erst als das Christentum die staatlich anerkannte Religion des Römischen Reiches geworden war, konnte auch eine christliche Architektur entstehen. Die Bauten der Christen waren keine Heiligtümer, die nur von Priestern betreten werden durften, wie in anderen frühen Kulturen, sondern in erster Linie Versammlungsorte nach dem Vorbild der jüdischen Synagoge. Also waren auch die architektonischen Vorbilder keine griechischen oder römischen Tempelbauten, sondern die römische Basilika. Diese war eine Markt- und Gerichtshalle, bestehend aus einem Langbau und einer Apsis.

Nachdem es in den ersten drei Jahrhunderten nach Christus bereits verschiedene Ausbildungen asketischer Lebensformen gegeben hatte, war das 4. Jahrhundert, das Jahrhun-

---

ZEITTAFEL

Jesus

5 v. Chr.: Geburt Jesu im römischen Protektorat Judäa

30 n. Chr.: Tod Jesu in Jerusalem

Die Apostel

Zeit der mündlichen Lehre

30–44: Verfolgung der christlichen Juden durch die jüdische Gemeinschaft

36: Bekehrung des Paulus

64–68: Die Apostel billigen die Evangelisierung von Nichtjuden

Zeit der schriftlichen Lehre

65–100: Entstehung der 27 Bücher des Neuen Testaments

64–68: Erste Verfolgung durch die Römer unter Nero, Petrus und Paulus sterben als Märtyrer

Ausbreitung des Christentums am Mittelmeer

Verbreitung im ganzen Mittelmeerraum, einschließlich Nordafrika

nach 250: Erste Bischöfe in Gallien, Christenverfolgungen wechseln mit Perioden religiösen Friedens ab

Allianz der Kirche mit Rom: Konstantin (306–337)

313: Verkündung der Religionsfreiheit (Edikt von Mailand)

325: Konstantin beruft das Konzil von Nicaea ein

Gründung des christlichen Mönchtums

Orient

vor 356: Paulus von Theben und Antonius, erste Eremiten (Anachoreten)

323: Pachomius gründet in Tabennesi die erste Mönchsgemeinde (zönobitisches Kloster)

357: Basilius stellt die Regeln für das Mönchsleben auf: Gehorsam gegen den Abt, Stabilität der Sitten.

Okzident

Martin von Tours gründet in Ligugé (361) das erste Kloster auf gallischem Boden.

Der von Konstantin 326 erbauten Basilika Alt-Sankt-Peter in Rom diente die profane römische Basilika als Vorbild (Rekonstruktion durch Inventaire général, Architecture, Méthode et vocabulaire, Paris, 1972).

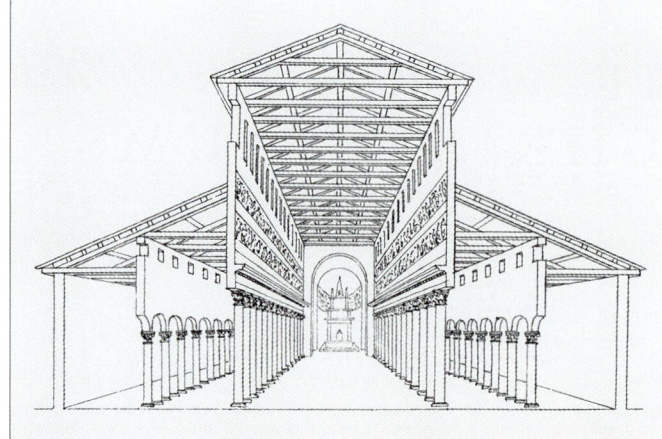

dert Konstantins, die Zeit der Verbreitung, Ausgestaltung und Hochschätzung des Mönchtums. Die Klöster übernahmen innerhalb der Gesellschaft, die sich im Übergang vom Heidentum zu einem oft oberflächlichen Christentum befand, wichtige Funktionen der christlichen Gemeinden.

VÖLKERWANDERUNG UND KAROLINGERREICH

Das Christentum konnte sich im 4. Jahrhundert fast im gesamten Römischen Reich ausbreiten. Die Missionen gipfelten 354 im generellen Verbot des heidnischen Kultes durch Constantius II. Als mit der Völkerwanderung seit 375 germanische Stämme in das Römische Reich eindrangen, riefen sie nicht nur auf politischer Ebene große Veränderungen hervor, sondern stellten auch die Kirche vor neue Aufgaben und Probleme.

Trotzdem: Während das weströmische Reich 476 von Odoaker besiegt wurde und danach in die Hand der Ostgoten fiel, gelang der Kirche innerhalb von gut zwei Jahrhunderten die Christianisierung der west- und ostgermanischen Stämme, zuletzt der Angelsachsen in Britannien. Später ging das Papsttum eine Verbindung mit dem fränkischen Herrscherhaus ein (Krönung Pippins 751), was eine Legitimation für die neue karolingische Dynastie bedeutete.

BENEDIKT VON NURSIA

Benedikt von Nursia wurde ca. 480 n. Chr. in eine begüterte Familie des römischen Landadels in der Gegend von Nursia geboren und erhielt in Rom eine klassische Ausbildung. Zunächst reizte ihn das Leben als Eremit, um seinen Glauben leben zu können, und er zog sich in eine Höhle bei Subiaco zurück, fand dort aber nicht das ersehnte innere Gleichgewicht. Bald sammelte er einige Eremiten um sich und gründete 12 Klöster mit jeweils 12 Mönchen – in Anlehnung an die 12 Stämme Israels und die 12 Apostel Christi. Später zog er weiter nach Süden und gründete auf dem Monte Cassino ein zönobitisches Kloster (529). Dort stellte er seine Regel für das klösterliche Leben auf, eine Verbindung aus Mönchstheologie und praktischen Anordnungen, die auf seinen eigenen Erfahrungen basierten (*Benediktsregel*, 534). Um die zahlreichen Anhänger seiner Lehren aufnehmen zu können, schuf er ein Tochterkloster (Terracina) und ein Nonnenkloster, dem seine Schwester Scholastika (um 480–543) vorstand. Nach seinem Tod (547) verfaßte Gregor der Große Benedikts Hagiographie.

Die Benediktsregel hatte wachsenden Einfluß, war immer unangefochten und wurde von allen späteren Reformatoren des klösterlichen Lebens herangezogen, auch wenn es lange Zeit konkurrierende Klosterregeln gab, insbesondere die irische. Der Zisterzienserorden entstand wie alle anderen Ordensgemeinschaften mit dem Wunsch, die Benediktsregel genauestens zu befolgen. Der Erfolg dieser Schrift verdankt sich ihrer formalen Perfektion, ihrer erschöpfenden Behandlung des Alltagslebens wie auch des spirituellen Lebens der Mönche sowie der Weisheit, die ihren Empfehlungen zugrunde liegt und die sich manifestiert in konkreten Vorgaben dazu, wie der Verzicht auf das weltliche Leben in die Praxis umgesetzt werden soll.

Die Benediktsregel bekräftigt die Vorzüge des Gemeinschaftslebens, ohne das Eremitentum abzulehnen. Sie bestätigt vielmehr das Prinzip, das Basilius der Große im 4. Jahrhundert aufgestellt hat: In der Gemeinschaft beten „gewöhnliche" Mönche gemeinsam und erlangen ohne jedes Heroentum das Heil.

Die „drei Gelübde" der Benediktiner beziehen sich auch vor allem auf die Gemeinschaft. Da man seine Brüder in Jesu nicht im Stich läßt, legt der Mönch das Versprechen zur Stabilität im Kloster ab. Da die Gemeinschaft ihren Abt wählt, entspricht der Gehorsam, den der Mönch ihm schuldet, dem Weg der Demut. Und die Sittlichkeit (Armut, Keuschheit, Weltentsagung) schließlich ermöglichte es, sich ganz der *Lectio divina* und dem *Opus dei* zu widmen, so daß keine Notwendigkeit bestand, Priester zu werden, um Gott nah zu sein. Zusätzlich zu diesen drei Gelübden riet die Regel zum Schweigen, das der ständigen Vereinigung mit Gott angemessen sei, und zur Arbeit, die den besten Schutz „gegen die Versuchungen des Teufels" böte.

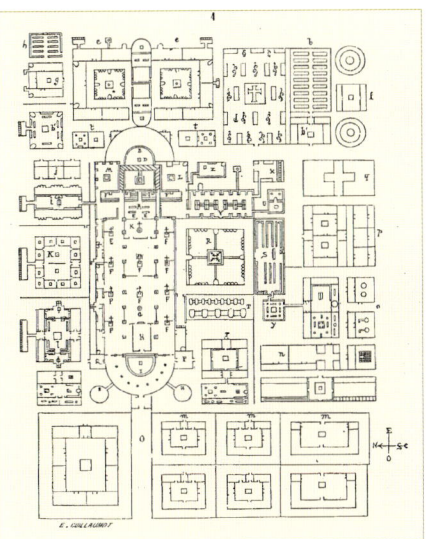

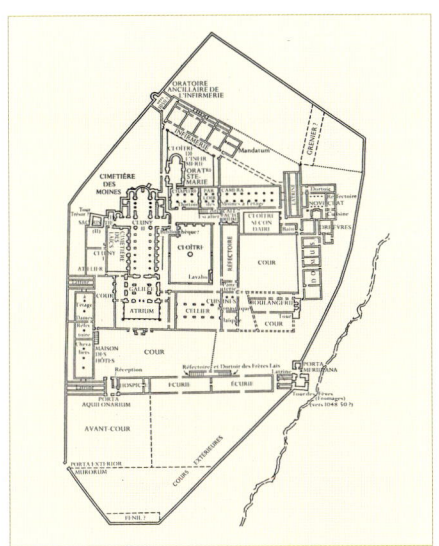

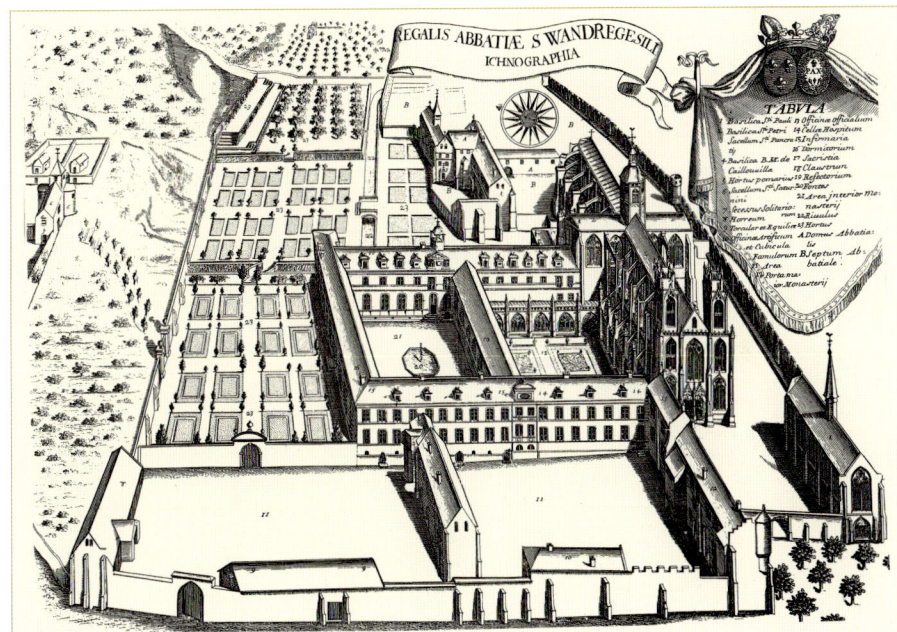

Oben, von links nach rechts:
• *Abtei Saint Riquier, nach einem Stich von Paul Petau, 1613, Paris, Nationalbibliothek.*

• *Klosterplan von Sankt Gallen, um 820, Sankt Gallen, Stiftsbibliothek.*
• *Klosterplan von Cluny II, um 1050, Rekonstruktion von John K. Conant.*

Unten:
Abtei Fontenelle, die später den Namen Abtei Saint Wandrille annahm, im 17. Jahrhundert, Dom Michel Germain, Monasticon Gallicanum.

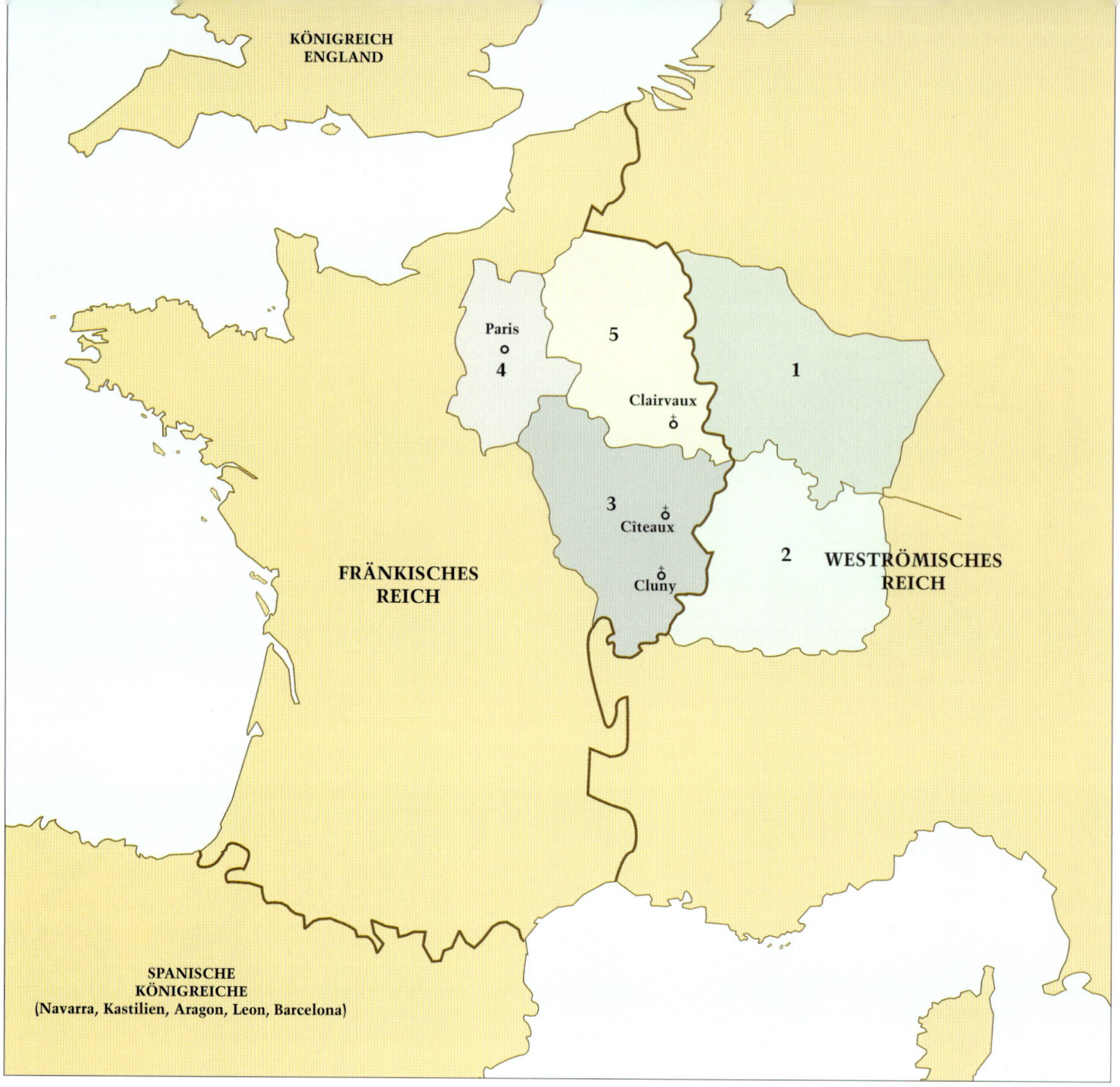

KÖNIGREICH
ENGLAND

FRÄNKISCHES
REICH

Paris
○
4

5

Clairvaux
○

3
Cîteaux
○

Cluny
○

1

2

WESTRÖMISCHES
REICH

SPANISCHE
KÖNIGREICHE
(Navarra, Kastilien, Aragon, Leon, Barcelona)

Oben: Das christliche Abendland in der zweiten Hälfte des 11. Jahrhunderts.
1. Herzogtum Oberlothringen (Nancy)
2. Grafschaft Burgund (Dôle)
3. Herzogtum Burgund (Dijon)
4. Krondomäne Île-de-France (Paris)
5. Grafschaft Champagne (Troyes)

Eroberungstendenzen in der zweiten Hälfte des 11. Jahrhunderts

KÖNIGREICH
ENGLAND

1066

HERZOGTUM
NORMANDIE
• Paris

FRÄNKISCHES REICH

• Köln

• Mainz

WESTRÖMISCHES REICH

Clermont

Mailand
•

1096
Jerusalem

LEON

NAVARRA

KASTILIEN

ARAGON

BARCELONA

Arles
•

KIRCHEN-
STAAT

1091

1015

• Rom

NORMANNISCHE
STAATEN

ISLAMISCHES SPANIEN

1050–90

SIZILIEN

KAPITEL II

DIE CHRISTENHEIT AM ENDE DES 11. JAHRHUNDERTS

DER POLITISCHE RAHMEN

Mitte des elften Jahrhunderts stellt man in Europa eine veränderte politische Landschaft fest, die sich nach Zerfall des Karolingerreiches, ausgelöst durch die Reichsteilung 843, ausgebildet hatte. Der König blieb das Oberhaupt des Staates. Doch durch die Einführung des erblichen Lehnsrechts kam es zu immer größerer Macht der Territorialherren, die von nun an die wirtschaftliche und politische Entwicklung des Abendlandes bestimmten.

Mit Otto I., dem Großen, traten die sächsischen Kaiser (919–1024) das Erbe des fränkischen Imperiums, das ganz Europa umfaßt hatte, an, konnten es aber weder völlig wiederherstellen noch die patriarchale Monarchie gegenüber den Stammesherzogtümern durchsetzen. Otto fand in der Reichskirche die Stütze seiner Königsmacht, indem er Bischöfen und Äbten die höchsten Reichsämter übertrug. Die Konflikte mit Rom aufgrund dieser Instrumentalisierung der Kirche und der zahlreichen Eingriffe des Kaisers in die Belange Roms waren vorprogrammiert.

So, wie in Deutschland die Macht des Königs beeinträchtigt war, hatte in Frankreich das Königshaus der Capetinger die reale Macht an den Adel und die Fürstentümer verloren, in deren Abhängigkeit auch die Kirche geraten war. „Adelsherrschaft" war die neue Staatsform des Mittelalters.

Das zersplitterte Europa wurde als Einheit zusammengehalten durch den christlichen Glauben.

DIE GESELLSCHAFT

Die gesellschaftliche Ordnung des Mittelalters war eine Ständeordnung. Es gibt viele verschiedene Unterteilungen, die aber alle auf der gleichen Annahme basieren, daß die Menschen ihrem Rang und Stand nach nicht gleich waren, sondern daß es Hoch- und Niedriggestellte gab.

Die christliche Ständelehre unterschied in Anlehnung an den 1. Korintherbrief Männer und Frauen, Arme und Reiche, Geistliche und Laien, Sünder und Gerechte.

Seit dem 10. Jahrhundert war die Unterteilung der Gesellschaft in drei Stände am verbreitetsten. So heißt es bei Adalbero von Laon (1030): „Triplex ergo Dei domus est quae creditur una. Nunc orant, alii pugnant aliique laborant." („Dreigeteilt ist das Haus Gottes, das doch für eines gehalten wird. Die einen beten, andere kämpfen und andere arbeiten.") Diese drei Stände unterlagen einer hierarchischen Stufung, wobei die Geistlichen an oberster Position standen, da sie die Verantwortung für die geistliche Leitung der anderen Stände hatten und, indem sie für alle beteten, geradezu einen „öffentlichen Dienst" (gr. *leitourgia*) leisteten. Darauf folgten die Krieger oder Ritter, die das Gemeinwesen schützen mußten. Dieser Stand schloß die gesamte Hierarchie weltlicher Herrschaft ein: König, Landesfürst und kleinerer Grundherr, die in gegenseitigen Treueverhältnissen einander verpflichtet waren. Den dritten und niedrigsten Stand bildeten die Bauern, Handwerker

Ritter
Abtei Jerpoint, Irland.

Links und Mitte:
• *Bauer*
• *Geistlicher*
Abtei Jerpoint, Irland.

Rechts:
Papst Gregor VII.,
Kloster Vyssí-Brod, Tsche-
chische Republik.

und Hörigen, die immer an das Lehnsgut gebunden waren, wo sie arbeiteten und lebten. Sie ernährten die beiden anderen Stände.

DIE MONASTISCHEN REFORMBEWEGUNGEN IM 10. UND 11. JAHRHUNDERT: CLUNY

Die cluniazensische Bewegung war neben den von Hirsau und Gorze ausgehenden die bedeutendste der monastischen Reformbewegungen des 10. und 11. Jahrhunderts, deren Ziel eine Erneuerung des Klosterlebens war.

Unter den Karolingern hatten die Klöster einen bedeutenden Aufschwung erfahren. Die Benediktiner waren zu großem Reichtum gelangt, was mit einem inneren Verfall des klösterlichen Lebens einherging. Die Benediktsregel war oft kaum bekannt und konnte – da die Klöster zunehmend unter Leitung von Laienäbten, die nicht lesen konnten, standen – auch nicht vermittelt werden. Die Unfreiheit bzw. Abhängigkeit der Klöster von den weltlichen oder geistlichen Großen war eine der Hauptursachen des Niedergangs.

Daraus erklären sich die Hauptziele Clunys: strenge Befolgung der Benediktsregel

unter absolutem Gehorsam gegenüber dem Abt und die freie Abtwahl. Letztere wurde dem Kloster bei seiner Stiftung 910 durch Wilhelm von Aquitanien garantiert. Außerdem verzichtete der Herzog auf seine Rechtsansprüche und unterstellte Cluny dem direkten Schutz des Papstes. Diese enge Verbindung zum Papsttum wurde ein Kennzeichen der Cluniazenser. Eine andere Besonderheit Clunys war sein Ritualismus. Man richtete sich nach den Forderungen Benedikts von Aniane, der entgegen der Benediktsregel, die die Kürze des gemeinsamen Gebets empfahl, eine erhebliche Ausdehnung der Liturgie angeordnet hatte, so daß die Gottesdienste den Tag fast ganz ausfüllten, was zu Lasten der Handarbeit ging.

Die Organisationsform des Ordens war zentralistisch. Alle Neugründungen Clunys sowie die von Cluny aus reformierten Klöster blieben direkt dem Mutterhaus unterstellt.

Der Bau von Cluny III, der unter Abt Hugo 1088 begonnen wurde, war ein wichtiger Meilenstein der sakralen Architektur. Er wurde auf den Grundmauern der Abteien errichtet,

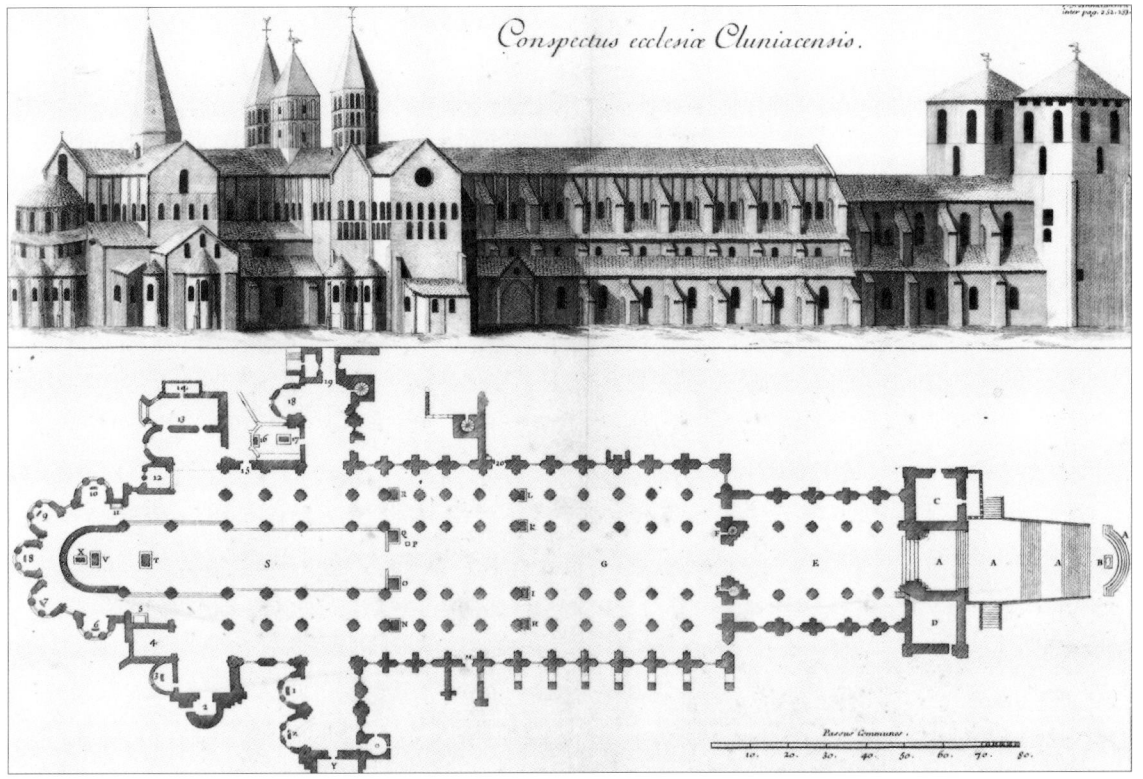

Conspectus ecclesiæ Cluniacensis.

Aufriß und Grundriß der Abteikirche Cluny III, Stich von P. F. Giffart (Annales ordinis S. Benedicti, de Mabillon, 1713).

„Durch göttliche Eingebung ermutigt, erbaute Hugo als Zelt Gottes eine Basilika [...] von solcher Pracht, daß man sagen könnte, dies sei das Paradies der Engel, wenn denn die Bewohner des Himmels in unseren menschlichen Behausungen leben könnten." (Texte clunisien. L'Esprit de Cluny, Zodiaque, 1963)

die die Äbte Odo (Cluny I) und Majolus (Cluny II) in Auftrag gegeben hatten und die für einen Konvent von über 250 Mönchen als zu klein galten. Während die größten Sakralbauten bis dahin eine Länge von 100 Metern kaum überschritten, plante man hier eine Abteikirche von 187 Metern Länge mit zwei Querschiffen, sechs Glockentürmen oder Laternen und einem Dutzend Apsiden. Sie wurde erst ein Jahrhundert später fertiggestellt und schwächte Cluny vor allem finanziell.

Die Rückkehr zum Eremitentum Im Zuge der monastischen Reformen lebte auch das alte Ideal des Eremitentums wieder auf. Die Eremitenkongregationen, die sich vor allem in Mittel- und Oberitalien gebildet hatten (Camaldoli, Vallombrosa), orientierten sich ebenfalls an der Benediktsregel, verfolgten aber gemäß ihrer Lebensform besondere Ziele. Für die einen lag der Schwerpunkt auf Kontemplation, für die anderen auf Askese.

DIE KIRCHENPOLITISCHE SITUATION

Im 11. Jahrhundert setzte die Kirche alles daran, wieder die reale Macht über die Christenheit zu erlangen, nachdem sie große Machtverluste erlitten hatte – angefangen mit Karl dem Großen, der als von Gott berufener Schirmherr der Kirche selbst in dogmatische Angelegenheiten eingegriffen hatte, sowie durch die ottonische Reichskirchenpolitik, die dem Kaiser große Macht über die Kirche gegeben hatte. Der Kaiser hatte z. B. das Recht auf Besetzung kirchlicher Ämter und sogar auf Mitwirkung an der Papsterhebung. Diese Praxis war eine Wurzel der Simonie (Ämterkauf), die zusammen mit der Priesterehe den Kern aller päpstlichen Reformbemühungen von der Mitte des 11. Jahrhunderts bis zum ersten Viertel des 12. Jahrhunderts bildete. Diese Zeit, die man zusammenfassend als „Gregorianische Reform" bezeichnet, ist zu Recht nach Papst

Gregor VII. (1073–1085) benannt, der sich durch seine unerbittlichen Forderungen in diesem Zusammenhang am stärksten profilierte. „Im fünften Jahrhundert hatte Papst Gelasius I. versucht, die zwei Gewalten, die geistliche und die weltliche, zu trennen; im neunten Jahrhundert hatte Karl der Große sich beide angeeignet; 1075 setzte Gregor VII. durch, daß alle Macht auf Erden der geistigen Gewalt untergeordnet ist, die der römische Pontifex ausübt." So paraphrasiert Paul Zumthor die Eckpfeiler der Entwicklung.

Gregors berühmtes *Dictatus papae* gibt Aufschluß über sein Hauptanliegen, nämlich das Primat der römischen Kirche und das des Papstes. Er wandte sich außerdem gegen die Simonie und die Nichtbeachtung der Zölibatsverpflichtung, aber von größerer politischer Tragweite war der Konfliktpunkt der Investitur.

Im Jahre 1075 entbrannte zwischen Gregor VII. und dem deutschen König Heinrich IV. der

Investiturstreit, bei dem es zunächst um die Einsetzung von Bischöfen und Äbten durch den Landesherrn ging – die als Laieninvestitur heftig kritisiert wurde –, der sich aber dann zu einem Machtkampf zwischen Papsttum und Königtum auswuchs. Gregor verhängte 1076 den Kirchenbann über König Heinrich IV., was diesen, von seinen Reichsfürsten unter Druck gesetzt, zum Bußgang nach Canossa zwang. Hier manifestierte sich der Wandel im Verhältnis der beiden Gewalten.

Als Instrument des neu errungenen Status entwickelte sich in Rom eine Verwaltungsbehörde, die römische Kurie. Auch setzte man päpstliche Legaten ein und hielt regelmäßige Synoden oder Konzile ab, um die verschiedenen Reichskirchen zu kontrollieren.

Ein anderes Anliegen der Kirchenreform war es, den ethischen Grundsätzen des Evangeliums in der Bevölkerung und besonders im Adel Geltung zu verschaffen. Sichtbaren Ausdruck erhielten diese Bemühungen in der Gottesfriedensbewegung, die für bestimmte Personenkreise und Zeitspannen Friedensregelungen festlegte, sowie in der Kreuzzugsbewegung, die das Rittertum aufforderte, für das eigene Seelenheil und das Heilige Land zu kämpfen, also für die Sache Gottes statt für Macht- oder Gebietszuwachs weltlicher Herrscher. Hier offenbarte sich bis ins 15. Jahrhundert die enorme geistliche und politische Macht der römischen Kirche.

Die Lage des Mönchtums Die monastischen Reformen des 10. und 11. Jahrhunderts, besonders Cluny, von dessen Geist Gregor VII. beeinflußt war, hatten auf spiritueller Ebene den Weg für die Gregorianische Reform geebnet. Gleichzeitig zogen die Klöster auch ihren Nutzen aus der Klerikalisierung des Abendlandes.

Die Stiftung eines Klosters steigerte das Ansehen eines jeden Feudalherren. Auch der Eintritt ins Kloster wurde populärer. Die Söhne adliger Familien, die keinen Anspruch auf Landbesitz und Herrschaft hatten, wurden häufig Mönche und brachten einen Teil ihres Erbes ins Kloster mit.

EINIGE VOM EREMITENTUM INSPIRIERTE ORDENSREFORMEN DES 11. JAHRHUNDERTS

DATUM	GRÜNDER	AUSGANGSEREMITAGE	KLOSTERNIEDERLASSUNG	NACHFOLGE
1015	Romuald von Ravenna 951–1027	Arrezo (Toskana) 1012	Camaldoli (Toskana) 1015	Kamaldulenser Ordnungen von 1085 1998 = 2 Kongregationen in Italien
1039	Johannes Gualbertus 995–1073	Wald von Vallombrosa 1036	Vallombrosa (Toskana) 1039	Vallombrosaner (Benediktinerkongregationen seit 1966)
1043	Petrus Damiani 1007–1072	Fabriano (Umbrien) 1035	Fonte Avellana (Umbrien) 1043	Zusammenschluß mit den Kamaldulensern
1044	Robert von Turlande 1001–1067	La Chaise Dieu (Auvergne) 1043	La Chaise Dieu 1044	Kongregation „Casa Dei"
1080	Stephan von Muret 1040–1124	Muret bei Ambazac 1076	Grandmont (Limousin) 1080	Grammontenserorden (bis 1772)
1075	Robert von Molesme 1028–1111	Wald von Collan bei Tonnerre 1073	Molesme (Bourgogne) 1075	Cîteaux (1098) und die Zisterzienser (1119)
1084	Bruno von Hartefaust 1030–1101	Wald von Sèche-Fontaine bei Molesme 1082	Große Kartause (Dauphiné) 1084	Die Kartäuser Regeln von 1136 1998 = 17 Kartausen
1101	Robert von Abrissel 1045–1116	Wald von Craon (Normandie) 1095	Fontevrault (Anjou) 1101	Orden von Fontevrault (bis 1790)
1112	Vital von Mortain 1060–1122	Berge von Mortain 1095	Savigny (Normandie) 1112	Kongregation von Savigny 1147 angeschlossen an Clairvaux
1142	Stephan von Obazine –1159	Wald von Obazine (Limousin) 1140	Obazine (Limousin) 1142	Kongregation von Obazine 1147 angeschlossen an Clairvaux

DER ARCHITEKTONISCHE KONTEXT

Die Baumeister zu Beginn des 12. Jahrhunderts waren Erben eines Jahrhunderts architektonischer Erneuerung, in dem jedes Jahrzehnt die Baukunst weiter vorangebracht hatte.

1000–1020:
Stein ersetzte Holz als Hauptbaumaterial. Behauener Stein, der in ein dickes Mörtelbett gelegt wurde, brachte eine „Maurerarchitektur" hervor (Saint-Philibert de Tournus).

1020–1040:
Die zunehmende Zahl der Steinmetze ermöglichte eine „Architektur des Verbundmauerwerks". In Bernay (1025) entstand der „Grundriß der Benediktinerkirche" mit Chorumgang und Apsidiolen.

1040–1060:
Den „Abendländischen Massivbau" zeichnen Turm über der Vierung, dreistufige Fassade, einheitlicher Modul aus Haustein aus (Notre-Dame de Jumièges).

1060–1080:
Die „harmonische Fassade" setzte das Streben nach konstruktiver Wahrhaftigkeit um (Saint-Etienne und Sainte-Trinité in Caen).

1080–1100:
Die Erfindung des Gewölbes wirkte der Angst vor Bränden des Gebälks entgegen und förderte die Erneuerung der gesungenen Liturgie. Erstes Aufkommen von Bauornamentik.

Oben, von links nach rechts:
• *Abteikirche Saint-Phili-bert de Tournus.*
• *Krypta der Kathedrale Saint-Benigne de Dijon.*
• *Abteikirche Notre-Dame de Jumièges.*

Unten, von links nach rechts:
• *Abteikirche La Trinité der Abbaye-aux-Dames, Caen.*
• *Kathedrale Saint-Lazare.*

Statue des Robert von Molesme, Kloster Vyšší Brod, Tschechische Republik. Religiöse Statuen zeigten die Klostergründer immer mit einem Modell ihrer Abteikirchen in der Hand. Da Robert von Molesme die Abteien Molesme und Cîteaux gründete, trägt er zwei Kirchen.

KAPITEL III

VON MOLESME BIS CÎTEAUX

1075–1119

GRÜNDUNG UND BLÜTE VON MOLESME (1075–1090)

Über die Herkunft Roberts von Molesme ist wenig bekannt. Er wurde um 1028 geboren und trat sehr jung in das Benediktinerkloster Montier-la-Celle bei Troyes ein, wo er 1053 Prior wurde. Nach über 20 Jahren berief man ihn zum Abt des Klosters Saint-Michel de Tonnerre. Dort hoffte er im Geist der Reformbewegungen seiner Zeit, eine Erneuerung des monastischen Lebens durchsetzen zu können. Da er sich damit innerhalb seiner Ordensgemeinschaft nicht behaupten konnte, legte er sein Amt 1072 nieder und übernahm als Zeichen der Demut das Amt des Priors von Saint-Ayoul de Provins, einer schlichten Dependance des Klosters Montier-la-Celle. Enttäuscht auch hier über die traditionelle Linie des Klosters, schloß sich Robert schließlich den Eremiten im Wald von Collan zwischen Tonnerre und Chablis an, die ihn als geistigen Führer zu sich beriefen (1073).

Nach einiger Zeit gründete Robert mit den Eremiten ein neues Kloster in Molesme im Bistum Langres. Fünfzehn Jahre lang lebten sie asketisch im Geist der Benediktsregel und fanden zur Tugend der Arbeit zurück.

Während dieser Zeit, im Jahre 1082, zog sich der Gelehrte Bruno von Hartefaust aus Köln in den Wald von Sèche-Fontaine bei Molesme zurück. Bruno war Domscholaster in Reims gewesen und hatte als eifriger Anhänger der cluniazensischen Reform gegen die dortigen innerkirchlichen Mißstände gestritten. Davon zermürbt, führte er nun ein asketisches Leben und wurde darin von Robert

MOLESME HEUTE

Von dem Kloster, das Robert von Molesme 1075 gründete, existieren keine Überreste. An seiner Stelle, auf dem Berg, der das kleine Tal der Laignes überragt, stehen jedoch wieder einige große Klostergebäude, die „aufgeklärte" Kommendeäbte im 17. und 18. Jahrhundert errichten ließen.

Das Kloster, das beim Tod seines Gründers und auch über weitere zweihundert Jahre hinweg eine Blütezeit erlebte, erlitt in der Folgezeit diverse Schicksalsschläge. Während der Kämpfe zwischen Karl dem Kühnen und Ludwig XI. (1467–1477) lag es mitten im Kampfgebiet und wurde mehrmals von den Truppen der kriegführenden Parteien erobert, zurückerobert und geplündert. 1472 waren sämtliche Reichtümer, die die Abtei angesammelt hatte – Reliquiare, kostbare Bücher, Kirchengerät – auf immer zerstört. Während der Religionskriege im 16. Jahrhundert verwüsteten die Hugenotten unter Montgomery die Abtei. Als der Friede wieder hergestellt war, eigneten sich die

ersten Kommendeäbte die Einkünfte der Abtei selbst an, anstatt sie in den Wiederaufbau der Klosterruinen zu investieren.

Erst unter den Äbten Armand de Bourbon und Charles de La Rochefoucault kam es zum Wiederaufbau. Die dritte Klosterkirche (1683) entstand als Hauptelement einer „klassischen" Anlage, von der heute trotz der Zerstörungen von 1793 noch einige Überreste vorhanden sind wie das Refektorium der Mönche, das von Charles d'Aviler stammt und das die heutigen Besitzer wieder nutzen. Die Schirm- und Schneckengewölbe stellen wunderbare technische Leistungen dar.

Das Dorf Molesme selbst, das die Mönche gründeten, hat mittlerweile den Weinbau wiederentdeckt. Die Winzer erhoffen, sich einen ähnlich guten Ruf aufbauen zu können, wie ihn das Weinbaugebiet Ricey ein paar Kilometer weiter flußabwärts bereits hat, das die Mönche von Molesme einst aufbauten. Es ist das einzige in Frankreich, das drei „appellations contrôlées" (geprüfte Herkunftsbezeichnung) besitzt. Auf diesem Gebiet bleibt das Werk der Mönche noch heute lebendig.

bestärkt. 1084 gründete er die Große Kartause, den Geburtsort des Kartäuserordens. Indessen hatte das geistige Leben in Molesme das Wohlwollen des Bischofs von Langres erweckt, der 1083 zur Wohltätigkeit zugunsten der Abtei aufrief. Die Feudalherren der

Champagne und Burgunds überschütteten das Kloster mit Schenkungen. Die Anzahl der Mönche sowie der Reichtum der Abtei wuchsen, doch der Geist des asketischen Eremitenlebens im Wald von Collan verschwand.

DER SCHWIERIGE WEG NACH CÎTEAUX (1090–1098)

Die Frage nach der Zukunft von Molesme stellte sich 1090, als einer der Pioniere von Collan, Alberich, das Amt des Priors übernahm. (Die Historische Kommission des Ordens von Cîteaux schlug 1953 vor, den Namen Aubri als einzige romanische Ableitung des lateinischen Alberticus wiederaufzugreifen. Allerdings halten sich die seitdem herausgegebenen Schriften nicht an diesen Vorschlag.) Sein Streben nach strenger Disziplin wurde unterstützt durch Stephan Harding, einen Benediktinermönch aus Sherborne, Dorset, der auf der Rückkehr von einer Pilgerfahrt nach Rom nach Molesme gekommen war. Robert unternahm erneut den Versuch, das Kloster zu reformieren, doch die Mönche hatten ihr Ideal des einfachen Lebens aufgegeben und wollten zur traditionellen Observanz, also zur herkömmlichen Befolgung der Regel, zurückkehren.

Robert und 21 Mönche, darunter Alberich und Stephan Harding, beschlossen, Molesme endgültig zu verlassen, und ließen sich im Wald zwischen Nuits-Saint-Georges und der Saône nieder. Dort übernahmen die Mönche ein „Allod", also ein abgabenfreies Gut, namens Cîteaux, das ihnen ein Vetter Roberts, der Vicomte de Beaune, überlassen hatte.

Roberts Verlassen der Abtei stellte einen schweren Verstoß gegen kanonisches Recht dar. Deshalb begab er sich nach Lyon, um dort vom päpstlichen Legaten die Anerkennung des neuen Klosters zu erlangen. Am 21. März 1098, dem Tag des heiligen Benedikt, feierte Robert im „Neukloster", wie die Gründung in den ersten Jahrzehnten hieß, den ersten Gottesdienst.

Für Molesme war das ein Skandal. Die Klostergemeinschaft richtete einen Appell an den Papst, der zwar das Wort seines Legaten nicht widerrufen konnte, aber eine Synode in Port-d'Anselle südlich von Mâcon einberief. Im Juni 1099 annullierte diese Kirchenversammlung das Gehorsamsgelübde, das die Mönche von Cîteaux Robert als Abt geleistet hatten, und empfahl, es auf Alberich, seinen gewählten Nachfolger, abzulegen. „Um des künftigen Friedens willen" (*Exordium Cistercii*, Ziffer 4) kehrte Robert nach Molesme zurück.

Bis dahin hatte Robert jedoch dem Neukloster bereits zwei Jahre vorgestanden und die entscheidenden Richtlinien in bezug auf die spätere Bautätigkeit und das geistige Leben festgelegt. In den früheren Schriften des Ordens erscheint jedoch nichts über diese Periode, in der die kirchenrechtliche Bestätigung der Abtei noch fehlte. Robert erfuhr eine *damnatio memoriae* (eine Auslöschung aus der Erinnerung), wie sie in der Religionsgeschichte gelegentlich zu finden ist und die in seinem Fall bis zu seiner Heiligsprechung 1222 währte. Seitdem wurde er vom Orden verehrt, und die Dokumente, die seine Rückkehr nach Molesme als Schwäche oder gar als Verrat brandmarkten, wurden berichtigt.

DIE ZEIT DES ABTES ALBERICH (AUGUST 1099 BIS JANUAR 1109): ZISTERZIENSERABTEI CÎTEAUX

Im August 1099 wurde Alberich, Prior zunächst in Molesme und anschließend im Neukloster, zum Abt gewählt, ein Amt, das

die Mönche ihm zu Recht übertrugen. Er hatte den Weggang von Molesme wesentlich mitbetrieben und Robert in diesem geistigen Abenteuer unterstützt.

Alberich verfolgte, wie einige Jahrzehnte später der Verfasser des *Exordium Parvum* in Kapitel 15 festhielt, ein einfaches Ziel: das Neukloster zu einer vorbildlichen Benediktinerabtei zu machen, die sich strikt an die Regel hielt. So schreibt er unter der Überschrift „Statuten der Mönche von Cîteaux, die aus Molesme kamen":

„Hierauf beschlossen der Abt und seine Brüder gemeinsam, in Treue zu ihrem Gelöbnis die Regel des heiligen Benedikt in jenem Kloster zu verwirklichen und einmütig zu halten.

Sie verwarfen alles, was der Regel widersprach: gefältelte Kukullen [Chorkleider], Pelze und Unterhemden, Kapuzenumhänge und Beinkleider, Kämme und Überdecken, weiche Bettunterlagen, verschiedene Gänge von Speisen im Refektorium sowie Fett und alles übrige, was gegen die Reinheit der Regel verstößt.

So machten sie die Regeltreue zur Richtschnur ihres ganzen Lebens, folgten ihren Vorschriften sowohl in liturgischen als auch in allen übrigen Belangen und richteten sich ganz nach ihnen aus.

Sie hatten also den alten Menschen abgelegt und in Freude den neuen angezogen.

Und da sie weder in der Regel noch in der Lebensbeschreibung des heiligen Benedikt lasen, daß dieser – ihr Lehrmeister – Kirchen, Altäre, Opferspenden, Begräbnisse, den Zehnten fremder Menschen, Backhäuser, Mühlen, Dörfer oder Hörige besessen habe, da sie lasen, daß Frauen sein Kloster nicht betreten

Links:
Von Alberich, dem zweiten Abt von Cîteaux, ist uns keine Abbildung bekannt, doch sicher sah er diesem anonymen Mönch ähnlich, der auf dem Grabmal Stephans in der von diesem gegründeten Abtei Obazine zu sehen ist.

Linke Seite:
Der Wald von Cîteaux. „Du wirst einiges mehr in den Wäldern finden als in den Büchern. Holz und Steine werden Dich lehren, was Du bei den Lehrern nicht hören kannst." (Bernhard von Clairvaux, Brief 106).

durften noch Verstorbene – mit Ausnahme seiner Schwester – dort begraben wurden, verzichteten auch sie auf all dies und sagten:

Wenn der heilige Benedikt lehrt, daß sich der Mönch vom Treiben der Welt fernhalten soll, so bezeugt er damit deutlich, daß es auch in den Taten und Herzen der Mönche keinen Platz haben darf. Diese müssen ja der Bedeutung ihres Namens entsprechen, indem sie dies fliehen. [...]

Da jene heiligen Männer außerdem wußten, daß der heilige Benedikt seine Klöster nicht in Städten, nicht in befestigten Orten oder Dörfern gründete, sondern abseits vom Verkehr, gelobten sie, dies nachzuahmen.

Und wie jener für Neugründungen zwölf Mönche und einen Abt vorsah, so wollten auch sie es halten."

Die Benediktsregel wurde also mit extremer Strenge angewandt und von den Gewohnheiten befreit, die sie im Laufe der Jahrhunderte überdeckt hatten. Allerdings blieben in jener Zeit Novizen aus, und nicht eine einzige Schenkung wurde verzeichnet. Den niederen Adel der Region dürfte die Strenge dieses Neuklosters eher abgeschreckt haben. Von den 21 Mönchen, die aus Molesme kamen, waren bald nur noch zehn übrig, nachdem die getreuen Begleiter Roberts fort und einige der ältesten gestorben waren, allzubald erschöpft von der Askese, die von der Gemeinschaft gefordert wurde.

Ein derart außergewöhnliches Experiment mußte jedoch zwangsläufig das Interesse der weltlichen Macht sowie der kirchlichen Hierarchie wecken. Der Ortsbischof Walter

von Chalon-sur-Saône erhielt vom Papst die Bestätigungsurkunde für Alberich, der bis dahin immer noch gefürchtet hatte, die Mönche von Molesme könnten, nachdem sie ihren Abt wiederbekommen hatten, auch die Rückkehr der anderen Abtrünnigen verlangen. Papst Paschalis II. bewilligte dem Neukloster das „Privilegium Romanum", das die Abtei unmittelbar dem Schutz des Heiligen Stuhls unterstellte, ohne sie indes der bischöflichen Jurisdiktion zu entziehen. Verkündet wurde diese Bulle am 19. Oktober 1100.

Als Odo I. von Burgund dem Kloster neues Land schenkte, konnten die Mönche um 1101 das ungeeignete Gut verlassen und an den endgültigen Standort der Abtei ziehen, der inmitten einer landwirtschaftlich nutzbaren Ebene lag. Als kurz darauf der Sohn Odos im

Heiligen Land starb, wurde er aus Dankbarkeit in der Abteikirche beigesetzt. Diese auch später als Grabstätte der Herzöge von Burgund genutzte Kirche war nicht mehr als eine kleine, einschiffige Kapelle von 15 Metern Länge und 5 Metern Breite, die sich damals noch im Bau befand (bis 1106) und das einzige Gebäude aus Stein in einem ansonsten völlig aus Holz errichteten Kloster darstellte.

STEPHAN HARDING UND DIE CHARTA CARITATIS (1109 BIS 23. DEZEMBER 1119)

Zwei wichtige Ereignisse markierten den Amtsantritt Stephan Hardings als Abt von Cîteaux im Jahre 1109. Das erste – entscheidend für die wirtschaftliche Zukunft des Ordens – war der Beschluß des neuen Abtes, Schenkungen zu fördern und anzunehmen.

Die Ländereien und die Laienbrüder
Die extrem strenge Observanz und die überaus große Armut der Ordensgemeinschaft unter Alberich drohten das Kloster in den Ruin zu treiben. Der pragmatischere Stephan Harding verstand es besser als Robert oder Alberich, dafür zu sorgen, daß „die Abtei wuchs und gedieh, ohne daß der religiöse Geist verkümmerte". Zwischen 1109 und 1119 erhielt Kloster Cîteaux zwanzig wichtige Schenkungen, was zur Folge hatte, daß man begann, zur Unterstützung Laienbrüder und Lohnarbeiter hinzuzuziehen, wie es Kapitel 15 des *Exordium Parvum* schildert:

„So verachteten sie, arm mit dem armen Christus, die Reichtümer dieser Welt. Als neue Streiter Christi begannen sie, gemeinsam zu erwägen, mit welchem Plan, welchem Gewerbe oder welcher Tätigkeit sie bei dieser Lebensform sich und die vorbeikommenden Gäste erhalten könnten, die die Regel, ob arm oder reich, wie Christus aufzunehmen vorschreibt.

Damals beschlossen sie, mit Erlaubnis des Bischofs Laien als Konversbrüder aufzunehmen, die einen Bart trugen, und sie in Leben und Tod wie ihresgleichen zu behandeln,

Linke Seite:
*Stephan Harding,
der dritte Abt von
Cîteaux;
Miniatur aus dem 12.
Jahrhundert, Handschrift
aus Cîteaux, Jeremia-
Kommentar (B.M. Dijon,
Ms 130, Folio 104)*

Links:
*Statue des heiligen Bernhard von Clairvaux,
Kloster Poblet, Spanien.*

ohne daß sie dem Mönchsstand angehörten; außerdem noch bezahlte Lohnarbeiter.

Sie sahen nämlich, daß sie ohne deren Hilfe die Vorschriften der Regel bei Tag und Nacht nicht voll und ganz erfüllen konnten.

Auch wollten sie Grundstücke, die abseits von den Wohnungen der Menschen liegen, Weinberge, Wiesen und Wälder annehmen sowie Gewässer, um Mühlen zu bauen – allerdings nur zum eigenen Gebrauch – und um Fischerei zu betreiben, ebenso Pferde und andere für die Bedürfnisse der Menschen nützliche Haustiere.

Falls sie irgendwo Höfe für die Landwirtschaft errichten würden, so beschlossen sie, diese von Konversen bewirtschaften zu lassen, nicht von Mönchen, weil deren Wohnung gemäß der Regel das Kloster sein muß."

Bernhard von Clairvaux und die wachsende Popularität von Cîteaux   Ein weiteres Ereignis, das dem geistigen und politischen Leben der Zisterzienser eine neue Ausrichtung geben sollte, war das Eintreffen von Bernhard von Fontaines 1113 als Novize, „mit mehr als dreißig Gefährten (darunter vier seiner Brüder und ein Onkel)". Bernhard hatte sie bereits in Châtillon, wo er die Stiftsschule besucht hatte, um sich geschart, wie Wilhelm von Saint-Thierry in seiner Lebensgeschichte Bernhards berichtet. Sechs Monate lang stellte er sie auf die Probe und versicherte sich ihrer Treue, so daß es eine „fest zusammengewachsene" Gruppe war, die in das Kloster Cîteaux eintrat. Dies war der Beginn einer regelrechten Begeisterung des burgundischen Adels für das Neukloster.

Stephan Harding mußte nun mit einer plötzlichen Überfüllung und der allzu starken Präsenz des „Clans derer aus Fontaines" in der Abtei fertigwerden.

Aus der Überzeugung Stephan Hardings von der Vorbildlichkeit des Neuklosters folgte ganz natürlich die Planung von Tochterklöstern, die die gute monastische Praxis an andere Orte tragen sollten. So entstanden zwischen 1113 und 1115 La Ferté, Pontigny, Clairvaux (das Bernhard anvertraut wurde) und Morimond, die vier Primarabteien.

Die Gründungstexte Stephan Harding „fürchtete nun, daß alle Bemühungen, zu einer strengeren und vollkommeneren Observanz der Regel zurückzukehren, zunichte gemacht werden könnten. Deshalb kam er auf die Idee, eine gemeinsame Verfassung niederzuschreiben: die *Charta Caritatis*, damit Liebe und Einmütigkeit die Klostergründungen für immer verbinden würden in der Aufgabe, die neuen Errungenschaften von Cîteaux zu verbreiten". Um auch eine historische Basis zu schaffen, begann Stephan Harding gleichzeitig, das *Exordium Cistercii* zu verfassen, das die Umstände der Gründung von Cîteaux und das geistige Konzept seines Gründers festhielt. Es handelte sich um einen kurzen, eher religiös als historisch gehaltenen Text, der dem damals noch nicht verfaßten *Exordium Parvum* vorausging.

Genügte diese Vorkehrung, die Einmütigkeit der frühen Zisterzienser zu erhalten? Diese Frage kann man sich zu Recht stellen, da uns derzeit von jedem dieser Grundlagentexte drei unterschiedliche Versionen vorliegen, die nicht datierbar sind. Bei einigen ist auch ihre Authentizität fraglich.

Die *Charta Caritatis* wurde im September 1119 vom ersten offiziellen Generalkapitel angenommen, dessen Satzung sie festlegte. Am 23. September 1119 erhielt Papst Kalixt II. diese Schrift sowie das *Exordium Cistercii* und bestätigte sie in seiner Bulle *Ad hoc in apostolici*. Von diesem Tag an verwendete man nicht mehr die Bezeichnung „Neukloster". Der Orden von Cîteaux war gegründet.

Die „Verfassung" von Cîteaux Die *Charta Caritatis* stellte eine große Neuerung innerhalb des damaligen Ordenswesens dar, da sie ein System vorsah, das die Unabhängigkeit eines jeden Akteurs bewahrte und zugleich einen Rahmen wechselseitiger Abhängigkeit schuf, der die Einhaltung einer einheitlichen „Linie" garantierte. Dieses „Grundgesetz" von Cîteaux beseitigte die starren Mechanismen des seinem Prinzip nach feudalen hierarchischen Systems, das in den mittelalterlichen Ordensgemeinschaften, vor allem in Cluny, galt.

Jedes Zisterzienserkloster war autonom, auch in der Abtwahl, und hatte keine Abgaben an andere Klöster abzuführen. Der Abt von Cîteaux besuchte alljährlich seine Tochterklöster – insbesondere die vier Primarabteien –, um die Einhaltung der Ordensregel zu kontrollieren. Ebenso hatten die Äbte der Tochterklöster ihrerseits ihre Filiationen jährlich zu besuchen und, wenn sie ohne Leitung waren, die Verwaltung zu übernehmen. Nach Cîteaux dagegen reisten die Äbte der vier Primarabteien, da diese als Hauptfiliationen galten und als solche für die Entwicklung des Ordens mitverantwortlich waren.

Im übrigen konnten auch die örtlichen Bischöfe im Fall ernster Schwierigkeiten in das Klosterleben eingreifen. Im Gegensatz zu Cluny forderten die Zisterzienser nicht das Privileg der Exemtion ein, das sie von der bischöflichen Oberaufsicht befreit und unmittelbar dem Heiligen Stuhl unterstellt hätte. Dieser Wunsch, der örtlichen Kirche nahe zu sein, obwohl abseits gelegen von Siedlungen und frei von allen apostolischen Aufgaben, war eine Besonderheit der Zisterzienser.

Dieses Kontrollsystem reichte jedoch nicht aus, um das interne Ordensrecht zu erhalten, weiterzuentwickeln, eine allgemeine Politik festzulegen und eine treibende Kraft innerhalb der Kirche zu bleiben. Es bedurfte eines gesetzgebenden Organs, welches das Generalkapitel bildete, in dem einmal im Jahr alle Äbte zusammenkamen. Das „parlamentarische System" Stephan Hardings machte den Orden unabhängig von der Willkür eines einzigen Superiors. Allerdings richtete man sich in Debatten, in denen keine Einstimmigkeit erzielt wurde, nach dem Urteil des Abts von Cîteaux und nicht nach der Meinung der Mehrheit. Ein Kloster, so weit es seiner Zeit auch voraus sein mochte, war schließlich keine demokratische Einrichtung.

Seiner Zeit voraus war der Orden in seiner über die Landesgrenzen hinausgehenden Organisation. Als er sich in mehreren Ländern Europas ausbreitete, stellte das Generalkapitel seine Interessen und politischen Entscheidungen über jene der Staaten und Fürstentümer. In diesem Zusammenhang kam den Zisterziensern sehr die außerordentliche Bekanntheit Bernhards von Clairvaux zupaß.

Architektur und Buchmalerei Stephan Harding befaßte sich – zumindest bis 1119 – offenbar nicht mit Bauplänen. Cîteaux begnügte sich lange Zeit mit seiner kleinen Kapelle von 1106 und den Holzgebäuden. Dagegen vollbrachten die Buchillustratoren wahre Wunder. Seit 1098 betrieben die Mönche ein Skriptorium. Das Schreiben des päpstlichen Legaten, das die Rückkehr Roberts von Molesmes verlangte, sah vor, daß die Mönche des Neuklosters die Bücher und liturgischen Gegenstände behalten konnten, die sie bei ihrem Auszug mitgenommen hatten, „außer einem bestimmten Brevier. Doch dürfen sie auch dieses bis zum Fest des heiligen Johannes des Täufers behalten, um es mit Zustimmung der Brüder von Molesme abzuschreiben" (*Exordium Parvum 7.15*). Das war der Beginn der zisterziensischen Buchkunst.

Stephan Harding ließ jedoch nicht nur Texte kopieren. Immer nach Authentizität strebend, erarbeitete er einen Bibeltext eigens für den Orden. Parallel führte er eine wichtige liturgische Reform durch und stellte Hymnen und gregorianische Choräle, die im Gottesdienst gesungen werden sollten, zusammen.

Exlibris aus Cîteaux, Miniatur aus dem 12. Jahrhundert.

Handschrift aus Cîteaux (B. M. Dijon, Ms 151, Folio 43).

LIBER SCE
MARIE C I
INCIPIC
ET POST
ORBN MAR I
IN BROUDITH

REINHEIT UND MACHT

Während sich in diesem Teil der Welt die Herrschaftsverhältnisse seit dem Fall Roms ständig verändert hatten, besaß kein Reich die Macht, ein derart kohärentes, reiches und ausgedehntes und monumentales Ganzes zu errichten.
Georges Duby

Die Zisterzienserklöster erteilten auch weiterhin eine in die Landschaft, in Holz und Stein geprägte Lektion ... Weder die Ideale noch die technischen Modelle hatten so große Konsequenzen ... Die Lehren der Zisterzienser über die Beherrschung der Natur, der Technik und des Bauens stellen ein bedeutendes Zeugnis dar.
Léon Pressouyre

Seite 30:
Schlafsaal der Konver-
sen, Abtei Clairvaux,
Champagne (um 1150).

Rechts:
Glasbild von Bernhard
von Clairvaux, Kirchen-
schatz der Kathedrale
von Troyes.

KAPITEL IV

BERNHARD VON CLAIRVAUX

1120–1153

IM ALLGEMEINEN MISST MAN DIE GROSSARTIGE ENTWICKLUNG DES ZISTERZIENSERORDENS AN DER VIELZAHL DER KLOSTERGRÜNDUNGEN NACH DER NIEDERSCHRIFT DER *CHARTA CARITATIS*. BESASS DER ORDEN 1119, ALS DER PAPST SEIN GRÜNDUNGSSTATUT BILLIGTE, NUR ZEHN NIEDERLASSUNGEN, SO WAREN ES 1153, IM TODESJAHR BERNHARDS VON CLAIRVAUX, BEREITS 351 ABTEIEN, DIE HÄLFTE AUSSERHALB FRANKREICHS UND 169 ALLEIN ALS TOCHTERKLÖSTER VON CLAIRVAUX.

EIN MANN GOTTES IN DER CHRISTENHEIT

Doch die außergewöhnliche Bedeutung der Zisterzienser bemißt sich nicht allein nach quantitativen Kriterien. Sie besaßen politische Macht im weitesten Sinne des Wortes, und zwar vor allem durch Bernhard von Clairvaux, dessen Autorität und Einfluß über seine Abtei und sogar über den Orden hinausreichten, so daß er den Abt von Cîteaux in der Öffentlichkeit in den Schatten stellte.

Bernhard von Clairvaux übte über dreißig Jahre hinweg eine fast ungeteilte religiöse und politische Macht aus. Er ging in die Geschichte ein als Akteur einer Epoche, in der ein Mann Gottes – gestützt auf die Prinzipien der gregorianischen Reform – die Möglichkeit hatte und sogar von Päpsten, Königen und Fürsten dazu ermächtigt wurde, in das Geschick des christlichen Abendlandes einzugreifen.

Durch die politischen und gesellschaftlichen Verhältnisse zu Beginn des 12. Jahrhunderts ist der enorme Machtspielraum der Kirche teilweise erklärbar. Das Herrschaftsrecht der Könige war noch wenig gesichert, und die Fürstentümer befanden sich in einer Phase der Umstrukturierung, bevor es zu ersten Manifestationen monarchistischer Zentralisierung und Machtansprüchen der Städte kam.

Bernhard von Clairvaux nutzte diesen Handlungsspielraum aus und wurde sehr bald zum berühmtesten Mann seiner Zeit und zum Schiedsrichter einer Epoche, die verzweifelt auf der Suche nach fähigen und vertrauenswürdigen Führern war.

Der Abt von Clairvaux profitierte zunächst von einer unwiderstehlichen persönlichen Ausstrahlung. Ohne auf die Legenden und Wunder zurückzugreifen, die die Hagiographie ihm nachsagt und die seine wahren Verdienste eher verdunkeln, muß man ihm ein seltenes Organisationstalent und eine ausgeprägte Fähigkeit zur Menschenführung zugestehen. Den ersten Beweis seiner Überzeugungskraft und zugleich auch seines außergewöhnlichen Charismas lieferte er, als er seine sämtlichen Brüder und nächsten Verwandten veranlaßte, mit ihm in das Kloster Cîteaux einzutreten.

Bernhard von Clairvaux handelte zudem im Zeichen der Umkehr zur Reinheit und Wahrhaftigkeit, auf die sich die gesamte klösterliche Reformbewegung berief, da in den vorhergehenden Jahrhunderten die Kirche an

Statue des Bernhard von Clairvaux als predigender „Doctor mellifluus", Kloster Sedlec, Tschechische Republik.

*Die Marienverehrung
bei den Zisterziensern*

Rechts:
Abtei Zlata Koruna,
Tschechische Republik.

Rechte Seite:
Abtei Zdár nad Sázavou,
Tschechische Republik.

Glaubwürdigkeit und Macht verloren hatte. In seinem Traktat *De gradibus humilitatis et superbiae* (*Über die Stufen der Demut und des Stolzes*) offenbarte Bernhard von Clairvaux seine innere Spannung zwischen dem Wunsch, der Welt in Demut zu entsagen, und dem Willen, durch die Werke der Barmherzigkeit die Welt zu bewegen. Das Jahr 1118, das er in euphorischer Hingabe und Askese verbrachte, in „einem Hüttchen, wie man solche an Scheidewegen für Aussätzige zu errichten pflegt" (Wilhelm von St.-Thierry), war eine selbstauferlegte Prüfung, um seinen Glauben auf die Probe zu stellen. Leistungen dieser Art trugen Bernhard schon zu Lebzeiten den Ruf eines Heiligen ein.

Außerdem erhielt er aufgrund seines phantastischen Rede- und Schreibtalents den Ehrennamen „Doctor mellifluus" (honigfließender Lehrer).

Die Verteidigung der Armen Bernhard von Clairvaux bewies auch gegenüber dem hungernden Volk die Wahrhaftigkeit seines Glaubens und Handelns. Während er 1124/25 seine berühmte *Apologie an den Abt Wilhelm* verfaßte, erhielten mehrere hundert Bauern tagtäglich Essen an der Pforte seiner Abtei. So wurde der Inhalt seiner geradezu revolutionären Abhandlung in die Tat umgesetzt.

„An den Wänden zeigt die Kirche ihren Glanz, an den Armen ihre Knickrigkeit. Ihre Steine bekleidet sie mit Gold, ihre Kinder läßt sie nackt ... Ihr verschließt mir den Mund, indem ihr sagt, es stehe einem Mönch nicht zu, zu verurteilen, möge es Gott gefallen, daß ihr mir auch die Augen verschließt, damit ich nicht sehen kann ... Doch wenn ich schweige, erhöben sich die Armen, die Nackten, die Hungernden, um zu schreien ..."

Die Marienverehrung Die Zeit Bernhards war geprägt durch eine neue Empfindsamkeit, die auf der Entdeckung der profanen Liebe und der Verehrung der Frau beruhte. Theologen und Kirchenobere sahen darin nichts als eine Sünde, die zur Hölle führte – wie es die Abbildungen des Jüngsten Gerichts in den Tympanons der Kirchenportale zeigen. Bernhard nahm die Themen der populären Liedkunst der Minnesänger und Troubadoure, in der die Frau und die Liebe zu ihr verklärt wurde, auf und machte sie, gesteigert in der Verehrung der heiligen Jungfrau als Königin des Himmels, zum Zentrum seiner Theologie. Die Zisterzienserklöster wurden von Beginn an zur Ehre Mariens, „Unserer Lieben Frau", gegründet, und das *Salve Regina* (ein Wechselgesang zur Ehre Marias) wurde unter dem Einfluß Bernhards von Clairvaux als täglicher Schlußgesang der Komplet überall verbindlich.

ZEITTAFEL

1124/25: *Apologie an den Abt Wilhelm* gegen die Cluniazenser

1127: Brief an Suger, Abt von Saint-Denis, anläßlich seiner „Bekehrung"

1128: Konzil von Troyes (in dem unter Teilnahme Bernhards von Clairvaux die Statuten des Templerordens beschlossen wurden)

1141: Konzil von Sens, Verurteilung der Thesen Abaelards auf Betreiben Bernhards

1143: *Briefe an die Bischöfe* gegen Arnold von Brescia

1147: Bernhard begeistert sich für die Schriften Hildegards von Bingen, Predigten über die Dreifaltigkeit gegen Gilbert von Poitiers.

Papst Eugen III. weiht Fontenay

1148–1153: *De Consideratione* gegen die Weltherrschaft der Päpste

EIN MÖNCH AUSSERHALB SEINES KLOSTERS

Im Leben Bernhards von Clairvaux mußten politisches und religiöses Handeln zwangsläufig miteinander verschmelzen. Er setzte sich für die Stellung der Kirche in der Welt ein, auch wenn ihm sein Mönchsgelübde untersagte, die Klausur seiner Abtei zu verlassen.

Doch gerade sein Mönchtum machte es ihm möglich, in das Weltgeschehen einzugreifen. Seine Macht war an keinen vererbten Titel gebunden und war auch kein Ergebnis einer Wahl. Sie gründete sich allein auf die Aura, die mit der Reinheit seines monastischen Lebens verbunden war. Er ließ es zu, daß Legenden seinen Ruf als Wundertätiger tradierten. Ein kleiner, hungernder Mönch in der berühmten armseligen Zisterzienserkutte, der nur von einem Sekretär begleitet wurde, welcher stundenlang nach seinem Diktat

Traktate schrieb – wie hätte er in den Versammlungen der Prälaten und Feudalherren in Purpurgewändern und Waffen nicht Maßstäbe setzen können?

Das Schisma von 1130 Die Verteidigung des „wahren" Papsttums rief Bernhard von Clairvaux auf den Plan und machte ihn in den Jahren 1130 bis 1137 zu einem der wichtigsten politischen Männer seiner Epoche. Zwei Päpste waren zur gleichen Zeit gewählt worden. Man berief den Abt von Clairvaux zum Schiedsrichter. Er erkannte Innozenz II. als legitimen Papst gegenüber dem Gegenpapst Anaklet II. an, weil er ihn für den Würdigeren hielt, und weil seine Wahl aufgrund ihrer zeitlichen Priorität nach Kirchenrecht die gültige war. Nach mehrjährigen Verhandlungen setzte er sich durch.

Das Schisma wurde also nicht mit Hilfe von Armeen aufgehoben, sondern ein Mönch entschied für denjenigen, dem „es als einzigem zukommt, universell genannt zu werden" (*Dictatus Papae* von Gregor VII., Absatz 2).

Der zweite Kreuzzug (1146–1149) Den Höhepunkt seiner politischen Macht erreichte Bernhard von Clairvaux in der Zeit des zweiten Kreuzzugs. Den Fall Edessas in Nordsyrien, das während des ersten Kreuzzugs (1096–1099) von französischen Kreuzfahrern erobert worden war, nahm Papst Eugen III. zum Anlaß, einen neuerlichen Kreuzzug zu fordern. Die Verantwortung für die Planung wurde Bernhard übertragen. Das Zustandekommen des Kreuzzugs ist auch ausschließlich Bernhards überall verbreiteten Kreuzpredigten und seinen langwierigen

Verhandlungen mit dem französischen König und dem Papst zu verdanken. Im Jahre 1147 brach man aus Italien, Frankreich und Deutschland in Richtung des Heiligen Landes auf.

Das Unternehmen scheiterte jedoch schon auf dem Marsch durch Kleinasien aufgrund der unter den Kreuzfahrerheeren herrschenden Uneinigkeiten, Krankheiten und militärischen Fehlentscheidungen. Bernhards großer Fehler lag in der Ignorierung aller konkreten Probleme, die zu bewältigen waren. Seiner Überzeugung nach konnte dieses gottgewollte Unternehmen, das im Zeichen einer höheren Wahrheit stand, durch profane Realitäten nicht gefährdet werden – ein Irrtum, der alle Beteiligten, deren Hoffnungen nicht nur auf militärischen Erfolg, sondern auch auf persönliches Seelenheil zerstört waren, in eine tiefe Krise stürzte.

DAS ENDE DER HERRSCHAFT BERNHARDS VON CLAIRVAUX

Krank, in seinem Orden isoliert und bekümmert über den Tod seiner Freunde (Suger und Thibaut de Champagne 1151, Eugen III. im Juli 1153) kehrte Bernhard von Clairvaux in seine Abtei zurück, um dort wieder Ruhe zu finden, die er, zur Zielscheibe der Kritik geworden, nicht fand. Er litt unter dem Wissen, an dem Fiasko des Kreuzzugs schuld zu sein. Als er am 20. August 1153 starb, kamen die Großen der Welt in Clairvaux zusammen, um ihn in der Abteikirche beizusetzen. Die Mönche hofften auf eine baldige Heiligsprechung, zu deren Zweck bereits zu Lebzeiten mit der Niederschrift der *Vita sancti Bernardi* begonnen wurde. Der Papst gab jedoch eine Neubearbeitung und Dossiers in Auftrag. Anschließend wartete man die Heiligsprechung von Thomas Becket 1173 ab, die Rom als vorrangig ansah. Die Heiligsprechung Bernhards fand 1174 in einer halbfertigen Kirche statt, da die Mönche gleich nach seinem Tod begonnen hatten, ihm zu Ehren den geraden Chorschluß durch eine Apsis mit Chorumgang und neun Radialkapellen zu ersetzen.

Oben:
Jungfrau von Fontenay, *Burgundische Schule des 13. Jahrhunderts, Abtei Fontenay, Burgund.*

Rechts:
Der Tod des heiligen Bernhard, *Azulejos aus Lissabon, Beginn des 18. Jahrhunderts, Abtei Portalegre, Portugal.*

KAPITEL V

BERNHARD VON CLAIRVAUX ALS BAUHERR

IN WIRKLICHKEIT VERDANKT DAS ZISTERZIENSISCHE BAUWERK IHM ALLES: [DER HEILIGE BERNHARD] IST DER HERR-SCHER ÜBER DIESE WEITLÄUFIGE BAUSTELLE, ER IST DER WAHRE BAUHERR …, DENN DIESE KUNST IST UNTRENNBAR MIT EINER ETHIK VERBUNDEN, DIE ER VERKÖRPERTE UND DIE ER DER WELT MIT ALLEN MITTELN AUFZWINGEN WOLLTE, ZU-ERST NATÜRLICH DEN MÖNCHEN SEINES ORDENS.

GEORGES DUBY, *DER HEILIGE BERNHARD UND DIE KUNST DER ZISTERZIENSER*

DIE FRÜHE ARCHITEKTUR DER ZISTERZIENSER

Die gewaltige Ausbreitung des Zisterzienser-ordens schlug sich in Hunderten von Bau-projekten nieder. Allerdings handelte es sich anfangs nicht um Klöster aus Natur- oder Backstein, deren Architektur die Jahrhun-derte überdauert hätte. Wenn ein Abt, seine zwölf Mönche und meist einige Laienbrüder am Ort ihres zukünftigen Klosters eintrafen, lebten sie zunächst in Holzfällerhütten – eine symbolische Rückkehr zur Einsiedelei in einer ersten Eingewöhnungsphase. Falls der gewählte Ort sich als ungeeignet erwies, war es also ohne Schwierigkeiten möglich wei-terzuziehen. Stellte sich heraus, daß der Ort geeignet war, errichteten die Mönche bald eine Kapelle und die ersten Gemeinschafts-gebäude, im allgemeinen provisorisch aus Fachwerk, gestampftem Lehm oder unge-brannten Lehmziegeln. Nun konnte das Klo-ster Novizen aufnehmen und ein Leben nach den Prinzipien der Ordensregel führen.

Da es keine Dokumente und nicht genü-gend archäologische Funde aus dieser Zeit gibt, weiß man nur wenig über die Architek-tur der ersten Gebäude, die die „Pionierge-ration" der Zisterzienser errichtet hat. Diese bescheidenen, provisorischen Bauten, die je

GRÜNDUNGSDATEN DER ABTEIEN MIT BEGINN UND ABSCHLUSS DER BAUTÄTIGKEIT AN IHRER JEWEILIGEN KLOSTERKIRCHE

1. Die ersten zehn Zisterzienserabteien

ABTEI	GRÜNDUNG	MUTTERKLOSTER	BEGINN–ABSCHLUSS DER BAUARBEITEN
Cîteaux	1098		1140–1150
La Ferté	1113	Cîteaux	1140–1160/1210–1220
Pontigny	1114	Cîteaux	1140–1170
Clairvaux	1115	Cîteaux	1135–1145
Morimond	1115	Cîteaux	1150–1160
Preuilly	1118	Cîteaux	1170–1200
Trois-Fontaines	1118	Clairvaux	1160–1190
Fontenay	1119	Clairvaux	1139–1147
Bonnevaux	1119	Cîteaux	1140–1240
Bourras	1119	Pontigny	1140–1170/1185–1205

2. Beispiele einiger Abteien, die vor 1150 in Nordfrankreich und Belgien gegründet wurden

ABTEI	GRÜNDUNG	MUTTERKLOSTER	BEGINN–ABSCHLUSS DER BAUARBEITEN
Vaucelles	1131	Clairvaux	1191–1235
Ter Duinen	1138	Clairvaux	1214–1262
Clairmarais	1140	Clairvaux	1225–1257
Cercamp	1141	Pontigny	1221–1262
Villers	1146	Clairvaux	1210–1240/1250–1272
Loos	1146	Clairvaux	1223–1251/1279–1289
Aulne	1147	Clairvaux	1200–1250
Cambron	1148	Morimond	1164–1196/1214–1240

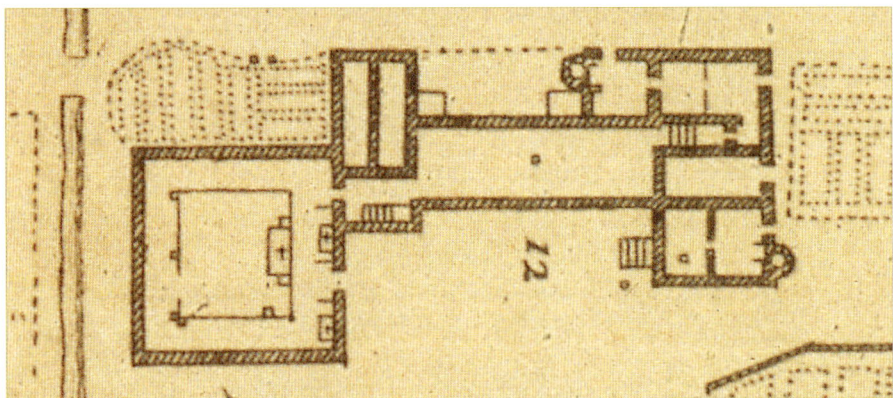

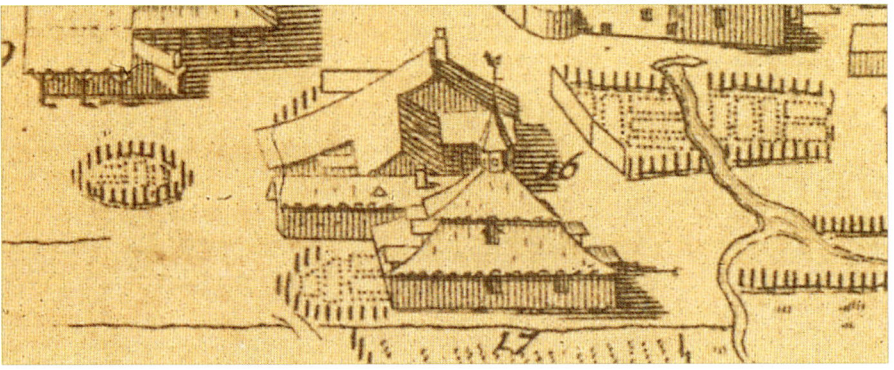

Oben:
*Monasterium Vetum,
Abtei Clairvaux, Cham-
pagne, (1115–1134), wie
es noch 1708 existierte
(Stiche von Dom Milley,
B.M. Troyes)*

Rechte Seite:
*Die wenigen durchgän-
gig romanischen Zister-
zienserklöster (hier der
Kreuzgang von Le Thoro-
net in der Provence) ver-
körpern am besten die
Grundprinzipien des Or-
dens: Askese und
Schlichtheit.*

auf der Fassade eingraviert steht. Zwei Benediktiner der Kongregation vom Heiligen
Maurus beschrieben sie im 18. Jahrhundert
als „recht klein, überwölbt und sehr schön";
sie hatte ein Mittelschiff von nur 24 Metern
Länge, wobei die Gewölbedecke wohl erst
später hinzugekommen sein dürfte. Die Zahl
zwölf ist im übrigen ein symbolischer Ver-
weis auf die Apostel, der jedoch nicht durchgängig beibehalten wurde.

Die Ausgrabungen einiger früher Kirchen,
deren Bau vor 1140 begonnen wurde, haben
bescheidene Basiliken ohne Querschiff und
Apsiden zu Tage gebracht, deren Hauptschiff
durch eckige Pfeiler gegliedert und von einem
hölzernen Dachstuhl überdeckt war. So war
es zum Beispiel in Rein in der Steiermark
(1129), in Taglieto in Ligurien (1120) und in
Tintern Major in Wales (1131).

Auf dem Grundriß und den berühmten Ansichten, die Dom Milley 1708 von Clairvaux
zeichnete, nahm das *monasterium vetum*
(Clairvaux I) noch großen Raum ein. Es wirkte wie eine Art Scheune, an die sich eine
sicher aus Stein gebaute Kapelle mit quadratischem Grundriß (17 x 17 Meter) und einem
Chorumgang anschloß. Das Gebäude hatte
ein vierstufiges Dach, durchbrochen von einer
Mitteltraufe und mehreren Gauben, und wurde überragt von einem Glockentürmchen mit
Laterne. Eine schöne Zimmermannsarbeit,
die wohl nach ein oder zwei Jahrhunderten
die ursprüngliche Konstruktion, über die
nichts bekannt ist, ersetzt haben dürfte.

Das Provisorium hielt sich eine Generation lang. In den Anfängen des Ordens dauerte
es mindestens zwanzig Jahre, bis die Klöster
die Phase der Erschließung, Urbarmachung
und Nutzbarmachung überwunden und –
vornehmlich durch Schenkungen – genügend
Kapital gesammelt hatten, um den Bau einer
„massiven" Abtei in Angriff zu nehmen, die
von Dauer sein sollte. Die Arbeiten daran
konnten sich über Jahrzehnte hinziehen und
sogar längere Zeit ruhen, wenn die Spender
sich weniger großzügig zeigten. Manche Abteien befanden sich über mehr als ein Jahrhundert hinweg im Bau (siehe S. 37).

nach Bedarf entstanden, dürften eine Art Weiler ohne übergeordneten Plan gebildet haben,
der allerdings von einer schützenden Einfriedung aus Holz oder einer dichten Hecke umgeben war.

Doch schon damals verwandte man auf die
Betkapelle, das Oratorium, besondere Sorgfalt. In Cîteaux wurde die steinerne Kapelle
des ersten Klosters schon 1106 geweiht, wie

ENTSTEHUNG DER ZISTERZIENSISCHEN ARCHITEKTUR

Das erste große Bauwerk begann Bernhard von Clairvaux, als er 1135 den Grundstein zu der großen Klosteranlage legte, die unter dem Namen Clairvaux II bekannt wurde. In Cîteaux fing man erst 1140, also mehr als 40 Jahre nach Gründung der Abtei, mit dem Bau der Klosterkirche an.

Seit 1133 war Stephan Harding nicht mehr Abt von Cîteaux; er starb ein Jahr später, etwa um die Zeit, als das Generalkapitel sich zum erstenmal seit der *Apologie* mit Fragen der Architektur und Dekoration befaßte. Muß man daraus schließen, daß Stephan Harding – soweit es in seiner Macht stand – die Verwirklichung großer Bauprojekte des Ordens behinderte, aus Angst, sie seien mit dem Geist der Armut der Gründungsväter nicht vereinbar? Fürchtete er, der Orden könne die Fehler von Cluny wiederholen und in das Konkurrenz- und Leistungsdenken verfallen, das Perioden baulicher Expansion naturgemäß innewohnt? Dem Einfluß Bernhards von Clairvaux ist es zuzuschreiben, daß Schlichtheit zum Schlüsselwort für die zisterziensische Architektur wurde. Vielleicht spürte er die Gefahr für den Orden, der Faszination unmäßiger und kostenintensiver Bauwerke zu erliegen, als Gottfried von La Roche-Vanneau, der Prior der Abtei, der trotz der zahlreichen Gründungen von Tochterklöstern nicht mehr wußte, wo er seine Mönche und Laienbrüder unterbringen sollte, ihn bat, Clairvaux II zu bauen.

Die Notwendigkeit eines architektonischen Programms Da der Orden nun einmal gezwungen war zu bauen, mußte man einen Rahmen vorgeben, der es den Äbten der Tochterklöster ermöglichte, Bauwerke errichten zu lassen, die dem monastischen Leben nach Art von Cîteaux entsprachen. Unter dem starken Druck Bernhards von Clairvaux, der von der Notwendigkeit einer Einheitlichkeit der Bauten überzeugt war, entstand so ein Programm, das für die Architekten der neuen Zisterzienserklöster verbindlich werden sollte. Natürlich wurde es nicht schriftlich festgehalten, da die Geheimnisse der Baukunst damals noch geschützt waren und mündlich in Bauhütten bzw. ihren Vorläufern tradiert wurden.

Das Programm der Abteien enthielt ein funktionales Schema, das die allgemeine Klosteranlage festlegte – und das man als „Idealplan" bezeichnet hat –, sowie architektonische Empfehlungen, die insbesondere die Formensprache, die Dekoration und alles, was den Geist des Bauprojektes ausmachte, betrafen. Betrachtet man die verschiedenen Zisterzienserklöster näher, so kann man feststellen, daß in der Tat in Fontenay in Burgund, Poblet in Katalonien, Maulbronn in Deutschland und Fountains in England die gleiche funktionale Anlage und Formensprache verwandt wurde. Sämtliche der 750 Männerklöster und unzähligen Grangien, Kellereien, Mühlen, Schmieden und Stadthäuser der Zisterzienser wurden nach diesem Programm gebaut, das für immer die Landschaften, Bauwerke und Ruinen prägte und auch heute noch – achthundert Jahre später – nachvollziehbar ist.

Vereinbarkeit von Ordensregel und Idealplan Es sollte ein Kloster gebaut werden, das den Mönchen einen Rahmen für ein ausgeprägtes Gemeinschaftsleben bot. Daher mußte der Klosterentwurf eine Übersetzung der Benediktsregel in die Architektur sein. Übrigens erinnert der Teil der *Capitula*, der sich mit dem Klosterbau befaßt, an die Grunddoktrin von Cîteaux (9.6): „Damit unter den Abteien für immer dauernde und unauflösbare Einheit herrsche, wurde als erstes festgelegt, daß die Regel des heiligen Benedikt von allen einheitlich ausgelegt werde und daß man nicht einmal in einem Buchstaben von ihr abweichen soll." Die immer sehr konkret gehaltene Ordensregel definierte detailgenau die Anordnung und Nutzung der Räume, darüber hinaus gab sie aber auch den Geist vor, der aus ihnen sprechen sollte. Für die Zisterzienser und Bernhard von Clairvaux machten Askese und Armut den Geist von Cîteaux aus, den die Architektur umsetzen mußte, damit sie ihrerseits die Entwicklung des monastischen Lebens fördern konnte.

Im Gegensatz zu der strengen Architektur der Zisterzienser bauten die Cluniazenser (die Abtei Cluny wurde um 910 gegründet), die sich ebenfalls der gewissenhaften Befolgung der Benediktsregel verschrieben hatten, prunkvolle, mit Kunstwerken überladene Kirchen. Sie orientierten sich nämlich an den Ordnungen Benedikts von Aniane, der den Gottesdienst ins Zentrum des klösterlichen Lebens stellte. Auch hier ist die Architektur Ausdruck einer Idee und eines Geistes.

Askese und Armut in der Architektur Für die Architektur bedeutet Armut allzu oft Vergänglichkeit, doch die Zisterzienser wollten, daß ihre Bauwerke sich gegen die Zeit behaupteten. Auch muß Askese nicht zwangsläufig gleichbedeutend sein mit Armut. P. Dalloz betont: „Man muß sich über den Begriff der Armut verständigen. Sprechen wir lieber von *Schmucklosigkeit*. Bei der Mäßigung der Zisterzienser ging es keineswegs um Konzessionen bei der Qualität der

BERNHARDS KAMPF GEGEN SCHMUCK AM KLOSTERBAU

„O Eitelkeit über Eitelkeit, aber nicht weniger wahnwitzig eitel! An den Wänden zeigt die Kirche ihren Glanz, an den Armen ihre Knickrigkeit. Ihre Steine bekleidet sie mit Gold, ihre Kinder läßt sie nackt. [...] Mit einem Wort, was haben diese Dinge mit den Armen zu schaffen, den Mönchen, den Männern des Geistes? [...] Aber wozu dienen in den Klöstern, vor den Augen der lesenden Brüder, jene lächerlichen Mißgeburten, eine auf wunderliche Art entstellte Schönheit und schöne Scheußlichkeit? Was bezwecken dort die unflätigen Affen, die wilden Löwen? Was die widernatürlichen Zentauren, die halbmenschlichen Wesen, die gefleckten Tiger? Was sollen die kämpfenden Krieger, die Jäger mit ihrem Horn? Hier kann man unter einem Kopf viele Leiber sehen, dort wieder auf einem Körper viele Köpfe. Auf der einen Seite bemerkt man an einem Vierfüßler den Schwanz einer Schlange, auf der anderen an einem Fisch den Kopf eines Vierfüßlers. Dort gibt es ein Tier zu sehen, vorne ein Pferd, die hintere Hälfte eine Ziege, hier wieder ein Hornvieh, das hinten als Pferd erscheint. Mit einem Wort, es zeigt sich überall eine so große und so seltsame Vielfalt verschiedener Gestalten, daß einen mehr Lust ankommt, in den Marmorbildern statt in den Codices zu lesen, daß man eher den ganzen Tag damit verbringen möchte, diese Dinge eins nach dem anderen zu bewundern, statt über das Gesetz Gottes zu meditieren. Bei Gott, wenn man sich schon nicht dieser Albernheiten schämt, warum tut es einem nicht wenigstens um die Kosten leid?"
Bernhard von Clairvaux, *Apologie an den Abt Wilhelm*, Ziffer 28–29

Materialien, der Vollkommenheit der Ausführung, der Wahl der Bauweisen."

Der Geist von Cîteaux bestand also darin, jeglichen Prunk und „unnützen Überfluß" zu meiden und immer die einfachste Lösung zu wählen.

In den *Capitula* (26) heißt es lapidar über die Kunst: „Skulpturen darf es keinesfalls geben und Malereien nur auf den Kreuzen. Auch dürfen diese nur aus Holz sein."

Bernhards Einsatz für das Programm der Zisterzienser Als guter Bauherr arbeitete Bernhard von Clairvaux unermüdlich an seinen Direktiven. In allen Klöstern des Ordens wurden seine immer wieder abgeschriebenen Briefe gelesen. Der berühm-

Oben:
Kapitell mit Drachen (Tod), der einen Christen verschlingt, Chauvigny, Stiftskirche St. Pierre, Poitou, zweite Hälfte des 12. Jahrhunderts.

Rechte Seite:
Paneel Nr. 7, Saal der Könige, Abtei Alcobaça, Portugal: Landvermesser des Klosters stecken das Terrain ab, das der König der Abtei geschenkt hat. Azulejos (Wandfliesen) von Anfang des 18. Jahrhunderts.

teste seiner Briefe, der den Konflikt zwischen Cîteaux und Cluny einleitete, befaßt sich auch mit Architektur und dekorativer Kunst. Es handelt sich um die *Apologie an den Abt Wilhelm* (1124/25), eine der Schriften, in denen sich das große schriftstellerische Talent Bernhards von Clairvaux am besten manifestiert. Darin drückt er sein Bedauern über „die grenzenlose Höhe der Bethäuser, ihre übermäßige Länge und unnötige Breite, den kostspieligen Glanz" aus und schmäht Cluny, auch wenn er einräumt: „Aber sei's drum, mag dies zur Ehre Gottes dienen." Mit dieser Verurteilung gab er jedem zu verstehen, daß man genau das Gegenteil dessen tun müsse, was er anprangerte, und daß nichts das Auge und den Geist vom Gedanken an Gott ablenken dürfe.

Der Abt von Clairvaux lehnte jedoch nicht jede Form von Kunst ab. Arbeitete er nicht wie jeder Schriftsteller in seiner Prosa sorgfältig mit literarischen Stilmitteln?

Die *Apologie* ist zu lesen als Äußerung eines Glaubenslehrers, der der ethischen Verpflichtung gegenüber den Armen Vorrang vor ästhetischen Erwägungen einräumt, die zu Beginn des 12. Jahrhunderts anachronistisch waren. Sich auf den Apostel Paulus beziehend unterschied Bernhard zwischen „geistigen" und „fleischlichen" Menschen und gab zu, daß die Architektur der Klöster und die der Pfarreien durchaus unterschiedlich sein könne.

„Der heilige Bernhard prangerte das orientalische Bestiarium an, wie es vor ihm übrigens schon manches Konzil getan hatte ... All diese Bildwerke seien wenig christlich ... Wenn die Kathedralen in der zweiten Hälfte des 12. Jahrhunderts zu ‚steinernen Bibeln' wurden, wenn die Portale mit Darstellungen von Episoden aus dem Evangelium anstatt aus der Apokalypse oder dem Alten Testament geschmückt waren, wenn Sirenen und Greife überall Christus, der Jungfrau und den Heiligen wichen, so war das der strahlenden Autorität des heiligen Bernhard zu verdanken." (P. Dalloz, *L' Architecture selon saint Bernard*)

BAUHERREN UND BAUMEISTER

Bernhard von Clairvaux kümmerte sich persönlich um die Bauarbeiten an den Klöstern, die er besuchte. Die Legende stellt den Heiligen dar als einen ausschließlich in seine Gebete vertieften Mystiker. Es ist jedoch bekannt, daß er durchaus sehr konkrete Vorschläge machen konnte: So verstand er es zum Beispiel, für die Niederlassung des Klosters Villers einen anderen Standort zu suchen, der den wassertechnischen Anforderungen besser genügte als der ursprünglich gewählte Ort.

Die Vorgaben des Klosterplans wurden von jedem Abt, der eine neue Abtei gründete, respektiert. Bernhard vermittelte den Tochterklöstern so die architektonische Botschaft, die er beim Bau seiner Abtei angewandt hatte. Die Äbte erhielten ihre Weisungen alljährlich beim Generalkapitel, auf dessen Tagesordnung auch Debatten über Architektur standen.

Die Cellerare als „stellvertretende Bauherren" Auf den Baustellen der Abteien oblag es den Mönchen, die als Cellerare mit der Klosterverwaltung betraut waren, die tagtäglichen Aufgaben des Bauherrn zu versehen und sich um sämtliche Belange des wirtschaftlichen Lebens des Klosters zu kümmern. Einige von ihnen sind aufgrund ihrer Kompetenz in die Geschichte eingegangen, wie zum Beispiel Gerhard, ein Bruder Bernhards, der Cellerar von Clairvaux war. Bei seinem Tod lobte der Vaterabt seine Verdienste:

„Was war Gerhard fremd im Bauwesen, auf dem Feld, in den Gärten, den Gewässern, der Kunst oder den landwirtschaftlichen Arbeiten? Er verstand es, mühelos Maurer, Schmiede, Bauern, Schuhmacher und Weber anzuleiten."

Auch ein Teil der vom Cellerar angeleiteten Maurer war für die Planung des Bauwerks mitverantwortlich. Sie gehörten zwar derselben Zunft an wie diejenigen, die die Arbeiten ausführten (die Steinmetze und Handlanger), hatten aber mehr Kompetenzen.

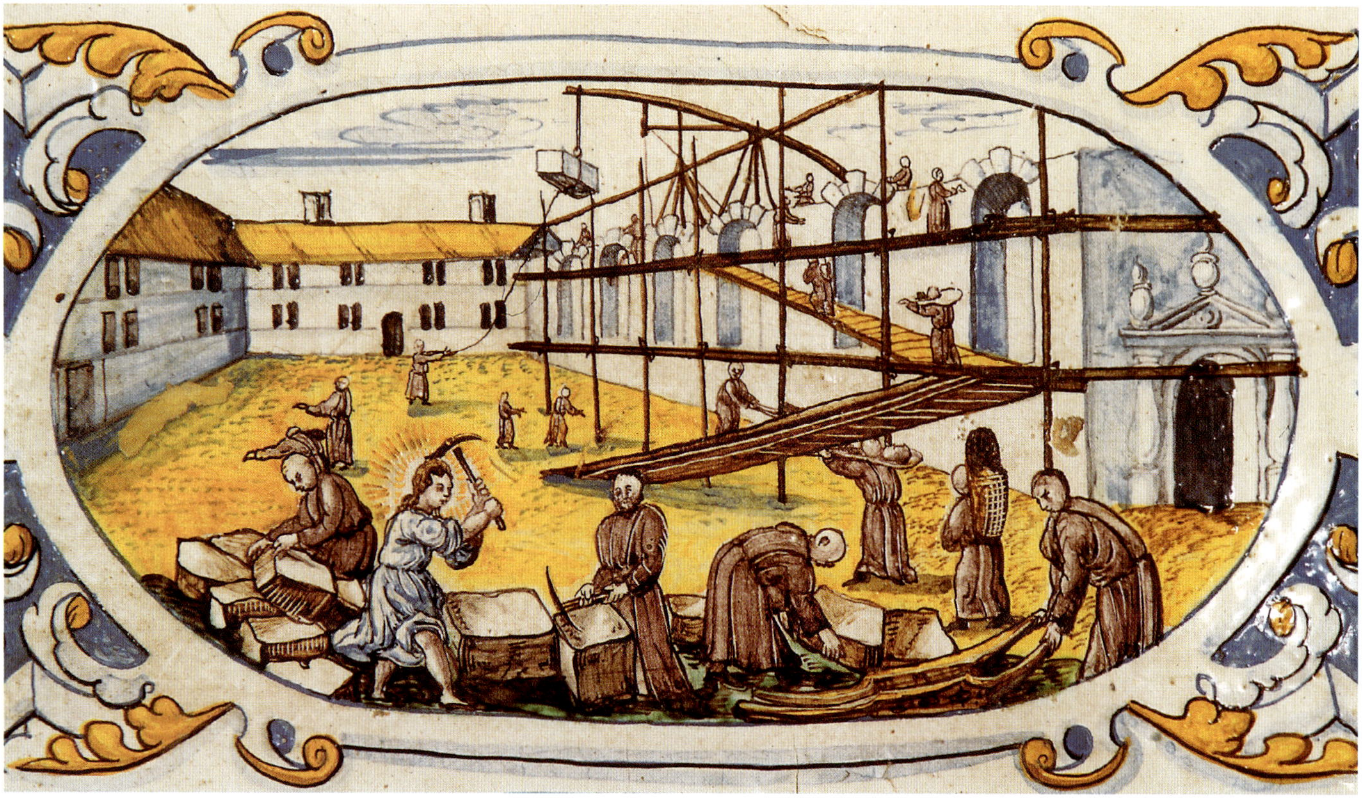

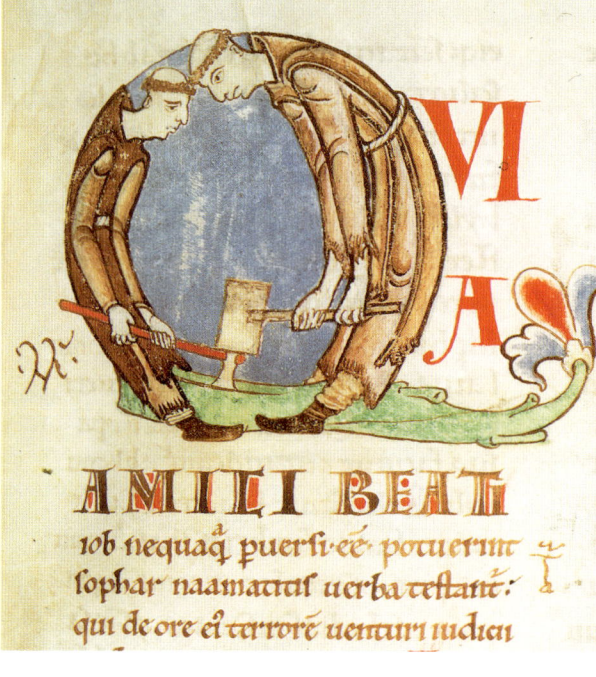

Oben:
Ofenplatte aus Kloster Salem, Deutschland: Steinmetzwerkstatt.

Rechts:
Miniatur mit Mönchen bei Zimmermannsarbeiten. Handschrift aus Cîteaux, Moralia in Job Gregors VII., Anfang des 12. Jahrhunderts (B.M. Dijon, Ms 170, Folio 59).

VI
A
AMICI BEATI
iob nequaquam peruersi esse potuerint
sophar naamatitis uerba testantur:
qui de ore ei terrore uenturi iudicii
agitur · ut in eius quoque increpatio
ne dila[ta]bantur · ad quam tamen increpa
tionem quasi sub quadam reuerentia
descendunt; Unde sophar subiecit
dicens; Doctrinam qua me arguis
audiam · & sps intelligentie mee
respondebit michi; Ac si apte dicat;
Tua quidem uerba audio · sed an re
cte placata sunt · spu mee intelligen
tie discerno; Nam qui docentis uer
ba despiciunt · doctrinam eius non
ad adiutorium sed ad occasionem cer
taminis sumunt · ut audita potius
iudicent quam sequantur; His itaque sub
quodam moderamine permissis · in apta

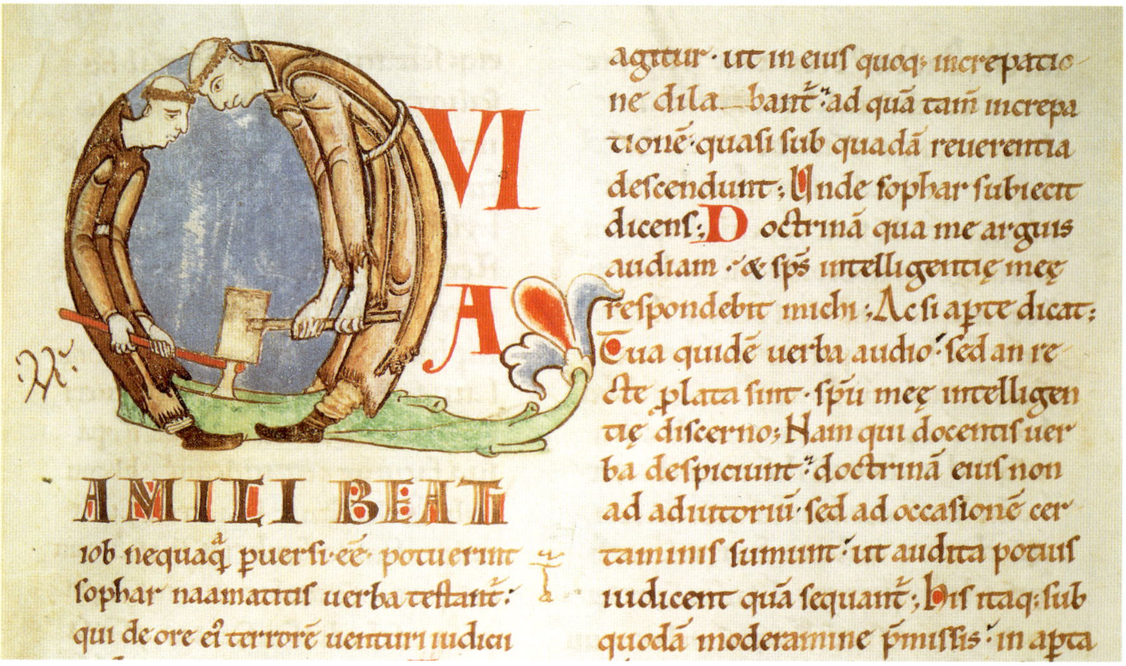

DIE BAUMEISTER
DER ZISTERZIENSERABTEIEN

Viollet-le-Duc weist in seinem *Dictionnaire raisonné de l'architecture* darauf hin, daß zumindest die großen Klöster, die über eigene Bibliotheken zur Wissenstradierung verfügten, während des Hochmittelalters eigene Baumeister hatten. Zur Zeit des Kathedralenbaus wurden zunehmend Baumeister, die in unabhängigen Schulen oder in „Bauhütten" an großen Baustellen ausgebildet waren, mit diesen Aufgaben betraut, während die Klöster ihre führende Stellung auf dem Sektor der Architektur verloren.

Man hat bisher angenommen, daß die Zisterzienser ebenfalls eigene Baumeister unter den Mönchen und Konversen besaßen. Aber auch wenn die Ordensregel verlangte, sämtliche Berufe auszuüben, konnte kaum ein Mönch einen ausgebildeten Baumeister oder Steinmetz ersetzen. Manche mittelalterliche Stiche zeigen Mönche und Konversen beim Bauen, was man aber ruhig zu den Legenden des Ordens rechnen kann. Weder konnten die Mönche und Konversen mehrere Jahre für die Gesellenausbildung aufbringen, bevor sie es wagten, so gewaltige Bauwerke wie eine Abtei in Angriff zu nehmen, noch war es den Mönchen möglich, auf einer Baustelle eine kontinuierliche, effektive und rentable Arbeit zu gewährleisten. Der monastische Tagesablauf war durch die verschiedenen Stundengebete eingeteilt, und der Vorrang gebührte dem *Opus dei*, also dem Gottesdienst.

Laut Marcel Aubert beschäftigte Bernhard von Clairvaux für den Bau von Clairvaux II und später auf anderen Baustellen seiner Tochterklöster die Mönche und Baumeister Achard und Gaufrid von Ainai. Sie betätigten sich aber wohl weniger als Baumeister denn als Organisatoren, die sich um finanzielle und personelle Probleme auf den Baustellen kümmerten. Alain Erlande-Brandenburg hat vor einigen Jahren darauf hingewiesen, daß die Aufgaben des Bauherrn und des Architekten immer schon von Professionellen übernommen wurden. Das erscheint logisch, wenn man weiß, welches fachliche Können es verlangt, ein großes Bauvorhaben zu entwerfen und zu leiten. Es gab einen vom Kloster bestellten technischen Bauleiter, den *operarius*, der oft mit einem Architekten verwechselt wird. Gerhard, Achard und Gottfried von Ainai werden als *operarii* bezeichnet. Im übrigen führt Marcel Aubert selbst mehrere Texte an, die die Anwesenheit von Laienbaumeistern und bezahlten Arbeitskräften auf den Baustellen der Abteien belegen. Die Zeichen der Steinmetze auf den Pfeilern und Gewölben der Abteien sprechen ebenfalls für die These, daß nicht allein die Mönche ihre Arbeitskraft in die großen Bauunternehmungen einbrachten, sondern diversen bezahlten Fachkräften die Aufgaben, die einer soliden Ausbildung bedurften, überlassen wurden.

Steinmetzzeichen

Rechts und unten:
*1. und 2. Abtei
Clairvaux, Champagne.
3. Abtei Poblet, Spanien.
4. Abtei Veruela, Spanien.*

Rechte Seite:
*Abtei Sénanque,
Provence.*

1

2

3

4

ANALYSE DES BERNHARDINISCHEN PROGRAMMS

Offenbar hatten die Prinzipien, die Bernhard von Clairvaux beim Bau seiner Abtei anwandte, erheblichen Einfluß. Anhand der Veröffentlichung des enormen *Recueil de plans d'églises cisterciennes*, einer Sammlung der Baupläne zisterziensischer Abteien von Anselme Dimier, kann man feststellen, daß die 69 Tochterklöster von Clairvaux, die vor 1153 gegründet wurden, sich alle an die Vorlage des berühmten Abtes hielten. Die gleiche architektonische Sprache findet man auch in Cîteaux und den meisten Abteien anderer Filiationslinien.

1. Der Standort

„Wenn möglich ist das Kloster so anzulegen, daß alles Notwendige, nämlich Wasser, Mühle, Garten ... und die verschiedenen Berufe innerhalb des Klosters ausgeübt werden können."

Benediktsregel, 66.6

„In Städten, befestigten Orten und Dörfern dürfen keine Klöster gebaut werden."

Capitula, 9.2

Wald statt Wüste Die älteste Form des christlichen Mönchtums ist das Eremiten- oder Anachoretentum, das im 3. Jahrhundert nach Christus aufkam. Die Eremiten zogen sich in die Wüste zurück, um dort ihr Leben in strenger Askese Gott zu weihen. Benedikt von Nursia bewunderte und beneidete dieses Eremitendasein des frühen Christentums (Benediktsregel, 1.5), und so waren auch Robert von Molesme und seine Anhänger, die streng nach dessen „Regel" lebten, durchdrungen vom Gedanken an das zurückgezogene Leben in der Wüste.

Für das mittelalterliche Abendland war diese Wüste der Wald, daher machten die Zisterzienser ihn zu ihrer Heimat. Dort fanden sie die „große Einsamkeit", die den kontemplativen Orden so wichtig war, aber auch das Holz, das damals den Rohstoff für diverse Be-

rufe bildete. Außerdem besaß der Wüsten-Wald noch den mythischen Charakter eines Tempels heidnischer Kulte und eines Zufluchtsortes für geflohene Leibeigene, Köhler und andere „Waldbewohner", die durch die Wälder streiften wie Nomaden durch die Wüste. Diese waren den Seßhaften suspekt und machten den Wald zu einem gesellschaftlichen Randgebiet, das für die Eremiten schon immer verlockend gewesen war und auch den Zönobiten, den in klösterlichen Verbänden lebenden frühchristlichen Mönchen, gefiel (Jacques LeGoff, *Phantasie und Realität des Mittelalters*).

Zwischen den Vogesen und dem Morvan am Nordostrand des Zentralmassivs, zwischen den Ardennen und dem Plateau von Langres hatte der Wald im Mittelalter noch die urwaldähnliche Dichte der alten gallischen Wälder des Nordens bewahrt, die die Römer beeindruckt als das „dicht behaarte Gallien" bezeichnet hatten. Clairvaux, Morimond, Pontigny waren nicht mehr als beträchtliche Lichtungen inmitten dieser Orte voller „legendärer Schrecken", die es durch das Gebet zu bekämpfen galt.

Das Wasser der Täler Das autarke Leben des Klosters zwang die Zisterzienser, systematisch Standorte in wasserreichen Waldgebieten zu suchen. Eine reichliche Wasserversorgung war die Vorbedingung für eine effektive Eigenbewirtschaftung. Aus diesem Grund siedelten sie nie ein Kloster auf einem Berg an wie beispielsweise die Benediktiner mit ihrer Abtei Vézelay in der Champagne.

Bernardus valles, colles Benedictus amabat, Franciscus vicos, magnas Dominicus urbes.

(Bernhard liebte die Täler, Benedikt die Berge, Franz von Assisi die Dörfer und Dominikus die großen Städte.)

Mittelalterliches Sprichwort

Die Zisterzienseräbte, die in ganz Europa ausgeschickt wurden, um den Kontinent mit neuen Klöstern zu überziehen, erkundeten

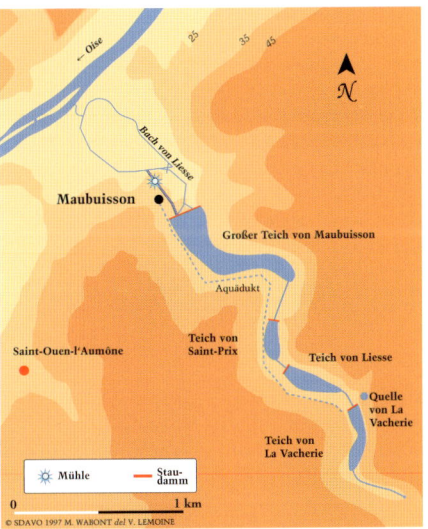

zunächst ausgiebig die Täler der Region, in die ein Bischof oder ein Feudalherr sie gerufen hatte. Sie bevorzugten kultivierbare Neurodungen an Flußläufen, die sich kanalisieren ließen. Das Wasser brauchten sie, um die Mühlräder und die Blasebälge der Eisenhämmer anzutreiben, sich nach der Arbeit zu waschen, die Latrinen zu reinigen und die Fischteiche anzulegen, in denen sie Karpfen zogen – ein Hauptnahrungsmittel der Mönche und Armen, die an die Klosterpforte klopften. Natürlich war auch eine einfache Trinkwasserquelle notwendig.

Die meisten Klöster schufen zunächst eine provisorische Ansiedlung und warteten mit dem Bau der endgültigen Kirche, bis sie einen Ort gefunden hatten, der ihren wassertechnischen Anforderungen besser entsprach. So war es auch in Cluny I (1115–1134), das zwanzig Jahre nach seiner Gründung zu Wirtschaftsgebäuden umfunktioniert und umgebaut wurde. Das gleiche gilt für die ersten Ansiedlungen von Villers-en-Brabant, Acey in der Franche-Comté und Le Thoronet in der Provence. Und wenn sich später herausstellte, daß die Wasserversorgung an dem gewählten Standort letztlich nicht ausreichte, waren die Mönche in der Lage, große Kanäle anzulegen, was oft komplexe und in Anbetracht der damaligen technischen Möglichkeiten immer

umfangreiche Arbeiten erforderte. Das Meisterwerk der „Hydraulikingenieure" des Ordens befindet sich in Obazine, wo sich eine Eremitengemeinschaft 1147 Cîteaux anschloß. Da sie am Hang eines hohen Berges angesiedelt war, eignete sich ihr Standort schlecht für die Lebensweise der Zisterzienser, aber man gab die Gebäude nicht auf, sondern leitete das Wasser eines Wildbaches, der 1700 Meter vom Kloster entfernt floß, über den „Mönchskanal" quer durch die Felsen heran und speiste damit einen Fischteich, die Abwasserkanäle der Küchen und Latrinen, die Getreidemühle, eine Walkmühle und sicher auch eine Eisenhütte.

Da man generell die Nähe von Wasserläufen anstrebte, mußte man auch Lösungen für Probleme, die Ansiedlung von Klöstern an solchen Orten betreffend, finden. Vor Hochwasser schützten sich die weißen Mönche häufig, indem sie sich auf einer Terrasse oberhalb des Flusses ansiedelten wie in Pontigny, Huerta und Zwettl. Um das Wasser zum Kloster zu leiten, mußte man oberhalb der Abtei einen Kanal abzweigen. Lag das Kloster im Talgrund, baute man einen Staudamm, um starke Niederschläge zu kanalisieren (Fontenay) oder umgekehrt durch den Stausee ständig über einen ausreichenden Wasservorrat zu verfügen (Fontmorigny). Ein Abflußkanal

leitete das Wasser an das tiefergelegene Kloster. Ungewöhnlicher ist der Fall des Klosters Sittichenbach, wo in zwei tiefen Stollen, die in den Schiefer gebrochen wurden, das eindringende Wasser gesammelt wurde, um einen Teich und eine Mühle zu speisen.

Wie alles im Mittelalter hatte auch das Wasser eine symbolische Bedeutung. Das Wasser der Taufe ist zugleich auch das Wasser vom Anfang der Welt. Deshalb taucht das Wasser in den Ortsnamen der Zisterzienserabteien auf: Fontenay, Trois-Fontaines, Fontfroide (*Fons frigida*), Aiguebelle (*Aquabella*), Belaigue (*Bona aqua*), Auberive, Haute-Fontaine, Aubepierre, Bonnefontaine, Bonaigue (*Bona Aqua*) und sogar in Sénanque (*Sana aqua* oder *sine aqua*?). Das Wasser fließt im deutschsprachigen Raum z. B. in Aldersbach, Amelungsborn (*Fons Amelungi*), Bronnbach (*Fons Rivi*), Eberbach, Heilsbronn (*Fons Salutis*), Heisterbach, Königsbronn (*Fons Regis*), Stürzelbronn und Walderbach.

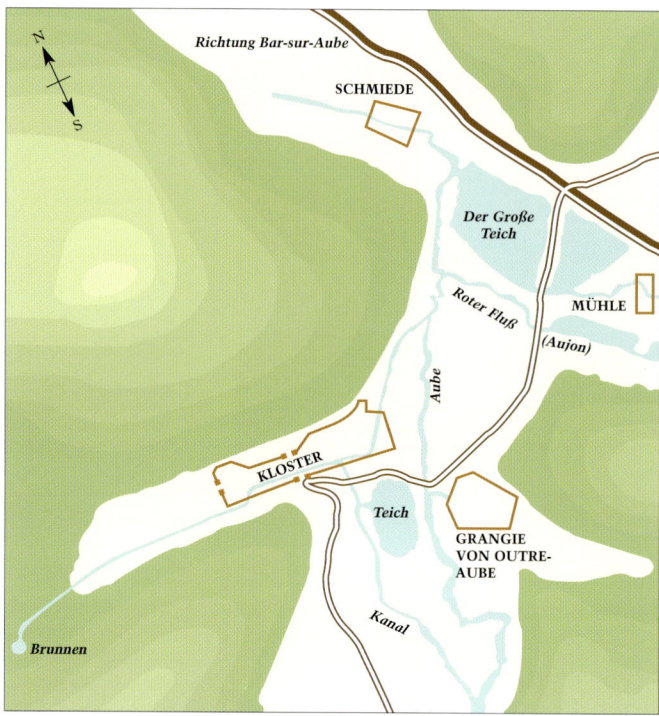

Lageplan der Abtei Clairvaux in der Champagne: eine abgeschiedene, von West nach Ost ausgerichtete Talmulde im Wald, ein Fluß, Teiche, eine saubere Quelle und in der Nähe die große Handelsstraße der Champagne. Nach J.M. Musso, ACMH.

Die Wege zum Kloster Wo ein Fluß durch den Wald floß, war auch eine Straße nicht weit. Daher lagen die Zisterzienserklöster häufig in der Nähe damaliger Straßennetze. Zwar drangen die Zisterzienser, um von der Welt abgeschieden zu sein, in die Wälder vor, oft aber nur einige hundert Meter.

Cîteaux, das nach eigenem Verständnis mitten in den Sümpfen lag, war nur etwa eine Stunde Fußmarsch (ca. fünf Kilometer) von der herzöglichen Straße entfernt, die in Höhe des heutigen Dorfes Saint-Bernard das Flüßchen Vouge kreuzt. Man erreichte das Kloster, wenn man dem Flußlauf folgte.

Die ersten Tochterklöster lagen allerdings noch näher an der Straße. La Ferté lag kaum vier Kilometer von Saint-Ambreuil entfernt. Die Pforte von Morimond lag unmittelbar an der zugegebenermaßen kleinen Straße von Damblain nach Fresnoy. Das gleiche gilt für Pontigny an der Brücke über den Serein, die als Grenzübergang zwischen der Grafschaft Auxerre und der Grafschaft Champagne diente.

In dieser Hinsicht ist der Standort von Clairvaux noch bemerkenswerter. Bernhard wählte ihn nicht allein, weil ihm sein Cousin Gosbert der Rote, Vicomte de La Ferté, das Land schenkte. Der Boden von Clairvaux, in einem engen Tal zwischen zwei dicht bewaldeten Bergen an der Aube gelegen, war zwar üppiges Schwemmland und durch die Ost-West-Ausrichtung nicht ohne Sonne. Doch der wahre Grund für die Wahl des Standortes von Clairvaux bestand in seiner Lage zu den Straßen. Die uralte Route des römischen Feldherrn Agrippa von Lyon nach Reims, Teilstück der großen Verbindung von Italien nach England, führte in knapp einem Kilometer Entfernung an Clairvaux vorbei. Da sie zu den Märkten der Champagne führte, war sie im Mittelalter wieder zu einem der Haupthandelswege Europas geworden. Etwa vier Kilometer von Clairvaux entfernt lag Bar-sur-Aube, einer von vier Marktflecken, der alljährlich seine Tore Reisenden öffnete. In Bar-sur-Aube besaß Clairvaux ein Stadthaus. Bernhard befand sich also im Zentrum Europas.

Fremdenkapelle von Kloster Poblet, Spanien. Der heilige Benedikt empfahl: „Gäste, die kommen, empfange man alle wie Christus, weil er selber sagen wird: Ich war fremd und ihr habt mich aufgenommen." (Regel 53.1) Daher besaßen alle Klöster ein Gästehaus, das jedoch außerhalb des Klausurgevierts lag, um das Leben der Mönchsgemeinschaft nicht zu stören.

2. Die Klostermauer als innere und äußere Grenze

„Mit was für Instrumenten wird das Gute getan?
Zuerst: Den Herrn, Gott, lieben ...
Die Werkstatt aber, in der wir all dieser Arbeit eifrig obliegen, ist die Abgeschlossenheit des Klosters ..."

Benediktsregel, 4.1 und 4.78

„An die Pforte des Klosters wird jemand gestellt, der gesetzten Alters und erfahren ist ... und den ein reifer Charakter hindert, herumzuschweifen."
„Wenn möglich, ist das Kloster so anzulegen, daß alles Notwendige ... innerhalb des Klosters ausgeübt werden kann. So brauchen die Mönche nicht draußen umherzulaufen, was ja ihren Seelen keineswegs zuträglich ist."

Benediktsregel, 66.1 und 66.6–7

„[Derjenige verfällt der Strafe der Regel, der sich herausnimmt], den geschlossenen Bezirk des Klosters zu verlassen oder irgendwohin zu gehen ..."

Benediktsregel 67.7

In den *Capitula* heißt es:
„Außerhalb der Klosterpforte darf kein Wohnhaus gebaut werden, nur Stallungen."

Capitula, 9.5

„Kein Mönch darf außerhalb der Klausur wohnen. Ein Mönch nämlich, der nach der Regel im Kloster wohnen muß, darf zwar auf die Grangien gehen, sooft er hingeschickt wird, doch niemals länger dort wohnen."

Capitula, 16

Die Zisterzienserabtei war also ein abgeschlossener Raum. Sämtliche Gebäude des Klosters, einschließlich der Werkstätten und Gärten, mußten innerhalb einer Einfriedung liegen und den Blicken Außenstehender entzogen sein. Zur Zeit Bernhards von Clairvaux waren viele dieser Einfriedungen noch aus Holz. Später baute man alle aus Natur- oder Backstein, verstärkt durch Wehr- oder Wachtürme, um sich vor Räubern zu schützen.

An die Klostermauer, diesen symbolischen Ort des Austauschs zwischen Innen und Außen, kamen die Fürsten, um ihre Schenkungen zu bringen, und die Armen, um Nahrung zu erbitten. Die erhaltenen Pforten des 12. Jahrhunderts sind schlichte Gebäude mit quadratischem Grundriß und zwei Bogengängen, einem für Wagen und einem für Fußgänger. Und da es nur eine Pforte gab, entging man dem Blick des Pförtners nicht.

Neben der Pforte befand sich die Kapelle für „Fremde", also für alle, die nicht zur Gemeinschaft der Mönche oder Laienbrüder gehörten. Dort hörten die Gäste des Klosters, die in den Gästehäusern wohnten, die Messe. Auch die Angehörigen der *familia*, also die männlichen und weiblichen Bediensteten und die Menschen der unmittelbaren Nachbarschaft, konnten hierherkommen, obwohl sie normalerweise die Messe ihrer Pfarrkirche besuchen mußten, auch wenn sie weiter entfernt lag.

Wappen

1. Hore, Irland.
2. Kilcooly, Irland.
3. Fontenay, Frankreich.
4. Ter Doest, Belgien.
5. Melrose, Schottland.
6. Heiligenkreuz, Österreich.
7. Tarouca, Portugal.

MAUERN

„Wenn ich Gärtner wäre, würde mich die Mauer mehr interessieren als der Garten, oder vielmehr, der Garten bestünde nur durch die Mauer … Zu dieser Mauer würde ich immer wieder zurückkehren und mir sagen, daß es hinter ihr nichts oder fast nichts gibt: einen Lärm, dessen Getöse kaum zu hören ist, oder – warum nicht? – wunderbare Landschaften, die aber nicht im geringsten meine Neugier wecken … Wenn ich Gärtner wäre, würde ich diese Mauer berühren, wie der Kranke bei einem sanften Tod die Hand nach einem Engel ausstreckt."
Pierre Sansot, *L'espace et son double*

„Ich mag umschlossene, gut abgegrenzte Orte, die ihre Umgebung ausblenden und eine völlig überschaubare Welt schaffen, die sich bequem erfassen läßt. Die Abgeschlossenheit hat für mich etwas Tröstliches."
Jean Dubuffet, *Bâtons rompus*

„Noch ein großer Menschheitstraum: die Abgeschlossenheit der ersten Ruhestätte im Mutterleib wiederzufinden, das ist ein Verlangen, das immer wiederentsteht, seit man mit Muße träumt … Seit man den Jonaskomplex (im Bauch des Wales) analysiert, präsentiert er sich als Wert des Wohlbefindens. Der Jonaskomplex beeinflußt seither sämtliche Gestaltnahmen der Zuflucht, jenes primitiven Zeichens sanften, warmen, niemals bedrohten Wohlbefindens. Er stellt ein veritables Absolutes der Intimität, ein Absolutes des glücklichen Unbewußten dar."
Gaston Bachelard, *La Terre et les rêveries du repos*

DIE REKRUTIERUNG DER ZISTERZIENSERMÖNCHE

Die „weißen Mönche" hielten sich an die gesellschaftlichen Regeln ihrer Zeit: Wer als Mönch Aufnahme in ihr Kloster finden wollte, mußte adlig sein und des Lateinischen mächtig sein. Auf dieser Bedingung bestand man nicht, wenn sie der politischen Räson entgegenstand: So wollte Gobert d'Apremont, ein mächtiger Adeliger, Zisterzienser in Villers-en-Brabant werden. Es erwies sich als problematisch, ihn unter dem Vorwand, daß er Analphabet (*illiteratus*) war, nicht aufzunehmen. Dennoch lernte er einige Psalmen, deren Sinn er nicht verstand. Manchmal wurde ihm im Chorgestühl langweilig, dann kaute er ein Pfefferkorn, um sich wachzuhalten! Umgekehrt bewunderten die Zisterzienser einige Mitbrüder, die keine Adeligen, aber gute *literati* waren.

3. Die Klostergebäude

„Es darf kein neuer Abt an einen Ort ausgesandt werden ohne wenigstens zwölf Mönche … Auch müssen vorher folgende Gebäude errichtet worden sein: Oratorium, Refektorium, Dormitorium, die Wohnung für die Gäste und den Pförtnerbruder, damit die Mönche dort sofort Gott dienen und der Regel gemäß leben können."

Capitula, 9.4

Die Tradition der Klosteranlage Für den Grundriß der einzelnen Klostergebäude gab es keinerlei Anweisungen, und dennoch wurden sie alle nach dem gleichen Schema errichtet. Hier wirkte die programmatische Macht der Tradition als komplementäres Element expliziter Direktiven. Fest steht, daß die Regel und ihre Exegeten sich nicht mit Dingen befaßten, die in der von zahllosen rituellen Ordnungen bestimmten Welt des

Mittelalters selbstverständlich waren. Wenn die Vorgaben der Tradition eindeutig waren, machte Bernhard von Clairvaux keine weiteren Ausführungen dazu.

Als die Zisterzienser nach 1135 anfingen, ihre Abteien zu bauen, gab es für Bernhard von Clairvaux, der sämtliche große Abteien seiner Zeit besucht hatte, keinen Grund, von gewissen Traditionen der Benediktinerabteien abzuweichen, vor allem bei der Bauform der Klausurgebäude nach dem Vorbild des karolingischen Landgutes, das seinerseits inspiriert war von der römischen Villa mit Atrium aus der Zeit der Romanisierung Galliens.

Der geschlossene Gebäudekomplex, eingefaßt von Mauern, bildete das Grundschema der Klosteranlage des 12. Jahrhunderts.

Das charakteristische Merkmal der Zisterzienserabtei ist die unveränderbare Verteilung der verschiedenen Funktionen auf die Gebäude, die das Viereck der Klausur bilden – eine Verteilung, die sich zwar nach gewissen funktionalen, aber auch nach soziologischen Kriterien richtete, denn innerhalb der Abtei befanden sich quasi zwei Klöster, das der Mönche adliger Abstammung und das der Laienbrüder oder Konversen, die für die wirtschaftliche Autarkie der Gemeinschaft unverzichtbar waren.

Kirche und Kreuzgang bildeten das Herz der Abtei: Sie waren im wesentlichen den Mönchen vorbehalten. Angrenzend an den Kreuzgang lagen zwei separate Gebäude, eines für jede Gemeinschaft, im Osten das Haus der Mönche, das an das Querschiff der Kirche angrenzte, damit sie sich auf direktem Weg zu den Gottesdiensten und Stundengebeten begeben konnten, und gegenüber im Westen das Gebäude der Laienbrüder, offen zur Klosterpforte und damit der Außenwelt, in der sie arbeiteten.

Der bernhardinische Plan des „monastischen Vierecks" Da die funktionale und soziale Organisation der Zisterzienserabteien von Bernhard von Clairvaux beim Bau seiner Abtei festgelegt, aus der Tradition hervorgegangen, von der Benediktsregel gerechtfertigt und von Nutzern umgesetzt war, die Gehorsam als Tugend rühmten, wurde sie über mehrere Jahrhunderte hinweg von einer Abtei zur nächsten beibehalten und erfuhr lediglich Änderungen, die durch die Anpassung an den Standort und die lokalen Besonderheiten der Ausführung bedingt waren.

Selbst Cîteaux griff nach 1140 die Anlage von Clairvaux auf. Mittlerweile hatte Bernhard die Arbeiten an seinem Tochterkloster Fontenay beginnen lassen (die Kirche wurde zwischen 1139 und 1147 erbaut). Fontenay kann man als Prototyp der Zisterzienserabtei ansehen, da Clairvaux sehr bald übermäßig wuchs und sich mit seinen mehreren hundert Mönchen und Konversen, Lohnarbeitern, Gästen und Armen zu einem wahren Klosterdorf entwickelte, das sich ständig im Bau befand.

Überall galt das gleiche funktionale Programm für die Klausurgebäude und ihre räumliche Organisation (siehe Idealplan).

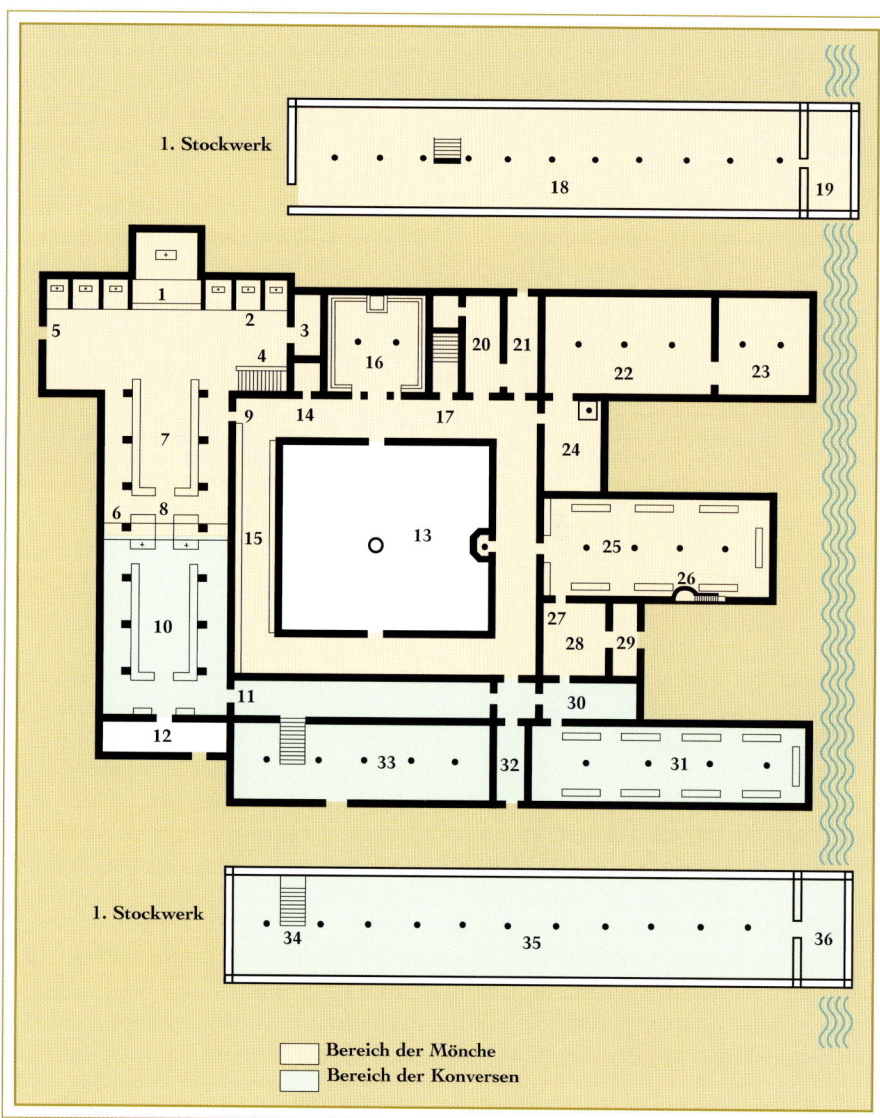

1. Stockwerk

18 19

1. Stockwerk

34 35 36

Bereich der Mönche
Bereich der Konversen

DIE ZISTERZIENSERABTEI NACH BERNHARD VON CLAIRVAUX

Funktionale Anlage der Klausurgebäude und ihre räumliche Organisation (Idealplan)

1. Sanktuarium und Hauptaltar
2. Seitenaltäre
3. Sakristei
4. Matintreppe
5. Friedhofspforte
6. Chorschranke
7. Mönchschor
8. Krankenchor
9. Mönchspforte zum Kreuzgang
10. Konversenchor
11. Konversenpforte
12. Vorhalle
13. Brunnen des Klosterhofes
14. Armarium (Bibliothek)
15. Kreuzgangflügel (Kollationsgang)
16. Kapitelsaal
17. Tagestreppe zu
18. Dormitorium (Schlafsaal) der Mönche
19. Latrinen
20. Auditorium (Sprechzimmer) der Mönche
21. Durchgang
22. Skriptorium (Mönchssaal)
23. Novizensaal
24. Kalefaktorium (Wärmestube)
25. Refektorium der Mönche
26. Sitz des Lesenden
27. Durchreiche
28. Küche
29. Vorratsräume
30. Sprechzimmer der Konversen
31. Refektorium der Konversen
32. Gasse der Konversen
33. Keller
34. Treppe der Konversen
35. Schlafsaal der Konversen
36. Latrinen

• **Die Klosterkirche** Die Zisterzienserkirche ist ein Abkömmling der frühchristlichen Basilika in Form eines lateinischen Kreuzes. Wie die Frühkirchen ist sie „gerichtet", wendet sich also *ad orientem* (nach Osten). Der Osten, die Himmelsrichtung des Sonnenaufgangs, war ein Symbol für die Auferstehung. Man richtete sich aus nach der Hoffnung auf die Auferstehung der Toten, symbolisiert durch die Sonne, die durch die Fenster oder Okuli an der Stirnwand der Zisterzienserkirche in den Altarraum schien.

Der Altarraum Im Zentrum des Altarraums (1) stand der Hauptaltar. Da das Gebot der Schlichtheit auch für den Gottesdienst galt, war der Raum relativ klein. Weil sich dennoch alle Blicke auf den Priester konzentrieren sollten, der die Messe las und gut zu sehen sein mußte, war der Altarraum um zwei Stufen gegenüber dem Kirchenboden

erhöht und der Hauptaltar um eine weitere Stufe. In den Kirchen des 12. Jahrhunderts bestand der Hauptaltar aus einem einfachen Steinsockel mit einer steinernen Platte. An der Stirnseite des Altarraums stand ein Kruzifix, ein schlichtes Holzkreuz, das das Generalstatut von 1119 als einzigen Schmuck erlaubte; es schränkte auch den Luxus bei Altartüchern und Abendmahlsgefäßen ein:

„Die Altartücher und die liturgischen Gewänder sollen nicht aus Seide sein mit Ausnahme von Stola und Manipel. Die Casel aber darf nur einfarbig sein. Aller Schmuck des Klosters, die liturgischen Gefäße und sonstigen Gegenstände seien ohne Gold, Silber und Edelsteine mit Ausnahme des Kelches und Kommunionröhrchens. Doch dürfen diese beiden nur aus Silber und vergoldet sein, aber niemals aus reinem Gold." (*Capitula*, 25)

Der Altarraum schloß mit einer geraden Stirnwand ab. Dabei handelte es sich um ei-

ne formale Besonderheit der zisterziensischen Architektur, die von Bernhard inspiriert war. Allerdings haben zahlreiche Historiker diesem berühmten geraden Chorschluß allzuviel Bedeutung beigemessen, der einzig dem begrenzten Budget geschuldet war, das jegliche Vereinfachung der Bauformen begrüßte. Übrigens war der gerade Chorschluß keine Erfindung der Zisterzienser. Auch wenn die runde Apsis seit Konstantin für den Abschluß des Altarraums christlicher Kirchen typisch war, gab es seit dem 11. Jahrhundert in Burgund doch zahlreiche ländliche Kirchen mit geradem Chorschluß. In die Südwand des Altarraums eingelassen, befand sich eine Nische mit Rundbogen, die die Meßkännchen und ein kleines Waschbecken meist mit zwei Abflüssen enthielt, einen für das Wasser, mit dem die geweihten Gefäße gereinigt wurden und das nach außen abfloß, sowie einen „anderen für das Wasser der Waschung nach

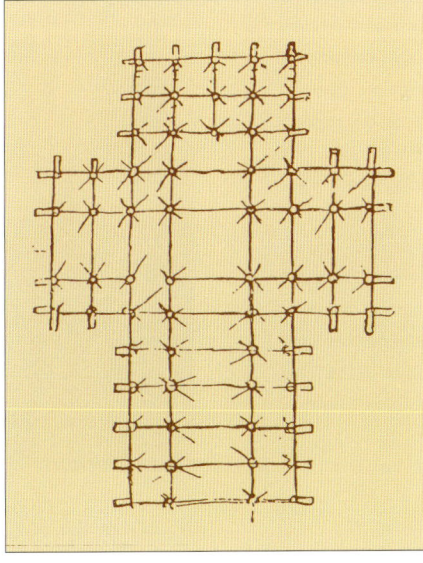

Links:
Mittelschiff der Klosterkirche Silvacane, Provence.
Das Tonnengewölbe ist durch Gurtbögen rhythmisch gegliedert; sie ruhen auf Halbsäulenvorlagen, die in drei Metern Höhe auf den für die Zisterzienser typischen Konsolen abgekragt sind.

Rechts:
Grundriß einer Kirche „ad quadratum" nach Villard de Honnecourt.

VILLARD DE HONNECOURT

Der um 1225 bis 1250 tätige französische Baumeister Villard de Honnecourt hinterließ in seinem Bauhüttenbuch, einer Mustersammlung von Federzeichnungen verschiedener Bauten, Bilder, Tiere und Werkzeuge, das schematische Prinzip einer Zisterzienserkirche, wie sie im 12. Jahrhundert gebaut wurde. Diese Zeichnung dokumentiert, daß der gerade Chorschluß nicht nur bei den Zisterziensern verbreitet war, sondern ein in dieser Zeit übliches Verfahren darstellt. Der Zisterzienserkirche liegt, wie den meisten kreuzförmigen Kirchen der Romanik und Gotik, das Vierungsquadrat als wichtigste geometrische Maßeinheit des Grundrisses zugrunde. Aus ihm berechnet sich das Verhältnis von Langhaus zu Querschiff. Ganz gleich, wie dieses Verhältnis beschaffen war, entscheidend war die Annäherung dieses architektonischen Quadrats an das symbolische Quadrat der Heiligen Stadt der Offenbarung (21.16), an das Quadrat des Kosmos nach der esoterischen Tradition, aber auch an das Quadrat des „quadrierten Menschen" bei Hildegard von Bingen.

Der große, rechtwinklige Chorumgang, der den Altarraum mit gerader Stirnwand Ende des 12., Anfang des 13. Jahrhunderts in vielen Zisterzienserkirchen umschloß, war eine dem bernhardinischen Plan treue Anpassung an neue Erfordernisse.

Oben, von links nach rechts:
• *Kloster Valle Crucis, Wales. Der gerade Chorschluß des Sanktuariums.*
• *Kloster Obazine, Frankreich. Schrank für liturgisches Gerät, 12. Jahrhundert.*

Unten:
• *Matintreppe, Kloster Silvanès, Frankreich.*

der Weihe der Hostie, das in die geweihte Erde der Grundmauern floß" (Marcel Aubert, *L' Architecture cistercienne en France*).

In derselben Mauer befand sich ein Wandschrank für die Meßgefäße und Meßbücher, der mit einer Holztür verschlossen war, sowie ein weiterer Wandschrank für die Reservevorräte von Brot und Wein und gelegentlich sogar für die Reliquien der Abtei.

Das Querschiff Das Querschiff war angelegt als eine große Halle mit Kapellen (2), in denen die Mönchspriester ihre Messe lasen. Meist gab es angrenzend an die gerade Ostwand jedes Flügels zwei bis drei Kapellen, die voneinander getrennt waren, damit die Zelebranten sich nicht gegenseitig störten. Viele Mönche waren keine Priester, und auch diese waren nicht gehalten, täglich die Messe zu lesen, was die recht geringe Zahl der Einzelaltäre erklärt. Um trotzdem ihre Zahl zu erhöhen, schuf man in Clairvaux II zusätzlich Kapellen an beiden Längswänden des Querschiffs. Die Tür zur Sakristei (3), immer in der Südwand des Querschiffs gelegen, führte in einen kleinen, oft fensterlosen Raum, das *Vestiarium* für die Altartücher und Meßgewänder, die in Wandschränken oder Wandnischen aufbewahrt wurden.

Die Tür zum Schlafsaal der Mönche befand sich am oberen Ende der Matintreppe (4), die für die nächtlichen Stundengebete benutzt wurde. Sie war gerade und breit, weil die Mönche sie in einer feierlichen Prozession in Zweierreihen benutzten. Sie lag immer an der Westmauer des Kreuzarmflügels, an den das Dormitorium der Mönche angrenzte.

Die Friedhofspforte (5) an der Nordwand des Querschiffes führte auf den Friedhof der Mönche, der von einer niedrigen Mauer umschlossen war. Wenn ein Mönch starb, legte

Links:

*Friedhofspforte,
Abtei Flaran, Aquitanien.*

Rechts:

*Mittelschiff der
Klosterkirche von
Melrose Abbey,
Schottland; die hohe
Chorschranke trennt
den Chor der Mönche
(unter dem nicht zer-
störten Gewölbe) vom
Chor der Konversen.*

man ihn auf eine Matte, die mit einem Aschen-
kreuz bedeckt war. Nach der Totenmesse
begrub man ihn ohne Sarg in Tunika und Kutte, die Kapuze über das Gesicht gezogen. Das
Grab wurde am Kopfende mit einem Holzkreuz markiert.

Das Mittelschiff   Das Langhaus der
Zisterzienserkirche bestand aus einem Mittelschiff und zwei Seitenschiffen. Da es kaum
noch Prozessionen gab und nur die Angehörigen des Klosters an den Messen und Stundengebeten teilnehmen durften, bestand
eigentlich kein Bedarf für Nebenschiffe. Einige kleine Klosterkirchen haben übrigens nur
ein einschiffiges Langhaus: L'Étoile, Grosbot,
Boschaud, Le Pin. Da der Orden jedoch immer auf ein Anwachsen der Ordensgemeinschaften vorbereitet sein mußte, baute er die
Kirchen mit einem breiten Mittelschiff, und,
um das Chorgestühl erweitern zu können,
mit Seitenschiffen.

Da in der Abtei zwei separate religiöse Gemeinschaften lebten, war das Mittelschiff
durch eine hohe Chorschranke (6) unterteilt.

Der Mönchschor   Im Mönchschor (7) befand sich das Chorgestühl, das an den Pfeilern der ersten Joche befestigt war und bis in
das Querschiff hineinreichte. Das Gestühl
stand über Eck, damit der Abt und sein Prior

mit dem Gesicht zum Altar saßen. Jedem
Mönch wurde ein fester Platz im Chorgestühl
zugewiesen.

Hinter dem Chorgestühl, aber vor der Chorschranke stand eine Bank für alte, kranke
oder gebrechliche Mönche und für solche, die
durch Aderlaß geschwächt waren. (8)

Alle Mönche erreichten das Kloster durch
die Mönchspforte (9), die tagsüber die Verbindung zwischen Kirche und Klostergebäuden darstellte und in den Kreuzgang führte.

Die Zeiteinteilung   „Sobald man zur
Stunde des Gottesdienstes das Zeichen hört,
läßt man alles liegen, was man in Händen hatte, und kommt in großer Eile herbei ... Dem
Gottesdienst werde nichts vorgezogen."

Benediktsregel, 43.1–3

„Um Mitternacht stehe ich auf, dir zu danken für deine gerechten Verordnungen. Siebenmal am Tag preise ich dich wegen deiner
gerechten Verordnungen."

Psalm 119, 62 und 164

Der heilige Benedikt hatte die Zeiteinteilung
unter Beachtung dieses Bibeltextes aufgestellt, versuchte aber, menschlich zu sein.

„Im Winter, das heißt vom 1. November bis
Ostern, wird man, wenn man alles gut über-
legt, zur 8. Stunde der Nacht aufstehen. So
kann man etwas länger als die halbe Nacht
ruhen und steht unbeschwert auf."

„Von Ostern aber bis zum oben erwähnten
1. November setze man die Zeit so fest, daß
auf die Feier der Vigilien eine kleine Pause
folgt, in der die Brüder für natürliche Bedürf-

nisse hinausgehen. Darauf folgen die Laudes, die bei Anbruch des Lichtes zu halten sind."

Benediktsregel, 8. 1–2 und 4.

Regel 9 bis 10 schreibt vor:

Wie viele Psalmen in der Gebetszeit der Nacht zu singen sind,

wie das nächtliche Lob zur Sommerzeit zu feiern ist,

wie die Vigilien an Sonntagen zu feiern sind,

wie die Laudes an gewöhnlichen Tagen zu feiern sind,

wie die Vigilien an Heiligenfesten zu feiern sind,

wann das Halleluja zu singen ist,

wie der Gottesdienst unter Tags zu feiern ist,

wieviel Psalmen in diesen Stunden zu singen sind,

in welcher Reihenfolge die Psalmen zu singen sind,

das Verhalten beim Psalmsingen.

Die Ehrfurcht beim Gebet.

Die Zeit und die Glocken Die Beherrschung der Zeit besaß für die Mönche daher eine große Bedeutung. Der Meister über die Zeit war der Sakristan, der tagsüber eine Sonnenuhr zu Hilfe nahm, während der Nacht und an bedeckten Tagen jedoch ein anderes Zeitmeßgerät verwenden mußte. Die mechanische Uhr wurde erst um 1300 erfunden.

Die Klöster benutzten mit großer Sachkenntnis die Wasseruhr, eines der ältesten Zeitmeßgeräte, das die Ägypter und Chinesen zweitausend Jahre vorher erfunden hatten und das in der Antike mehr Verwendung fand als im Mittelalter. Es hat sich keine funktionsfähige Wasseruhr bis heute erhalten, aber man kennt die Funktionsweise der Wasseruhr, die in der Abtei Villers-la-Ville benutzt wurde. Der Sakristan konnte die Dauer der Stunden je nach Jahreszeit bestimmen und die variablen Gebetszeiten festlegen. Er hatte ein Läutewerk mit einem Auslösemechanismus installiert, das es ihm

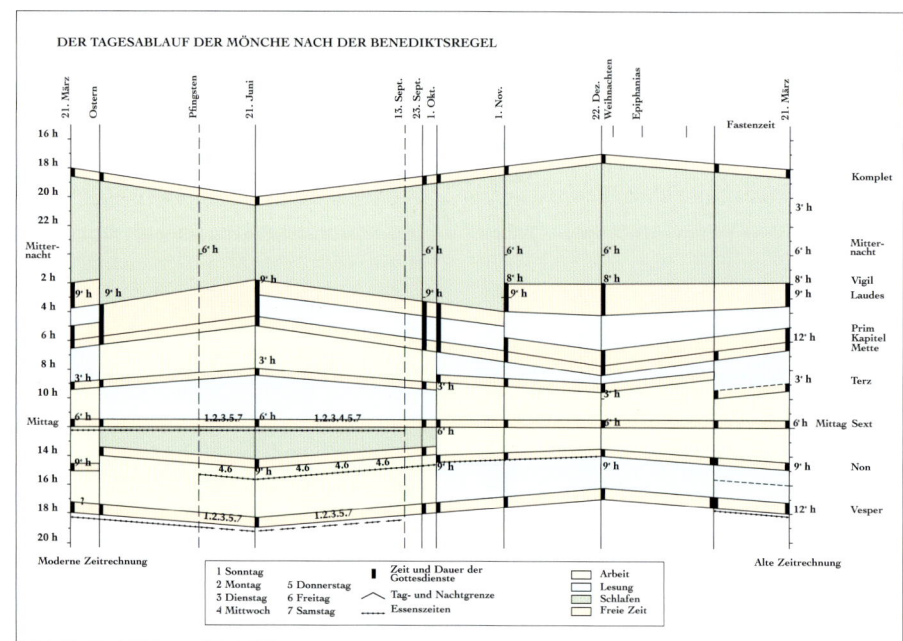

DER TAGESABLAUF DER MÖNCHE NACH DER BENEDIKTSREGEL

1 Sonntag		Zeit und Dauer der Gottesdienste		Arbeit
2 Montag	5 Donnerstag			Lesung
3 Dienstag	6 Freitag	Tag- und Nachtgrenze		Schlafen
4 Mittwoch	7 Samstag	Essenszeiten		Freie Zeit

Nach den Ecclesiastica officia der Zisterzienser aus dem 12. Jahrhundert

DER TAGESABLAUF DER MÖNCHE

Die Zeitaufteilung zwischen *Opus dei*, *Lectio divina*, Arbeit und den Verrichtungen des täglichen Lebens war ebenso kompliziert wie ihre Messung und oblag speziell dafür bestimmten, kundigen Brüdern. Die Zeiteinteilung richtete sich nach dem *Calendarium Romanum* und variierte mit den Wochentagen (Sonntagsliturgie), der Bedeutung der verehrten Heiligen, dem Kirchenjahr (Fastenzeit) und den Jahreszeiten (im Winter gab es keine Mittagsruhe). Darüber hinaus erfuhr der Tagesablauf der Mönche schon immer Anpassungen an lokale oder historische Gegebenheiten oder an die jeweiligen Interpretationen der Regel. Da die Dauer der Stundengebete sich je nach den Umständen kaum veränderte, betrafen die Abwandlungen der Zeiteinteilung vor allem die Dauer der Schlafenszeit (im Winter länger) und der Arbeitszeit (im Sommer mehr).

Oben:

Barockes Chorgestühl, Kloster Vyšší Brod, Tschechische Republik.

ermöglichte, die Mönchsgemeinschaft rechtzeitig für die Vigilien zu wecken.

Bei den Zisterziensern verfügte der Sakristan über drei Glocken, die den Tagesablauf der Mönche gliederten.

Die große Kirchenglocke rief zur Messe, zu den Mahlzeiten und den Stundengebeten, an denen die Konversen teilnahmen. Da die Laienbrüder auch weiter vom Kloster entfernt auf den Feldern arbeiteten, war es erlaubt, die Glocke erhöht in einem Glockenturm anzubringen. Ihr Gewicht war jedoch auf 500 Pfund beschränkt, damit der Sakristan sie allein läuten konnte, und der Glockenturm durfte nicht aus Stein sein. Es waren lediglich Glockentürme aus Holz zugelassen. Später bauten viele Abteien allerdings Glockentürme aus Stein, die dann immer über der Vierung angebracht waren.

Eine zweite Glocke, die Stundenglocke, rief die Mönche zum Tagesbeginn und zu allen Stundengebeten, die den Mönchen vorbehalten waren; diese war unter einem kleinen Bogen auf der Giebelmauer des Querschiffes neben ihrem Schlafsaal angebracht, so daß sie von dort gut hörbar war.

Nachdem der Sakristan mit der Glocke zu den Mahlzeiten gerufen hatte, läutete der Prior zum Segen und zur Danksagung die dritte Glocke der Abtei, die in einem Glockentürmchen über dem Refektorium angebracht und über einen Glockenzug neben seinem Platz zu bedienen war.

Der Chor und die Gasse der Konversen

Der Chor der Laienbrüder (10) lag westlich der Chorschranke im Mittelschiff. Von dort konnte man die Gottesdienste hören, ohne den Hauptaltar zu sehen. Vor der Chorschranke befanden sich Nebenaltäre, an denen sonntags die Messe für die Laienbrüder der Abtei und für all jene gelesen wurde, die zur Sonntagsmesse aus ihren Grangien kamen.

Die Laienbrüder erreichten ihren Schlafsaal durch eine Tür (11), die auf die Konversengasse führte, einen langen, fensterlosen Gang, der meistens überdacht war und am westlichen Flügel des Kreuzgangs entlangführte. Achteten die Laienbrüder das Schweigegebot nicht oder waren sie zu schmutzig, um ihnen zu erlauben, durch den Kreuzgang zu gehen? In einem baulichen Ensemble, in dem jedes Element wohlüberlegt und man immer auf Sparsamkeit bedacht war, zeugte diese Konstruktion in der Tat von der sozialen Trennung innerhalb der Abtei. Allerdings durchbrachen hohe Adelige und gebildete Kleriker wie der Onkel von Bernhard von Clairvaux, Milon de Montbard, der berühmte Gelehrte Alain de Lille und der Erbprinz Salomon von Österreich dieses „Tabu" und dessen Vorschriften und lebten aus wahrer Demut wie einfache Laienbrüder, benutzten also ebenfalls die Konversengasse. Ende des 12. Jahrhunderts verbot das Generalkapitel Adeligen, wie Konversen zu leben.

Das Kirchenportal

Das Langhaus war oft über die Westfassade hinaus um eine schlichte Vorhalle (12) mit einer kleinen Seitentür verlängert. Da die Mönche der ersten Abteien nur selten wichtige Gäste empfingen, die das Recht hatten, den Gottesdiensten in einem Seitenschiff beizuwohnen, verzichteten sie bewußt auf jeden Pomp und Aufwand beim Portal. Die Fassade hatte lediglich schmale Fenster oder kleine Okuli, die im allgemeinen als Symbol der Dreifaltigkeit in Dreiergruppierungen vorkamen. Diese Schlichtheit mußte um so provokativer wirken, als die romanischen Kirchen der Benediktiner und die Bischofssitze der gleichen Zeit ihre Fassaden in reicher und pompöser Ausstattungsvielfalt präsentierten (Notre-Dame La Grande in Poitiers) und sich von der Ikonographie der Tympanons und Gewändefiguren prächtiger, großartiger Portale (Moissac, Souillac, Beaulieu-sur-Dordogne, Autun, Conques und Vézelay) inspirieren ließen.

Oben:
Überreste der Konversengasse, Abtei Byland, England.

Links:
• Sonnenuhr, Kloster Zlata Koruna, Tschechische Republik.
• Kleine Glocke im Kreuzgang von Kloster Casamari, Italien; zusätzlich zu den drei Glocken, die den klösterlichen Tagesablauf anzeigen.

Der Kreuzgang von
Noirlac, Berry.

• Der Kreuzgang Die Kirche stellte den höchsten Punkt der Klosteranlage dar. Gegenüber, in der Nähe des Flusses, standen die Nutzgebäude. In der Mitte, entlang des Lang-

Oben:
Kreuzgang und Brunnen,
Kloster Valvisciolo,
Italien.

Unten:
Das Armarium,
Kloster Staffarda,
Italien.

hauses, lag der Kreuzgang, je nach Beschaffenheit des Grundstücks an der Süd- oder Nordseite der Kirche. In Nordeuropa bevorzugte man überall, wo es möglich war, eine sonnige Lage des Kreuzgangs (so in Clairvaux, Fontenay, Cîteaux), während man in Regionen mit wärmeren Sommern den Schatten des Langhauses zur Kühlung nutzte (so in Fontfroide, Sénanque und Thoronet).

Der Kreuzgang hatte einen quadratischen oder annähernd quadratischen Grundriß (mit einer Seitenlänge von 25 bis 35 Metern) und bestand aus einem fortlaufenden, überdachten Gang, der sich zur Mitte hin durch regelmäßige Arkaden auf einen Innenhof öffnete. Am Schnittpunkt von vier Rasenflächen, die zusammen ein Quadrat bildeten, befand sich im Innenhof ein Brunnenhaus oder – äußerst selten – eine Brunnenschale, um Regenwasser aufzufangen. Manche sehen darin die Markierung des „Omphalos, des Zentrums des Kosmos. Durch ihn führt die Weltachse, jene spirituelle Leiter, die bis ins Reich der Finsternis reicht" (Gérard de Champeaux, Dom Sébastien Sterckx, *Einführung in die Welt der Symbolik*). Der Kreuzgang erscheint hier als ähnlicher Ort der Meditation wie ein Garten des Zen-Buddhismus. Im Alltag wuschen die Mönche hier ihre Kleidung mit dem Wasser des Brunnens und legten sie zum Trocknen auf den Rasen des Innenhofes. Hier rasierten sie sich auch regelmäßig die Tonsur.

Der östliche Kreuzgangflügel Den östlichen Flügel des Kreuzganges benutzten die Mönche am häufigsten, da er in die Kirche führte, die sie siebenmal am Tag besuchten, aber auch in alle Räume, in denen sich ihr tägliches Leben abspielte.

Die Mönche gingen immer lautlos hin und her, da die Regel den Gläubigen Schweigsamkeit gebot, wie sie bereits die Eremiten und Gründungsväter des Mönchtums übten. Benedikt schrieb zwar ein absolutes Schweigen vor, erlaubte es aber zu sprechen, wenn es nötig war, denn er sah im Schweigen keinerlei mystische Bedeutung, sondern lediglich eine moralische. Sie lag zunächst darin, De-

mut zu üben, da nur der Meister sprach und lehrte. Zum anderen glaubte er, daß derjenige, der viel spricht, gegenüber der Sünde anfälliger ist. In der Regel heißt es: „Tod und Leben stehen in der Macht der Zunge" (6.5).

Um sich nötigenfalls auch über eine zu verrichtende Arbeit zu verständigen, ohne das Schweigen zu brechen, benutzten die Zisterzienser eine Zeichensprache, die in Cluny seit Anfang des 10. Jahrhunderts gebräuchlich war. Besonders in den Klöstern der Kongregation Hirsau wurde sie eifrig angewendet, nachdem sie dort durch ein Wörterbuch mit 296 Zeichen, das um 1005 entstanden war, Verbreitung gefunden hatte. Die Zeichensprache der Mönche, die lediglich der reinen Alltagsverständigung diente, entsprach nicht der der Taubstummen, die durch eine Abfolge von Buchstaben oder Silben ein Gespräch auch über abstrakte Begriffe erlaubt. Durch Gestik und Mimik vermittelten die Mönche ausschließlich ihre konkreten Anliegen.

Das Armarium, die Bibliothek Neben der Tür zur Kirche befanden sich in einer Wandnische des östlichen Kreuzgangflügels Bücher, die man zur Meditation (*Lectio divina*) gebrauchte. Dieses Armarium (14), das zuweilen auf Kosten der dahinter liegenden Sakristei vergrößert wurde, enthielt auch die Bücher der Ordensgemeinschaft.
In den *Capitula* von 1119 heißt es dazu:

„Es darf kein neuer Abt an einen neuen Ort ausgesandt werden ... ohne folgende Bücher: Psalterium, Hymnar, Kollektar, Antiphonar, Graduale, die Regel und das Missale."

„Die Bücher, die überall gleich sein müssen: Das Missale, Evangeliar, Epistolar, das Kollektar, Graduale, Antiphonar, Hymnar, Psalterium, Lektionar, die Regel und das Kalendar."

All diese Bücher – Manuskripte, die im Skriptorium der Abtei angefertigt wurden und nur in wenigen Exemplaren existierten – verwaltete der Vorsänger, was eine große Verantwortung bedeutete; denn die Liturgie, deren Grundlagen die Bücher enthielten, war von besonderer Wichtigkeit.

Die Mönche sangen mehrere Stunden täglich – dem Vorbild Stephan Hardings folgend, der den ganzen Weg von Schottland nach Rom und von dort nach Molesme singend zurückgelegt haben soll, um eine Tonfolge für die Psalmodie zu entwickeln. Die Psalmodie, die in der Tat eine große musikalische Meisterschaft erforderte, bezeichnet den Sprechgesang, in dem die Psalmverse vorgetragen werden. Die Psalmverse werden dabei nach einem bestimmten Psalmton, d. h. einem Melodiemodell, gesungen, das aus verschiedenen melodischen Formeln besteht.

Aus der Psalmodie ist der Gregorianische Choral hervorgegangen, benannt nach Papst Gregor dem Großen, der um 600 nach Christus eine Liturgiereform durchführen ließ. Auch Bernhard von Clairvaux machte sich um die berühmten Gesänge verdient. Es ist zwar unwahrscheinlich, daß die unter seinem Namen bekannten musiktheoretischen Schriften tatsächlich von ihm stammen, aber er strebte als Leiter der mit der Korrektur des Ordensantiphonars beauftragten Kommission die Erforschung und Belebung der ursprünglichen und unverfälschten gregorianischen Melodien und ihrer liturgischen Texte an, womit er auch auf dem Gebiet der Musik das „Zurück zu den Ursprüngen und der strengen Einfachheit" durchsetzte.

DIE LITURGISCHEN BÜCHER DER ZISTERZIENSER

Die Bücher für die Messe:

- das Missale, also das Meßbuch mit den Gebetstexten und den Anweisungen für die Liturgie der Messe
- die vier Evangelien und 21 Episteln (davon 13 des Paulus), die den Kanon des Neuen Testaments bilden
- das Graduale (oder Antiphonale missarum), das die Meßgesänge enthält
- das Lektionar, das die Bibellesungen enthält
- das Kollektar mit den Bittgebeten

Die Bücher für das Stundengebet:

- das Hymnar, eine Zusammenstellung von Hymnen nach der Ordnung des Kirchenjahres
- der Psalter mit den 150 Bibeltexten aus dem Buch der Psalmen und den entsprechenden Antiphonen. Die Psalmen bildeten wegen ihres prophetischen Charakters seit Beginn des Mönchtums die Grundlage des monastischen Gebets; innerhalb einer Woche wurden alle Psalmen im Offizium gebetet.
- das Antiphonar, das die liturgischen Gesänge des Stundengebets enthält. Die Antiphon ist eine Art Kehrvers im liturgischen Gesang, mit dem die Gemeinde bzw. die Mönchsgemeinschaft einem Vorsänger antwortet.

DIE AMPHOREN DES VITRUV

Schon die Griechen bauten ihre Theater vor mehr als 2500 Jahren streng nach den Gesetzen der Akustik. Auch die Zisterzienser waren in der Akustik, die zunächst rein empirisch und seit Pythagoras (im 6. Jahrhundert v. Chr.) zunehmend wissenschaftlich betrieben wurde, durchaus versiert. Entsprechend der Forderung Vitruvs, eines römischen Architekturtheoretikers des 1. vorchristlichen Jahrhunderts, bauten ihre Baumeister in die Innenwände der Gewölbe von Klosterkirchen und Kapellen Keramikvasen in Form von Amphoren mit einem Durchmesser von 10 bis 35 Zentimetern ein. Diese Vasen verschwanden im Füllmaterial zwischen zwei Gewölbeschichten der Gebäudedecke, und ihre Öffnungen bildeten unauffällige Löcher in der Innenseite des Gewölbes. Für ihre Verteilung, in Reihen oder gestreut, gab es anscheinend ebensowenig eine Regel wie für ihre Anzahl, die bis zu 100 in einem Gewölbe erreichen konnte.

Jüngere Studien an Bauten, in denen die Öffnungen noch vorhanden und nicht durch Verputz verstopft waren, haben gezeigt, daß sie sich je nach Plazierung positiv auf die Verstärkung des Chorgesangs (Verlängerung und Verstärkung des Tons) auswirkten und den Hall einschränkten.

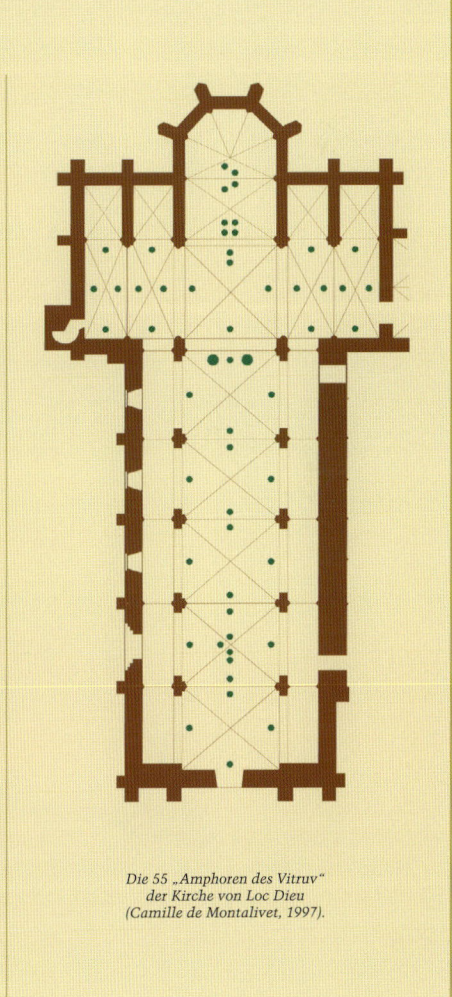

*Die 55 „Amphoren des Vitruv"
der Kirche von Loc Dieu
(Camille de Montalivet, 1997).*

Kapitelsaal der Abtei Fontfroide, Languedoc. Ende des 12. Jahrhunderts.

Der Kapitelsaal „Sooft im Kloster wichtige Fragen zu behandeln sind, rufe der Abt die ganze Gemeinschaft zusammen und lege selber dar, um was es geht. Hat er dann den Rat der Brüder gehört, überlege er alles bei sich selbst und tue, was er für zuträglich hält ... Doch sollen die Brüder ihren Rat in aller Demut und Bescheidenheit geben ... Der Entscheid hänge vielmehr vom Abt ab und wenn er etwas für heilsam erachtet, sollen ihm alle gehorchen ... Der Abt selber jedoch handle immer in Gottesfurcht und halte sich an die Regel ...“

Benediktsregel, 3

Selbst in einem von der Außenwelt abgeschiedenen Kloster gab es immer wichtige Dinge zu behandeln, da jedes Gemeinschaftsleben Spannungen birgt, die es sofort zu beheben galt, damit keine Gerüchte oder Konflikte entstanden, die dem spirituellen Leben schadeten. Daher rief der Abt den Konvent jeden Morgen im Kapitelsaal (16) zusammen, der so heißt, weil der Abt zu Beginn jeder Sitzung ein Kapitel der Regel verlas und kommentierte. Das bot eine gute Einleitung für das „Kapitel der Verfehlungen“ (culpae), in dem jeder Mönch seine Verstöße gegen die Regel bekannte. „In einer Gruppe von Männern, deren Leben bis ins kleinste geregelt ist und wo jeder im Prinzip das Maximum von sich fordert, sich die kleinste Kleinigkeit als

Sünde anrechnet, nichts durchgehen läßt und noch weniger verzeiht, gibt es unzählige Gelegenheiten zu Verfehlungen“ (Reginald Grégoire, Léo Moulin, Raymond Oursel, *Die Kultur der Klöster*). Zur Zeit Bernhards von Clairvaux kam zur Selbstbezichtigung die „Proklamation“ hinzu: Jeder Verstoß gegen die Regel konnte von einem Mitbruder angeprangert (delatio) und Gegenstand der Bestrafung werden (verstärktes Fasten, Ausschluß von den Offizien, körperliche Züchtigung). Bei schweren Verfehlungen konnte der Schuldige mit Gefängnis (im Kloster) oder dem Ausschluß aus der Klostergemeinschaft bestraft werden.

Im Kapitelsaal fand die Abtswahl statt. Dieses „demokratische“ Verfahren, das zwar durch Anwesenheit und Einfluß des Vaterabtes stark eingeschränkt war, stellte eine der Errungenschaften des Ordens und einen der Gründe für seine Effektivität dar. Obwohl der Abt gewählt wurde, blieb er der wachsame, verantwortliche *pater familias* nach römischem Vorbild. „Auch wisse der Abt, daß die Verantwortung auf den Hirten fällt, wenn der Hausvater bei seinen Schafen einen Mißertrag feststellt.“ (Benediktsregel, 2.7)

Die Architektur des Kapitelsaals spiegelte seine Bedeutung wider. Durch ein offenes Portal mit zwei Fenstern an jeder Seite schien Licht vom östlichen Kreuzgangflügel herein. Hier konnten auch die Laienbrüder vom

Kreuzgang aus die allgemeinen Predigten hören, die der Abt an großen Festtagen hielt. Da sie kein Stimmrecht hatten, durften sie den Kapitelsaal nur bei zwei Anlässen betreten: wenn sie um Aufnahme ins Noviziat baten und wenn sie ihre Profeß (Gelübde) ablegten.

Drei weitere Fenster in der Außenmauer ließen das Morgenlicht herein, wenn der Konvent sich nach der Prim versammelte. Der Saal hatte einen quadratischen Grundriß und rundherum eine doppelte Bankreihe. Gegenüber der Tür befand sich der Sitz des Abtes. In der Mitte, zwischen den Säulen, die die Decke trugen, stand ein Pult.

Die Tagestreppe und der Schlafsaal der Mönche Über diese Treppe (17) gelangten die Mönche in den Schlafsaal (18). Sie benutzen sie außerdem, um zu den Latrinen (19) zu kommen, die im allgemeinen an der Giebelmauer des Schlafsaals über einem vom Fluß abgeleiteten Kanal lagen, der Bestandteil des durchdachten Abwassersystems der Zisterzienser war.

Unter dem Absatz „Wie die Mönche schlafen“ hält die Benediktsregel fest:
„Jeder soll zum Schlafen ein eigenes Bett haben. Wenn es möglich ist, schlafen alle im gleichen Raum. Sie schlafen bekleidet.“

Benediktsregel, 22.1, 3 und 5

Latrinengebäude von Kloster Royaumont, Île-de-France, erbaut über einem Abwasserkanal (12. Jahrhundert).

Im Dormitorium schliefen die Mönche in Tunika und Gamaschen, aber ohne die Schuhe aus grobem Leder und die Kukulle (die als Zeichen der Schlichtheit aus ungebleichter Wolle war, wodurch der Name „weiße oder graue Mönche“ zustandekam) und ohne das schwarze Skapulier (ursprünglich eine Arbeitsschürze, die über der Tunika getragen wurde). Die Kleider wurden über eine große Holzstange gehängt, die durch den ganzen Schlafsaal reichte und als Garderobe diente. Der Schlafsaal hatte zwischen den Strohmatten, die als Schlafstatt dienten, niedrige Trennwände, aber keine Vorhänge zum Mittelgang.

Daß jeder über eine eigene Strohmatte verfügte, war eine Neuerung. Im 12. Jahrhundert war es üblich, daß ganze Familien unter einer Decke schliefen. In dem Maße, wie der allgemeine Lebensstandard sich weiterentwickelte, empfanden die Mönche ihr Gemeinschaftsleben jedoch als immer drückender: „Der Schlafsaal war einer der Hauptorte monastischer Demütigung ... und man begreift, weshalb die Mönche so sehr darum gekämpft haben, nicht mehr gemeinsam schlafen zu müssen." (Reginald Grégoire, Léo Moulin, Raymond Oursel, *Die Kultur der Klöster*) Die Generalkapitel des Ordens behinderten die unabwendbare Entwicklung zur Zelle, ließen jedoch ab Anfang des 13. Jahrhunderts Vorhänge in den Dormitorien anbringen.

Die Hygiene Über die hygienischen Verhältnisse in den ersten Zisterzienserklöstern ist wenig bekannt. Alles deutet darauf hin, daß sie nicht sonderlich gut waren. Nach einem Bericht von Cäsarius, Prior von Heisterbach, zögerte ein Adeliger, der Novize bei den Zisterziensern werden wollte, die Schwelle des Klosters zu übertreten, weil die Mönche zu dreckig waren.

Da in den Zisterzienserklöstern eine ungewöhnlich strenge Zuordnung der errichteten Gebäude zu bestimmten Verwendungszwecken herrschte und es keine Räume mit Mehr-

fachfunktionen gab, sind wohl keine Badezimmer vorhanden gewesen. Im übrigen besagten die Schriften über die Gebräuche der Zisterzienser, die genauestens jede Tätigkeit des täglichen Lebens beschrieben – wie man sich auf die Strohmatte zu legen hatte, wie man die Kapuze der Kutte vor das Gesicht zu ziehen hatte, wenn man zur Latrine ging, wie man sich zu rasieren und das Haar zu schneiden hatte – , nichts über die Toilette der Mönche. Man wusch sich die Hände und vielleicht das Gesicht am Becken im Kreuzgang, bevor man ins Refektorium ging. Die einzigen festgelegten Waschungen fanden einmal wöchentlich am Samstagabend beim *Mandatum* statt, wenn die Mönche sich gegenseitig die Füße wuschen.

Benedikt von Nursia „erlaubte" Badehäuser nur ausnahmsweise. Bernhard von Clairvaux sah sie in seinem Bauprogramm nicht

vor, da sie damals bereits im Ruf der Unmoral standen. Nacktheit erschreckte die Ordensväter so sehr, daß die Mönche zum Schlafen die Gamaschen nicht ablegen durften, und beim *Mandatum* mußten sie dafür sorgen, daß man ihre nackten Füße nicht sah. Körperliche Unsauberkeit diente wohl als weitere Prüfung, die es zu erdulden galt, nach dem Vorbild Benedikts von Aniane, den die Läuse auf seiner Haut auffraßen, ohne daß er etwas dagegen unternommen hätte.

Das Sprechzimmer „Wenn es aber die örtlichen Verhältnisse fordern ..., dann wähle der Abt einen aus, nachdem er sich mit gottesfürchtigen Brüdern beraten hat, und setze ihn selber als seinen Prior ein. Der Prior führe respektvoll aus, was ihm von seinem Abt aufgetragen wurde."

Benediktsregel, 65.14–16

Rechts:

Brunnenhaus, Kloster Poblet, Spanien, um 1200; die beiden Schalen des Brunnens sind aus Marmor.

Unten:

Fassade des Dormitoriums der Mönche, Kloster Furness, England, 12. Jahrhundert.

Der Prior leitete die Gemeinschaft von seinem „Büro" aus, einer kleinen Kammer neben der Tagestreppe im Haus der Mönche, wo er seine „Unterlagen" unter den Stufen aufbewahren konnte. Manchmal waren sie in einem Wandschrank mit Holztür und schweren Eisenschlössern untergebracht, der die Gründungs- und Besitzurkunden sowie die Profeßdokumente der Mönche einer Abtei sicherte. Auf einer steinernen Bank empfing der Prior die Mönche, die mit der Organisation der Arbeit betraut waren, die Novizen, die der Anleitung bedurften, die Schreiber und alle Arbeitenden, um ihnen ihre Zeiteinteilung vorzugeben. Hier war es erlaubt zu sprechen, daher der Name Sprechzimmer oder Parlatorium (20). Und da der Prior zuhörte, nannte man es auch das Auditorium.

In Clairvaux hatte der Prior zur Zeit Bernhards sehr bald Anspruch auf einen großen Raum, der der Bedeutung der Abtei entsprach. Das ehemalige Sprechzimmer wies der Abt seinem Sekretär Nicolas zu. Ein Großteil der Schriften Bernhards wurde also in dieser strengen Kammer diktiert. Bemerkenswert ist der Kontrast zwischen diesem Raum und der Prosa voller symbolischer Bilder und Wortgewalt, die die Briefe und Predigten des „honigfließenden Lehrers" prägt.

Die Arbeit der Mönche „Müßiggang ist ein Feind der Seele. Deshalb sollen sich die Brüder beschäftigen: zu bestimmten Zeiten mit Handarbeit..."

Benediktsregel, 48.1

Ob die Mönche nun im Skriptorium heilige Schriften kopierten oder im Garten arbeiteten, immer mußten sie diesen Durchgang (21) benutzen.

Ganz im Sinne Benedikts von Nursia beugte die Arbeit vor allem dem Müßiggang vor. Die Erfahrung zeigte, daß diejenigen Klöster, die von den Gaben der Bauern und von Schenkungen lebten, auch wenn sie dadurch noch mehr Zeit für Gottesdienste gewannen, den Geist des frühen Mönchtums aufgegeben hatten. Daher rühmten sich die Zisterzienser ihrer Eigenversorgung, die im übrigen auch die Benediktsregel begünstigt. Die Bewirtschaftung ihres Landes besorgten die Mönche gemeinsam mit den Laienbrüdern.

„Wenn die Ortsverhältnisse oder die Armut fordern, daß sie das Einbringen der Ernte selbst besorgen, sollen sie deswegen nicht mißmutig werden. Sie sind nämlich erst wahre Mönche, wenn sie von der Arbeit ihrer Hände leben wie unsere Väter und die Apostel."

Benediktsregel, 48.7–8

„Die Mönche unseres Ordens müssen ihren Lebensunterhalt durch Handarbeit, Ackerbau und Viehzucht verdienen. Daher ist es uns erlaubt, für den eigenen Gebrauch Gewässer, Wälder, Weingärten, Wiesen, Grundstücke zu besitzen, die abseits von den Wohnungen der Weltleute liegen; ebenso Tiere ... Für die Bewirtschaftung, den Unterhalt und die Unterbringung von all dem können wir Grangien nahe oder fern vom Kloster besitzen, die durch Konversen beaufsichtigt und verwaltet werden.“

Capitula, 15

Auch wenn die Mönche nicht wie in Cluny den ganzen Tag im Chorgestühl verbrachten, mußten sie doch etwa sechs Stunden dem *Opus dei* und der heiligen Lesung widmen, und das in kurzen Abständen, die es ihnen verboten, fernab von der Kirche zu arbeiten; zudem war es nicht erwünscht, daß sie das Kloster verließen („Ein Mönch ... darf zwar auf die Grangien gehen, sooft er hingeschickt

wird, doch niemals länger dort wohnen.“ *Capitula*, 16), so daß man die Mönche mit der Pflege der Kranken, der Bewirtschaftung des Klostergartens und dem Kopieren von Handschriften betraute.

Das Spital   „Die Sorge für die Kranken ist eine erste und höchste Pflicht. Man diene ihnen wirklich wie Christus ... Es sei also eine wichtige Sorge des Abtes, daß an den Kranken nichts versäumt wird. Den kranken Brüdern werde eine eigene Wohnung zugewiesen, ebenso ein gottesfürchtiger Pfleger, der liebevoll und zuvorkommend ist. Sooft es zuträglich ist, biete man den Kranken Gelegenheit zu Bädern ... Auch den Fleischgenuß gestatte man den ganz Schwachen zu ihrer Kräftigung.“

Benediktsregel, 36.1, 6–9

Alle Klöster richteten große Spitäler, die Infirmarien, ein, da es viele kranke Mönche gab. Dazu führten die mangelhafte Hygiene, die

unangebrachten Aderlasse, unausgewogene Ernährung und eine oft übertriebene Askese.

Das Klosterspital lag immer an der Ostseite des Klosters, damit die vorherrschenden Westwinde die Ausdünstungen und Krankheitserreger vom Kloster forttrieben. In großen Abteien war das Spital im Laufe der Jahre wie ein Nebenkloster rund um einen „kleinen Kreuzgang“ angelegt.

Gärten und Obstwiesen   „Wenn möglich, ist das Kloster so anzulegen, daß der Garten innerhalb des Klosters [sei].“

„Beim Gottesdienst, im Oratorium, im Kloster, im Garten ... stets neige [der Mönch] sein Haupt und schlage die Augen nieder.“

Benediktsregel, 7.63

In jedem Kloster gab es neben einem Obstgarten mehrere gepflegte Nutzgärten, während der Kreuzgang als Ort der Andacht schlicht mit Gras bewachsen war.

Im Küchengarten zog man „Gemüsepflanzen, die gut gedeihen“, wie der Autor des Plans von Sankt Gallen kommentierte; er listete 18 Sorten auf, die den Mönchen für ihre vegetarische Ernährung empfohlen wurden: Zwiebeln, Porree, Kohl, Schwarzkümmel, Petersilie, Kerbel, Schalotten, grünen Salat, Knoblauch, Rettich, dicke Bohnen und Erbsen. Natürlich fehlen Kartoffeln, Tomaten und grüne Bohnen, die erst nach der Entdeckung Amerikas nach Europa kamen.

Links:
Ofenplatten aus Salem, Deutschland: Mönche im Obst- und Gemüsegarten des Klosters.

Linke Seite:
Klosterspital, Abtei Furness, England.

In der Nähe des Klosterspitals lag der Kräutergarten mit den berühmten Heilkräutern, die die Anhänger der Naturheilverfahren ins Schwärmen bringen dürften. Es mag erstaunen, unter den zahlreichen kultivierten Arten auch die Rose (die die Nerven beruhigt) und die Lilie (gegen Schlangenbisse) zu finden. Auch Mohn war bereits darunter, da ein Schwamm, mit einem Mohnaufguß getränkt, die Schmerzen Verwundeter lindern sollte. Heute kann man die Rekonstruktion eines schönen Kräutergartens inmitten der Ruinen des Klosters Vauclair bewundern. Pater Courtois und eine Gruppe von Archäologen haben anhand von Ausgrabungsergebnissen in Orval und Vauclair einen Garten im Schachbrettmuster rekonstruiert, in dem vierhundert verschiedene Pflanzen angebaut werden.

AUS DEM ARZNEIBUCH DER MÖNCHE

„Dillaufguß ist sehr gut für den Magen. Ein mit Engelwurz gewürzter Tee wirkt harntreibend und entschlackend. Waldmeister wirkt als Tee entspannend. Bergamotte als Aufguß entspannt. Zehrkraut lindert Atembeschwerden. Ein Aufguß aus Kornblume beruhigt Reizungen der Augen. Borretschaufguß ist ein unfehlbares Mittel gegen Halsleiden. Kamillentee hilft dem Magen. Vorsicht bei dem hochgiftigen Fingerhut. Ein Aufguß aus Eisenkraut ist sehr gut für Atembeschwerden. Lavendeltee lindert Kopfschmerzen. Ein Aufguß aus Majoran ist ein probates Mittel gegen rheumatische Schmerzen. Minze mildert den Geschmack anderer Pflanzen im Tee. Zerkaute Rosmarinblätter geben guten Atem. Bohnenkrauttee fördert die Verdauung. Echter Salbei ist für den Magen unverzichtbar. Ein starker Ringelblumenaufguß hilft bei Verbrennungen und kleinen Wehwehchen der Haut. Gegen Fieber wirkt Holundertee."

Mönchssaal und Wärmestube „Bezüglich der liturgischen Geräte und aller anderen Dinge, die Abt Robert bei seinem Weggang von Molesme mit sich nahm ... setzen wir folgendes fest: Alles soll bei den Brüdern des Neuklosters verbleiben, außer einem bestimmten Brevier. Doch dürfen sie auch dieses bis zum Fest des heiligen Johannes des Täufers behalten, um es mit Zustimmung der Brüder von Molesme abzuschreiben."

Exordium Parvum,
Dekret des päpstlichen Legaten Hugo, 7.14

Zwangsläufig gab es also seit Gründung der Abtei in Cîteaux ein Skriptorium. Wenn man die enorme Nachfrage nach Büchern in neu gegründeten Klöstern bedenkt, begreift man, daß die Hauptbeschäftigung der Mönche im Kopieren der Schriften auf Pergament und Velin (einem feinen, pergamentartigen Papier, das für die heiligen Schriften verwendet wurde) bestand. Wenn die Abteien lange nach ihrer Gründung zu bedeutenden und reichen Institutionen geworden waren, richteten sie eigene Gebäude ein, die ausschließlich diesem Zweck vorbehalten waren. Doch lange Zeit fand das Kopieren in allen Klöstern im Mönchssaal (22) und der angrenzenden Wärmestube oder Kalefaktorium (24) statt.

Die gesamte antike Literatur wurde von Laienschreibern und Mönchen von Hand auf Pergament übertragen; jedes Werk war ein Unikat. Sie kopierten und kommentierten das gesamte überlieferte Schrifttum, versahen es mit Anmerkungen und illustrierten es. Ein faszinierendes Unterfangen. Da sie zu den wenigen Menschen gehörten, die Latein sprechen und schreiben konnten, „bemühten sich einige Gelehrte unter den Mönchen – die schließlich trotz aller Vorbehalte die Erben der römischen Kultur waren –, die antiken Texte zu bewahren. Jahrhundertelang kopierten sie christliche, aber auch ‚heidnische' Texte und illustrierten sie mit Miniaturen, damit sie vielleicht auch jene – unzähligen – erreichten, die nicht lesen konnten" (Sylvie Fournier, *Brève histoire du parchement et de l'enluminure*).

Die Bibliotheken von Cîteaux und Clairvaux hatten nicht nur religiöse Schriften in ihrem Bestand. Neben den zahlreichen christlichen Autoren fanden sich auch Cicero, Vergil, Terenz, Plinius. Mitte des 12. Jahrhunderts besaß Cîteaux gut hundert „Kodizes". Beim Kodex wurden die Blätter gefaltet, ineinandergelegt und mit einem Faden geheftet. Er ähnelte schon sehr dem heutigen Buch und konnte im Gegensatz zur Rolle beidseitig beschrieben werden. Clairvaux verzeichnete davon 300

und richtete sich darauf ein, insgesamt 1800 Werke herzustellen, von denen sich heute 1400 in der Bibliothek von Troyes befinden.

Ein Meisterwerk ist die sechsbändige Große Bibel von Clairvaux von 1151. Sie ist auf feinem, weißen Pergament geschrieben. Ihr einziger Schmuck besteht in blauen und roten Initialen, die mit geometrischen Mustern verziert sind, denn Bernhard hatte Gold und figürliche Darstellungen verboten und eine strikte Monochromie angeordnet.

Linke Seite:
Wärmestube mit dem einzigen Kamin der Abtei Sénanque, Provence. Die Schildkröten auf dem Sockel der einzigen Säule (im 19. Jahrhundert restauriert) stehen für die vier Himmelsrichtungen.

Unten:
Mönchssaal, Abtei Fontenay, Burgund. Die zahlreichen, großen Fenster ermöglichten es den Schreibern, bei Tageslicht zu arbeiten.

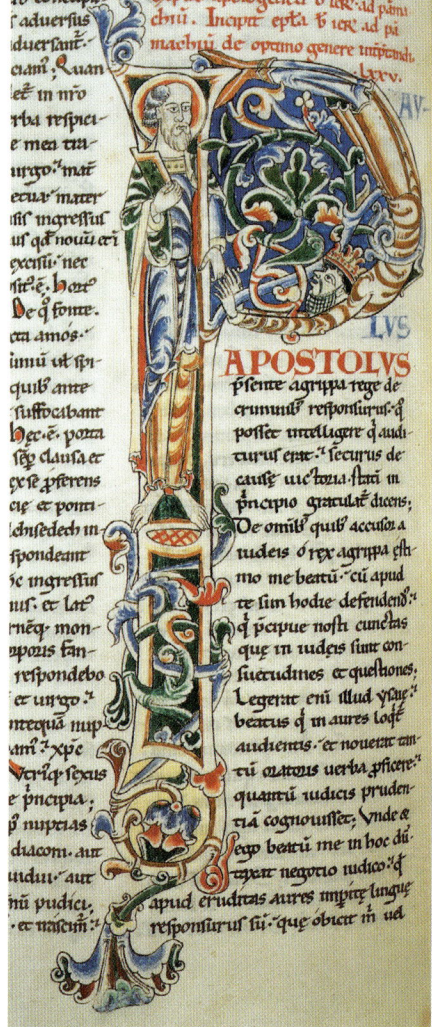

Stilistische Entwicklung der zisterziensischen Miniaturenmalerei.

Von links nach rechts:
• *Der „phantastische" Stil Stephan Hardings (B.M. Dijon, Ms 173, Folio 103v).*
• *Der „byzantinische" Stil von Cîteaux (B.M. Dijon, Ms 135, Folio 107v).*
• *Der monochrome Stil von Clairvaux (B.M. Troyes, Ms 128, Folio 1).*

Dieser schlichte Stil, der über mehrere Jahrzehnte beibehalten wurde, stand in Gegensatz zur Buchmalerei, wie sie bis 1140 in Cîteaux praktiziert wurde, denn zunächst war es Bernhard von Clairvaux nicht gelungen, den von Stephan Harding eingeführten, üppigen, mehrfarbigen Stil zu überwinden. In der ersten Zeit zeigt der Stil der Illustratoren von Cîteaux von Humor, Groteskem, Wunderbarem und Alltäglichem, dargestellt mit einem scharfen Sinn für Details, der mit einer freien Linienführung einhergeht. Man kennt die Bibel Stephan Hardings von 1109, die

Moralia in Job von 1111 und den Psalmenkommentar des heiligen Augustinus. Später förderte Stephan Harding, der von Bernhards Stil beeindruckt, aber nicht völlig überzeugt war, einen zweiten Stil von Cîteaux: ernsthaft, idealisiert und byzantinisch beeinflußt. Repräsentativ für diesen Stil sind die Bibelkommentare des Hieronymus.

Bei der Pergamentherstellung wurden die Laienbrüder vom Vorsänger angeleitet. Man mußte den Tieren das Fell abziehen, es im Flußwasser waschen, in einem Kalkbad die Haare ablösen und die Häute über ein Gestell

Refektorium der Mönche, Villers-la-Ville, Belgien; der Raum hat Ähnlichkeit mit einer Kirche, da die gemeinsamen Mahlzeiten einem Gottesdienst gleichkamen.

spannen, mit Kreide bleichen und abbimsen. Auf die gleiche Weise wurde noch im 13. Jahrhundert das Leder für die Bucheinbände bearbeitet.

Offenkundig brauchte man große Schafherden, um genügend Tierhäute für die Schriften zu haben. Clairvaux richtete 1121 einen Hof speziell für die Schafzucht ein. Seine Schafherde umfaßte über 1000 Tiere. Nebenbei wurden die Zisterzienser schon bald führend auf den Wollmärkten Europas.

Die Arbeit eines Schreibers war mühsam und brachte pro Tag einen Ertrag von fünf bis sechs Blättern im Quartformat. Da es noch keine Brillen oder Lupen gab, mußten die Mönche, die als Schreiber tätig waren, ein gutes Sehvermögen besitzen. Im Laufe seines Lebens schrieb ein Kopist vierzig Bücher ab; um eine Bibel zu kopieren, brauchte er mehrere Jahre. Mit der Zunahme von Aufträgen bildete sich eine gewisse Spezialisierung heraus: Kopisten, Korrektoren, Miniaturenmaler und Buchbinder teilten sich die Arbeit.

Die Tuschen wurden in der Wärmekammer auf der Grundlage von Erden, Mineralien (Malachit), Blütennarben (Safran) oder Pflanzenwurzeln (Krappfarbstoffe) hergestellt. Zu jeder Farbe gehörte ein passendes Bindemittel. Alchimisten beschäftigten sich mit der Verbesserung der Tuschen, während ein Handwerker die Herstellung der Pinsel, Knochenmesser, Gänsekiele, Schabemesser (zum Auslöschen der Fehler), Zirkel und Lineale leitete.

An Wintertagen durften die Schreiber sich am Holzfeuer die Hände wärmen. In Burgund und der Champagne, wo die ersten Tochterklöster von Cîteaux entstanden, konnte man aufgrund der langen und rauhen Winter nicht auf die Wärmestuben verzichten. Bekannt ist zudem, daß die Mönche dorthin kamen, um ihre Lederschuhe einzuwachsen. Auch der Aderlaß wurde in der Wärmestube durchgeführt.

Der Novizensaal Die Novizen waren in die Gemeinschaft integriert und lebten nach dem gleichen Tagesablauf wie die Mönche. Sie lernten die Kunst des Kopierens ebenso wie die Kunst, Gott zu dienen. Aus diesem Grund grenzte der Novizensaal (23) an den Mönchssaal. Nach der Tradition des Ordens waren die ersten Novizensäle immer am Ende des Ostflügels untergebracht. Das Noviziat dauerte ein Jahr unter Anleitung eines Novizenmeisters, als der „ein Älterer bestimmt" wurde, „der die Fähigkeit hat, Seelen zu gewinnen".

(Benediktsregel, 58.6)

Das Refektorium „Für die tägliche Hauptmahlzeit ... genügen nach unserer Meinung für jeden Tisch zwei gekochte Speisen entsprechend den verschiedenen Bedürfnissen. Wer vielleicht von der einen nicht essen kann, sättige sich von der anderen Speise. Zwei gekochte Speisen also sollen allen Brüdern genügen. Ist aber Obst oder frisches Gemüse vorhanden, so reiche man ein drittes Gericht. Ein gut gewogenes Pfund Brot genüge im Tag, ob nur eine Mahlzeit stattfindet oder ein Mittag- und Abendessen ...

Alle sollen ferner vollständig darauf verzichten, vom Fleisch vierfüßiger Tiere zu essen."

Benediktsregel, 39.1–4, 11

DIE KUKULLE

Die lange, weite Kukulle war eigentlich nur als Chorgewand gedacht. Doch da die frühere Tunika – ebenso wie die Kleidung der Bauern – nur bis zum Knie reichte und die Zisterzienser keine Unterhosen trugen, die nach der Regel nicht vorgesehen waren, trugen sie die Kukulle ständig.

„Wird ein Bruder nur leichter Fehler schuldig befunden, so schließe man ihn vom Tische aus ... Das Essen erhalte er allein."

Benediktsregel, 24.3 und 5

Die Mönche aßen gemeinsam im Refektorium (25) in der Nähe der Küche, die immer unweit des Flusses oder der Entwässerungsanlagen lag. Daher befand sich das Refektorium gegenüber der Kirche und war über den Kreuzgangflügel zu erreichen, an dem die Verbindung zum Brunnen im Innenhof lag.

Da die Zisterzienser ihre Klöster immer mit Blick auf eine mögliche Erweiterung bauten, waren die Refektorien wichtige Säle, die mit wenigen Ausnahmen im rechten Winkel zum Kreuzgang angelegt waren, um nicht den gesamten Platz zwischen Mönchs- und Konversenhaus einzunehmen. Entlang der Mauern standen lange Tische, an denen die Mönche auf Bänken saßen und ohne Gegenüber schweigend aßen, was der verantwortliche „Mönch der Woche" an der Durchreiche (27) in der Wand zur Küche abholte und auftrug.

Eine Kanzel war meist in einer Nische der Westwand des Refektoriums untergebracht und über eine in die Mauer eingelassene Treppe zu erreichen. Ein Mönch, der für je eine

Links:
Lesekanzel im Refektorium der Mönche, Abtei Alcobaça, Portugal. Der Treppenaufgang ist in die Mauer eingelassen.

Rechts oben:
Durchreiche im Refektorium der Mönche, Abtei Tintern Major, Wales.

Rechts unten:
Refektorium der Mönche, Abtei Fountains, England. Das Gebäude ist über den Fluß gebaut.

Woche vom Abt bestimmt wurde, las zwischen dem Segen und dem *Deo Gratias*, die Anfang und Ende der Mahlzeit markierten, aus der Bibel vor (Benediktsregel, 38).

Die Mahlzeit kam einer religiösen Zeremonie gleich. Die Mönche begaben sich in einer Prozession in den Speisesaal, nachdem sie sich im Brunnenhaus die Hände gewaschen hatten. Aus diesem Grund war das Refektorium ebenso wie die Kirche und der Kapitelsaal Gegenstand einer sorgfältigen Architektur.

Die von der Regel geforderte vegetarische Ernährung wurde im Laufe der Jahrhunderte immer wieder diskutiert. Fleisch galt, der Tradition der Eremiten folgend, als erregend und deshalb verderblich. Allerdings gab es keine Bibelstelle, die das Fleischverbot gestützt hätte, abgesehen davon, daß sich Adam

und Eva im Paradies ausschließlich von den Früchten der Erde ernährten. Erst nach dem Sündenfall, als die Menschen getrennt von Gott, außerhalb des Paradieses, leben mußten, wurden Tiere ihre Nahrung. Nach der Sintflut heißt es explizit, daß Gott den Menschen befahl, Furcht und Schrecken „bei allen Erdentieren, bei allen Himmelsvögeln" zu säen: „Alles, was sich regt und lebendig ist, diene euch zur Nahrung; wie das Grünkraut gebe ich euch alles." (Genesis 9,3)

Das Brunnenhaus „Der Abt reicht den Gästen das Wasser für die Hände ... Nach der Fußwaschung spricht man den Vers: Wir haben deine Barmherzigkeit empfangen, o Gott, inmitten deines Tempels."

Benediktsregel, 53.12 und 14

Wo immer der Standort es zuließ, kam das Trinkwasser nicht aus dem Fluß oder den von den Mönchen angelegten Kanälen, sondern aus einer vor jeder Verunreinigung geschützten Quelle, die oberhalb des Klosters aufgefangen und über einen Kanal bis zum Brunnenhaus im Kreuzgang geleitet wurde, das gegenüber dem Eingang zum Refektorium lag.

Dieses kostbare Wasser, Symbol der von den Zisterziensern in allem angestrebten Reinheit, rechtfertigte den Luxus eines aufwendigen Brunnens statt eines schlichten Auffangbehälters. Häufig wurde er geschützt durch einen polygonalen Pavillon. Durch eine Mittelsäule stieg das Wasser in eine obere Brunnenschale auf und floß durch mehrere mit Röhrchen oder Hähnen versehene Löcher in ein unteres Becken und weiter in

Brunnenhaus, Kloster Valmagne, Languedoc. Das Geräusch des Wassers, das von einer Brunnenschale in die andere plätschert, betont die Stille des Kreuzgangs.

den Abwasserkanal des Klosters. Das Brunnenhaus bot den Architekten Gelegenheit, ihre Fähigkeiten zu zeigen. Von den ersten Klöstern ist kein Brunnenhaus erhalten geblieben, aber Viollet-le-Duc hat das prachtvolle Brunnenhaus von Fontenay rekonstruiert.

• **Der Bereich der Konversen** „Für die Bewirtschaftung, den Unterhalt und die Unterbringung von all dem können wir Grangien nahe und fern vom Kloster besitzen, die durch Konversen beaufsichtigt und verwaltet werden."

„Die Konversen nehmen wir mit Erlaubnis der Bischöfe als unsere unentbehrlichen Gehilfen gleich den Mönchen unter unsere Obsorge. Wir betrachten sie als unsere Mitbrüder, die an unseren geistlichen wie materiellen Gütern in gleicher Weise Anteil haben wie die Mönche."

Capitula, 15 und 20

Die Konversen waren dem strengen Ordensleben unterworfen und mit den materiellen Dingen der Abtei betraut. Sie verrichteten innerhalb des Klosters die Hausarbeit und arbeiteten in den Klosterwerkstätten und auf den außerhalb liegenden Höfen.

Das Statut der Konversen   Das Konversentum war zwar keine Erfindung der Zisterzienser, doch kein anderer Orden vor ihnen beschäftigte eine so große Zahl von Laienbrüdern, und das über mindestens 200 Jahre hinweg. Zur Zeit Benedikts von Nursia (480–547) beteiligten sich die Mönche an der handwerklichen und landwirtschaftlichen Arbeit. Doch nach Benedikt von Aniane, der eine aufwendige Liturgie forderte, nahm der Gottesdienst die gesamte Zeit der Mönche in Anspruch, und die Klöster ließen sich von ihren abhängigen Bauern ernähren. Die „Reformatoren" des 11. Jahrhunderts, wie die ersten Kartäuser und Grammontenser, integrierten die Diener und Knechte in ihre Ordensgemeinschaft, was man als Beginn der Konversenbewegung ansehen könnte.

Die *Usus conversorum*, die das Leben der Laienbrüder regelten, wurden von Stephan Harding aufgestellt und von den Generalkapiteln erweitert. Die Laienbrüder stammten aus der Bauernschaft, die im 12. Jahrhundert in großer Armut lebte. Bei den Zisterziensern fanden sie Nahrung und Sicherheit, die die Feudalherren ihnen nicht gewährten.

Nach einem Noviziat von einem Jahr, in dem die Laienbrüder die wichtigsten Gebete

auswendig lernten und sich die monastische Disziplin aneigneten, legten sie die gleiche Profeß ab wie die Mönche. Allerdings durften sie weder lesen noch schreiben lernen und waren von der Verwaltung des Klosters ausgeschlossen. Vor allem konnten sie keine Mönche werden. „Sie sind ungebildet, und sie bleiben es. Sie beten ein wenig mehr, aber auf ihre eigene, sehr schlichte Weise. Sie bringen den Einsatz, die Anstrengungen ihres Körpers dar ... Es gab also zwei Ränge. Zwischen ihnen herrschte brüderliche Liebe. Aber es gab auch eine unüberwindbare Schranke: Man kann nicht von einer Gruppe in die andere überwechseln, und sie leben in getrennten Quartieren" (Georges Duby). Mitte des 12. Jahrhunderts gab es in Clairvaux 300 Mönche und 500 Konversen; in Vaucelles 100 Mönche und 130 Konversen; in Pontigny 100 Mönche und 300 Konversen.

Die Küche   Die Küche (28) war einer der wenigen Orte, an denen sich Mönche und Laienbrüder begegneten, denn dort wurden für die einen wie die anderen die Mahlzeiten zubereitet, und zwar die gleichen (*Usus conversorum*, 14), wenn das auch in der Realität oft anders aussah. Der Mönch, der den

Ofenplatte, Kloster Salem, Deutschland: die Konversen beim Gebet während der Feldarbeit.

Wochendienst in der Küche versah, wurde unterstützt von den Konversen, die für die Küche und für das Backhaus zuständig waren.

Die Küchen der Zisterzienser waren mit beiden im Mittelalter üblichen Arten von Öfen ausgestattet, dem noch heute gebräuchlichen Wandkamin und dem großen zentralen Ofen mit ausladendem Rauchfang. Neben der Küche lagen die Vorratsräume (29).

Das Sprechzimmer der Konversen „Als Cellerar des Klosters wählt man einen aus der Gemeinschaft, der erfahren ist, von reifem Charakter, nüchtern und kein Vielesser, nicht hochmütig, nicht aufgeregt und nicht grob, nicht langsam und nicht verschwenderisch, sondern gottesfürchtig. Er sei der ganzen Gemeinschaft wie ein Vater."
Benediktsregel, 31.1–2

Der Cellerar, der für das gesamte praktische Leben des Klosters zuständig war, hatte zusätzlich die Aufgabe, die Laienbrüder anzuleiten und auch die Lohnarbeiter der Abtei, die je nach Bedarf zum Beispiel als Saisonarbeiter auf den Feldern oder zu Bauarbeiten herangezogen wurden, zu beaufsichtigen. Wie der Prior für die Mönche hatte auch der Cellerar ein Sprechzimmer für die Laienbrüder (30) mit Steinbänken und einem Schrank für seine Unterlagen. Er teilte die Arbeit ein und hielt meist anstelle des Abtes die wöchentliche Kapitellesung bei den Konversen ab.

An Sonntagen und hohen Feiertagen kamen die Konversen von den Höfen, um die Messe in der Klosterkirche zu hören. Da sie den Hin- und Rückweg an einem Tag zurücklegen mußten, durften die Höfe nicht weiter als zwölf Kilometer vom Kloster entfernt sein (falls sie es doch waren, richtete man dort eigene Kapellen ein).

Der Cellerar inspizierte die Werkstätten und Höfe. Gerhard, der Cellerar von Clairvaux, wurde im *Exordium Magnum* gelobt, weil er mit den Konversen aß, sich mit ihrem Essen begnügte, wie sie Wasser trank und es nicht duldete, daß man ihm etwas anderes als die üblichen Portionen servierte.

Das Konversenhaus Das Gebäude der Laienbrüder umfaßte im Erdgeschoß immer ihr Refektorium (31) und einen halb unterdischen Keller (33), im ersten Stock befand sich der Schlafsaal der Konversen (35), der größte Raum des Klosters; denn obwohl die meisten Laienbrüder auf den Grangien wohnten, mußte man sie doch im Kloster unterbringen, wenn sie zurückkehrten. Als im 13. und 14. Jahrhundert die Laienbrüder ausblieben, nutzte man ihren Klosterflügel auf andere Weise. Da er in der Nähe der Pforte lag, baute man ihn zum Gästehaus oder auch zu einem Wohnhaus des Abtes oder einer Bibliothek oder einfach zur Scheune um.

Nach der französischen Revolution wurden die Konversenhäuser meist erhalten. Die Industriellen oder Landwirte, denen diese Gebäude nun gehörten, verfügten damit über riesige Produktions- oder Lagerflächen. In Clairvaux brachte die Strafvollzugsbehörde, die das Kloster 1808 in ein Gefängnis umbaute, im Konversentrakt über ein Jahrhundert hinweg schwere Maschinen unter.

Von links nach rechts:
• *Küche, Abtei Tarouca, Portugal. Der zentrale Rauchfang war auch in Alcobaça und Longpont zu finden.*
• *Kapelle der Weinbaugrangie (auch Weingut genannt) von Clairvaux in Colombé-le-Sec,* *Champagne. Da die Grangie zu weit vom Kloster entfernt lag, blieben die Konversen an gewöhnlichen Sonntagen auch zur Messe hier.*
• *Ofenplatte aus Salem, Deutschland: die Konversen in der Küche.*

Keller des Konversen-
gebäudes,
Abtei Fountains,
England.

Soziale Trennung, architektonische Einheit Obwohl die Zisterzienser Mönche und Konversen räumlich streng voneinander trennten, gab es keinerlei Klassenunterschiede in der baulichen Qualität ihrer Häuser. Jedes Bauwerk wurde in gleicher Sorgfalt und Solidität realisiert. Die gut erhaltene Schmiede von Fontenay zeigt das durch ihre schöne architektonische Ausformung am besten: Die Arbeitsstätte war ebenso geheiligt wie der sakrale Bereich: Kein Raum wurde vernachlässigt, denn jeder einzelne gehörte zu dem großen Ganzen. Das zeichnete die Architektur der Zisterzienser aus.

4. Die Ländereien des Klosters

„Für die Bewirtschaftung, den Unterhalt und die Unterbringung von all dem können wir Grangien nahe und fern vom Kloster besitzen, die durch Konversen beaufsichtigt und verwaltet werden."

Capitula, 15

Die Zisterzienser verzichteten auf die Renten, Zehnt- und anderen Abgabenrechte, auf die sie als Mönche durchaus Anspruch gehabt hätten. Statt dessen hatten sie sich selbst zur Autarkie verpflichtet, denn nach dem Geist der Ordensgründer war die Selbstgenügsamkeit der Preis der Tugend und der Askese durch Arbeit. Die Suche nach Brachland führte sie fernab von den landwirtschaftlichen Zentren; dort erlaubten sie sich dann allerdings, durchaus große Landgüter zu schaffen – manchmal indem sie im Namen der ihnen gebotenen Einsamkeit die Bauern von ihren Freihöfen verjagten –, denn Landbesitz war die Voraussetzung für ihre Lebensweise.

Oben:
Keller der Abtei Bouchet bei Valence; noch heute wird hier Wein gelagert.

Rechts:
Schmiede, Abtei Fontenay, Burgund; 12. Jahrhundert.

Der bemerkenswerte Erfolg des zisterziensischen Konzepts der Unabhängigkeit auf landwirtschaftlichem und industriellem Gebiet ist historisch fast einmalig. Er beruhte einerseits auf außergewöhnlichem Unternehmergeist, der zwar nicht unbedingt zu den mönchischen Tugenden gehörte, aber insbesondere die Äbte und Cellerare der Zisterzienser auszeichnete; andererseits auf einer religiös motivierten Arbeiterschaft. Diese war vor allem kostengünstig, wenn auch nicht kostenlos, da sie „Kost, Logis und Kleidung" erhielt, damit aber immer noch erheblich unter den Kosten der billigsten Lohnarbeiter jener Zeit lag. Ein weiterer maßgeblicher Faktor war das System der Grangien.

Durch diese Art der Ausbreitung prägten die „weißen Mönche" die Landschaft nach ihrem Stil. Noch heute zeugen ländliche Gegenden und landwirtschaftliche Gebäude von ihrer Originalität und Perfektion. Robert Fossier wies als erster auf diese spezifische Dimension des Zisterziensertums hin, mit der sich auch 1993 in Fontfroide das Kolloquium über „Den zisterziensischen Raum" beschäftigte. Seither läßt sich das Zisterzienserkloster nicht mehr auf das „monastische Viereck" aus Klosterkirche und Klausurgebäuden reduzieren. Vielmehr ist deutlich geworden, daß es ein komplexes Ganzes darstellte, das ein Territorium ausgehend von einem Zentrum religiösen Lebens strukturierte und neben Handwerksbetrieben an Ort und Stelle auch entfernter gelegene landwirtschaftliche und industrielle Betriebe umfaßte.

• Die Wirtschaftsgebäude

Ein Großteil des Wirtschaftslebens spielte sich trotz allem innerhalb der Klostermauern ab.

In Fontenay sind mehrere Gebäude erhalten geblieben, die schon bei Gründung der Abtei errichtet wurden: die Bäckerei und ihr Backhaus, das Taubenhaus, die Getreide- und Ölmühle und vor allem die Schmiede, die Ende des 12. Jahrhunderts fertiggestellt wurde.

Das Taubenhaus

Der Bau eines Taubenhauses war ebenso wie der eines Backhauses ein Privileg, das den Feudalherren vorbehalten war. In Fontenay besaß man das „Taubenrecht" und konnte Eier und Fleisch verkaufen oder zum eigenen Verzehr behalten, da Geflügel nicht unter das Fleischverbot fiel wie alle vierfüßigen Tiere. Das Taubenhaus war aus Stein, im Gegensatz zum hölzernen Taubenschlag mit begrenzter Höhe und Balkenzahl, dessen Besitz auch reichen Pächtern ab 36 Morgen Land erlaubt war. Alle Klöster unterhielten ein Taubenhaus mit mehreren hundert Balken. Das Taubenhaus von Fontenay ist ein Rundturm mit konischem Dach und dickem Mauerwerk. Auf halber Höhe ist eine Traufleiste angebracht, um die Dachluke für die Tauben vor Nagetieren zu schützen.

Die Schmiede

Nur selten lagen die eisenproduzierenden und -verarbeitenden Einrichtungen innerhalb der Wirtschaftsgebäude des Klosters, allein schon wegen der Lärm- und Rauchbelästigung und dem Bedarf an Rohstoffen (Mineralien und Holz). In Fontenay gab es allerdings eine Schmiede, die aufgrund ihrer Bedeutung und Schönheit das bevorzugte Forschungsfeld Paul Benoîts darstellte, der zeigte, welche außergewöhnliche Bedeutung der klösterlichen Eisenverhüttung und besonders der der Zisterzienser zukommt. In Fontenay entschied offensichtlich ein

Links:
Taubenhaus, Abtei Morimondo, Italien.

Oben:
Kloster Maulbronn, Deutschland. Noch heute existieren zahlreiche der Wirtschaftsgebäude an einem geschlossenen Innenhof.

Rechts:
Wasserfall der Schmiede,
Abtei Fontenay,
Burgund.

Rechte Seite:
Brauerei (Innen- und
Außenansicht), Abtei
Villers-la-Ville, Belgien.

nahegelegener Wasserfall mit einer kräftigen und gleichmäßigen Wasserführung, die für den Antrieb eines Maschinenhammers unerläßlich war, über die Ansiedlung der Schmiede etwa 500 Meter vom Bergwerk Munières entfernt; dieser Wasserfall begünstigte die Eisenverhüttung und -verarbeitung im Wald von Grand Jailly und einer Schmiede am Fluß. Auf einer Länge von 55 Metern reihten sich in dem Gebäude vier Säle aneinander, die jeweils zwei durch vier Säulen getrennte Joche besaßen. Der erste stammt aus den dreißiger Jahren des 12. Jahrhunderts, die drei anderen sind wahrscheinlich einige Jahre später entstanden, um einen Maschinenhammer und die Feuerstellen unterzubringen, in denen die Luppen und Metallbarren vor dem Schmieden erhitzt wurden.

Die Werkstätten   Mit der triumphalen wirtschaftlichen Expansion der Zisterzienser nach 1150 nahm die Zahl der Wirtschaftsgebäude stetig zu, die Bauten wurden prächtiger und nahmen bald viel mehr Raum ein als die Klausurgebäude. Dort befanden sich die Räume der Maurer, Steinmetze und Bildhauer sowie die Werkstätten der übrigen Bauhandwerker wie Zimmerleute, Schreiner und Schlosser, aber auch die der Weber, Schuhmacher, Gerber und der Pergamentmacher. Der *Usus conversorum* schrieb vor, daß die Werkstätten ebenso wie der Klausurbereich Orte des Schweigens waren.

• **Die Grangien**   Die Grangie war die grundlegende Produktionseinheit der Zisterzienserklöster. Das französische Wort *grange*

bezeichnet heute eine große geschlossene Scheune, in der die Ernte aufbewahrt wird. Bei den Zisterziensern stand „Grangie" für jeden Wirtschaftsbetrieb, sei es ein Gutshof, eine Weinkellerei oder eine Eisenhütte.

Wenn landwirtschaftlich nutzbares Land in der Umgebung des Klosters lag, baute man wie in Clairvaux die Grangie auf dem Gebiet der Wirtschaftsgebäude. Die Besonderheit des Grangiensystems lag jedoch darin, auch entfernte Ländereien nutzen zu können. Sie unterstanden dem Cellerar, der in jeder Grangie von einem „Grangienmeister" vertreten wurde, einem Konversen, den man wegen seiner Erfahrung und Zuverlässigkeit auswählte. In den Grangien war die Zahl der Laienbrüder den zu bewältigenden Aufgaben angepaßt, bei der Ernte kamen ausnahmsweise auch Mönche hinzu, und man konnte sogar Lohnarbeiter beschäftigen. Die Betriebe wurden zu Grundeinheiten von 200 bis 300 Hektar Größe zusammengefaßt, die jeweils ihren geologischen oder klimatischen Gegebenheiten gemäß spezialisiert waren. Die Wirtschaftweise der Zisterzienser war weit effizienter als das Feudalsystem. Die Ländereien der Feudalherren waren isolierte Einheiten, in denen die unfreien Bauern zwar oft relativ selbständig, aber ohne echte Entscheidungsbefugnisse arbeiteten. Die Grundherren selbst hielten sich häufig am Hof auf und lebten von den Einkünften aus ihrem Landbesitz, der sie

darüber hinaus nicht interessierte. Dieses komplizierte und ineffektive Geflecht persönlicher Abhängigkeitsverhältnisse, das sich auf Rechtsbegriffe und Gewohnheiten aus den Anfängen adliger Herrschaft in der frühen germanischen Zeit stützte, war wirtschaftlichen Erneuerungen gegenüber unbeweglich.

Die ersten Erfolge des Grangiensystems stellten sich bereits in den dreißiger Jahren des 12. Jahrhunderts ein. Die Zisterzienser erzielten gute Erträge auf oft scheinbar wertlosem Land, wie urwüchsigen Wäldern, Heiden und Sümpfen. Die Urbarmachung von Brachland durch Ent- oder Bewässerung war die große Meisterleistung des Ordens Mitte des 12. Jahrhunderts. Drei Beispiele von vielen verdienen hier Erwähnung. Das Kloster Chiaravalle bei Mailand bewässerte das trockene Land seiner Güter ab 1138 mit Hilfe eines Kanals, der das Wasser des Po ableitete. Der Herzog von Rothenburg schenkte den Zisterziensern von Walkenried 1114 Sumpfland, das sie innerhalb einiger Jahre trockenlegten und in die berühmten „goldenen Wiesen" des thüringischen Beckens verwandelten. Von 1139 an verwandelte das Kloster Les Dunes einige 10 000 Hektar sandiges Brachland an der flandrischen Küste in fruchtbares Ackerland, das es zwei Jahrhunderte später mit 55 Grangien bewirtschaftete. Auf diese Weise schufen die Zisterzienser nutzbares Ackerland und rodeten wesentlich weniger Land,

DIE GRANGIE VON OUTRE-AUBE

A. Pforte zum Wald und zum Brunnen Saint-Malachie

B. Bach Fontaine Saint-Malachie (fließt nach 200 Metern in die Aube)

C. Fünfschiffige Grangie (leider 1986 bei einem Brand zerstört) und siebenschiffige Grangie, deren Grundmauern auf der Luftaufnahme bei flach einfallendem Licht zu erkennen sind

D. Gebäude des Grangienmeisters und der Konversen, das noch existiert

E. Landwirtschaftliche Gebäude, von denen eines noch existiert

F. Pforte und Gästehaus, die in umgebauter Form noch existieren

G. Klostermauer

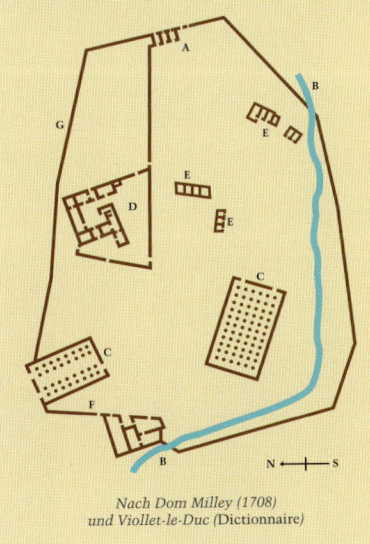

Nach Dom Milley (1708)
und Viollet-le-Duc (Dictionnaire)

GRANGIEN UND KELLEREIEN VON CLAIRVAUX

Bernhard von Clairvaux gründete während seiner Zeit als Abt fünf Grangien. Zehn entstanden zwischen 1150 und 1200 und fünf weitere im Laufe des 13. Jahrhunderts.

Die erste Grangie, Fraville (Gemeinde Arconville, fünf Kilometer von Clairvaux entfernt), wurde 1122 von der Abgabe des Zehnten befreit. Diese großzügige Entscheidung, die der reiche Cluniazenserabt Pons de Mergueil der Abtei Clairvaux bewilligte, nahm die allgemeine Abgabenbefreiung vorweg, die Papst Innozenz II. den Zisterziensern 1132 einräumte. Ab 1156 versuchte ein nachfolgender Papst, dieses Privileg wieder zurückzunehmen, da sowohl die Bischöfe als auch andere Ordenskongregationen mit der gewaltigen Expansion der Zisterzienser ihre Einnahmen verloren. Erst das Laterankonzil (1215) regelte die Angelegenheit: Die bis zu diesem Zeitpunkt erworbenen Güter blieben abgabenfrei, während neue Güter dem allgemeinen Gesetz unterstanden.

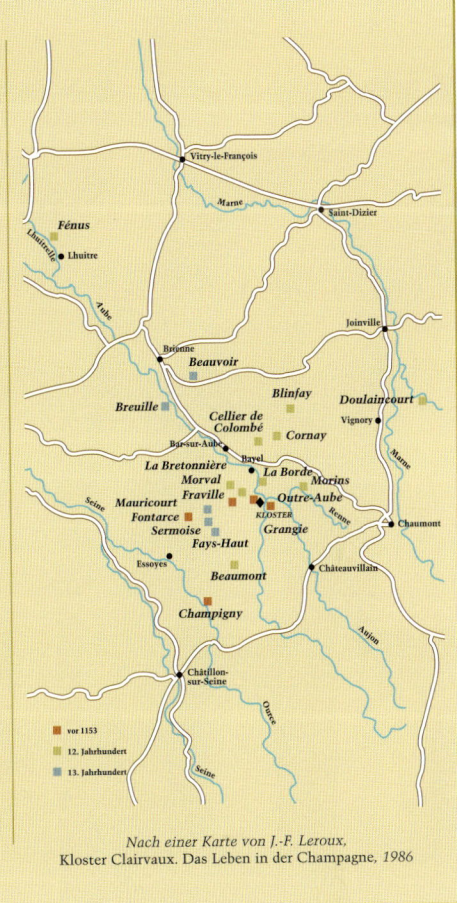

Nach einer Karte von J.-F. Leroux,
Kloster Clairvaux. Das Leben in der Champagne, 1986

um, einen Raum für den Grangienmeister und häufig eine Kapelle, wo jedoch nicht die Messe gelesen werden durfte, damit die Konversen sonntags zum Kloster kamen.

Die am weitesten entfernt liegenden Grangien entwickelten sich zu einer Art Kloster im kleinen mit einer Außenmauer, Obstwiese, Gemüsegarten und Backhaus. Fast alles fand im Hauptgebäude Platz. Daneben gab es auch ein Pförtnerhaus und ein kleines Gästehaus, weil man Reisenden, die noch spät unterwegs waren, immer gern Gastfreundschaft gewährte. „Zu diesem Zweck brannte eine Lampe die ganze Nacht hindurch in einer kleinen Nische, die sich über oder neben den Türen dieser Gebäude befand und wie ein Signal den Reisenden leiten und ihm Mut machen sollte", so Viollet-le-Duc.

Diese Tradition wurde durch die Jahrhunderte hindurch beibehalten. In der Grangie von Outre-Aube fand Johanna von Orleans Zuflucht, als sie 1429 mit dem kleinen Trupp des damals noch unbekannten Sire de Baudricourt zum Hoflager von Chinon zog, um von dort den Dauphin (Karl VII.) zu seiner Krönung in Reims zu führen. Die Mönche von Clairvaux verweigerten ihr die Gastfreundschaft, doch die Konversen der benachbarten Grangie nahmen sie auf. Heute ist aus dieser Grangie von Outre-Aube ein Weiler geworden, in dem noch ursprüngliche Gebäude und Gemäuer stehen.

als man ihnen nachsagt. Der Wald war ein Kapital, das es nicht zu verschwenden galt, und die weißen Mönche verstanden es, ihn so zu bewirtschaften, daß sie sich einen guten Vorrat an Brennholz, gutem Bauholz und Unterholz zum Weiden der Schafherden bewahrten.

Jede Grangie umfaßte neben den Nutzgebäuden einen Schlafsaal und ein Refektori-

KAPITEL VI

DIE ROMANISCHE ARCHITEKTUR DER ERSTEN ZISTERZIENSERKLÖSTER

Vor allem gestalterischer Prunk und Übermaß, „Eitelkeit der Eitelkeiten", waren es, die Bernhard von Clairvaux in seinem puristischen Ethos für die Klöster der Zisterzienser ablehnte.

Alle romanische Sakralarchitektur diente dem Ziel, Orte spiritueller Einkehr zu schaffen, und alle baulichen Ansätze griffen auf die Grundprinzipien der Architektur zurück, Licht, Proportion und Baustoffe in optimaler Weise einzusetzen. Die zisterziensischen Architekten jedoch mußten zudem die inhaltlichen Vorgaben der Benediktsregel uneingeschränkt umsetzen, durften folglich nicht die technisch und gestalterisch weitgefaßten Möglichkeiten romanischer Architektur voll ausschöpfen, die, als Bernhard von Clairvaux 1135 einwilligte, mit dem Bau seiner großen Abtei (Clairvaux II) zu beginnen, ihren Höhepunkt erreicht hatte. Die Steinmetze zeigten ihre Kunst zunehmend aufwendiger in Tympanon- und Gewändefiguren oder der verzierungsreichen Gestaltung von Kapitellen, die Gesamtanlage von Kirchen erhielt durch Addition einzeln durchgebildeter Baukörper eine klare rhythmische Gliederung, und die Gewölbe erreichten immer größere Spannweiten. Während jedoch das Tonnengewölbe und die Spitztonne üblich waren, steckte man bei der Entwicklung des Kreuzgratgewölbes noch im Experimentierstadium. Fünf Jahre bevor die Klosterkirche von Cluny III (Baubeginn unter Abt Hugo im Jahre 1077), die eine der größten Kirchen der Christenheit werden sollte, geweiht wurde, stürzte 1125 ein gerade erst errichtetes Gewölbe ein.

Clairvaux war zwar das erste Zisterzienserkloster, das romanische Bauweise und bernhardinischen Idealplan vereinte, doch lassen die Überreste keine genauere Untersuchung mehr zu. Zur gleichen Zeit wie die großartige Klosterkirche Clairvaux II (1135–1145) wurden jedoch Kirche und Kloster Fontenay (1137–1147) erbaut, die über das architektonische Vokabular der Zisterzienser im 1. Jahrzehnt ihrer Baugeschichte Auskunft geben.

DIE KLOSTERKIRCHE FONTENAY

Die Abteikirche Fontenay mit ihrem Basilikagrundriß mit Querschiff hat ein Mittelschiff mit acht Jochen und einer spitzbogigen Gurtentonne. Abgestützt wird es durch die Seitenschiffe mit quergestellten Tonnengewölben. Durch die Seitenschiffe sowie Fenstergruppen an Chorwänden, Eingangswand und Querschiffenden fällt Licht ein, denn wie alle kleinen burgundischen Kirchen des 11. Jahrhunderts hat auch die Kirche von Fontenay keine Fensterzone oberhalb der Arkaden. Auch Empore und Triforium fehlen.

Der Innenraum weist keine kunstvollen Kapitelle oder Mehrfachtori an der Säulenbasis auf. Das ebenfalls mit einer Spitztonne überwölbte Sanktuarium ist niedriger als das Mittelschiff und läßt in der Triumphbogenwand, die die Vierung des Querschiffes dominiert, fünf Fenster zu, um den Mönchschor zu erhellen. Die scheinbare Kargheit der Architektur wird aufgehoben durch das weiße Licht, das mit den Formen des Raumes und den Farben der Steine spielt.

DER KREUZGANG VON FONTENAY

Der Kreuzgang, der aus dem gleichen Jahrzehnt stammt wie die Kirche, verbindet die traditionelle Kraft romanischer Bauten mit einer Eleganz, die auch hier mit dem Rhythmus des Bogenwerks verknüpft ist. Die fortlaufend mit spitzbogigen Gurtentonnen überwölbten Kreuzgangflügel mit seitlichen Durchgängen öffnen sich zu dem zentralen Innenhof mit Rundbögen, die paarweise unter einem Entlastungsbogen auf schweren Pfeilern angeordnet sind und von kurzen Säulenpaaren auf einer niedrigen Mauer getragen werden. Die Kapitelle haben kaum mehr Blattornamente als die der Kirche.

DER TECHNISCHE FORTSCHRITT AB 1140: ENTSTEHUNG DER GOTIK

Zur gleichen Zeit, als die Bauarbeiten an den ersten Zisterzienserabteien begannen und die Kirchen von Clairvaux und Fontenay geweiht wurden, planten viele Bischöfe und Benedikteräbte den Umbau oder die Vergrößerung der im Laufe des 11. Jahrhunderts errichteten Kirchenbauten, um sie dem aktuellen Zeitgeschmack und der Größe der Klostergemeinschaften anzupassen. Ihre Architekten hatten eine doppelte Herausforderung zu bewältigen: Sie sollten höhere, größere und hellere Kirchen oder Klostergebäude „ganz aus Stein" bauen, ohne dabei die Baukosten allzusehr in die Höhe zu treiben. Die Lösung konnte nur in einer gewaltigen technischen Revolution liegen.

DAS LICHT
BEI DEN ZISTERZIENSERN

Die Initialen sollen einfarbig und ohne Illustrationen sein, die Glasfenster weiß und ohne Kreuz und Bilder.
Beschlüsse des Generalkapitels in Cîteaux, 43.

Das Licht war weiß, da die Zisterzienser anfangs ausschließlich farbloses Glas für ihre Kirchenfenster verwendeten. Entweder brachen sie das Glas in kleine Teile und fügten es mit Bleiruten zusammen (Blankverglasungen) oder verwendeten möglichst große Scheiben, wobei Ornamente, die mit Schwarzlot auf das Glas aufgetragen und eingeschmolzen wurden, den unregelmäßigen Verlauf der Bleiverfugungen überdeckten (Ornamentverglasung). Figuren oder figürliche Motive in farbigem Glas, wie sie sich Mitte des 12. Jahrhunderts herausbildeten, gab es noch nicht. Das Licht wirkte um so weißer, weil die zum Schutz des Steins weiß gekälkten Mauern (die die Zisterzienser mit ockerfarbenen Mauerfugenimitaten bemalten) es reflektierten.

Während des gesamten 12. Jahrhunderts kämpfte das Generalkapitel mit Erfolg gegen die Verlockung der Farbe an,

bis ihr die Zisterzienserabteien im 13. Jahrhundert erlagen, wie zuvor schon die Domherren.

Über die farblosen Fenster der Zisterzienserkirchen wird gerade in den 90er Jahren heftig debattiert.

Pierre Soulages schuf 1994 für die Benediktinerkirche von Conques neue Fenster, zu denen Georges Duby bemerkte: „Vielleicht existiert nur ein einziges Zisterziensergemälde, das von Soulages." Die schwarzen Linien, die seine Fensterscheiben überziehen, sind von einer Kraft und Strenge, die diesen Vergleich stützen könnten. Duby lobt zwar das Werk selbst und die gewissenhaften Recherchen von Soulages, weist aber darauf hin, daß die Fenster in Conques stilistisch unangemessen seien, da es sich bei der Wallfahrtskirche nicht um ein zisterziensisches, sondern ein benediktinisches Bauwerk handele und man sich der Glaskunst dieser Mönche hätte annähern müssen. Diese hätten sich „darum bemüht, die Buntheit der Miniaturenmalerei auf die Fenster zu transponieren" und sogar auf den Kapitellen und figürlichen Tympanons ihrer Basilika biblische Inhalte dargestellt.

Zur gleichen Zeit, als Soulages in Conques beschäftigt war, arbeitete Jean Ricardon 1992 in Acey an neuen Fenstern

für die dortige zisterziensische Klosterkirche aus dem 12. Jahrhundert und mußte sich mit den Vorgaben der Mönche, seiner Auftraggeber, auseinandersetzen, „keine seelenlose Nachahmung einer vergangenen Zeit zu riskieren und den zisterziensischen Geist des Ortes nicht zu negieren, dabei aber Techniken unserer Zeit zu benutzen". Der Künstler verwendete große, einteilige Scheiben, die mit Farben in Grisaille-Tönen (grau, schwarz, blau und weiß), Glasemaille und Mattschliff im Spritzverfahren bearbeitet wurden – ein im Prinzip vorbildliches Vorgehen; das Werk ist jedoch zu dominant für den Raum, in dem es wirken soll.

Jean-Pierre Raynaud, der 1977 Fenster für Noirlac entwarf, charakterisierte die zisterziensische Glaskunst folgendermaßen: „Die Kunst der Zisterzienser erreicht das Komplexeste durch das Schlichteste, das Irrationale durch die Vernunft, die Milde durch Kraft ..." Dieses Ziel verfolgte der Künstler, als er die vollkommene Freude in der Ablehnung jeglicher Künstlichkeit und in völliger Kargheit anstrebte. Ihm sei, so urteilte Duby, in Noirlac sein Vorhaben auf verblüffende Weise gelungen.

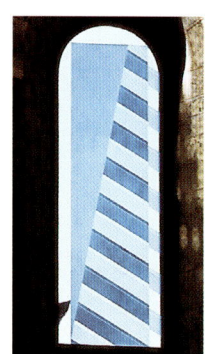

Drei Bauwerke, die in den vierziger Jahren des 11. Jahrhunderts entstanden, gelten als „Paradebeispiele" für die gotische Architektur: Saint-Denis, das als „Gründungsbau" der Gotik gilt, Sens und Angers. Hier wird eine Reihe technischer Neuerungen sichtbar: die nicht mehr tragende Wand aus schlichtem Mauerwerk; das Kreuzrippengewölbe, dessen Rippen die Wölbung kreuzen und die Schubkräfte auf die Pfeiler verlagern; Untergurte aus Eisen, die die Seitenstabilität gewährleisten; der dreistufige Wandaufbau (große Arkade, Galerie und Triforium, Lichtgaden), der eine maximale Beleuchtung ermöglicht; Strebebögen, die als Widerlager für die oft ungenügende Stützmauer dienen.

All diese Techniken wurden nicht zu einem bestimmten Zeitpunkt gleichzeitig an einem Gebäude eingeführt und sind auch schwer zu datieren. Lange glaubte man, das erste Kreuzrippengewölbe sei 1093 in Durham konstruiert worden, tatsächlich entstand dieses wohl erst später und verarbeitete die Erfahrungen, die man um 1120 bei St.-Etienne in Caen gemacht hatte. Ebenso glaubte man, die Rippen seien lediglich eine Verstärkung des Kreuzgratgewölbes, was manchmal der Fall war. Wenn man allerdings die Ruinen alter Kirchen untersucht, stellt man fest, daß teilweise auch das gotische „Skelett" erhalten ist, während die Gewölbe eingestürzt sind.

In der Gotik öffnete man sich neuen Erfahrungen und logischen Denkmustern; man beseitigte Trennwände und förderte die Transparenz der Masse. Der Abt von Saint-Denis, Suger, der die bahnbrechenden Umbauten im Chor seiner Kirche schriftlich dokumentierte, handelte, wie man nachlesen kann, aus mystisch-religiösen Beweggründen architektonisch revolutionär. Denn der Entdeckung des Chorraums als wichtiges kultisches Zentrum folgte der Wunsch nach seiner optischen Aufwertung. Abt Suger und Bernhard von Clairvaux hinterließen beide Dokumente ihres Glaubens in Stein, auf je unterschiedliche Art und Weise, aber jeweils bis heute erkenn- und nachvollziehbar.

DAS KONVERSENHAUS VON CLAIRVAUX

Beim Bau von Clairvaux II dürften die Kirche, der Kreuzgang sowie die Unterkünfte für die Mönche zeitliche Priorität genossen haben. Bei der Weihe der Abteikirche 1145 hatte man mit dem Bau des Konversentrakts vielleicht noch gar nicht begonnen, doch Bauweise und Analyse des architektonischen Vokabulars lassen eine Datierung um 1150 zu. Man glaubt noch heute sehen zu können, daß diesem Gebäude beim Bau besondere Aufmerksamkeit und Sorge gewidmet wurde.

Die romanische Abteikirche und der Kreuzgang existieren nicht mehr, aber das Konversenhaus ist als einziges von der Abtei Bernhards von Clairvaux erhalten geblieben. Es lag rechtwinklig zur Abteikirche und bildete den Westflügel des Klausurvierecks, der sich über eine Länge von etwa achtzig Metern erstreckte und auf zwei Geschossen aus jeweils drei Schiffen mit vierzig Jochen bestand. Das Halbparterre erfüllte die beiden traditionellen Funktionen des Refektoriums und des Kellers, am achten Joch getrennt durch den Durchgang. Im ersten Stock lag das Dormitorium, das von einem Satteldach überspannt war. Die Fassaden waren durch die Strebepfeiler in Joche gegliedert, die die entlastenden Rundbögen trugen wie bei der Kellerei von Dijon oder dem Hospital von Ourscamp.

Der Architekt verstärkte das Gewölbe des Kellers durch Rundbögen, die nach dem System des Rippengewölbes gekreuzt waren.

Anhand der konischen Kragsteine des Kellers datierte Marcel Aubert die typische Zisterziensertechnik, die Bögen mauerseits auf eingebundene Konsolen zu setzen, auf Mitte des 12. Jahrhunderts. So gewann man in Keller und Schlafsaal, im Refektorium und sogar in der Kirche Platz.

Der Schlafsaal im ersten Stock vermittelt einen Eindruck enormer Weite, da die drei Schiffe sich ohne Trennwände über fast 80 Meter Länge erstrecken und eine durchgehende Fläche von annähernd 1500 Quadratmetern bilden. Die Restaurierung zeigt die Rippen in einem hellen Stein und die Flächen der Kreuzgewölbe in einem Kalkputz.

Mit dem Konversengebäude von Clairvaux ist uns einer der schönsten Säle mit Kreuzrippengewölbe der gesamten zisterziensischen Baukunst erhalten geblieben, sowie ein Keller, der von der Fähigkeit der Zisterzienser zeugt, jeden technischen Fortschritt, der sich den Erbauern bot, zu nutzen.

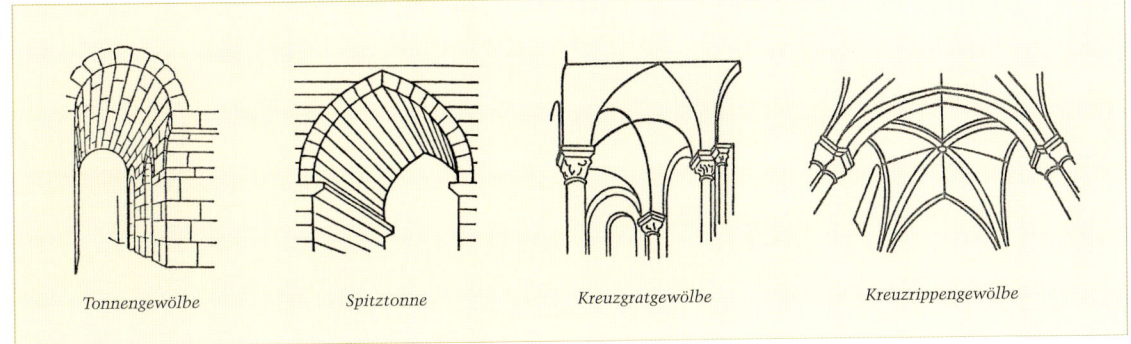

Vorhergehende Seiten:
Mittelschiff der Klosterkirche und Kreuzgang der Abtei Fontenay, Burgund.

Linke Seite: Fenster
• Obazine, Limousin.
• Noirlac, Berry.
• Sénanque, Provence.
• Acey, Franche Comté.

Rechts:
Vier Gewölbeformen (nach Glossaire, Zodiaque).

Tonnengewölbe   Spitztonne   Kreuzgratgewölbe   Kreuzrippengewölbe

1

4

5

2

6

3

7

Zisterziensische Gewölbesockel

1. Flaran, Aquitanien.
2. Valmagne, Languedoc.
3. Casamari, Italien.
4. Santes Creus, Spanien.
5. Clairvaux, Champagne.
6. Kaisheim, Deutschland.
7. Poblet, Spanien.
8. Chiaravalle della Colomba, Italien.
9. Veruela, Spanien.

Linke Seite:

Abtei Clairvaux II, der Keller des Konversengebäudes, um 1150.

8

9

MACHT UND ANSEHEN

DIE ZISTERZIENSER ZWISCHEN 1159 UND 1265

In den auf die Ordensgründer folgenden Generationen entwickelte und verbreitete sich der Orden weiter. Ein Jahrhundert lang blieben die von Stephan Harding erlassene Ordensverfassung und die von Bernhard von Clairvaux für die Klostergemeinschaft definierte Lebensform der Maßstab der weißen Mönche. In ungebrochener Eintracht setzten die Zisterzienser – zumindest bis 1265, als der Konflikt zwischen Cîteaux und Clairvaux offen zum Ausbruch kam – ihre Ausbreitung über ganz Europa fort. Im politischen und religiösen Leben nahm ihre Bedeutung immer mehr zu, und ihre wirtschaftliche Macht erwies sich als ebenso groß wie ihr Einfluß auf die Entwicklung der Baukunst.

KAPITEL VII

DAS ZISTERZIENSISCHE EUROPA

DIE GRUNDSÄTZLICHE FRAGE DER ORDENSAUSBREITUNG WURDE AUF DEN VERSAMMLUNGEN DES GENERALKAPITELS IMMER WIEDER DISKUTIERT. OFFENBAR ZÜGELTE STEPHAN HARDING BIS ZUM ENDE SEINER AMTSZEIT IM JAHR 1133 DAS TEMPO DER NEUGRÜNDUNGEN, WÄHREND BERNHARD VON CLAIRVAUX SPÄTER WIEDER EIN RASCHES ORDENSWACHSTUM FÖRDERTE. NACH SEINEM TOD IM JAHR 1153 GAB ES NOCH EINMAL VERSUCHE, DIE ENTWICKLUNG AUFZUHALTEN, BEVOR SICH DIE AUSBREITUNG DES ZISTERZIENSERORDENS BIS ZUM ENDE DES 13. JAHRHUNDERTS UNGEHINDERT FORTSETZTE.

WACHSTUMSVERLAUF

Die erste Ausbreitungsphase Unter Stephan Harding befolgte der Orden gewissenhaft die Vorschriften der *Charta Caritatis*. Um den großen Mitgliederzuwachs zu bewältigen, entstanden Tochterklöster mit enger Bindung an das Mutterkloster. Die vier ersten Tochterklöster von Cîteaux entstanden zwischen 1113 und 1115. Diese Primarabteien, La Ferté, Pontigny, Morimond und Clairvaux, hatten den Auftrag, den Orden durch neue Niederlassungen zu verbreiten. Innerhalb der fünfzehn Jahre zwischen 1115 und 1130 bewilligte der Vaterabt von Cîteaux jedoch nur etwa dreißig Gründungen.

Nach 1130 war die Bewegung nicht mehr aufzuhalten, und die Primarabteien Clairvaux und Morimond gründeten innerhalb von drei Jahren vierzig weitere Tochterklöster. Diese rasche Ausbreitung mit über zehn neuen Niederlassungen pro Jahr setzte sich während der nächsten zwanzig Jahre fort. Der von Bernhard von Clairvaux und Gautier von Morimond, dem ehemaligen Prior von Clairvaux, ausgehende Wachstumsimpuls wurde von dem zum Vaterabt gewählten Raynard, einem ehemaligen Mönch von Clairvaux, unterstützt. Im Jahr 1150 umfaßte der Orden 322 Klöster, und die zu diesem Zeitpunkt geknüpften Kontakte ließen die Anzahl in Bernhards Todesjahr 1153 auf 351 ansteigen.

Die zweite Ausbreitungsphase und die Verdoppelung der Niederlassungen Krank und nach dem Scheitern des zweiten Kreuzzugs innerlich zerstört, nahm Bernhard von Clairvaux im Jahr 1152 nicht am Generalkapitel teil. Ein neuer Abt, Gossuin, übernahm den Vorsitz. Er stammte aus einer Abtei, die dem stets vorsichtigen Mutterhaus Cîteaux direkt unterstand und nicht einem der traditionell fortschrittlichen vier ältesten Tochterklöster. Das Kapitel kritisierte die kürzliche Angliederung ganzer Benediktinerkongregationen und sogar sogenannter Reformorden, wie des Ordens von Savigny, der sich Clairvaux 1147 mit 29 seiner Klöster anschloß, und beschloß, die Anzahl der Neugründungen zu beschränken. Aber man ließ damit außer acht, daß überall in Europa vom Papst, von den Bischöfen, den Königen und Fürsten großer Bedarf angemeldet war. Also wuchs der Orden weiter und nahm die Risiken von Institutionen solch gigantischer Größenordnung auf sich, besonders die drohenden Autonomiebestrebungen entlegener Klöster in Burgund, die dem Mutterhaus mehr oder weniger entglitten.

Vorhergehende Seite:
Abtei Santes Creus,
Spanien.

Linke Seite:
Abtei San Galgano,
Italien. Kirche, Anfang
des 13. Jahrhunderts.

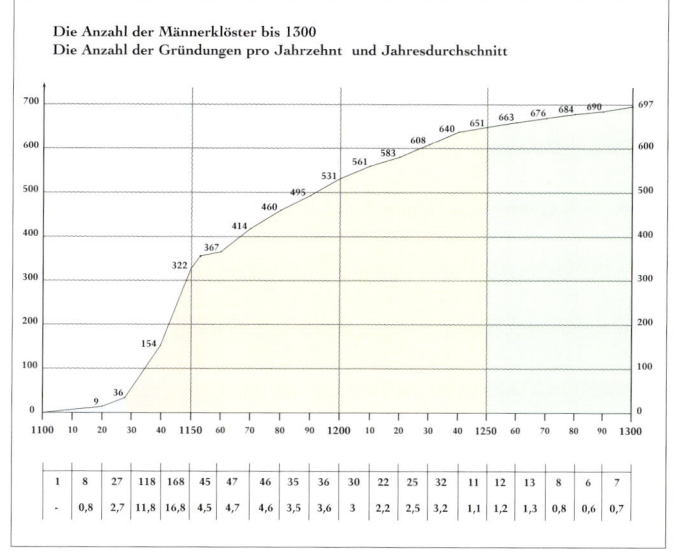

Die Anzahl der Männerklöster bis 1300
Die Anzahl der Gründungen pro Jahrzehnt und Jahresdurchschnitt

1	8	27	118	168	45	47	46	35	36	30	22	25	32	11	12	13	8	6	7
-	0,8	2,7	11,8	16,8	4,5	4,7	4,6	3,5	3,6	3	2,2	2,5	3,2	1,1	1,2	1,3	0,8	0,6	0,7

Rechte Seite:
Abtei Alcobaça,
Portugal.
Die barocke Fassade
stammt aus dem 16.–18.
Jahrhundert, gegründet
wurde das Kloster schon
1153.

Unten:
Mutterklöster mit ihren
Tochtergründungen.

VERTEILUNG DER ZISTERZIENSERABTEIEN NACH LÄNDERN

FILIATION	1150	1153	1200	1250
Cîteaux	59		59	70
Morimond	83		138	165
La Ferté	29		56	76
Pontigny				
Clairvaux	151	169	270	339
gesamt	322	351	523	651
Anteil von Clairvaux	47 %	48 %	51 %	52 %

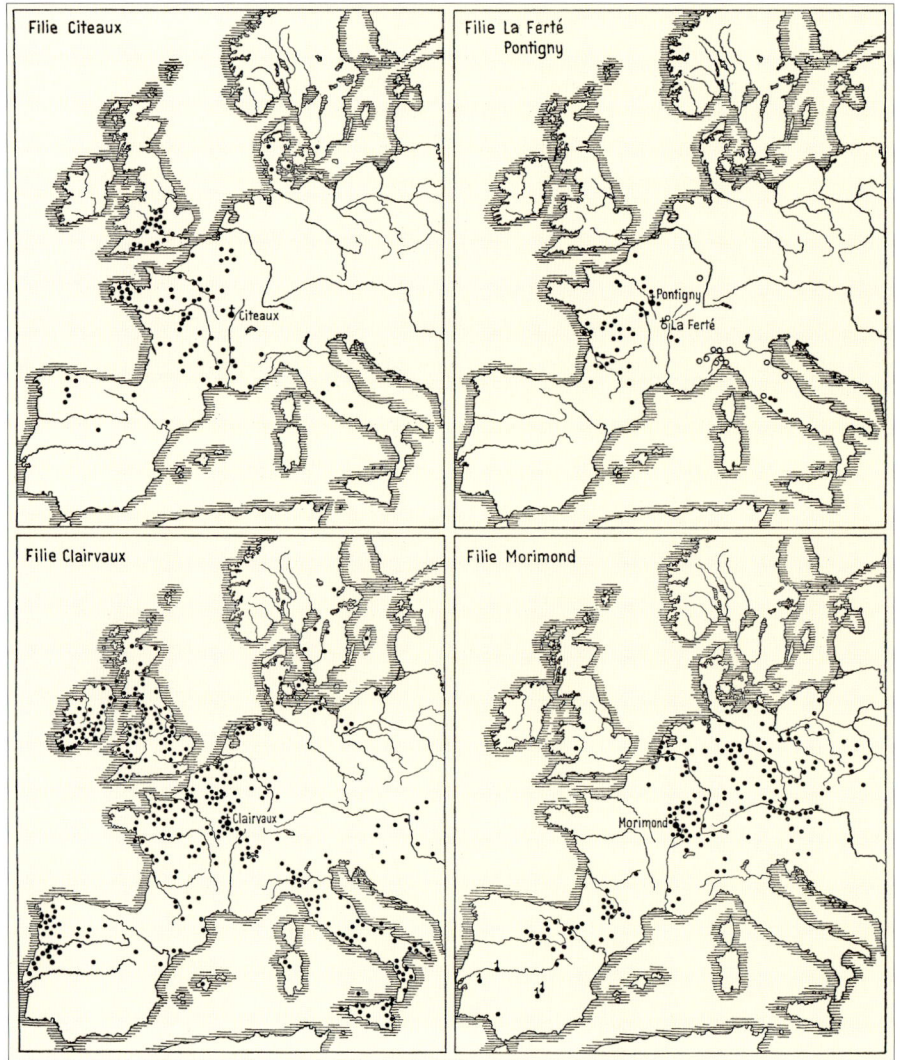

Filie Cîteaux

Filie La Ferté
Pontigny

Pontigny

La Ferté

Cîteaux

Filie Clairvaux

Filie Morimond

Clairvaux

Morimond

Jedes Jahr reisten die „Störche von Cîteaux" quer durch Europa zum Generalkapitel, das jeweils am 14. September, am Fest der Kreuzerfindung, eröffnet wurde. In der Regel versammelte sich aufgrund der großen Entfernungen nicht mehr als ein Drittel aller Äbte zum Generalkapitel.

Ende des 13. Jahrhunderts umfaßte der Orden um die 700 Klöster, womit der Höchststand erreicht war. Denn anschließend kam es längst nicht mehr zu so vielen Neugründungen: um die 40 bis zum Jahr 1500 und weitere 15 bis 1789, die aber nicht ausreichten, die im Laufe der Geschichte zerstörten oder aufgelösten Abteien zu ersetzen. Der Orden gründete insgesamt 754 Männerklöster, von denen aber nur 400 beim Ausbruch der Französischen Revolution noch aktiv waren.

DIE AUSBREITUNG DES ORDENS INNERHALB UND AUSSERHALB EUROPAS

Der Orden hatte sich über alle christlichen Länder Europas und sogar bis in den Mittleren Osten ausgebreitet, wohin die Zisterzienser den Templern gefolgt waren.

Dabei blieb Frankreich mit einem dichten Netz von Klosterniederlassungen in den Provinzen Burgund und Champagne zunächst das von den Zisterziensern bevorzugte Land.

Obwohl 1153, im Todesjahr Bernhards von Clairvaux, sich über die Hälfte der Ordensniederlassungen auf französischem Boden befand, beherbergte Frankreich später nur noch ein Drittel aller Abteien. Seit 1180 folgte der Orden dem Aufruf zur „Besiedlung" der Gebiete an den Grenzen des christlichen Europas, so daß es in Polen, Böhmen und auf der von den Mauren im Zuge der Reconquista zurückeroberten iberischen Halbinsel, neben den Prämonstratenser-Niederlassungen, verstärkt zu Neugründungen kam.

Damit hatten sich die Zisterzienser in ganz Europa etabliert, und Cîteaux konnte 510 Niederlassungen außerhalb Frankreichs vorweisen. In vier Ländern waren sie besonders zahlreich vertreten: England (65 Niederlassun-

gen), Italien (98 Niederlassungen), Spanien (57 Niederlassungen) und Deutschland (71 Niederlassungen), wo Morimond durch den Einsatz seiner vier sehr aktiven und produktiven Tochterklöster Kamp, Altenberg, Lucelle und Ebrach besonders erfolgreich war. Diese Abteien waren die Ausgangspunkte für den Vorstoß nach Osten.

Morimond und Clairvaux Die Verbreitung des Ordens ging hauptsächlich von den Primarabteien Clairvaux und Morimond aus. Das Stammkloster Cîteaux selbst war als Mutterhaus mit seinen Verwaltungsaufgaben und der jährlichen Organisation des Kapitels

voll ausgelastet. Pontigny und La Ferté mangelte es an Mönchen.

Clairvaux nahm dagegen bei der Ausbreitung des Ordens aufgrund seines großen Zulaufs eine dominierende Stellung ein. Mit 339 Niederlassungen machte dieser Zweig im Jahr 1250 über 52% aller Zisterzienserklöster aus. Außerhalb Frankreichs kam der Primarabtei das erfolgreiche Wirken von Ordensleuten zugute, die Bernhard von Clairvaux persönlich ergeben waren, nachdem sie ihn auf einer seiner zahlreichen Reisen durch Europa kennengelernt hatten. So vermehrten die Benediktiner von Savigny Clairvaux' Filiationen um 13 englische Klöster, als sie im Jahr

1147 in das zisterziensische Filialsystem eingegliedert wurden. Und die Freundschaft des irischen Bischofs Malachias aus Armagh, der seine Tage in Clairvaux beschloß, schlug sich in einer Gründungswelle irischer Zisterzienserklöster nieder, die vom Kloster Mellifont (1142) ausging und die Insel in knapp 50 Jahren mit einem Netz von 24 Klöstern überzog. In Italien hatte allein das Kloster Casamari (1140), besonders über seine Tochter Sambucina in Kalabrien (1160), 15 Neugründungen zu verbuchen, während das katalonische Poblet (1151) und das portugiesische Alcobaça (1148) maßgeblich zur Ausbreitung von Clairvaux jenseits der Pyrenäen beitrugen.

97

Oben:

Miniatur eines Drachentöters, Handschrift aus Cîteaux (B.M. Dijon, Ms 173, Folio 20).

Rechte Seite:

Abtei Royaumont, gegründet 1228 durch Cîteaux und Ludwig den Heiligen.

KAPITEL VIII

POLITISCHES UND RELIGIÖSES ANSEHEN

Bei Anbruch des 13. Jahrhunderts erkannte die christliche Welt noch nicht, daß mit der Entstehung einer städtischen und kaufmännischen Bevölkerung, die gewillt war, sich mit den theologischen Gelehrten an den neuen Universitäten zu verbünden und eine starke Zentralmacht zu stützen, ein Wandel eingesetzt hatte, der an ihren Grundfesten rütteln sollte. Leute wie Arnaud aus Brescia galten als Erleuchtete, da sie voraussahen, daß diese neue Dreierkonstellation eine Entwicklung förderte, die schließlich das alte ländliche „Bündnis" zwischen Mönch, Landesherrn und Bauern sprengen würde. Aber

weder die Kirche noch die Zisterzienser ließen sich davon beunruhigen.

Die weißen Mönche hatten im öffentlichen Leben eine zentrale Rolle inne. Sie nahmen an allen Kreuzzügen teil und waren Berater der Könige. Das 4. Laterankonzil hob den Orden als vorbildlich hervor und forderte die Benediktineräbte auf, ihre Strukturen den Statuten von Cîteaux anzupassen sowie regelmäßige Visitationen der Äbte und Einberufung von Generalkapiteln einzuführen. Die Benediktiner erhielten außerdem den Rat, jeweils zwei Zisterzienseräbte einzuladen, die ihnen dabei behilflich sein würden.

KREUZZUGSLEIDENSCHAFT

Das Interesse Bernhards von Clairvaux für militärische Angelegenheiten fand innerhalb des Ordens viele Nacheiferer. Nach seinem Tod beteiligten sich die Zisterzienser an sämtlichen Auseinandersetzungen, in denen die „Verteidigung des Christentums" es in irgendeiner Weise rechtfertigte:

• 1158: Morimond befehligt den spanischen Ritterorden von Calatrava und beteiligt sich an der Reconquista.

• 1187–1193: Drei Prälaten der Zisterzienser rufen in ihren Predigten zum III. Kreuzzug auf. Verlust der syrischen Abteien.

• 1202–1204: Abt Guido von Vaux-de-Cernay schließt sich als allgemeiner Feldgeistlicher dem IV. Kreuzzug an. Klostergründungen in Rumänien.

• 1180–1210: Beim Kreuzzug gegen die Albigenser befehligt Arnaud Amaury, Abt von Cîteaux, mit Simon von Montfort ein Heer aus französischen und burgundischen Rittern. Blutbad von Béziers.

• 1190: Der Papst erteilt den Zisterziensern den Auftrag, Preußen und die baltischen Provinzen zu evangelisieren. Schwierige Auseinandersetzungen und neue Klostergründungen.

DIE ZISTERZIENSER ALS DIPLOMATEN

Im hohen Mittelalter gehörten die Zisterzienser nicht nur zu den geistig aktivsten und religiös wirksamsten Kräften, sie nahmen auch als gebildete und romergebene Diplomaten aktiv Einfluß auf das politische Geschehen.

Während des Schismas von 1130 bis 1138 nahmen die Zisterzienser unter Führung von Bernhard von Clairvaux Partei für Innozenz II. gegen Anaklet II. Der Sieg Innozenz' II. und damit die Aufhebung des Schismas wurde 1138 auf dem 2. Laterankonzil besiegelt.

Auch in dem seit 1160 währenden Konflikt zwischen Kaiser Friedrich Barbarossa und Papst Alexander III. waren die Zisterzienser von Bedeutung. Das Abkommen des „Friedens von Venedig" (1177), das den Streit zwischen geistlicher und weltlicher Macht vorerst beendete, wurde von 20 Zisterzienseräbten erarbeitet.

HINWENDUNG ZUM STUDIUM

Während die Zisterzienser sich in der Abgeschiedenheit ihrer Abteien der Befolgung der Ordensregel und ihrer liturgischen Vorschriften widmeten, wandten sich die Anfang des 13. Jahrhunderts gegründeten Bettelorden, die Dominikaner und Franziskaner, der Lehre

und Predigt zu, weshalb sie mit Eifer die neuen Universitäten besuchten. Die Zisterzienser verloren demgegenüber an Ansehen und beeilten sich, ihren Ruf zu konsolidieren, indem sie ebenfalls Mönche an die Universität von Paris schickten, was im Jahre 1237 vom Generalkapitel gestattet wurde. 1245 wurde mit Erlaubnis des Papstes das Bernhardskolleg in Paris gegründet.

VERÄNDERUNGEN INNERHALB DES ORDENS

Ruhm und Macht des Ordens wuchsen auch hundert Jahre nach seiner Stiftung stetig an, ohne daß seine innere Ordnung beeinträchtigt worden wäre. Die Ordensverfassung erwies sich als förderlich für das Wachstum der Filiationen sowie die politische und wirtschaftliche Machtentfaltung. Doch allmählich überschritt die Anzahl der Klöster mit all ihren Wirtschaftsunternehmen den kritischen Punkt, an dem das schöne Konstrukt der Machtverteilung zusammenzubrechen drohte.

Die ungleich auf die Filiationen verteilte Last schwächte die zentrale Autorität und führte dazu, daß die Statuten und die Lebensordnung der Zisterzienser erstmals grundlegend in Frage gestellt wurden.

Zisterzienserinnen Das Ansehen der Zisterzienser war auch für nach religiöser Vervollkommnung strebende Frauen verlockend. Eine wachsende Anzahl von Nonnenklöstern begann, die Lebensordnung der Zisterzienser zu befolgen und ihren Habit zu tragen, auch ohne in den Orden inkorporiert zu sein – ein Phänomen, für das die Eingliederung des berühmten königlichen Klosters Las Huelgas in Kastilien im Jahr 1187 ein Beispiel ist.

Das Ende der Einmütigkeit Die Zahl der Klöster wurde so groß, daß ein reibungsloser Ablauf des jährlichen Generalkapitels nicht mehr gewährleistet war. Daher führte der Orden Ende des 12. Jahrhunderts die „Definitoren" als vermittelnde Instanz zwischen Äbten und Versammlung ein.

Die Ernennung der Definitoren wurde zu einer Machtfrage, an der sich ein Streit zwischen den Äbten von Cîteaux und Clairvaux entzündete. Clairvaux, das sowohl in Politik und Wirtschaft als auch von der Anzahl seiner Tochterklöster her sehr stark und einflußreich war, machte dem Abt von Cîteaux seine übergeordnete Stellung im Generalkapitel streitig. Nach Wortgefechten in den Jahren 1215 und 1238 kam es 1262 zum ernsthaften Konflikt. Papst Clemens IV. konnte mit seiner Reformbulle *Parvus fons* vom 5. Februar 1265 die drohende Spaltung verhindern, indem er die Ordnung des Generalkapitels an einigen Stellen änderte, insbesondere dadurch, daß er Clairvaux mehr Macht im Definitorium einräumte. Doch lagen die großen Probleme der Zukunft an anderer Stelle. Der über ganz Europa verteilte Ordensapparat konnte nicht mehr zentral, sondern nur noch durch Zusammenschlüsse nationaler Klosterverbände verwaltet werden, was aber letztlich das Auseinanderbrechen des Ordens herbeiführte.

Zisterzienserinnenkloster Tišnov, Tschechische Republik; wegen des schönen Portals aus dem 13. Jahrhundert auch Porta coeli genannt.

KAPITEL IX

WIRTSCHAFTLICHE MACHT

Die einzelnen Klöster erreichten die von der Benediktsregel vorgeschriebene Autarkie, indem sie ihre eigenen Landwirtschaftsbetriebe, die Grangien, bewirtschafteten. Die Erträge der Klostergemeinschaften lagen über dem Bedarf der genügsamen Mönche, so daß der Orden im Laufe der Jahrhunderte mehr Reichtum anhäufte als jede andere Institution seiner Zeit. Als das Konverseninstitut im 13. Jahrhundert durch den Rückgang von Eintritten stark an Leistungskapazität verlor, hatten die Zisterzienser ihren „Wirtschaftsapparat" in Gang gebracht und konnten weiterhin den Reichtum ihres Ordens mehren.

Die Zisterzienser waren, was Handel und Märkte betraf, durchaus der Welt zugewandt. Abgesehen von Stiftungen, die aber meistens in Ländereien bestanden, verfügten sie vor allem in der ersten Zeit über keinerlei Geldmittel, so daß sie von der Zahlung des Zehnten befreit waren, aber auch nichts davon erhielten. Fremderzeugnisse konnten sie sich nur beschaffen, indem sie einen Teil ihrer Ernte verkauften. Deshalb kam dem Tauschhandel in der zisterziensischen Wirtschaft eine bedeutende Rolle zu, denn die sparsamen Mönche hatten aufgrund der herausragenden Qualität und Quantität ihrer Produktion bald einiges anzubieten. Das allgemeine Bevölkerungswachstum, seinerseits begünstigt durch die Auswirkungen des Handels, sorgte zwischen 1150 und 1250 für eine wirtschaftliche Blütezeit des Ordens.

Der große Reichtum der Zisterzienser wird häufig damit begründet, daß sie die landwirt-schaftlichen und industriellen Produktionsverfahren modernisierten und erneuerten. Dadurch seien die hohen Überschüsse in den ländlichen Gebieten zustande gekommen, die im 13. Jahrhundert zur Entfaltung der Städte führten. Tatsächlich standen die weißen Mönche an der „Spitze des Fortschritts", doch waren sie in der Regel nicht die Erfinder der neuen Verfahren. Vielmehr verstanden sie es, die Neuheiten ihrer Epoche im großen Maßstab anzuwenden, die Arbeit an ihren Produktionsstätten rationell zu organisieren und eine regelrechte mittel- und langfristige Versorgungs- und Handelspolitik in ihrem Orden zu praktizieren.

GRUNDBESITZ

Stiftungen, aus frommen Beweggründen getätigt, bildeten zunächst den Grundbestand an Land, den die Abteien zur Verfügung

Grangie Ter Doest, Belgien, Innen- und Außenansicht.

101

hatten. Dieser Grundbesitz war für die Zisterzienser unentbehrlich, denn sie ernährten sich vom eigenen Anbau. „Die Methode der Konvente, die Anzahl der Stiftungen zu steigern, war es, diese mildtätige Tat den frommen Gefühlen der Gläubigen nahezulegen." Später ging man dann dazu über, Ländereien auch zu erwerben, wobei es bezeichnend scheint, daß Clairvaux seinen allerersten Kauf im Jahr 1153, unmittelbar nach Bernhards Tod, tätigte. „Ob die Mönche allerdings tatsächlich mit den Überschüssen aus ihren Landerwerbungen die Not der Armen linderten, die darauf Anrecht hatten, ist zweifelhaft."(H. d'Arbois de Jubainville) Genau das taten sie nämlich nicht.

Bald häuften sich solche Verletzungen der Ordensregeln. So mußte das Verbot, Mühlen zu erwerben, die nicht nur von Mönchen genutzt wurden, 1157 erneuert werden. Im Jahr 1192 verbot das Generalkapitel jeden weiteren Grundstückserwerb, um den Orden vom Makel der Habgier zu befreien. Dieser Beschluß wurde in den folgenden Jahrzehnten immer wieder geändert, bis er im Jahre 1249 in eine Warnung vor der Grundstücksbelastung umformuliert wurde. Im Jahr 1256 wurde der erneute Versuch des Generalkapitels, dieser Tendenz Einhalt zu gebieten, von einigen Klöstern unterwandert, indem sie ihre Landkäufe als Stiftung tarnten. 1289 wurde schließlich das Verbot des Grunderwerbs aus dem „Buch der früheren Beschlüsse" getilgt.

Das Beispiel von Clairvaux und Chaalis Clairvaux besaß zu Beginn des 13. Jahrhunderts um die 2000 Hektar Land. Der Landzuwachs zwischen 1200 und 1280 erlaubte dem Kloster, seine Ackerfläche pro Grangie auf 200 Hektar zu vergrößern. In den folgenden Jahrhunderten kamen fünf Einzelhöfe und sieben Hofgüter innerhalb von Dorfgrenzen hinzu, wodurch die Regeln von Cîteaux, die den Mönchen verboten, sich an bereits bewohnten Orten niederzulassen, übertreten wurden. Als solche Beschlüsse des Generalkapitels verletzt wurden, lockerte sich auch die Befolgung der Vorschriften der

Charta Caritatis, die den Zisterzienserklöstern den Besitz von gewissen Gütern untersagte. So kaufte Clairvaux im Jahr 1196 die Kirche von Bologna und zählte 1231 drei vollständige Dörfer mitsamt ihren Bewohnern zu seinem Besitz. Vereinzelt erwarb man sogar Leibeigene. 1224 verkaufte Gautier von Vignory der Abtei die Zwangsmühle von Longchamp, also eine Mühle, zu deren Benutzung die Anwohner gezwungen waren. Die Liste der Einnahmen (nach 1221 in Form von Bargeld) von Zehnten und Pachtzins schließlich ist zu lang, um hier aufgeführt zu werden.

Was die Ausbreitung der Grangien der 1136 von Pontigny gegründeten Abtei Chaalis betrifft, so kamen die Forschungen zu den gleichen Ergebnissen wie bei Clairvaux. Die Mönche bauten eine Siedlung aus fünf Hofgütern für Vieh- und Waldwirtschaft, acht Grangien für Feldwirtschaft und drei Scheunen auf, die ersten weniger als 15 km vom Kloster entfernt, die später gegründeten über 50 km.

Die Größe der Gutshöfe schien „bei den im 13. Jahrhundert gebauten Grangien bereits festgelegt zu sein ... Der Durchschnittshof von Chaalis hatte zwischen 200 und 320 Hektar Land. Der größte, Vaulerent, brachte es auf 380 Hektar, war damit aber noch lange nicht mit den riesigen Klostergütern an der Elbe zu vergleichen"(Charles Higounet, *La Grange de Vaulerent*; François Blary, *Le Domaine de Chaalis, 12.–14. Jahrhundert*).

Das Ausmaß des Grundbesitzes Die Gesamtfläche des zisterziensischen Grundbesitzes im Europa des 13. Jahrhunderts läßt sich heute nicht mehr genau ermitteln. Doch darf man bei jedem der 700 vor 1300 entstandenen Männerklöster im Durchschnitt von etwa zehn Grangien ausgehen. Das ergibt insgesamt 7000 Höfe mit 1,4 Millionen Hektar Land, wenn man eine einheitliche Anbaufläche von 200 Hektar pro Grangie annimmt. Dazu kamen:

• Wald (Foigny besaß beispielsweise 14 Grangien, wobei es sich um nicht mehr als 3000 Hektar Acker- und Weideland, aber um etwa 10 000 Hektar Wald handelte);

• die Güter der Nonnenklöster (die nicht zu unterschätzen sind, obwohl die – nach aktuellen Schätzungen 900 – Frauenklöster jeweils nur ein bis zwei Grangien besaßen);

• die ausgedehnten Güter der Filialgründungen in den „neuen" Ländern, z. B. Grandselve in Aquitanien (25 Grangien), Maulbronn in Schwaben (20 Grangien), Walkenried in Sachsen (17 Grangien), Eberbach im Rheinland (16 Grangien), Fountains, Rievaulx und Waverley in England (26, 20 und 18 Grangien), Tarouca in Portugal (30 Grangien);

• die zisterziensischen Ländereien in den Siedlungsgebieten östlich der Elbe (240 000 Hektar im schlesischen Lubiaz oder 30 000 Hektar im brandenburgischen Zinna) und im zurückeroberten Spanien.

Der Grundbesitz machte nur einen Teil des zisterziensischen Reichtums aus. Auch die Gewerbe- und Handwerksbetriebe müssen erfaßt werden, deren Wert zusätzlich zum Grundstück durch hohe Kapitalinvestitionen gesteigert wurde. Die Abtei Foigny besaß z. B. 14 Getreidemühlen, eine Walkmühle, zwei Zwirnmaschinen (Spinnerei), drei Öfen, drei Schmieden, eine Brauerei, drei Keltern und eine Glashütte.

Ein so großer Grundbesitz rief natürlich Neid und scharfe Kritik hervor. Gerhard von Wales beklagte schon 1188 die Habsucht der Zisterzienser, doch räumte er gleichzeitig ein: „Ihre Türen sind nie verschlossen, und in ihrer Gastfreundschaft gegenüber Fremden übertreffen sie jeden anderen Orden."

DAS ENDE DER EIGENBEWIRTSCHAFTUNG

Die wachsende Zahl zisterziensischer Klostergüter erforderte eine immer umfangreichere Arbeiterschaft aus Konversen. Noch in der zweiten Hälfte des 12. Jahrhunderts folgten zahlreiche Landbewohner dem Aufruf zur Bekehrung. Überall sah man die bärtigen Konversen ohne Tonsur und im braunen Bauernrock bei der Arbeit, während sie ihre vier Gebete (Paternoster, Credo, Ave Maria und das Miserere) rezitierten, die sie in ihrem Noviziat auswendig gelernt hatten.

Ab 1200 veränderte sich die Lage, und die Selbstbewirtschaftung der Klostergüter auf der Basis des Konverseninstituts funktionierte mangels interessierter Laienbrüder nicht mehr.

Einerseits war diese Entwicklung wohl zum Teil auf das Verhalten der Chormönche zurückzuführen, denn sie ließen „die Konversen ihre Unterlegenheit spüren und unterzogen sie vielfältigen Demütigungen, so daß es ab Ende des 12. Jahrhunderts in Pontigny zu Revolten innerhalb des Ordens kam; 20 sind zwischen 1168 und 1200 belegt und 30 weitere im Verlauf des 13. Jahrhunderts" (Michel Miguet, *Les convers cisterciens, l'institution, les hommes, les bâtiments*). Auch das *Exordium cistercensii* berichtet von einem Aufstand der Konversen in Schonau. Weitaus schwerwiegender waren indes die Ermordung des Abts von Eberbach im Jahr 1261 oder die Massenaustritte von Laienbrüdern aus einigen Klöstern.

Andererseits läßt sich die Entwicklung auch durch die Modernisierung der Landwirtschaft und den dadurch bedingten zunehmenden Wohlstand der Landbevölkerung erklären. Abgesehen von den geistlichen Motiven waren die Sicherheit, ein Dach über dem Kopf zu haben und regelmäßig verköstigt zu werden, bei den Anwärtern auf die Laienbruderschaft nicht zu unterschätzen. Was aber für die erste Hälfte des 12. Jahrhunderts zutrifft, gilt fünfzig Jahre später nicht mehr. Um so weniger, als die Dominikaner und die Franziskaner einen neuen Weg aufzeigten, den Glauben auch im attraktiveren Bereich der Städte zu leben. Seit 1223 begann diese Situation das Generalkapitel zu beunruhigen. Da es in einigen Grangien zu Alkoholmißbrauch kam, reglementierte die Versammlung im Jahr 1237 die bei Laienbrüdern erlaubte Menge an gegorenen Getränken und Wein. Als Reaktion darauf kam es zu Hunderten von Zwischenfällen, bei denen es auch Tote gab. Daraufhin sah sich der Orden gezwungen, die Konversen fast überall durch Lohnarbeiter zu ersetzen, die kostspielig und weniger motiviert waren. Mehrere Klöster verpachteten ihr Land und verloren dabei die Aufsicht über ihre landwirtschaftlichen Betriebe ganz. Einige Äbte überließen 1262 die Verantwortung für bestimmte Grangien Konversen, nachdem diese ihre Fähigkeit, die Ländereien ordnungsgemäß zu verwalten, bewiesen hatten – ein ungewöhnlicher Versuch der sozialen Förderung für die damalige Zeit. Andere Grangien wurden den sogenannten „Familiaren" übertragen. Sie waren der kleinen Gruppe der bis zur Französischen Revolution in den Klöstern verbliebenen Laienbrüder (in Clairvaux 50 im Jahr 1667 und nur noch 10 im Jahr 1790) gleichrangig.

WIRTSCHAFTLICHE STRATEGIEN

Die Zisterzienser übertrugen nicht nur die Organisationsprinzipien ihrer Klöster auf die Betriebsführung ihrer Unternehmen, sondern entwickelten regelrechte wirtschaftliche Strategien. Die Spezialisierung der Grangien, und sogar bestimmter Abteien, setzte sich gegen die bis dahin in den Gutshöfen vorherrschende Vielfalt durch. Noch heute zeugen die Bauten der klösterlichen Weingüter und Eisenhütten von einem Produktionssystem, das auf Spezialisierung setzte und das erworbene Wissen bewahren konnte.

Selbst wenn die einzelnen Klöster nicht autark waren, so wurde dieses Ziel sehr wohl auf regionaler Ebene erreicht, indem sie un-

Linke Seite:
Haus der Konversen, Abtei Tarouca, Portugal.

Links:
Ofenplatte aus Salem, Deutschland: Zisterziensermönche inspizieren ihre Güter.

tereinander ihre Produkte austauschten. Die Abtei Balerne in der Freigrafschaft Hochburgund zum Beispiel spezialisierte sich auf die Gewinnung von Salz – ein für die Klöster unerläßliches Erzeugnis –, die damals noch kein Monopol des Königs war. Zwischen 1150 und 1267 vergrößerte sich die Abtei von drei auf 14 Salzstöcke und konnte den Bedarf der ganzen Region decken. Auch erklärt sich durch dieses Prinzip, weshalb die gleichen Dachziegel und Backsteine beim Bau mehrerer Klöster verwendet wurden, obwohl nur eins davon die Voraussetzung für ihre Fertigung erfüllte.

Lange bevor eine Theorie der freien Marktwirtschaft formuliert wurde, praktizierten die Zisterzienser Absprachen und strebten Monopolisierungen, zumindest auf regionaler Ebene, an, um den Markt zu beherrschen. Clairvaux und seine eisenverarbeitenden Tochterklöster hatten nachweislich während des gesamten 13. Jahrhunderts keine ernsthaften Konkurrenten in der südlichen Champagne.

Auch durch ein geschicktes Abwägen von Kosten und Nutzen optimierten sie ihre Produktionstätigkeiten. Die Politik, mit der Clairvaux mittel- und langfristig seine Salzversorgung zum niedrigsten Preis sicherstellte, veranschaulicht das treffend. Das Kloster konnte wählen zwischen dem Meersalz von den Küsten des Ärmelkanals, einem Salzstock in der Freigrafschaft Hochburgund und den Abbaurechten im lothringischen Salzrevier an der Seille. Die langen Transportwege sprachen gegen das Meersalz, das man jedoch

Grenzstein,
Kloster Fontenay,
Burgund.

nicht ablehnte, als man es als Schenkung erhielt. Zwischen Lieferungen aus Lothringen, wo Clairvaux in Marsal einen eigenen Wirtschaftshof zur Salzgewinnung einrichtete, und der Freigrafschaft Hochburgund, wo im Jahr 1174 eine bedeutende Schenkung in Lons-le-Saunier über mehrere Jahre eine sehr kostengünstige Salzversorgung sicherte, mußte jedoch abgewogen werden. Die Entscheidung für letztere Saline machte man abhängig von der Transportdauer (zwar von Marsal ein Tag weniger), dem Holzvorrat für das Salzsieden (das benötigte Brennholz wurde auf einen achtjährigen Pachtvertrag für einen Wald hochgerechnet), der ausgehandelten Befreiung vom Wegegeld und den Unterbringungsmöglichkeiten für die benötigten Laienbrüder oder Lohnarbeiter. Als Clairvaux nach der Erschöpfung der Saline in der Freigrafschaft Hochburgund am Abbau des lothringischen Salzstocks Interesse zeigte, übernahm hier das Tochterkloster Auberive die Verantwortung.

GROSSE PRODUKTIONSZWEIGE DER ZISTERZIENSER

Die Zisterzienser sparten keinen Wirtschaftssektor aus. Ihr Streben nach Vervollkommnung bezog sich ebenso auf ihre weltlichen Aktivitäten wie auf ihr Mönchsleben und war geprägt von unermüdlichem Fleiß, dem festen Willen, das Bestmögliche zu erreichen, und vermutlich auch von dem Wunsch, zum Ruhme des Ordens überall an der Spitze zu stehen. War dieser allem vorangestellte Stolz, der den Orden fortwährend neue Herausforderungen suchen ließ und der schließlich alles rechtfertigte, nicht ein Ziel der Gründer, das im Laufe der Jahrhunderte zu einem Merkmal der Zisterzienser wurde?

Forstwirtschaft Die Bevölkerungsexplosion des 12. und 13. Jahrhunderts hatte für die Umwelt des mittelalterlichen Europas verheerende Folgen: Tausende Hektar Wald wurden durch exzessive Rodungen vernichtet und die Flüsse nachhaltig verschmutzt.

Die Zisterzienser waren nicht an dieser Umweltzerstörung beteiligt. Nur wenige wissen von ihren fortwährenden Bemühungen, den Waldbestand zu erhalten.

Um ihr Kulturland zu vergrößern, praktizierten sie systematisch die Urbarmachung von Brachland, Heide- und Sumpfland, statt zu roden. Sie führten aber sehr wohl Rodungen durch, um ihren Herden Weideflächen im Hochwald zu erschließen. Holz war schließlich für Werkzeuge, für den Bau von Häusern und Zäunen, Staudämmen, Brücken, Tonnen und Wagen ebenso unerläßlich wie als Brennstoff für Küchen und Schmieden. Aber es wurde ein Holzungsrecht (in der Regel von 20 Jahren) eingesetzt, das die Nutzung des Waldes ermöglichte, ohne seine Erneuerung zu behindern.

Diese Forstpolitik wurde all die Jahrhunderte hindurch von sämtlichen Abteien praktiziert. Sie hatte den Vorteil, die Klöster vor Preiserhöhungen durch Holzspekulationen zu bewahren. Daß die meisten alten Zisterzienserklöster noch heute von Wald umgeben sind (in Frankreich meistens von Staatsforsten), ist eine Folge dieses bewahrenden Umgangs mit den Waldbeständen. An dem jahrtausendelangen Raubbau durch Nomaden und Bauern aller Kontinente, die den Wald stets als unerschöpfliche natürliche Rohstoffquelle ansahen und ihn bedenkenlos abbrannten und abholzten, ohne sich um kommende Jahrhunderte zu sorgen, hatten die Zisterzienser keinen Anteil.

Getreidewirtschaft Das 12. Jahrhundert erlebte zwischen zwei Kälteperioden eine heiße, relativ trockene Zeitspanne, die eine „landwirtschaftliche Revolution" begünstigte. Sie ging einher mit dem in Europa seit dem Jahr 1000 anhaltenden Bevölkerungswachstum. Die Erleichterung der Feldarbeit und für den Getreideanbau optimale klimatische Bedingungen sorgten für reiche Ernten. Die Zisterzienser waren wie viele andere die Nutznießer dieser günstigen Phase. Das Pferd wurde, in ein Geschirr gespannt und mit Hufeisen beschlagen, in die Landwirtschaft einbezogen, denn es war, außer in Gebirgsregionen, bei der Ackerarbeit mit dem neuen Schaufelpflug schneller als der Ochse. Man erkannte auch, daß Pferde, hintereinander gespannt, schwerere Lasten zu ziehen in der Lage sind als nebeneinander. Die Zisterzienser besaßen große Stallungen in Jervaulx (England) und Otterberg (Deutschland). Vaucelles und seine 16 Grangien besaßen 200 Pferde zur Bewirtschaftung von etwa 4000 Hektar Land. Die Schnelligkeit des Pferdes begünstigte die Einführung der Dreifelderwirtschaft. Indem die Böden, statt jedes zweite, nur alle drei Jahre ruhen durften und dank sorgfältig gewählter Zwischenpflanzungen nicht zu stark ausgelaugt wurden, erzielte man eine Ertragssteigerung um etwa ein Drittel. Die Getreidespeicher der Zisterzienser, riesige Bauten mit dem Grundriß dreischiffiger Basiliken zwischen zwei Mauern mit dreieckigen Giebeln, mußten erweitert werden, um die Erträge aufzunehmen. Bekannt sind die Speicher von Clairvaux, darunter das bereits 1194 zum Kloster gehörige Cornay. Sein Gebälk wurde zwischen dem 16. und dem 18. Jahrhundert (in Cornay 1577) unter Wiederverwendung einiger Originalbauteile erneuert. Cornay war fünfschiffig und bedeckte eine Fläche von 1457 qm (47 m x 31 m).

Noch berühmter sind die Speicher von Chaalis aufgrund der außerordentlichen Architektur besonders von Vaulerent, deren hohe Giebelmauer mit einem Türmchen verziert ist. Darin führt eine Wendeltreppe zu einem kleinen Wachzimmer hinauf, dessen drei Fensteröffnungen die Turmzinnen bilden. Das Gebälk ruht auf Bögen mit sehr gut erhaltenen Kalksteinsäulen (um 1230). Mit einer Bodenfläche von 1656 qm (72 m x 23 m) gehörte es zu den größten Grangien der Zisterzienser.

Diese Speichergebäude beherbergten die Erträge der Weizen-, Gersten-, Roggen- und Haferernte sowie die Ernten von Zwischenkulturen beim Fruchtwechsel, wie Ölfrüchte und Hanf (für Textilien) oder auch Färbepflanzen (wie Färberwaid).

Ofenplatten aus Salem, Deutschland: Ernte, Aussaat und Weinlese.

105

Weinbau Der Weinbau verdankt seinen Fortbestand nach dem Niedergang des Römischen Reiches den Bischöfen des frühen Christentums, die jeweils in der Nähe ihres Bischofssitzes einen Weinberg unterhielten, um zum einen dem Bedarf des Abendmahls, zum anderen der von den Römern eingeführten Sitte, hohen Gästen Wein anzubieten, gerecht zu werden.

Die Zisterzienser schlossen sich dieser Tradition an, und ihre Weinberge gehörten rasch zu den berühmtesten. Das Stammland Burgund war durch Bodenbeschaffenheit und Klima wie geschaffen dafür, große Weine hervorzubringen.

Cîteaux fielen durch eine Schenkung im 12. Jahrhundert die Weinberge von Clos Vougeot zu. Auch in Morey, Beaune, Meursault und Mercurey besaßen die Zisterzienser Weinberge. Pontigny sorgte für die Neubelebung eines einstigen Weinbaugebiets der Römer an den Hängen von Chablis, während Clairvaux schon vor 1200 seinen Weinbedarf durch zwei bedeutende Weingüter in den Weinbaugebieten von Colombé-le-Sec und Baroville (Morvaux) deckte, wo heute der Champagner Côte des Bar entsteht.

Auch in Deutschland blühte der Weinbau. Im Rheinland besaßen Baumgarten, Neuburg, Himmerod und Heisterbach die besten Böden, und Eberbach entdeckte für seine Weinberge die Vorzüge des Terrassenbaus. Das Kloster baute im 15. Jahrhundert ein Riesenfaß mit einem Fassungsvermögen von 12 000 Hektolitern und verhalf seinem Wein damit zu Weltruhm. Die Klöster Pforta und Walkenried unterhielten in Sachsen ausgedehnte Weingüter.

Oben:
Colombé-le-Sec, das
Weingut von Clairvaux.

Mitte:
Fontcalvy, Weingut von
Kloster Fontfroide.

Unten:
Keller von Colombé-le-Sec.

Obstanbau Die Bestellung der Obst- und Gemüsegärten innerhalb der Klostermauern übernahmen die Mönche selbst. Auch auf diesem Gebiet waren die Zisterzienser bahnbrechend. Zur damaligen Zeit war der Obst- und Gemüsetransport noch nicht möglich, aber zwischen den Klöstern herrschte ein reger Austausch von Pflanzen. Auf diese Weise kam die graue Renette, eine hochwertige Apfelsorte, von Morimond nach Kamp und von dort in die Obstgärten Osteuropas. Auf dem umgekehrten Weg brachte der thüringische „Meisterobstgarten" von Pforta seinen Borsdorfer Apfel nach Frankreich. Das norwegische Kloster Lysa belieferte die Stadt Bergen mit Obst und besaß Handelsschiffe, um seine Erzeugnisse in England – zollfrei – zu verkaufen.

Fischwirtschaft Alle Zisterzienserabteien besaßen einen Fischteich, und viele stauten den Klosterbach oder -fluß und legten in der Nähe ihrer Niederlassung einen oder mehrere Weiher an. Man zog Karpfen für den Eigenbedarf und zum Verkauf.

Das Kloster Waldsassen in Bayern spezialisierte sich auf die Fischzucht und baute eine für das damalige Europa einzigartige Anlage aus beinahe 200 Weihern, in denen Weibchen, Jungkarpfen im ersten Lebensjahr und zum Verzehr geeignete Karpfen getrennt gehalten werden konnten. Auch in England entwickelten besonders die Abteien Byland und Bordesley eine umfangreiche Teichwirtschaft.

Da die Landwirtschaft in den skandinavischen Ländern nur bedingt möglich war, wandten sich die Abteien der Küsten- und Hochseefischerei zu. Das Kloster Gutvalla auf der Insel Gotland unterhielt beispielsweise eine ansehnliche Fischereiflotte.

Schafzucht Alle Abteien, die Weideland besaßen, züchteten Schafe, da die Mönche für ihre Bekleidung auf die Wolle und für die Pergamentherstellung auf das Leder der Tiere angewiesen waren. Bald wurde der Orden Europas wichtigster Wollproduzent.

Die Größe der Schafherden betreffend, scheinen folgende Schätzungen realistisch: Im Jahr 1270 besaß Meaux 11 000 Tiere, Fountains 18 000, Rievaulx 14 000 und Jervaux 12 000. Diese englischen Abteien hatten aber keineswegs das Monopol, denn im Jahr 1224 zählte die Herde von Froidmont (Frankreich) 5000 Schafe und die von Clairvaux 3000. Interessanterweise gehörten alle diese Klöster zu den Filiationen von Clairvaux. Jährlich wurden die großen Abnehmer, Niederlassungen in Flandern und Florenz, mit der Wolle mehrerer tausend Schuren beliefert. Die Zisterzienser machten sich untereinander keine Konkurrenz: Als die englischen Zisterzienser drohten, ihre Wollieferungen auf den Kontinent einzustellen, wurde die ganze flämische Textilindustrie arbeitslos, da sich die französischen Wollproduzenten dem Lieferboykott anschlossen.

Mühlen Die Zisterzienser bemühten sich um die systematische Mechanisierung sämtlicher durch die Wasserkraft zu bewerkstelligender Tätigkeiten. Kornmühlen, Ölpressen und Walkmühlen wurden mittels Nockenwelle und Zahnradgetriebe mechanisiert.

Diese Anlagen revolutionierten die Textilindustrie. „Wenn es aus dem Webstuhl kam, mußte das Tuch in einem Wassertrog gewalkt werden, damit sich seine Fasern verdichteten und verfilzten und das Gewebe Festigkeit und Dicke erhielt. Ursprünglich wurde das Tuch gestampft; später walkte man statt mit den Füßen mit dem Holzhammer; in einer mechanisierten Mühle aber ersetzte ein einziger Mann vierzig Walkarbeiter." (Jean Gimpel, *La Révolution industrielle au Moyen Âge*)

Als die Zisterzienser im 13. Jahrhundert ihre Getreidehöfe verpachteten, behielten sie die Mühlen, wodurch die Pächter zwangsläufig zu ihren Kunden wurden. In einer Zeit, in der sich die Landbevölkerung hauptsächlich von Mehlsuppe und Brot ernährte, beeinflußte der Müller die Kornpreise. Das aus günstig erworbenem Korn gemahlene Mehl konnte mit einem kräftigen Aufpreis auf den städtischen Märkten verkauft werden – eine Methode, die auch die Zisterzienser praktizierten. Das Kloster Zinna in Brandenburg besaß, ebenso wie Foigny, vierzehn Mühlen. „Die Müllerei entwickelte sich zu einem Gewerbe, das von den Zisterziensern monopolisiert wurde. Im 13. Jahrhundert kauften Reinfeld in Holstein und Doberan in Mecklenburg sämtliche Wind- und Wassermühlen auf, die sie bekommen konnten. Wenn die Mühlen nicht in ihrem Besitz waren, kontrollierten die Mönche deren Betrieb durch ihre Wasserrechte, die ihnen erlaubten, die Wasserführung der Flüsse mit Staudämmen zu regulieren." (Ludwig Lekai, *Geschichte und Wirken der Weißen Mönche*)

Oben links:
Die Schafe von Rievaulx, England.

Oben rechts:
Ofenplatte aus Salem, Deutschland: Mönche beim Fischen.

Links:
Fischteich, Kloster Obazine, Limousin.

107

Ziegeleien Die Zisterzienser brauchten Ziegel, um ihre Holzbauten zu decken. Da sie bemüht waren, für mehrere Generationen vorauszuplanen, verwendeten sie nur selten das bei Bauernhäusern übliche Reetdach, das nicht sehr haltbar war und ein großes Brandrisiko barg. Einige Wirtschaftshöfe der Zisterzienser spezialisierten sich auf die Verarbeitung von Ton und stellten Backsteine, Dachziegel und Bodenfliesen her. Während sie zunächst dem eigenen Kloster vorbehalten blieben, wurden Ziegel und Töpferwaren später mit den benachbarten Zisterzienserklöstern geteilt und schließlich sogar in den Dörfern und Höfen der Umgebung verkauft.

Der Schornstein des Brennofens von Commelles ist ein wichtiger Beweis dafür, daß das Kloster Chaalis einen seiner Wirtschaftshöfe als Ziegelei betrieb. Die 1198 erstmals erwähnte Ziegelherstellung fand in Commelles statt, weil das dortige Vorkommen hochwertigen Tons das Brennen von Ziegeln und Kacheln möglich machte und durch ein nahegelegenes Waldstück die regelmäßige Versorgung mit Brennstoff garantiert war.

Eisengewinnung und -verhüttung Dank der Ergänzung der Dokumentenforschung durch die Archäologie weiß man heute einiges über die Bedeutung der Erzgewinnung und -verhüttung bei den Zisterziensern.

Auch die Benediktiner bezogen Einkünfte aus der Erzgewinnung und -schmelze, die ab dem 9. Jahrhundert für Saint-Michel-de-Cuxa und Sainte Marie aux Mines belegt ist. Aber zu größeren Teilen kontrollierten Gutsherren diesen Wirtschaftszweig.

„Im 12. Jahrhundert änderte sich die Lage. Nun existierte ein umfassendes zisterziensisches Eisenhüttenwesen, von dem man sich aufgrund der Anlagen, die in den holz- und mineralreichen Stammländern des Ordens, Burgund und Champagne, ausgegraben wurden, eine Vorstellung machen kann. Der Begriff der monastischen Eisengewinnung ist vollkommen zutreffend, denn das Erz wurde von den Mönchen in Eigenwirtschaft abgebaut und geschmolzen. Die Eisenverhüttung war ein Teil des von den weißen Mönchen eingeführten Wirtschaftssystems: der Grangienbewirtschaftung ... Die Mitarbeit von Kon-

versen und Lohnarbeitern auf den Eisenhütten ist erst ab dem zweiten Viertel des 13. Jahrhunderts belegt, wird allerdings schon für einen früheren Zeitpunkt angenommen." (Ludwig Lekai, *Geschichte und Wirken der Weißen Mönche*)

1188 begann Vauluisant, mit seinen Erzeugnissen zu handeln. In diesem Bereich mußte sich der Orden gegen eine große Konkurrenz durchsetzen. Die Kartäuser hatten sich in der Freigrafschaft Hochburgund und die Templer im Othe-Wald bereits bedeutende Hütten aufgebaut. Also richteten die Zisterzienser ihr Interesse auf die Entwicklung neuer Herstellungstechniken, z. B. der wasserbetriebenen Hammermühlen, die der erste Schritt zur Mechanisierung der Eisengewinnung waren.

In vielen Gegenden betrieben die Zisterzienser lange vor der Industrialisierung ihre Eisenhütten. In der Freigrafschaft Hochburgund industrialisierte Balerne gemeinsam mit der Kartause Bon-Lieu das Tal von Hérisson. Außerdem befanden sich Eisenschmelzen in Champagne-en-Rouez, in der Graf-

Außerhalb Frankreichs nutzten die weißen Mönche auch andere örtliche Ressourcen, die auf der Palette ihrer Wirtschaftsaktivitäten noch fehlten. In Schottland nahm die Abtei Newbattle eines der ersten Kohlebergwerke der Region in Betrieb, Culross exportierte seine Kohle mit einer Handelsflotte von 170 Schiffen ins Ausland. Fountains baute Blei und das böhmische Kloster Sedlec Silber ab.

DER ZISTERZIENSISCHE HANDEL

Da sie die beträchtlichen Überschüsse ihrer Produktion veräußern mußten, erließen die Zisterzienser die notwendigen Gesetze, damit diese in der *Regel* nicht berücksichtigte Tätigkeit im Ordensgeist ausgeübt werden konnte. Nur zwei Brüder durften sich auf den nächstgelegenen Markt begeben. Für umfangreichere Geschäfte richteten sich die großen Klöster in den nahegelegenen Städten sogenannte Stadthöfe ein, die jeweils von einem Konversen verwaltet wurden.

Einige Abteien stiegen schon ab Mitte des 12. Jahrhunderts in den Einzelhandel ein. So verkaufte das österreichische Kloster Rein seine landwirtschaftlichen Erzeugnisse, vor allem aber seinen Wein in einem Geschäft in Graz mit dem sinnfälligen Namen „Zur grauen Kutte". Auch den Städten kam der Handel der Zisterzienser zugute, denn die angelockte Kundschaft füllte auch die übrigen Läden und die Wirtshäuser. Dennoch mußten die Mönche von Eberbach und Bebenhausen ihren Weinkeller und ihr Geschäft in Köln und Ulm aufgeben, nachdem sie von den örtlichen Händlern des unlauteren Wettbewerbs angeklagt worden waren, weil sie ihren Wein steuerfrei verkauften.

Dieser Zwischenfall illustriert die Widersprüchlichkeit des Zisterzienserordens. Die an das Gelübde der Armut gebundenen weißen Mönche wurden zum Sinnbild eines großen materiellen Erfolgs! Andererseits gehörten sie zu den ersten, die ihre Wirtschaftstätigkeit in fast ökologischer Achtung vor der Natur ausübten.

schaft Maine; im belgischen Orval; jeweils eine im Valasse, in Beaubec, Mortemer und La Trappe, in der Normandie; in Fontmorigny, Berry; die Region von Champagne und Burgund verfügte über Eisenschmelzen in Clairvaux, Vauluisant, La Crête, Auberive, Longuay, Fontenay, Morimond, Trois-Fontaines, La Bussière und Cherlieu.

Linke Seite und oben:
Halle, in der die Zister-
zienser ihre landwirt-
schaftlichen Erzeugnisse
an die Bevölkerung der
Umgebung verkauften
(Außen- und Innenan-
sicht), Abtei Staffarda,
Italien.

Romanisches Mittel-
schiff der Abteikirche
Fossanova, Italien, ganz
im Geist der Zisterzien-
ser gehalten.

Gotisches Mittelschiff
der Abteikirche Noirlac,
Berry.

KAPITEL X

DAS WESEN DER ZISTERZIENSERARCHITEKTUR

Clairvaux und Fontenay waren die Prototypen der zisterziensischen Baukunst, die sich nach 1150 mehr als hundert Jahre lang in Europa ausbreitete. Dichte Klostermauern umschlossen die Abteien mit ihren neuen Kirchen, die inmitten von Hofgütern oder Grangien standen. Scheunen und Mühlen lagen wie Tupfen in den Weiten einer noch dünn besiedelten mittelalterlichen Landschaft.

Die zur Zeit Stephan Hardings und Bernhards von Clairvaux gegründeten Klöster brachten ihre großen Bauwerke gerade zum Abschluß, als das Mutterhaus Cîteaux über 50 Jahre nach der Gründung endlich seine Klosterkirche einweihen konnte. Die rund 300 zwischen 1150 und 1250 gegründeten Tochterklöster, die reicher waren als ihre Mutterklöster aus den Gründerjahren des Ordens, warteten nicht mehr ein ganzes Menschenalter, um ihre Baupläne in Angriff zu nehmen. Die als zahlungsfähig geltenden Zisterzienser konnten Anleihen aufnehmen, einige Abteien finanzierten die Bauarbeiten ihrer Filiationen mit, und außerdem hatte der Orden bis 1240 noch beträchtliche Schenkungen zu verzeichnen.

In der Übergangszeit, in der die vom Christentum geprägte Agrargesellschaft allmählich von der städtischen Bewegung und der Zentralisierung der Macht eingeholt wurde, verhalfen die Zisterzienser der romanischen Baukunst auf dem Gipfel ihrer Vervollkommnung zum Übergang in die neu aufkommende Gotik. Die Zisterzienser des 12. und 13. Jahrhunderts vermochten alle Gegensätze ihrer Epoche in der Pragmatik ihrer Baukunst zu vereinigen.

DIE FUNKTIONALITÄT ALS OBERSTES GEBOT

Sämtliche Abteien berücksichtigten den funktionalen Bauplan, den Bernhard von Clairvaux beim Bau von Clairvaux und Fontenay entwickelt hatte. Das beweist das überall vorkommende einheitliche Bauschema. Die Äbte und das Generalkapitel befolgten als gewissenhafte Bauherren diesen „bernhardinischen Entwurf" als unanfechtbaren Plan.

Die einzige größere Ausnahme war Belmont in Syrien, wo der Kapitelsaal aus unbekannten Gründen nicht an den Kreuzgang grenzte. Das aufsichtführende Mutterhaus Morimond war zu weit weg, um zu reagieren. Das Generalkapitel erneuerte im Jahr 1235 seine Entscheidung, daß sämtliche regel- oder statutenwidrige Bauten des Ordens abgerissen werden mußten. Als der Landesfürst der Auvergne im Jahr 1198 dem Orden das Kloster Bouchet stiftete, ersuchte das Generalkapitel ihn, „beim Bau des Nonnenklosters dem üblichen Modell zu folgen, weil man sonst verpflichtet sei, das Angebot abzulehnen" (Marcel Aubert, L' Architecture française en France).

Seltene Abweichungen vom bernhardinischen Idealplan betrafen nie den grundsätzlichen Aufbau der Klosteranlage selbst, sondern waren stets durch die Gegebenheiten des Standorts sowie die Anpassung an die Landschaft bedingt. Beispielsweise wurde in Fontfroide die nördlich der Kirche gelegene Mönchsunterkunft an der rechten Ecke nach Osten erweitert, um die Latrinen des Dormitoriums so anzuordnen, daß sie den Fluß

überragten. Dieser führte nämlich um das Kloster herum und zwängte sich zwischen der Chorseite der Kirche und einem Berghang, der das Kloster vor den rauhen Winden schützte, hindurch.

ROMANISCHE UND GOTISCHE BAUKUNST

Kein Gebäude aus der Zeit der zisterziensischen Baublüte gleicht dem anderen. Auf dem gleichen Grundriß entstanden jeweils unterschiedliche Bauten, deren Innenräume, Fassaden, Aufrisse, Öffnungen und Bedachungen ganz verschieden gestaltet waren.

Marcel Aubert liefert in seinem wichtigen Werk Architecture cistercienne en France, das er 1947 in Zusammenarbeit mit der Marquise von Maillé verfaßte, ein fast vollständiges Verzeichnis aller Bestandteile der von den weißen Mönchen des 12. und 13. Jahrhunderts geschaffenen Baukunst. Dieses einzigartige Werk läßt aber leider durch die Last seiner Wissenschaftlichkeit nicht die wesentlichen Unterschiede der Klöster erkennen. Anstatt die Beweggründe zisterziensischer Baumeister für einmalige architektonische Lösungen zu beleuchten, bezieht der Autor nämlich selbst die ungewöhnlichsten Gestaltungsmerkmale in seine formale Analyse mit ein.

Der gerade Chorschluß Eine umfassende Literatur hat sich entwickelt, um die Kirchen der Zisterzienser nach Art und Funktion ihres Chorschlusses zu klassifizieren. Der berühmte gerade Chorschluß der Modell-

kirchen Clairvaux II und Fontenay bezieht seine Bedeutung aus seiner wichtigen Funktion innerhalb der Kirche als schützende Mauer um den Altar. Der Apsidenchor und die sogenannte bernhardinische Chorbildung stellen eigentlich nur Variationen eines gemeinsamen Themas dar, nämlich, den Altarraum ohne Chorumgang einfach und ohne Wanddekoration zu gestalten. Dies sieht man bestätigt, wenn man die drei provenzalischen Schwesterkirchen betrachtet, die sich stilistisch vollkommen entsprechen, jedoch keine einheitliche Chorform aufweisen (der Chor von Silvacane ist flach, während er in Thoronet und Sénanque eine Apsis bildet).

Bei einigen Klöstern, deren Bauarbeiten sich über viele Jahre hinzogen, gelang den Baumeistern die harmonische Verbindung scheinbar entgegengesetzter Stilrichtungen.

So wurde in Loc Dieu der gerade Chorschluß von apsidalen Seitenkapellen eingefaßt, ohne daß die künstlerische Einheit der Kirche in irgendeiner Weise gestört wurde.

Die Gewölbeform als Unterscheidungsmerkmal Die neuesten Entwicklungen der Zeit, als die Zisterzienser mit dem Bau ihrer großen Klöster begannen, betrafen die Bedachung. Nachdem die Baumeister der Romanik zwischen 1080 und 1100 das Gewölbe wiederentdeckt hatten, führten die Benediktiner das Tonnengewölbe (rund- oder spitzbogig, mit oder ohne Gurtbögen) und das Kreuzgratgewölbe ein. Seit 1140 wagte man erstmals, die Langhäuser der Kathedralen und benediktinischen Abteikirchen mit einem Kreuzrippengewölbe zu bedecken. Allein nach der Art der Abdeckung wurde der architektonische Wert eines Bauwerks beurteilt. Der verantwortliche Abt und der Baumeister wählten die Form der Bedachung für die Klosterkirche, den Kapitelsaal und das Refektorium aus. Diese zentrale Frage der Bedachung bestimmte die Architektur eines Bauwerks, die ansonsten nur entweder die Kunst der Vergangenheit perfektionieren oder sich einer bestimmten fortschrittlichen Richtung anschließen konnte. Bei einigen Bauten wies das Gewölbe stilistische Mischformen auf, häufig aber wurde das Langhaus der Klosterkirche mit einem romanischen Gewölbe, Kreuzgang und Kapitelsaal jedoch mit gotischen Spitzbögen gedeckt. Beispiele dafür sind Poblet oder Maulbronn. In dem Bestreben, sich dieser Entwicklung anzuschließen, bauten einige Abteien bestehende Langhausdächer ganz oder teilweise um. Dazu gehören Pontigny, Noirlac und Fontmorigny, wo teilweise die Seitenschiffe mit den Kreuzgewölben aus der ersten Bauphase erhalten blieben.

In Nordfrankreich wandten die Zisterzienser seit 1150 fast überall die gotische Gewölbeform an. Pontigny, eine der ersten Tochtergründungen von Cîteaux, deren Kirche erhalten blieb, beweist bis heute, welche Perfektion die Zisterzienser bei der Anwendung dieses außerordentlichen Baustils erreichten.

Die französischen Zisterzienser wurden im Wettstreit um den Fortschritt, der auf unterschiedliche Weise alle erfaßt hatte – Bischöfe, neue Orden, aber auch Benediktinerklöster wie Saint-Denis –, bei der Gestaltung ihrer Tochterklöster in ganz Europa zu wahren „Missionaren der Gotik". Ihre Begeisterung für den neuen Stil sprang indes nicht gleich auf alle über. Selbst in Frankreich blieben einige Provinzen der Tradition treu, beispielsweise die Provence, wo in drei von Bonnevaux und Mazan gegründeten Schwesterniederlassungen der Filiation von Cîteaux noch zwischen 1160 und 1190 der romanische Stil in perfektionierter Form Fortbestand hatte.

DER GEIST VON CÎTEAUX

Der Geist von Cîteaux ließ sich jedoch nicht auf Bauformen reduzieren, die schließlich nichts anderes waren als ein Mittel, um den Zielen des Ordens Gestalt zu geben. Die Benediktsregel bezeichnete das Kloster als Raum des Gebets (4.1 und 78). Bernhard von Clairvaux war es, der die formalen Bedingungen festlegte, um die Klosterkirche zu einem für das Gebet geeigneten Raum zu machen: Die Reinheit der Architektur durfte durch keinerlei Verzierung beeinträchtigt werden. Unter dieser Voraussetzung waren alle Bautechniken gleichrangig, sofern ihre Ausführung aus diesem Geist heraus geschah und die gewissenhafte, demütige Suche nach einer Architektur spiegelte, die durch ihren Gebrauch geheiligt wurde, ohne dem weltlichen Streben nach „Schönheit" nachzugeben.

Oben:
Typisches zisterziensisches Blattkapitell, Kloster Léoncel, Vercors.

Unten:
Die Wahrhaftigkeit unverkleideter Materialien ist bei den Zisterziensern (hier Kloster Otterberg, Pfalz) ebenso zu

finden wie bei den Architekten der Moderne (Sichtbeton des Dominikanerklosters La Tourette bei Lyon von Le Corbusier).

DER MODELLCHARAKTER DER ZISTERZIENSERARCHITEKTUR

Das „Wunder" der zisterziensischen Baukunst besteht gerade in der Fähigkeit der weißen Mönche, mehr als hundert Jahre lang überall in Europa, unter Verwendung verschiedener Techniken, ihre Klosterkirchen und -gebäude so zu bauen, daß sie ausnahmslos alle einem einzigen konsequent angewandten Plan und ein und demselben ästhetischen Gesetz folgten und daher von Ordensmitgliedern wie auch von „Fremden" sofort als zisterziensisch erkannt wurden.

Die Gestaltungsfreiheit der Architekten Die Bedingungen des gewählten Standorts, die Art und Weise des Wasserversorgungssystems, der mancherorts unerläßliche Bau von Zusatzgebäuden, die verfügbaren Baustoffe der jeweiligen Region, ja sogar das Klima oder die Lichtverhältnisse eines bestimmten Breitengrades erlaubten den zisterziensischen Baumeistern, zwischen den unverrückbaren Vorschriften für den Klosterbau und den besonderen Bedingungen, die eine spezifische, einzigartige bauliche Lösung erforderten, abzuwägen.

Der Baumeister versuchte, einerseits die standortbedingten Schwierigkeiten zu bewältigen und andererseits seine Vorstellungen auf die Einhaltung der bindenden Vorgaben hin zu überprüfen. Dieses Verfahren war der Preis für die hochrangige Architektur, die die Zisterzienser hervorbrachten.

Damit sollte auch der von einigen Baumeistern gern wiederholte Einwand entkräftet sein, daß die allzu engen Bauvorschriften ihre Schöpfungskraft über alle Maßen beschnitten hätten. Fernand Pouillon hat in seinem Buch *Les Pierres sauvages* einen möglichen Dialog zwischen Abt und Baumeister des – dem Geist von Clairvaux treu gebliebenen – Klosters Thoronet nachempfunden:

„Unsere Klöster unterliegen in ihrem Grundentwurf einer strengen ‚Regel', die von vornherein die Form der Kirche und des Kreuzgangs sowie die Anordnung der daran anschließenden Räume festlegt. Nun frage ich dich, hast du diese Vorschriften, denen du ein Leben lang unterworfen warst, als einengend empfunden? Haben sie dich daran gehindert, dich auszudrücken?"

„Nein Vater, im Gegenteil, ich habe die Einschränkungen unserer Pläne als Wohltat empfunden, die Gestaltungsfreiheit bleibt groß."

Funktionalität Die Baukunst der Zisterzienser darf als eine einzige Huldigung an ihre Zweckdienlichkeit gelten. Die Funktionalität ist ganz offensichtlich das typische Merkmal ihrer Architektur. „Zweckdienlichkeit ist die Prüfung der tatsächlichen Notwendigkeit eines Gegenstandes, Ortes oder Bauwerks ... Es bedarf der Vorstellungskraft, um einem bestimmten, als wesentlich erachteten Zweck die ihm angemessene Form zu verleihen. Der Maßstab für die Funktionalität jedes Gebäudes ist die ‚Bewohnbarkeit' all seiner Teile, was in einem umfassenden menschlichen Sinne zu verstehen ist, denn die Bewohnbarkeit einer Stätte beschränkt sich nicht auf deren Bequemlichkeit, sondern ergibt sich aus einer Vielzahl von Aspekten." (François Cali, *La plus grande aventure du monde – Cîteaux*)

Modernität Entgegen der eigentlichen Absicht des Ordens, der seine Klöster nicht als Kunstwerke verstanden sehen wollte, wird die Zisterzienserarchitektur mit ihrer eigenen Formensprache, unabhängig von den religiösen, wirtschaftlichen und sozialen Umständen ihrer Entstehung, heute noch bewundert. Ihre Modernität war es, die Le Corbusier dazu veranlaßte, das Vorwort für ein Werk über das Kloster Le Thoronet zu verfassen.

Le Corbusier fand bei den Zisterziensern seine eigenen Überzeugungen bestätigt. Wie er wandten sie das Material am liebsten in seiner ursprünglichen Form an, „mit seiner rauhen Haut" von unverputztem Stein und Mörtel, und setzten Licht und Schatten als zusätzliche Gestaltungsmittel ein. Der Zisterzienserstil war „ein weises, gelungenes und großartiges Zusammenspiel der im Licht angeordneten Baukörper". Sie betrachteten die Gesamtform eines Bauwerks als die wahre und einzige Zier der Architektur; ihr Glaube an den Fortschritt, der beispielsweise die Baumeister von Clairvaux ohne zu zögern vom Kreuzgratgewölbe zum gotischen Rippengewölbe überwechseln ließ, war vorbehaltlos. Und schließlich behielten sie, trotz der Gewölbe, die die himmlische Welt symbolisierten, die Rechtwinkligkeit als vorherrschendes Merkmal ihrer Baukunst bei und sangen dem rechten Winkel, der den Vorreitern der Moderne so teuer war, ein Loblied.

KATHEDRALEN DER ZISTERZIENSER

„Du bist zu schön, oh meine Tochter!" soll Bernhard beim Anblick des Kirchenbaus von Hautecombe ausgerufen haben. Wie viele Tränen mag er wohl über die Kirche von Vaucelles vergossen haben, deren Entwurf in den Dokumenten Villards de Honnecourt sie als getreues Abbild der Abteikirche von Cluny zeigt! Macht und Ruhm, unter der Gunst Ludwigs des Heiligen gewachsen, führten dazu, daß der Orden der Versuchung erlag, in seiner Architektur den größten Kirchenbauten der Epoche nachzueifern. Die Zisterzienser bauten riesige, kathedralenartige Kirchen,

Abteikirche Pontigny, Burgund, die einzige Klosterkirche, die von *den vier Primarklöstern erhalten geblieben ist.*

und bald hielten auch prächtige Klosterpaläste nach Art der Landsitze der örtlichen Aristokratie in ihren Klosteranlagen Einzug.

Clairvaux setzte diese Entwicklung selbst in Gang, indem es unmittelbar nach Bernhards Tod den Chor der Klosterkirche abreißen ließ, um den Altarraum in ein großes Reliquiar zu Ehren des zukünftigen Heiligen umzuwandeln. So entstand ein sternförmig von neun Kapellen eingefaßter Chorumgang, den eine Rundmauer umgab. Die Weihinschrift markiert wahrscheinlich den Abschluß des Umbaus im Jahr der Heiligsprechung Bernhards, 1174.

Auch Pontigny öffnete seinen geraden Chorschluß und erweiterte zwischen 1205 und 1210 den Altarraum seiner Kirche durch eine gotische Apsis, die bis heute zu den vollkommensten Beispielen der burgundischen Schule gehört.

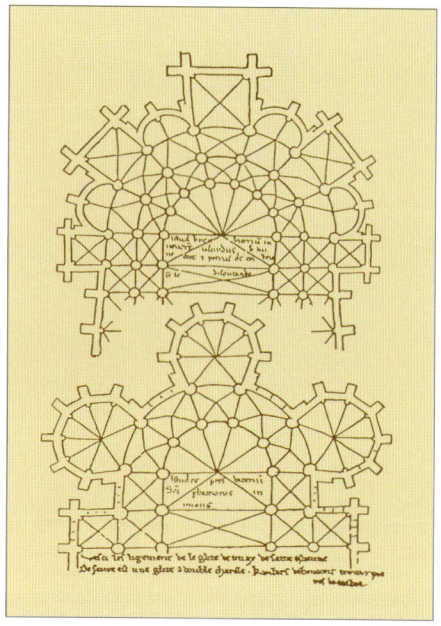

Oben:
Das Definitorium der Abtei Cîteaux, wo die Generalkapitel des Ordens vorbereitet wurden.

Rechte Seite:
Kapitelle mit figürlichem Schmuck im spätgotischen Kreuzgang von Abtei Santes Creus, Spanien, um 1340.

Oben rechts:
Zwei Zeichnungen von Chorumgängen mit Kapellenkranz, Villard de Honnecourt. Der berühmte Architekt setzte sich möglicherweise für Vaucelles ein, da er den Grundriß der Klosterkirche in sein Buch aufnahm.

Clairvaux' Vorbild folgten Cherlieu, Savigny, Bonport und Breuil-Benoît, Clairmarais, Vauclair, Bonnevaux und Vauluisant, die ihre Klosterkirchen ebenfalls mit einem Chorumgang ausstatteten. Dasselbe geschah in Spanien mit Poblet und Veruela und in Portugal mit Alcobaça, in England mit Beaulieu und in Schweden mit Warnheim.

Auch neu entstehende Zisterzienserabteien wurden von nun an mit Kapellenkränzen ausgestattet. Longpont wurde von der 1212 fertiggestellten Kirche von Soissons inspi-

riert. Auch Altenberg in Deutschland und Valmagne im Languedoc gehören zu dieser Gruppe.

Einer besonderen Erwähnung bedarf Vaucelles. Die 1216 vom Bischof von Reims eingeweihte Klosterkirche war 132 Meter lang und damit das größte Bauwerk der Zisterzienser im 13. Jahrhundert.

Auch die Kirche von Cîteaux erfuhr zu Beginn des 13. Jahrhunderts eine Erweiterung. Der flache Chorschluß des Originalentwurfs blieb aber erhalten, als der Chor mit einem rechteckigen Umgang und einem Kranz aus zwölf Kapellen innerhalb einer ebenfalls rechteckigen Mauer eingefaßt wurde. Diese Lösung bevorzugten auch Morimond, Ebrach in Deutschland und Fontainejean, von dessen großartiger Kirche heute fast nichts mehr übrig ist. Bald danach erteilten die reichsten Abteien berühmten Handwerkern und Künstlern die ersten Aufträge für die Dekoration ihrer Kirchen. Der Geist von Cîteaux geriet in einigen Abteikirchen in Vergessenheit, die sich mit bunten oder figürlichen Glasmalereien, einem aufwendig geschnitzten Chorgestühl (Marienstatt und Maulbronn), skulptierten Altarbildern u. a. schmückten.

DIE JAHRHUNDERTE
DES NIEDERGANGS
UND DER ERNEUERUNG

Während die Zisterzienser ihren Wohlstand mehrten und ihre inmitten friedlicher

Täler am ruhigen Gestade ihrer Seen gelegenen Abteikirchen, die fortan mit Statuen,

Retabeln und skulptierten Grabstätten angefüllt waren, verschönerten, baute das Bür-

gertum den Bettelmönchen in den Städten geräumige, zweckmäßige, allen zugängliche

und ebenso schlichte Kirchen wie die von Cîteaux, um ihren Predigten zu lauschen.

Diese Entwicklung sorgte dafür, daß es um die weißen Oasen des Friedens, weitab von

den Städten, dem Volk und dem fieberhaften Leben der Epoche, still wurde.

Auch der große Name von Cîteaux verblaßte, und mit dem Ausgehen des Mittelalters

begann auch der Niedergang des Zisterzienserordens.

Frédéric Van der Meer

Vorhergehende Seite:
Kloster Orval, Belgien.

Rechts:
Abtei Loc Dieu,
Rouergue, ein Kloster,
das zunächst zur Befesti-
gung und später zur
Sommerresidenz umge-
baut wurde.

KAPITEL XI

HEIMSUCHUNGEN DES SPÄTMITTELALTERS

1265–1453

DAS AUSGEHENDE XIII. JAHRHUNDERT, EINE ZEIT DES UMBRUCHS

Im ausgehenden 13. Jahrhundert hatte der Zisterzienserorden mit vielerlei Problemen interner und externer Art zu kämpfen.

Nachdem Cîteaux von Clairvaux die Leitung des Bernhardskollegs in Paris übernommen hatte, oblag dem Generalkapitel die Zusammenstellung des Studienprogramms und der Lehrinhalte. Nie zuvor waren die Zisterzienser um die intellektuelle Ausbildung ihrer Mönche so bemüht gewesen. Bald gab es weitere Kollegs. Währenddessen kamen in der Kirche Zweifel über die rechte Lehre auf, denn das Papsttum blieb einer Synthese von Aristotelismus und Christentum gegenüber mißtrauisch. Im März 1274 starb im Zisterzienserkloster Fossanova Thomas von Aquin, als er sich auf der Reise zum Konzil von Lyon befand, vor dem er sich zu verteidigen hatte, weil er als Aristoteliker die Meinung vertrat, daß auch die Philosophie auf dem Wege der Vernunft zur Erkenntnis Gottes gelangen könne.

Als die eifrigsten Anhänger der Kreuzzugsidee erlitten die Zisterzienser während des letzten Kreuzzugs mit dem Verlust von Akko in Palästina im Jahr 1291 eine totale Niederlage, infolge derer sie auch ihr letztes syrisches Kloster, Belmont, aufgaben.

Der Orden hatte inzwischen seine Landgüter zu riesigen Domänen ausgeweitet, und

mehrere Klöster waren mangels einer umsichtigen Geschäftsführung überschuldet. Auch die Selbstbewirtschaftung war immer seltener möglich. Daher erließ der zweite Zisterzienserpapst, Benedikt XII., ehemaliger Mönch von Fontfroide und Abt von Boulbone, im Jahr 1335 die sogenannte benediktinische Verfassung zur Neuregelung der Klosterverwaltung. Die finanzielle Unabhängigkeit der Äbte wurde aufgehoben und die Klosterleitung der Kontrolle durch die Gemeinschaft, das Generalkapitel und sogar durch den Heiligen Stuhl unterstellt.

Zuletzt seien noch die, zwar oft kurzlebigen, aber in Deutschland und Holland zahlreichen Nonnenklöster (Beginenklöster) genannt, die sich allmählich zu frommen Pensionen für unverheiratete Frauen aus niederem Adel und Großbürgertum entwickelten – oft erbauliche Häuser, wo indes die spirituelle Blütezeit des Ordens im 13. Jahrhundert nur noch als Erinnerung existierte.

DIE GROSSEN SCHICKSALS-SCHLÄGE

Mit dem beginnenden 14. Jahrhundert mehrten sich nicht nur die Anzeichen dafür, daß die Grenzen des Wirtschaftswachstums erreicht waren. Zu den verheerenden Folgen der Kriege, die Könige und Territorialherren jahrzehntelang auf Kosten der Bevölkerung geführt hatten, kamen katastrophale Mißernten, die in den Jahren 1315 und 1317 eine

europaweite Hungersnot auslösten, die durch Viehseuchen noch verschärft wurde.

Doch das Schlimmste stand noch bevor: der „Schwarze Tod", die Beulen- und Lungenpest, die 1347 bis 1351 ganz Europa heimsuchte. Sie erreichte alle sozialen Schichten und löschte ein Drittel der gesamten Bevölkerung Europas aus. In manchen Klöstern raffte sie innerhalb weniger Tage alle Chormönche und Laienbrüder hin.

Aber auch der Hundertjährige Krieg (1339–1453) zwischen Frankreich und England hatte entscheidende Auswirkungen auf den Zisterzienserorden, denn die Abgeschiedenheit seiner Niederlassungen machte diese zu beliebten Angriffszielen für Bandenüberfälle und Plünderungen. Einige Klöster, wie Clairvaux, schützten sich durch eine Festungsmauer. Die Mönche der am stärksten bedrohten Klöster suchten in befestigten Abteien oder in ihren Stadthöfen Unterschlupf.

Im Jahr 1360 versammelte sich das Generalkapitel in Dijon, nachdem Cîteaux wiederholten Plünderungen ausgesetzt war (1350, 1359, danach noch einmal 1438). Zur zweimaligen Steuerzahlung herangezogen, damit das Land die Kriegsschulden decken und das Lösegeld zur Befreiung König Johanns des Guten bezahlen konnte, fehlten dem Kloster die Mittel, um seine Gebäude wieder instandzusetzen. Ab 1360 plünderten Straßenräuber alle Grangien von Clairvaux. Über 40 Klöster wurden während des Hundertjährigen Krieges zerstört.

*Eine „Landschaftsruine",
die auch ohne histori-
schen Kontext wunder-
schön ist:
Abtei Dundrennan,
Schottland.*

KAPITEL XII

DER ZERFALL DES ORDENS

1453–1597

DIE KONGREGATIONEN

Noch bevor in der Renaissance das Nationalbewußtsein aufkeimte, fügte das große abendländische Schisma, das 40 Jahre anhielt (1378 –1417), der Einheit des Ordens tiefe Wunden zu. Die zerstrittenen Kardinäle hatten zwei Päpste gewählt. Der römische Papst entließ den Abt von Cîteaux als einen Schismatiker, der seine Direktiven aus Avignon, dem Sitz des Gegenpapstes, erhielt. Die Klöster waren gezwungen, sich in Nationalkapiteln zu versammeln, während beide Päpste die ihnen treuen Abteien mit Privilegien und Dispensen überhäuften und damit die Observanz der „einen" Ordensregel zerstörten. Auch nach dem Ende des Schismas waren die Spaltungstendenzen noch lange nicht aufgehoben.

Die regelmäßige Versammlung des Generalkapitels war eine Grundvorschrift gewesen, um die Einmütigkeit des Ordens zu wahren. Ihre Vernachlässigung wurde dem Orden zum Verhängnis. Überall in Europa schlossen sich Klöster zu selbständigen Kongregationen zusammen: in Kastilien (1427), in der Lombardei und der Toskana (1497), in Portugal, Polen, Aragon und Kalabrien. 1586 schlossen sich in Paris die Feuillanten zusammen, die durch die Wiedereinführung und Verschärfung der strengen alten Regel von Cîteaux dem Verfall entgegenzuwirken trachteten.

DER VERFALL VON KLÖSTERN

In Ermangelung aktiver Klöster blieben bestimmte Gegenden von der Unabhängigkeitsbewegung der Kongregationen unberührt.

Viele Klöster, die bei Volksaufständen oder auf königliches Geheiß zerstört worden waren, verfielen innerhalb eines Jahrhunderts.

Antimonastische Bewegungen in ganz Europa In Böhmen war der Tod von Jan Hus der Auftakt zu einem religiös-nationalen Volksaufstand (1419–1436), der sich auch in Plünderungen und Zerstörungen von Klöstern, besonders auch der Zisterzienserklöster (vor allem Sedlec, Osek, Vyšší Brod), entlud. Jan Hus (ca. 1370–1415) trat für eine grundlegende Kirchenreform ein. Er verwarf Heiligenverehrung und Ablaß sowie Mönchtum und Papsttum. Zunächst mit Bann belegt, wurde er schließlich zum Tode verurteilt und 1415 als Ketzer verbrannt.

In Deutschland war mit den 95 Thesen des ehemaligen Augustinermönchs Martin Luther die Reformation angebrochen (1517). Viele Mönche und Nonnen folgten seinem Beispiel und verließen ihre Konvente. Die Bauern lehnten sich gegen die Unterdrükkung durch den Klerus auf und verübten Anschläge auf die Ordenshäuser. Die zum Protestantismus konvertierten Fürsten beschlagnahmten den Klosterbesitz.

Der englische König Heinrich VIII. strebte die päpstliche Nichtigkeitserklärung seiner ersten Ehe an, die dieser nicht gewährte. Daraufhin entzog Heinrich dem Papst die Rechtsbefugnisse über innerenglische kirchliche Angelegenheiten. Sich selbst rief er 1535 zum Kirchenoberhaupt aus und ordnete die Auflösung der Klöster an (1536–1539).

Alles andere als eine „Auflösung" war die systematische Zerstörung von Klöstern in

Irland durch die Stoßtrupps von Cromwell, die die Insel 1649 mit einem besonders grausamen Fanatismus unter ihre Herrschaft brachten.

In Frankreich machten die Auseinandersetzungen zwischen Katholiken und Protestanten, die mit der ersten protestantischen Nationalsynode 1559 ihren Anfang nahmen, vor den Toren der französischen Zisterzienserklöster nicht halt. Mehr als jedes andere Kloster wurde Cîteaux zum Opfer von Überfällen.

Die Bilanz von 1597 (Edikt von Nantes) Selbst wenn man die Klöster der unabhängigen italienischen und iberischen Kongregationen mitrechnet, gehörten nur noch 400 Männerklöster zum Orden. Sein Schwerpunkt lag wieder im französischen Stammland. Viele Klöster, auch die berühmtesten, kamen gerade auf zehn Mönche. Cîteaux verkleinerte sich von seinen einst 80 Chormönchen (und 30 Konversen) auf 20 Chormönche (und 5 Konversen). Clairvaux blieb indes mit 130 Chormönchen und ebenso vielen Laienbrüdern und Lohnarbeitern die größte Gemeinschaft.

DIE KOMMENDE

Papst Gregor XI. (1370–1378) schuf eine Einrichtung, die „letztendlich moralisch und materiell mehr Unheil anrichtete als die Kriege, die Katastrophen und die Reformation zusammen": die Kommende, bei der eine kirchliche Pfründe ohne Amtsverpflichtung übertragen werden konnte. Als Vormund der

Der Hof „Ludwig XIV."
von Kloster Fontfroide,
Languedoc, so genannt
wegen seines klassizisti-
schen Stils, erbaut Mitte
des 18. Jahrhunderts.

monastischen Orden nahm er sich das Recht, die Äbte zu benennen. Daraufhin setzten die Könige bei den Ernennungen ihre Feudalrechte durch, und das System der freien Abtwahl, eine Errungenschaft der Klosterreformen, wurde durch die Ernennung abgelöst.

Zahlreiche solcherart ernannte Äbte, sogenannte Kommendataräbte, gingen aus der Kirchenhierarchie hervor, doch war die Benennung von höfischen Äbten und Laien häufig. Die meisten kümmerten sich fast ausschließlich um die Klostereinnahmen, die

nach der gesetzlichen Regelung zwischen dem Abt und der Gemeinschaft aufgeteilt wurden.

Außer Cîteaux, Clairvaux und Morimond wurden die meisten anderen französischen Klöster dem Kommendenwesen eingegliedert. Die verheerendsten Auswirkungen zeigte das System in Süditalien (Vatikan und Neapel). Ein Visitator des Ordens berichtete 1551, daß von den 35 als Kommenden geführten Klöstern 16 keine Mönche mehr hatten und die übrigen 19 gemeinsam nur noch 86 Mönche zählten, die ein elendes Dasein fristeten.

KAPITEL XIII

EIN PRACHTVOLLER ABGANG

Mit dem 17. Jahrhundert begann für die Kirche eine Zeit der Reformen im Sinne der Dekrete des Trienter Konzils (1545–1563), das, reagierend auf die Reformation, einen inneren Aufbruch der katholischen Kirche bedeutete und die Voraussetzungen für die Gegenreformation schuf. Dieser Bewegung schlossen sich die Zisterzienser überall dort an, wo sie noch tätige Klöster hatten oder wo der Prior von Abteien, die ins Kommendensystem eingegliedert waren, sich seine Handlungsfreiheit und ausreichend materielle Mittel zu erhalten vermocht hatte. Ein Jahrhundert lang beherrschte das Ordensleben eine fast fieberhafte spirituelle Suche, die sogar zu neuen Observanzen (Bestimmungen zur Art und Weise der Regelbefolgung), aber auch zu neuen Meinungsverschiedenheiten innerhalb des Ordens führte.

Allmählich vergrößerte sich auch die Kluft zwischen den Klöstern, die ihren Wohlstand und ihre Macht gegen alle Nöte der Vergangenheit hatten verteidigen können, und den zur Armut verurteilten, nur schwach besetzten Abteien.

Alle diese Unterschiede fielen jedoch angesichts der Vernichtungsschläge im geistigen wie materiellen Sinn durch die Aufklärung und die Französische Revolution am Ende des 18. Jahrhunderts kaum noch ins Gewicht. Dennoch hinterließen die weißen Mönche des 18. Jahrhunderts – noch einmal vom Aufbaufieber erfaßt, das einst die Ordensgründer beflügelte – erstaunliche und beeindruckende Monumente, die in Frankreich vor allem klassizistisch geprägt sind und anderenorts die Pracht des Barockstils aufweisen.

DIE NACHTRIDENTINISCHE ZEIT IM XVII. JAHRHUNDERT

Seelsorge Der Protestantismus stellte insofern einen grundsätzlichen Angriff auf das traditionelle Mönchtum dar, als er dem kontemplativen Leben keinerlei seelsorgerischen oder sozialen Wert zumaß. Um den Bedürfnissen der Gläubigen besser gerecht zu werden, widmeten sich die Zisterzienser daher, besonders in Deutschland, mehr und mehr der Gemeindearbeit. Fast alle Zisterzienserklöster stellten Mönche für das Priesteramt ab, und das Kapitel von 1601 definierte den Rechtsstatus von Gemeinden unter zisterziensischer Leitung. Überall wurden die Abteikirchen den Gottesdienstbesuchern und sogar den Pilgern geöffnet.

Der Streit um die Observanzen Während des gesamten 17. Jahrhunderts stritten sich die französischen Zisterzienser über das erforderliche Maß der Askese, um zu einem reformierten Klosterleben in Anlehnung an das bei der Gründung von Cîteaux geltende Regelwerk zurückzukehren.

Im Jahr 1666 griff der Papst ein, indem er die Spaltung des Ordens in verschiedene Observanzen bestätigte, aber gleichzeitig zur Einberufung eines gemeinsamen Generalkapitels im Jahr 1667 riet. Dieses befaßte sich mit der „strengen Observanz" (Trappisten) gegenüber der „allgemeinen Observanz" und wurde wegen der Unnachgiebigkeit des neuen Abts von La Trappe, de Rancé, die stürmischste Versammlung der Ordensgeschichte, die die bis heute existente Spaltung auch nicht hatte rückgängig machen können.

DAS LETZTE JAHRHUNDERT

In Frankreich schien der Niedergang des Ordens unaufhaltsam, bis er schließlich in den tragischen Jahren der Revolution ganz von der Bildfläche verschwand. In den östlichen Ländern Europas blieb er am Leben, aber auch hier war es zu einer Trennung zwischen aufgeklärten Königen und dem alten Orden der Zisterzienser gekommen.

Das Beispiel Österreich Obwohl zerstörte Abteien wieder besiedelt und neue Häuser in Mitteleuropa eröffnet wurden, konnte Joseph II. als Sohn der Aufklärung es nicht dulden, daß die österreichischen Zisterzienser an die im Ausland getroffenen Weisungen ihres Ordenskapitels gebunden waren, und verbot den Äbten die Reise nach Cîteaux. Im Jahr 1782 wurden die kontemplativen Orden für wertlos für die Gesellschaft und die Religion erklärt und aufgelöst;

Kloster Heiligenkreuz, Österreich.

ihr Besitz ging an den Staat. Einzig ihren Gemeinden verdankten die Zisterzienser, daß sie zumindest zum Teil der Schließungswelle, der 738 Klöster im Land zum Opfer fielen, entkommen konnten. Rudy in Schlesien, Zirc in Ungarn und Heiligenkreuz in Österreich wurden später berühmte Schulen, so daß die Zisterzienser auch in der Lehre wieder Bedeutung gewannen.

Der Niedergang in Frankreich Es wird häufig vergessen, daß auch die französische Monarchie unter dem Einfluß der Aufklärung stand. 1766 gründete Ludwig XV. einen Ausschuß aus Regularklerikern mit dem Auftrag, die sowieso schon geringe Macht der Klöster noch weiter zu beschneiden. Der Ausschuß veranlaßte die Schließung von 450 Häusern und spielte im 18. Jahrhundert eine wichtige Rolle innerhalb des Ordens. Da der Konflikt zwischen Cîteaux und den Primarabteien nichts von seiner Brisanz verloren hatte, mußte der Regularenausschuß während der letzten Generalkapitel des Ordens vermitteln. Als der Ausschuß im Jahr 1766 die Bischöfe nach ihrer Meinung über die Zukunft der Zisterzienserklöster befragte, sprachen sich fast alle gegen deren Erhaltung aus.

Die Französische Revolution Nach der Einführung der Religionsfreiheit am 23. August 1789 wurden am 13. Februar 1790 die Mönchsgelübde aufgehoben. Auf die Einziehung der Kirchengüter im November 1789 folgte deren Verkauf am 17. März 1790 und dann die endgültige Schließung der Klöster am 4. Dezember 1790. Diese Beschlüsse riefen nur wenige Proteste hervor, denn die Aufhebung der Abteien schien schon lange unvermeidlich. Als aber am 26. Dezember 1790 die Verabschiedung der neuen Zivilkonstitution des Klerus, in der unter anderem eine Beschränkung der bischöflichen Macht und mehr Rechte für die niedere Geistlichkeit festgelegt werden sollten, anstand, stimmte nur etwa ein Drittel der einstigen Zisterzienser dafür. Einige Mönche schlossen sich ausländischen Zisterzienserklöstern an. Der

berühmteste unter ihnen war Augustin de Lestrange, der eine Gruppe von Trappisten in die alte Kartause von Valsainte in die Schweiz (1. Juni 1791) brachte. Aber die Revolution griff bald auf ganz Europa über und zog dieselbe Politik nach sich wie in Frankreich, allerdings aufgrund größerer Widerstände in manchen Ländern sehr viel gewalttätiger. Abgesehen von einigen Zisterzienserklöstern in den Hoheitsgebieten der österreichischen Habsburger, konnten die Mönche nirgends ihr klösterliches Leben in Ruhe fortführen.

EINE NEUE BLÜTE DER BAUKUNST

Während der beiden Jahrhunderte der Erneuerung und des Niedergangs entwickelten die Zisterzienser noch einmal eine intensive Bautätigkeit. In dunkler Vorahnung seines bevorstehenden Endes plante der Orden neue Kirchenbauten zum Ruhme Gottes – wie vor allem östlich des Rheins – oder stellte seine Fähigkeit unter Beweis, die technische Welt auch weiterhin zu beherrschen – dies besonders in den großen französischen Abteien.

Überall wurden die als „barbarisch" (gotisch) verurteilten mittelalterlichen Bauten abgerissen oder erneuert. Ein allgemeines Streben nach Modernität führte zur Umgestaltung zahlreicher Klöster, die sich von der „Bauleidenschaft" der Äbte und Bischöfe anstecken ließen, obwohl viele aufgrund ihres akuten Mitgliedermangels von der Schließung bedroht waren. „Leider reichten häufig weder die Zeit noch die Mittel, um die großartigen Entwürfe auszuführen, so daß die Bauten beim Ausbruch der Revolution in den meisten Fällen unvollendet und unbezahlt blieben." (Ludwig Lekai, *Geschichte und Wirken der Weißen Mönche*)

Zisterziensisches Barock in Mitteleuropa Wie ihre mittelalterlichen Vorgänger mußten sich auch im 18. Jahrhundert die Zisterzienser nach bestimmten Bauvorschriften richten. In der Folge des Trienter Konzils wirkten die Reformdekrete des Kardinals und Erzbischofs von Mailand, Carlo Borromeo,

die sich auch auf die Bauten bezogen, bis nach Frankreich und Deutschland. Die Befolgung der Anweisungen wurde von Rom zwei Jahrhunderte lang gefördert.

„Der Menge gefallen, die Sinne mehr als den Verstand ansprechen, durch ihre Pracht die großartige Wiederherstellung der römisch-katholischen Kirche zum Ausdruck bringen. So lautete die Zielsetzung, welche die Kunst der Gegenreformation weit vom Geist der ‚strengen Observanz' entfernte ... Das Dekret gestattete Kerzen, Weihrauch und Meßgewänder und entdeckte die von der Reformation angeprangerte Bilderverehrung wieder." Vor diesem Hintergrund forderten die Jesuiten die Gläubigen auf, sich von der Reformation als einer „in jeder Hinsicht armen [Religion], deren Kirchen wie Sporthallen anmuten" (Jean-Marie Pérouse de Montclos, *Histoire de l'architecture française, de la Renaissance à la Révolution*), abzuwenden. Sie rechtfertigten die luxuriöse Ausstattung der Kirchen damit, daß auch Jesus das Salböl von Maria Magdalena mit Freude angenommen habe.

Die Antwort der Baumeister und Künstler Mitteleuropas war das Barock. Ihre Kunst sollte fromme Gefühle wecken, was die – von Luther empfohlene – asketische Reinheit der Form und Baustoffe nicht vermöge, wohl aber das Entzücken der geschmeichelten Sinne über „die Bilderfülle, die Ausdruckskraft der Statuen, die bemalten Decken in schwindelnder Höhe, die ornamentbeladenen Langhäuser, die Erlesenheit von seltenem und kostbarem Material, das Schillern des Marmors und den Wert des Goldes" (Dominique Fernandez, *Le Banquet des anges*). Es ist kein Zufall, daß die schönsten Barockkirchen der Zisterzienser und auch der Benediktiner wie in Kampfformation in einer Linie von Süddeutschland bis Böhmen aufgereiht sind, dort nämlich, wo sich der Katholizismus durch das lutherische Sachsen und die calvinistische Schweiz gleich doppelt bedroht sah.

Die meisten Zisterzienserkirchen wurden „barockisiert", indem sie ihre ursprünglich romanische oder gotische Architektur beibehielten und nur durch das Hinzufügen von traditionellem Schmuckwerk verschönert wurden. Für den Altarraum erhielten sie große Marmor- und Holzretabeln mit Figuren des heiligen Benedikt und des heiligen Bernhard,

in die der Altar integriert war. Besonders hervorgehoben wurde das Tabernakel, um das Dogma von der Realpräsenz in der Eucharistie zu betonen. Der den Mönchen und Nonnen vorbehaltene Chorraum wurde mit einem reich skulptierten Chorgestühl ausgestattet. Alles war auf eine aufwendige Litur-

Linke Seite:
Klosterkirche Kaisheim, Deutschland, erbaut Ende des 14. Jahrhunderts, im 18. Jahrhundert barockisiert.

Diese Seite:
Klosterkirche Zwettl, Österreich – Triumph der dekorativen Künste und besonders der Kunsttischler, Bildhauer und Vergolder, Anfang des 18. Jahrhunderts.

gie zugeschnitten. Die gesprochene Liturgie ertönte von imposanten Kanzeln, die den künstlerischen Schwerpunkt im Langschiff bildeten, während für die musikalische Gottesdienstbegleitung vergoldete und versilberte Orgeln zur Verfügung standen, deren Klänge jegliche Stille ausfüllen sollten. Man gestaltete die Seitenteile der Beichtstühle wie selbständige Kunstwerke. Die Kirchenbänke im Langhaus bestanden meist aus Holz und waren stets mit Schnitzereien verziert. In den Querschiffen wurden kleine Altäre zur Verehrung von Heiligen und deren Reliquien aufgestellt. Auch diese waren mit Retabeln versehen, eingerahmt von gedrehten Säulen und Traubenreliefs, um die Fülle der irdischen Güter zu symbolisieren.

Doch gab es auch barocke Neubauten mit bühnenhafter Pracht im Innenraum, wo sich die Gottesdienste wie Theaterstücke ausnahmen. Große Figuren von Kirchenvätern oder Aposteln hielten da von Emporen oder seitlichen Balkonen aus ihre heiligen Reden. Die Dekoration der Wände, Decken und Kuppeln vertraute man theologisch gebildeten Künstlern an, die dem Betrachter zur Erbauung seiner Seele biblische Szenen oder Kirchenlegenden mit ihrer Trompe-l'œil-Malerei aufs vollkommenste vor Augen führten, denn den Zisterziensern gehörten auch Wallfahrtsstätten wie das berühmte Vierzehnheiligen bei Bamberg oder Birnau am deutschen Ufer des Bodensees. Diese paradiesische Farben- und Formenpracht, umweht vom Duft frischen Weihrauchs, war getaucht in das helle Licht, das durch die großen weißen Fenster eindrang. Denn, wo es nötig war, zogen selbst barocke Baumeister die Mäßigung vor.

Maßvoll waren sie meistens auch bei der Gestaltung der Baukörper und Außenfassa-

Bibliothek des Klosters Schlierbach, Österreich – ein Tempel des Wissens ganz im Geist der Aufklärung.

den. Die Barockbauten des 18. Jahrhunderts sind für sich genommen teilweise erschreckend nichtssagend und wirken nur innerhalb einer Gesamtanlage, die dem näherkommenden Besucher allmählich den Blick auf die Hauptfassade, den Kirchturm oder die Kuppel der Klosterkirche und damit die Gesamtkomposition freigibt. Die niedrigen weißverputzten Gebäude, die der Klausur dienten, wo nur Fenster und Türen mit einer kräftigen Farbe betont wurden, sind für die Zisterzienserklöster des Barock ebenso typisch wie die Retabeln ihrer Sanktuarien. Die Klöster Zwettl und Fürstenfeld sind Beispiele dafür.

Eine weitere Gemeinsamkeit aller barocken Zisterzienserklöster sind ihre großzügig angelegten Bibliotheken. Sie waren in der Regel in drei Säle aufgeteilt: die historische, die wissenschaftliche und die theologische bzw. patristische Abteilung. Die Ausstattung ließ sich mancherorts durchaus mit den schönsten Abteibibliotheken der Benediktiner (in Sankt Gallen oder Melk) messen, so die von Waldsassen in Deutschland und Vyšší Brod in Böhmen.

Die Klosterpaläste der französischen Abteien Die französischen Baumaßnahmen im 18. Jahrhundert folgten weniger edlen Zielen als die barocken Zisterzienserbauten Mitteleuropas. Die Gemeinschaften wollten die mittelalterlichen Gebäude durch bequemere Anlagen ersetzen, die zudem den neuen Gepflogenheiten des Ordens eher entsprachen: die allgemeine Einführung der Einzelzelle (1666), die Einrichtung einer „Fettküche" zur Fleischzubereitung an bestimmten Wochentagen, der Aufbau von Bibliotheken.

Die Bauarbeiten verfolgten zugegebenermaßen oft kein anderes Ziel, als den Äbten vor Ort einen Wohnpalast bereitzustellen, der dem gepflegten Geschmack einer aufgeklärten Gesellschaft genügte. Trotz der Kette von Schicksalsschlägen in den vorangegangenen Jahrhunderten hatten die größten Abteien immer noch ausreichend Mittel zur Verfügung, um beeindruckende Bauten auszuführen. Colbert und der Regent Philipp von

Orléans riefen außerdem die wohlhabendsten Klostergemeinschaften dazu auf, den Ärmsten durch ihre „Baupolitik" Arbeit zu geben (1667). Dies alles trug dazu bei, daß diese Bauphase Werke des reinsten Klassizismus „à la française" hervorbrachte, eines Stils also, dessen Schlichtheit den Erben der zisterziensischen Ideale durchaus gut stand.

Die Finanzierung Selbstverständlich war es einem Kloster wie Aiguebelle mit zwei Mönchen und einem Jahreseinkommen von 1700 Pfund (1768) nicht möglich, Bauarbeiten, wie sie Clairvaux zum gleichen Zeitpunkt mit 54 Mönchen und einem Jahreseinkommen von 78 700 Pfund ausführte, zu planen. Denn erstens waren Abteien mit solchen Einkünften kreditwürdig, und zweitens konnte Clairvaux jedes Jahr einen Teil seiner riesigen Besitzungen verkaufen. Tatsächlich verfügten nur zwanzig Abteien über die Mittel, größere Bauarbeiten zu planen und auch abzuschließen.

Die Baumeister Die Zisterzienseräbte beschäftigten gute Baumeister: Claude Louis d'Aviler, ein Sohn des großen Theoretikers der klassischen Baukunst, Charles d'Aviler, entwarf Auberive, Molesme und Vauluisant; Jean Aubert, ein Schützling von Jules Hardouin Mansart, der den großen Marstall von Chantilly und wahrscheinlich das Palais Bourbon entworfen hatte, baute den Klosterpalast von Chaalis (1736); Lenoir führte 1770 den Neubau des Nonnenklosters Saint-Antoine-des-Champs durch und begann den Bau des großen Gästehauses von Cîteaux; Louis Lemasson baute zwischen 1785 und 1789 das Klostergebäude von Royaumont. Zuletzt wäre noch die ab 1738 nach dem Entwurf von Raoul Coigniart erneuerte Kirche von Valloires als einzige französische Barockkirche der Zisterzienser zu erwähnen. Sie enthält Gitter- und Kunstschmiedearbeiten des Handwerkers Jean Veyren, Vivarais genannt, sowie kunstvolle Holzarbeiten des österreichischen Bildhauers Simon Pfaff aus Pfaffenhofen.

Clairvaux Im Jahr 1708 war Clairvaux noch eine „mittelalterliche Stadt" mit einer drei Kilometer langen Stadtmauer. Im Laufe der Jahrhunderte waren im „kleinen Clairvaux", dem Bereich der Laienbrüder, und im „oberen Clairvaux", dem Bereich der Chormönche, immer mehr Gebäude hinzugekommen. Als der 1740 gewählte Abt, Pierre Mayeur, sein Kloster der im 18. Jahrhundert üblichen Wohn- und Lebensweise nicht mehr für angemessen hielt, plante er ohne langes Zögern für denselben Standort eine ganz neue Klosteranlage. Die Klosterkirche blieb natürlich bestehen, ebenso das Gebäude der Laienbrüder, das in ein weiträumiges Lager umgewandelt wurde, während alle anderen Bauten abgerissen und nacheinander ersetzt wurden.

Als neuer Mittelpunkt der Anlage wurde die „Große Klausur" geplant. Pierre Mayeur

erlebte zwischen 1753 und 1774 noch die Fertigstellung des Rohbaus ihrer offenen und geschlossenen Abschnitte. Dieses große Gebäude hatte ein bewohnbares Dachgeschoß und im Erdgeschoß einen Kreuzgang mit einem 50 x 50 Meter großen, überdachten Innenhof. Seine südliche Außenfassade maß in der Länge 140 Meter.

Man hat häufig über die Gründe nachgedacht, die diesen Monumentalbau rechtfertigen konnten. Sollte Clairvaux eine Art großes Noviziat für den Gesamtorden werden? Oder war Pierre Mayeur der Versuchung des Gigantismus erlegen? Ganz offensichtlich waren das Refektorium und die Küche im Südflügel des Klosters zu groß, und ihre Vertäfelung und die Stuckmedaillons zeugen von der repräsentativen Funktion, die diesem Bereich zukommen sollte.

Linke Seite oben:
Abtshaus des Klosters Royaumont, Île-de-France, das zwischen Palladio und Boullée seiner Zeit architektonisch voraus war.

Linke Seite unten und links:
Großer Kreuzgang des Klosters Clairvaux III, ein riesiges Palais mit langen Gängen, das jedoch trotzdem in zisterziensischer Strenge gehalten ist. Napoleon baute die Abtei zum Gefängnis um, was sie vor Zerstörung bewahrte. Heute ist dieses nicht mehr genutzte, außergewöhnliche Ensemble von Ranken und Gebüsch überwuchert und wird vielleicht einmal eine der schönsten Ruinen des 21. Jahrhunderts.

Kloster Orval, Belgien – eine allzu monumentale Architektur, die jedoch von der erneuten Präsenz des Zisterzienserordens nach den ordensfeindlichen Bewegungen und Gesetzen der Jahre 1880 bis 1910 zeugt.

KAPITEL XIV

GESTERN, HEUTE UND MORGEN

Nach der Revolution war nichts mehr wie vorher. Die Kirche hatte ihre traditionellen politischen Verbündeten verloren. Ein neu aufkommendes Nationalbewußtsein tat sich außerdem schwer, die Überstaatlichkeit der Kirche und die starke Präsenz religiöser Orden mit eindeutig internationaler Aufgabenstellung innerhalb der einzelnen Länder zu akzeptieren. Aus diesen und anderen Gründen konnte die Wiederbelebung des Zisterzienserordens im 19. Jahrhundert nur auf Einzelinitiativen hin erfolgen, die selbst jahrelang kaum koordiniert waren und die alte Spaltung zwischen den beiden Observanzen beibehielten. Als sich die weißen Mönche Anfang des 20. Jahrhunderts eine neue Verfassung gaben, bezogen sie ihre gesamte Existenzberechtigung aus der Religion, ohne politische oder wirtschaftliche Interessen mitzuverfolgen. Ein Rückblick auf die Ordensgeschichte läßt erkennen, daß damit eine vollkommen neue Situation geschaffen wurde.

NEUNHUNDERT JAHRE CÎTEAUX

An der Schwelle zum 21. Jahrhundert wird der unparteiische Beobachter feststellen, daß die Zisterzienser, obwohl noch in zwei Orden gespalten, der Welt in neuer Einmütigkeit die Regel Benedikts vorleben und ihre Spiritualität eine Tiefe erlangt hat, die der Orden seit den Lebzeiten seiner Stifter nicht mehr kannte. Fortan sind die Zisterzienser auch auf allen Kontinenten vertreten (Himmerod hat Niederlassungen in Brasilien gegründet, Schlierbach in den Vereinigten Staaten, Lérins in Indochina usw.).

Dennoch müssen sich die weißen Mönche heute, wie andere monastische Einrichtungen und die Weltkirche, mit einem starken Mitgliederrückgang abfinden, nachdem sie im Anschluß an den 2. Weltkrieg einen relativen Aufschwung verbuchen konnten. Eine Überalterung der Gemeinschaften belastet überdies die Dynamik des Klosterlebens.

Die Wiederbelebung des Ordens schloß auch das erneute Streben nach Autarkie, wie die *Regel* sie vorsieht, ein. Noch heute leben die Zisterzienser von ihrer Arbeit, z. B. in Acey von ihrer Industrie, in Cîteaux von der Käseherstellung, in Aiguebelle vom Branntweinbrennen und in Orval vom Bierbrauen. In der Fortführung dieser in Arbeitsteilung funktionierenden Unternehmen bleiben sie dem Geist der ersten Zisterzienser treu, deren Verdienst einst die Nutzbarmachung ländlicher Gebiete gewesen war.

Dennoch machen sich die Zisterzienser auch Gedanken über ihre Zukunft. Der Abt von La Trappe faßt diese in seinem kürzlich erschienenen Buch folgendermaßen zusammen: „Unsere Generation hat sich sehr stark für das Gelingen einer grundlegenden Erneuerung eingesetzt, ein *aggiornamento* im Anschluß an die Beschlüsse des 2. Vatikanischen Konzils. Welche Aufgaben erwarten jene, die wir ausgebildet haben und die morgen die Fackel übernehmen? ... Das Naheliegendste wäre, die Größe der Gemeinschaften zu senken ... und die für größere Gruppen geplanten Räumlichkeiten zu verkleinern. Denn keiner Gemeinschaft ist die Unsterblichkeit garantiert ... Unsere Nachfolger werden weiter schauen können als wir, wie die Apostel

auf den Kirchenfenstern in Chartres, die von den Schultern der Propheten aus in die Ferne blicken und sehen, was den Augen ihrer Vorgänger verborgen blieb." (Marie Gérard Dubois, *Le bonheur de Dieu, souvenirs et reflexions du Père abbé de la Trappe*)

DER KULTURELLE NACHLASS

Alte Zisterzienserabteien, in denen das Klosterleben neu aufgeblüht ist, sind heute selten. In der Französischen Revolution dienten viele Klosteranlagen als Steinbrüche für Bauunternehmungen in den benachbarten Städten. In anderen siedelten sich Betriebe (Fontenay wurde zur Papierfabrik) oder öffentliche Einrichtungen (Clairvaux wurde zum Gefängnis) an, was sie wenigstens vor dem Untergang bewahrte. Von anderen (z. B. Signy) findet man keine Spuren mehr. Und schließlich gibt es noch all jene, von deren einstiger Existenz noch umfangreiche Gebäudereste künden.

Im 19. Jahrhundert begannen zunächst die Historiker der umliegenden Akademien durch Veröffentlichungen von Monographien ihr Interesse an diesen Stätten der Vergangenheit zu bekunden, bevor die Zisterzienser im Zuge einer allgemeinen Erforschung des Mittelalters zu einem wichtigen Studieninhalt wurden.

Gleichzeitig hat sich der Klostertourismus entwickelt, denn viele alte Niederlassungen wurden durch den Einsatz ihrer heutigen (öffentlichen oder privaten) Eigentümer, die sich von der „Ausstrahlung des Ortes" vereinnahmen ließen, neu zur Geltung gebracht. Die

Oben:

Die Benediktinerabtei Maredsous, Belgien, ein Meisterwerk der belgischen Neugotik, wurde im Geiste Viollet-le-Ducs nach dem bernhardinischen Plan und dem Vorbild des Klosters Villers-la-Ville erbaut.

Oben rechts:

Besucherzentrum des Klosters Fountains, England.

teten, psalmodierten, bauten und die gedämpfte Atmosphäre von heute eine Mystifizierung des Klosterlebens darstellt. Die Klöster, die heute z. B. als Hotels, Altersheime, Kulturzentren usw. genutzt werden, haben sich dagegen eine Lebendigkeit erhalten, die der gebotenen Achtung gegenüber dem Erbe vergangener Generationen nicht entgegensteht.

Die Engländer haben sich zu Experten der Ruinengestaltung entwickelt und stellen dekorativ mit Efeu berankte Säulenstümpfe und von leeren Fenstern durchbrochene Mauerreste wie pittoreske Riesenskulpturen auf weiten Wiesen aus. Fountains zählt jährlich 300 000 Besucher und die französischen Klöster über zwei Millionen. An diesen beliebten touristischen Zielen sind es paradoxerweise eher die Fremdenführer als die dem frommen Leben geweihten Mönche, welche die Fragen der Besucherströme über das Klosterleben und die Spiritualität der Zisterzienser beantworten. Die Wege, die sich eine Kultur sucht, um fortzubestehen, sind manchmal unergründlich.

Noch heute hat der Idealplan beim Entwurf der Klosteranlagen seine Gültigkeit behalten.

auf wundersame Weise vollständig erhaltenen Klöster, die unter der Aufsicht des Amtes für Denkmalschutz oder der entsprechenden Behörden ihrer jeweiligen Heimat sorgfältig restauriert wurden, wirken wie Museen und lassen daher manchmal vergessen, daß die Mönche an diesen Orten arbei-

Neue, im 19. Jahrhundert entstandene Gemeinschaften, die keine historische Abtei übernehmen konnten, folgten beim Bau ihrer Anlagen ganz selbstverständlich diesem Muster.

Auch berühmte Architekten ließen sich von der zisterziensischen Klosterarchitektur inspirieren. Als die belgischen Benediktiner von Maredsous im Jahr 1872 dem Baumeister Béthune den Auftrag erteilten, ihnen ein neues Kloster im „neugotischen" Stil zu erbauen, wählte der Architekt die alte Zisterzienserabtei Villers-la-Ville in Brabant als Vorbild für seinen Entwurf. Sogar Le Corbusier schuf einen Entwurf nach zisterziensischem Muster, als die Dominikaner ihn 1952 baten, ihnen ein Kloster in La Tourette bei Lyon zu bauen – allerdings wäre für die Aufgaben dieser weltzugewandten Predigermönche sicher eine andere Anlage angemessener gewesen.

Dieses Fortleben der zisterziensischen Klosterarchitektur, die zum Symbol einer gelebten menschlichen Erfahrung geworden ist, beweist, daß uns die Zisterzienser und ihre überall in Europa errichteten Klöster ein unzerstörbares kulturelles Erbe hinterlassen haben.

Links:

Abtei Fountains, England – ein Ruinengarten.

Unten links und rechts:

Dominikanerkloster La Tourette, eine Referenz Le Corbusiers an die Architektur der Zisterzienser.

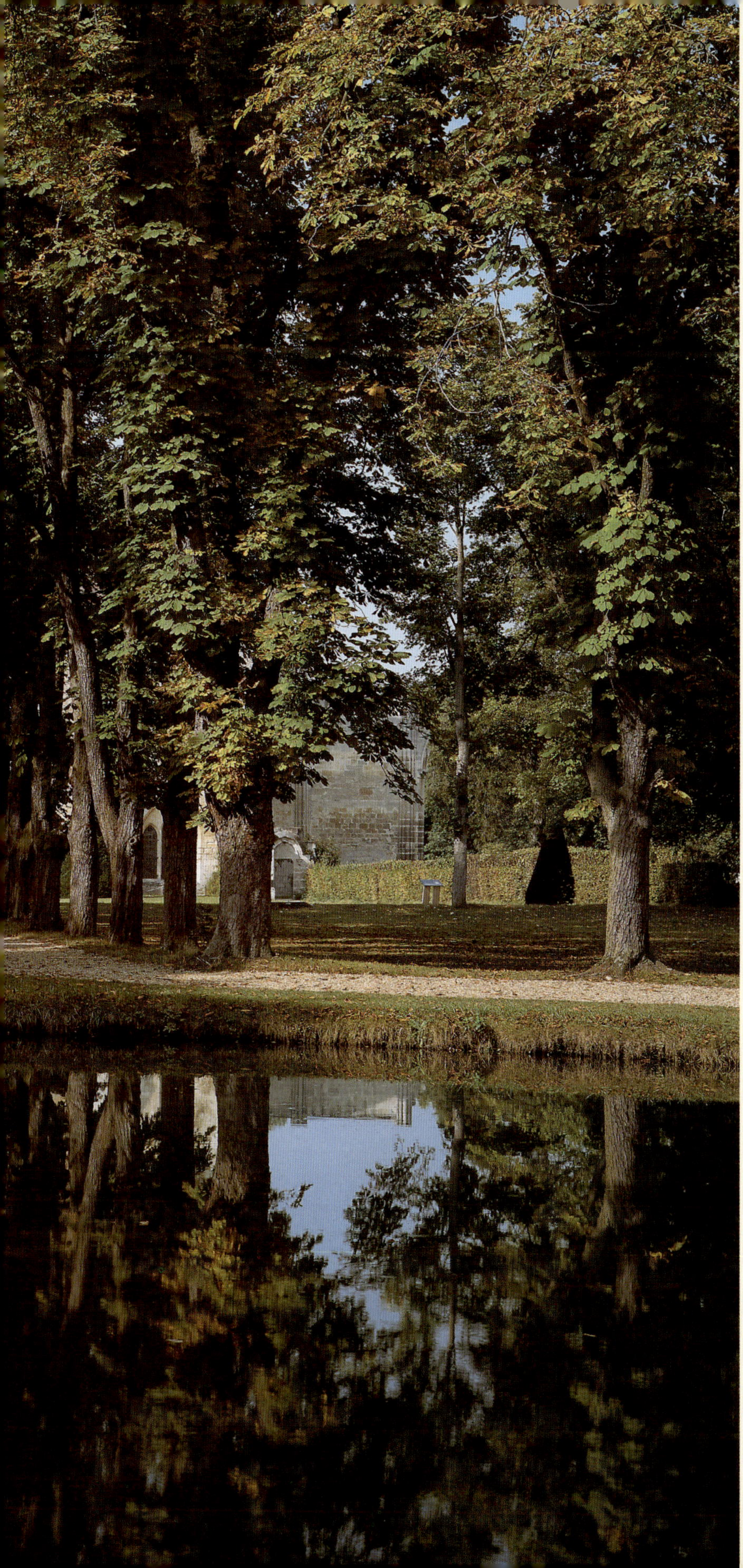

ZWEITER TEIL

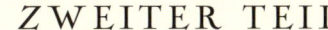

DIE ZISTERZIENSER IN EUROPA

ACEY

Aceyum

Gemeinde Vitreux (bei Gray), Département Jura,

Region Franche-Comté, Frankreich

Gründung: 1136 durch Cherlieu (Filiation von

Clairvaux)

Schließung: 1791 (Französische Revolution)

heute: Trappistenkloster

Kloster Notre-Dame d'Acey liegt abgeschieden in einem weiten, fruchtbaren Tal am Ufer des Ognon in der Franche-Comté. Die Mönche, die 1937 in das Kloster zurückgekehrt sind, betreiben traditionsgemäß neben ihrem Obst- und Gemüsegarten auch Viehzucht, was aber nicht ausreicht, dem Kloster die Autarkie zu sichern, die die Benediktsregel verlangt. Die meisten Zisterzienser- und Trappistenklöster führen daher Handwerksbetriebe (Töpfereien, Destillerien, Käsereien, Brauereien), in denen Produkte, die traditionell mit dem Bild des Mönchs als Bewahrer alter ökologischer Rezepte verknüpft sind, hergestellt werden, und nutzen damit geschickt eine „Marktlücke". Acey aber betreibt seit über dreißig Jahren ein Industrieunternehmen, das voll und ganz in die Mechanismen der modernen Wirtschaft integriert ist: „Die EAA (Electrolyse Abbaye d'Acey) ist ein mittelständisches Unternehmen, das als Zulieferer für die Automobil-, Elektro-, Elektronik- und Flugzeugindustrie arbeitet. Es befaßt sich mit der Oberflächenveredelung von Metallteilen durch Elektrolyse."

Die EAA beschäftigt zwanzig Mitarbeiter, die pro Woche zwei Schichten à 35 Stunden arbeiten, sowie Mönche, die zwischen den Stundengebeten mit variablen Arbeitszeiten eingesetzt werden. So wird eine maximale Flexibilität der Produktion gewährleistet. Präsident und Generaldirektor ist ein Mönch, der der geistigen Autorität des Vaterabtes unterstellt ist, aus kaufmännischer Sicht aber einem Firmenchef gleichkommt. In Acey wird der Versuch unternommen, die widersprüchlichen Anforderungen einerseits des Wirtschaftsbetriebes, der pünktlich liefern muß

und zugleich hohe soziale Ansprüche vertritt, und andererseits des Klosterlebens, das den Geist und einen Großteil der Zeit der Mönche in Anspruch nimmt, miteinander in Einklang zu bringen. Ohne Zweifel wird hier die Tauglichkeit monastischer Askese in unserer modernen Welt und zugleich deren Kehrbild, nämlich die Vereinbarkeit der Moderne mit dem monastischen Wertesystem, das dieser Askese zugrunde liegt, auf die Probe gestellt.

Im Laufe der Jahrhunderte sind viele Gebäude des Klosters zerstört worden, so daß längst nicht mehr der gesamte Betrieb in historischen Werkstätten untergebracht ist.

Die Kirche (1168–1260) ist jedoch erhalten geblieben. Die Gewölbe des Mittelschiffes, die seit dem 17. Jahrhundert auf einer Länge von sechs Jochen eingestürzt waren, hat man durch eine Bogenkonstruktion aus Stahlbeton ersetzt. So tritt man heute in einen großen Narthex, bevor man in die Klosterkirche mit dem Grundriß in Form eines griechischen Kreuzes kommt, die eine ansprechende Strenge ausstrahlt. Niedrige Seitenschiffe mit Kreuzgratgewölben, Rundbogenfenster sowie Apsiden und Apsidialkapellen mit gerader Stirnwand zeugen von meisterhafter romanischer Architektur. Doch die gesamte Deckenkonstruktion ist gotisch und überspannt in zwanzig Metern Höhe die dreizonig gegliederten Wände: Spitzbogenarkaden, eine schlichte Mauer mit Gesims und einen Obergaden mit vielen kleinen Fenstern, die den Innenraum sehr hell machen. Die Verglasung verstärkt die moderne Note dieses Klosters, in das die Gegenwart nicht nur in Form des Wirtschaftsunternehmens, sondern auch in der Wirkung dieser Kirche Einzug gehalten hat.

Blick aus dem südlichen Kreuzarm in die beiden Joche des Mittelschiffes, die nach dem großen Brand, der die Abtei 1683 verwüstete, von der Kirche des 12. Jahrhunderts erhalten geblieben sind. An die Nordseite schließen sich die im 18. Jahrhundert wieder aufgebauten Konventsgebäude an.

ALCOBAÇA

S. Maria de Alcobaça
Gemeinde Alcobaça, Distrikt Leiria, Region Estre-
madura, Portugal
Gründung: 1153 durch Clairvaux
Schließung: 1834
heute: Pfarrkirche, Krankenhaus, kommunaler
Sozialdienst

Alcobaça, das letzte Tochterkloster von Clairvaux, das noch zu Lebzeiten Bernhards entstand, erhielt seine Gründungscharta am 8. April 1153. Als westlichstes Zisterzienserkloster auf dem Kontinent siedelte es sich am Zusammenfluß der Flüsse Alcoa und Baça an, wo der erste König von Portugal, Alfonso Henriques, dem Orden Land geschenkt hatte. Der Legende nach wollte er damit dem Himmel für seinen Sieg 1147 bei Santarém gegen die Mauren danken. „Die Wirklichkeit ist einfacher und schöner. Die Schenkung des kürzlich von den Mauren eroberten Territoriums an Clairvaux hatte aufgrund des Einflusses und der Macht des heiligen Bernhard eine politische Bedeutung. Das entstehende Portugal, in dem kaum eine Million Menschen lebten, wandte sich an eine der wichtigsten kulturellen Kräfte seiner Zeit und bestätigte damit seinen Glauben an die Zukunft." (Dom Maur Cocheril).

Die Mauren kehrten 1195 zurück, plünderten die Abtei und töteten einige Mönche, doch die Arbeiten, die Baumeister aus Clairvaux begonnen hatten, wurden an den Klostergebäuden bis 1223, an der Kirche bis 1252 und am gotischen Kreuzgang bis ins 14. Jahrhundert fortgesetzt. Gleichzeitig machten die Mönche das entvölkerte und durch die Eroberungsfeldzüge verwüstete Land wieder urbar. Die Ländereien, die unter anderem dem Getreide-, Wein- und Olivenanbau dienten, erstreckten sich über annähernd 44 000 Hektar vom Atlantik im Westen bis zur Serra dos Canduiros im Osten. Sehr bald richteten die Mönche Schmieden ein, betrieben Bergwerke und sogar Salinen. Das Salz exportierten sie auf Schiffen, die der Abtei gehörten. Sie leg-

ten Sümpfe trocken, um Land zu gewinnen, und bauten ein Straßennetz, das die Bildung von Siedlungszentren ermöglichte. Die Zisterzienser von Alcobaça griffen erheblich in die Raumordnung ihrer Umgebung ein: Sie schufen Landwirtschaftsschulen, eine Apotheke, eine Druckerei und waren sogar an der Gründung der Universität Lissabon beteiligt. Die Äbte betrieben auch die Gründung der beiden portugiesischen Ritterorden, des Christusordens (Gründung 1317/18 durch Dionys von Portugal) und des Avisordens (Gründung 1145 durch Alfons I.), deren selbstgestellte Aufgabe der Kampf gegen die Mauren war. Sie hatten einen Sitz im Cortes, der Versammlung der Landstände, und gehörten dem königlichen Rat an.

So viel Erfolg und Macht mußte zwangsläufig Begehrlichkeiten wecken und zu Intrigen führen. Im Streit mit Cîteaux und Rom gründete Alcobaça eine autonome portugiesische Kongregation. Als die Abtei aber in die Hand von Kommendeäbten fiel, war der Niedergang nicht mehr aufzuhalten, besonders als der Abt 1475 das Kloster an den Erzbischof von Lissabon verkaufte.

Im Jahr 1755 hatte das Kloster unter dem großen Erdbeben, 1772 unter schweren Überschwemmungen und 1811 unter Plünderungen durch die französische Armee zu leiden; 1833 plünderten der Pöbel und danach die Truppen des „Bürgerkönigs" Louis Philippe die Abtei, die nur eine rasche Annexion durch den Staat vor der Zerstörung bewahren konnte. Die Restaurierung begann unmittelbar danach. Heute ist das Kloster von der UNESCO als Weltkulturerbe eingestuft und beherbergt zudem ein Krankenhaus.

Tritt man durch das Portal der prunkvollen Barockfassade in die Kirche, wird man von der Majestät und Strenge des Mittelschiffs (mit einer Länge von 106 Metern und einer Höhe von 20 Metern) eingenommen. Zum Chor führt ein Weg, der – wie ein Königsweg – in dichter Folge von Pfeilern mit abgekragten Wandvorlagen gesäumt wird. Die großen Fenster der halbrunden, neunjochigen Apsis tauchen ihn in helles Licht. Abgesehen von den Seitenschiffen, die fast ebenso hoch sind wie das Mittelschiff, gleicht diese Kirche der zweiten Kirche von Clairvaux II: der gleiche Grundriß, die gleichen Abmessungen sowie die gleiche Farbe des Kalksteins. Im Laufe der Jahrhunderte hat sich die Kirche kaum verändert. König Pedro I. und Inès de Castro, die „tote Königin", wurden hier beigesetzt. Die Sarkophage sind bedeutende Werke der westlichen Grabkunst (1361). Das gleiche gilt für die Figurengruppe zum Tode des heiligen Bernhard (1687–1705) in der Kapelle des südlichen Kreuzarmflügels, die dem Vaterabt geweiht ist. Jenseits der südlichen Kreuzarmmauer befindet sich die *Sala dos Túmulos*, die königliche Grabkapelle, die den Stil des 13. Jahrhunderts nachbildet. Eine neue Sakristei (1760) in manuelinischer Gotik, die durch eines der Joche des Chorumgangs zu erreichen ist, enthält eine Reliquienkapelle mit vergoldeten Wänden und Barockstatuen.

Der Kreuzgang (mit einer Seitenlänge von fast 50 Metern) gehört zu den größten, die die Zisterzienser je gebaut haben. Seine Kreuzrippengewölbe ruhen auf Konsolen mit fünf Kapitellen; zum Paradieshof hin öffnet er sich mit großen Rundbögen auf Doppelsäulen, deren Tympanon je einen Okulus aufweist. Eine große Treppe führt in den Wandelgang im ersten Stock (1484). Durch die weiten Korbbogenöffnungen konnte man früher die ersten Orangenbäume bewundern, die je in Portugal gepflanzt wurden. Vom Kreuzgang aus springt das Brunnenhaus in den Paradiesgarten vor.

Über die Kreuzgangflügel gelangt man nacheinander in den Kapitelsaal, den Saal der Mönche (Skriptorium), das Refektorium und über die Tagestreppe ins Dormitorium der Mönche. All diese Räume sind wie dreischiffige Kirchen gestaltet, mit Kreuzrippengewölben einer noch gemäßigten Gotik.

Die Küche mutet geradezu modern an mit ihrem riesigen zentralen Kamin und dem Flußwasserkanal. An der Stelle des früheren Konversentrakts befinden sich der Königssaal und der Aktensaal, in dem heute eine Behörde untergebracht ist; die beiden folgenden Kreuzgänge mit ihren Werkstätten und der Bibliothek dienen heute als Werkstätten des riesigen Hospizes, das in den ehemaligen Wirtschaftsgebäuden der Abtei untergebracht ist.

Sechs Kilometer von Alcobaça entfernt steht die alte Kirche des Zisterzienserinnenklosters Santa Maria de Cos. Diese Grangie des Klosters wurde im 16. Jahrhundert in ein Nonnenkloster verwandelt, das bis 1834 bestand. Die Kirche besitzt einen barocken Altaraufsatz aus vergoldetem Holz. Die Mauern des Mittelschiffes und der Sakristei sind vollständig mit Wandkacheln aus dem 17. Jahrhundert bedeckt, die zehn Szenen aus dem Leben Bernhards von Clairvaux zeigen. Eine unvergleichliche Kostbarkeit stellt die Gewölbedecke der Kirche dar, die aus vierundzwanzig Holzkassetten (2,60 mal 1,60 Meter) in fünf Stufen besteht. Sie ist vollständig ausgemalt und zeigt unter anderem Heilige der Benediktiner und Zisterzienser.

Vorhergehende Seite:
Blick vom Chorumgang in das südliche Seitenschiff, dessen Enge darauf verweist, daß die zisterziensische Liturgie im Gegensatz zur cluniazensischen keine Prozessionen vorsah. Die Seitenschiffe dienten in erster Linie als Widerlager des Mittelschiffes.

Rechte Seite:
Der Überlieferung nach ist dieses majestätische Mittelschiff dem Mönch Didier aus Clairvaux zu verdanken.

Oben:
Brunnenhaus mit Brunnen.

Links:
Das Dormitorium der Mönche, das wie in Clairvaux dreischiffig ist.

Oben links:
*Giebel des südlichen
Kreuzarmes (große
Fensterrose) und seines
Seitenschiffes.*

Oben rechts:
*Detailansicht der Fassade
von Joao Turriano
(1725), die um das
schöne Portal aus dem
13. Jahrhundert errichtet
wurde.*

Rechts:
*Der „Kreuzgang des
Schweigens" aus dem
14. Jahrhundert mit dem
Wandelgang von 1484.*

Links:
Tür der Sakristei: das schönste Beispiel manu-elinischer Gotik mit einem Baum, der vom königlichen Wappen gekrönt wird.

Folgende Doppelseite:
Der Saal der Mönche, der sich mit insgesamt fünf Stufen dem Gefälle des Geländes anpaßt.

BEBENHAUSEN

In Bebenhausen bewahrheitet es sich, daß Mönche im allgemeinen und die Zisterzienser im besonderen eifrige Bauherrn waren. Die Geschichte der um 1183 durch Prämonstratenser gegründeten Abtei, die am Zusammenfluß von Seebach und Goldersbach im Wald von Schönbuch liegt, ist eine einzige Abfolge von Bautätigkeiten. Die Zisterzienser übernahmen diese Niederlassung 1190 und weihten bereits 1228 die romanische Abteikirche, eine Basilika mit rechteckigem Chor und flacher Holzdecke.

Der ebenfalls noch romanische Mönchstrakt wurde 1250 fertiggestellt; eine große Klostermauer, die die Wirtschaftsgebäude einschloß, wurde 1303 beendet. Um 1335 bauten Steinmetze, die zuvor am Kloster Salem gearbeitet hatten, das schöne Refektori-

um, das Brunnenhaus und den Brunnen nach den neuen Stilvorgaben der Spätgotik; zu Beginn des folgenden Jahrhunderts erhielt das Kloster einen neuen Glockenturm (1409). Im Laufe der nächsten beiden Jahrhunderte veränderte man die Abtei vollständig, baute den Kreuzgang um, verwandelte das alte Refektorium der Konversen in ein beheizbares Winterrefektorium, richtete im Dormitorium der Mönche Zellen ein und baute ein Gästehaus.

Nach der Reformation, die die Aufhebung des Klosters mit sich brachte, dienten die Gebäude unterschiedlichen Zwecken, bis 1806 als evangelische Klosterschule, im 19. Jahrhundert als Jagdschloß des Königs von Württemberg und nach dem Zweiten Weltkrieg als Sitz des Parlaments von Württemberg-Hohenzollern.

Bebenhausa
Gemeinde Tübingen, Baden-Württemberg,
Deutschland
Gründung: 1190 durch Schönau (Filiation von
Clairvaux)
Schließung: 1560 (Reformation)
heute: Museum

Linke Seite:
*Südflügel des Kreuzgangs
mit Fachwerkaufbau, der
auch das Brunnenhaus
bedeckt.*

Oben:
*Blick in das Netzgewölbe
im Ostflügel des Kreuz-
gangs vor dem Eingang
zum Kapitelsaal
(15. Jahrhundert).*

Dorf und Kloster stehen seit 1975 als Baudenkmal zu Recht unter Ensembleschutz. Die Fachwerkhäuser, die großen Ziegeldächer und die gepflegten, weiß verputzten Mauern verleihen der Anlage sehr viel Atmosphäre. Bei einem Spaziergang durch die Obstwiesen, die die Anlage prägen, kann man sich über die verschachtelte Anordnung der Klostergebäude inmitten des kleinen Markt-

fleckens klar werden. Der Glockenturm und die Fenster im Chor sind Meisterwerke.

Man muß erst um das Klostergeviert herumgehen, um sich von der Perfektion der Räume beeindrucken zu lassen, die ins Innere der Abtei führen. Bogendurchgänge und kleine, gepflasterte Höfe bieten bereits Schutz vor der Außenwelt, von der der Kreuzgang wie völlig abgeschnitten wirkt.

Das elegante Brunnenhaus, das florale Dekor des Sommerrefektoriums, die kunstvollen Netzgewölbe des Kreuzgangs, die erlesenen Kapitelle in Mönchssaal und Kapitelsaal – all dieses Raffinement ist bereits ein Vorbote barocker Zisterzienserabteien Mitteleuropas. Jedoch ist auch hier die eigentliche Struktur des bernhardinischen Plans nicht verlorengegangen.

Oben links:
Nordflügel des Kreuzgangs mit der durchgehenden (bei schönem Wetter sonnenbeschiene- *nen) Bank für die* lectio divina. *Ebenso wie das* opus dei, *das der Mönch bei der Teilnahme an den Stundengebeten* erfüllt, dient auch die lectio divina *seiner Heiligung und der Verherrlichung Gottes.*

Oben rechts:
Rekonstruktion einer Mönchszelle aus dem 18. Jahrhundert. Solche Zellen, die oft wie kleine *Wohnungen aussahen, ersetzten in allen Klöstern nach und nach die Schlafsäle.*

Links:
*Fresko von 1409 an der
Nordwand des Sanktua-
riums: Abt Peter von
Gomaringen reicht der
Mutter Gottes den neuen
Glockenturm (1407–1409,
s. Abb. S. 150).*

Oben:
*Sonnenuhr auf einem
Strebepfeiler am süd-
lichen Chorabschluß der
Kirche.*

153

BECTIVE

Mainistir Bleighti/Beatitudo Dei
Gemeinde Trim, County Meath, Republik Irland
Gründung: 1150 durch Mellifont (Filiation von Clairvaux)
Schließung: 1526 (durch Aufhebungsakte)
heute: Ruine

Ein mächtiger alter Baum beherrscht heute die äußerst imposanten Ruinen von Bective am Ufer des Knightsbrook. Die Zisterzienser haben uns eine sehr schöne Brücke hinterlassen, über die man das Kloster erreicht.

Dieses erste Tochterkloster von Mellifont wurde ebenso wie die übrigen Tochterklöster durch Murchad O'Melaghin Sheachlainn, den König dieser Provinz, gegründet. Als Heinrich II. von England in dem Bestreben, das Angevinische Reich weiter auszudehnen, 1171 mit einer Armee nach Irland übersetzte, leistete er keinen Widerstand. Hugh de Lacy, dem die Verwaltung von Meath oblag, wurde sogar in der Klosterkirche beigesetzt, nachdem der König von England ihn beschuldigt hatte, daß er sich seines Throns bemächtigen wollte (1195). Als Bective 1228 als Festung anerkannt wurde, umgab man das Kloster mit gewaltigen Mauern und Türmen, von denen zwei erhalten sind. Der Turm über der Vierung allerdings (auf dessen Existenz man aus den verstärkten Bögen des südlichen Kreuzarmes schließen kann) ist mit dem Langhaus nach der Aufhebung des Klosters verschwunden, als die späteren Besitzer die Gebäude als Steinbruch nutzten. Der Kapitelsaal mit seinem einzigen Fenster in Form einer Schießscharte bildet eine äußerst passende Kasematte! Die Zitadelle des Glaubens und die militärische Festung sind von gleicher baulicher Strenge. Die Erbauer der Kreuzfahrerfestungen in Syrien haben ebenso wie die der Festungen im europäischen Abendland jene schmucklose Architektur verewigt, die Sébastien le Prestre de Vauban, der Festungsbaumeister Ludwigs XIV., noch im 17. Jahrhundert verherrlichen sollte.

Linke Seite,
oben und unten:
Kreuzgangarkaden, in
denen wie in Jerpoint in-
nerhalb des Doppels
Säulen und Skulpturen
stehen.

Oben:
Kreuzgang und befestig-
ter Turm über dem Saal
der Mönche. Nach 1537
versuchten die neuen Be-
sitzer diesen Teil des
Klosters in ein Herren-
haus im Tudorstil umzu-
bauen.

BOYLE

Mainistir an Buille
Gemeinde Boyle, County Roscommon,
Republik Irland
Gründung: 1148 durch Mellifont (Filiation von
Clairvaux)
Schließung: 1584
heute: Ruine

Boyle hatte zahlreiche Ortswechsel hinter sich, als es schließlich seinen endgültigen Standort einnahm. Gegründet wurde das Kloster durch Mellifont zunächst in Grelaedinach (1148) an einem Ort namens Ath-da-Larc, wo bereits ein sehr altes Kloster existierte, dann siedelte es um nach Dwinconald (1156), von dort nach Bunfinne (1159) und nach Boyle (1161), zwei Meilen vom berühmten Lough Key Forest entfernt.

Eine Reihe von Angriffen und Schicksalsschlägen machten das Kloster zur Ruine. Schon im 13. Jahrhundert griffen englische Truppen das Kloster an (1202 und 1235). Der letzte Abt starb 1584 den Märtyrertod. Selbst nach der Aufhebung des Klosters stand es noch im Mittelpunkt heftiger Kämpfe, als Cromwell es 1645 belagerte!

Dennoch ist die Kirche auch heute noch von einigem Interesse. Das tonnengewölbte Sanktuarium, der Chor, das Querschiff und die fünf ersten Joche des Mittelschiffes stammen aus der Gründungszeit des Klosters und sind romanisch. Der Rest der Kirche entstand im 13. Jahrhundert unter dem Einfluß der aufkommenden Gotik. Die Säulen mit verzierten Kapitellen – ein Werk des Meisters von Ballintober, der von 1216 bis 1225 hier arbeitete – sind von einer imposanten Kraft, die sich jedem stilistischen Kommentar entzieht.

In Boyle feiert die Dekoration, wie sie sich sonst in Benediktinerkirchen findet, Triumphe, sei es nun in den nichtfigürlichen (Blattwerk) oder den figürlichen (besonders tierischen) Ornamentmotiven der Kapitelle.

Links:
Kapitell des Meisters von Ballintober an einem Pfeiler am Westende des Mittelschiffs.

Linke Seite, oben:
Säule des Mittelschiffs.

Linke Seite, unten:
Nordwand des Mittelschiffs.

BUILDWAS

Bildewasium
Gemeinde Shrewsbury, County Shropshire, England
Gründung: 1135 durch Savigny (Zisterzienserkloster seit 1147, Filiation von Clairvaux)
Schließung: 1536 (durch Aufhebungsakte)
heute: Ruine

Das Kloster Buildwas im schönen Tal des Severn liegt heute in der Nähe eines vor einigen Jahren errichteten Atomkraftwerks, das jene „Einöde", die die Zisterzienser einst anlockte, infrastrukturell erschlossen und belebt hat.

Als die normannische Abtei Savigny, der Bitte einer Gruppe ortsansässiger Adeliger und des englischen Königs, Stephan I., folgend, 1135 in Shropshire das Tochterkloster Buildwas gründete, gehörten die Mönche noch nicht dem Zisterzienserorden an. Erst als Savigny sich 1147 Clairvaux anschloß, übernahmen alle Mönche dieser Kongregation die weiße Kutte der Zisterzienser.

Im Gegensatz zu den meisten Zisterzienserklöstern breitete Buildwas sich nicht sonderlich aus. Die Abtei gründete weder Tochterklöster noch Grangien und beschränkte sich auf die Gebäude, die der kleine Konvent benötigte. Sie begnügte sich mit den Einnahmen, die sie durch den Zoll an der Brücke über den Severn hatte.

Doch auch ein einsames und bescheidenes Leben schützt nicht vor Schwierigkeiten. 1342 ermordete ein Mönch den Abt, 1377 focht das benachbarte Kloster die Abgaben an, die es Buildwas schuldete, und 1406 verwüsteten Räuberbanden die Abtei. 1536, als nur noch zwölf Mönche im Kloster lebten, wurde es per Dekret aufgehoben, und seine Güter fielen an die Krone.

Anhand der imposanten Ruinen kann man auch hier den bernhardinischen Plan nachvollziehen. Die Kirche weist den gleichen Grundriß auf wie die Kirche von Fontenay: ein kleines Sanktuarium mit geradem Abschluß und drei Fenstern, ein Querschiff mit zwei Seitenkapellen, ein siebenjochiges Mittelschiff mit sehr schmalen Seitenschiffen. Weniger traditionell sind die soliden Pfeiler des Mittelschiffes, die in vielen englischen Kirchen – und nicht nur zisterziensischen – vom Ende des 12. Jahrhunderts zu finden sind (man denke nur an Fountains oder Southwell). Mittelschiff, Querschiff und Seitenschiffe waren früher holzgedeckt, sind aber heute ohne Dach.

Trotz des Verbots des Generalkapitels bauten die englischen Zisterzienser in fast all ihren Klöstern beachtliche steinerne Türme, meist über der Vierung, was voraussetzte, daß Mittelschiff, Kreuzarmflügel und Chor die gleiche Höhe hatten. In Buildwas spiegelt der gut erhaltene Turm, niedrig und breit, die solide Ruhe der klösterlichen Gemeinschaft wider.

Da das Kloster am Hang liegt, führen fünf Stufen durch einen Rundbogen mit dreifachem Stufenportal, flankiert von zwei einfachen Fensteröffnungen, in den Kapitelsaal hinunter. Das erhaltene Kreuzrippengewölbe wird von Rippen getragen, die auf Konsolen und vier (zwei achteckigen und zwei runden) Stützen mit Blattkapitellen ruhen. Das angrenzende Sprechzimmer überspannt ebenfalls ein zweijochiges Kreuzrippengewölbe.

Die übrigen Gebäude sind alle zerstört bis auf das ehemalige Spital östlich des Klausurvierecks, das nach der Aufhebung des Klosters in ein Wohnhaus umgebaut wurde und heute den Angestellten der großen benachbarten Fabrik als „Clubhaus" dient.

Oben links:
Vierung der Klosterkirche.

Oben rechts:
*Blick aus den Ruinen
des Konversenhauses in
den Paradiesgarten, im
Hintergrund der Kapitel-
saal.*

Links:
*Blick in das Kreuzrippen-
gewölbe des Kapitelsaals.*

BYLAND

Bellalanda
Gemeinde Byland, County North Yorkshire,
England
Gründung: 1134 durch Furness (Zisterzienserkloster
seit 1147 durch Savigny, Filiation von Clairvaux)
Schließung: 1539 (durch Aufhebungsakte)
heute: English Heritage

Wenn der Standort eines neuen Klosters sich als ungeeignet erwies, zögerten die Zisterzienser nicht, es zu verlegen. Die Gründer von Byland halten sicher den Rekord an Umsiedlungen. Mönche aus Furness (Orden Savigny) siedelten sich 1134 in Caldra an; 1138 zogen sie um nach Old Byland, das allerdings zu nah bei Rievaulx lag, um Konflikte zu vermeiden. Daher suchten die Mönche einen anderen Ort und ließen sich 1147 provisorisch in Stocking nieder. Den endgültigen Standort Byland fanden sie erst 1177.

Als während der Blütezeit der Zisterzienserabteien in Yorkshire zu Beginn des 13. Jahrhunderts die Kirchen von Rievaulx und Fountains entstanden, ersetzte man auch in Byland die erste Kirche durch einen großen Neubau. Anhand der schönen Ruinen läßt sich heute der Grundriß einer hundert Meter langen Kirche rekonstruieren, die Marcel Aubert mit dem berühmten Grundriß von Villard de Honnecourt vergleicht, bei dem ein Seitenumgang Mittelschiff, Querschiff und den tiefen, rechteckigen Chor umgibt. Diese Zisterzienserkirche muß für eine große Anzahl von Mönchen gebaut worden sein, da sich an Ost- und Westwand der Kreuzarmflügel Reste von Seitenaltären finden.

Das Prunkstück von Byland ist die Westfassade. „Ein schönes Portal mit Kleeblattbogen und vier Stufungen, die von kleinen Säulen getragen werden; eine Rundbogentür führt jeweils in die Seitenschiffe. Über dem Portal ist oberhalb einer Reihe von drei hohen, schmalen Spitzbogenfenstern eine riesige Fensterrose, die die gesamte Breite der Fassade zwischen den Strebepfeilern einnimmt; allerdings ist von ihr nur der untere Teil er-

halten, und vom Maßwerk fehlt jede Spur" (Anselme Dimier).

An der Vierung und auch an anderen Stellen finden sich die schönsten Bodenfliesen, die England zu bieten hat.

Auch die Überreste der Konversengasse sind sehr beeindruckend. Dieser Gang, der in den hinteren Teil der Kirche führte, hat fünfunddreißig kleine Nischen, in denen die Konversen möglicherweise ihre Arbeitskleidung unterbrachten, bevor sie zum Offizium gingen.

Linke Seite:
Die beiden majestätischen Pfeiler des Kapitelsaals.

Oben links:
Die Fassade der Klosterkirche von Byland. Der Okulus über den drei Fenstern, von dem nur der untere Teil erhalten ist, gehört zu den charakteristischen Merkmalen zisterziensischer Kirchenbaus.

Oben rechts,
von oben nach unten:
Grabplatte eines Abtes.
Werkzeichen an einem Füllstein.
Bodenfliesen der Kirche.

161

CASAMARI

Casa Marii
Gemeinde Veroli, Region Südlatium, Italien
Gründung: 1140 durch Clairvaux
heute: Zisterzienserkloster und Kongregations-
leitung (seit 1929)

Es gab kaum eine abgelegenere Gegend als die Berge Latiums zwischen Rom und Neapel, als die weißen Mönche hier Casamari im reinsten Kreuzrippenstil erbauten, den sie gerade erst zu beherrschen gelernt hatten. Diese neue Gewölbetechnik wurde auch angewandt beim Bau der Kathedrale von Sezze, der Stiftskirche von Sermoneta und vielen anderen Sakralbauten ihres Einflußbereichs.

Gegründet wurde das Kloster 1035 von Benediktinermönchen, denn in nicht zu großer Entfernung lag Montecassino. Da deren Lebensführung jedoch nicht vorbildlich war, bat der Papst die von ihm geschätzten Zisterzienser, sich des Klosters anzunehmen (1140). Der Ruf der zisterziensischen Mönche war so gut, daß man sie auch bat, in Sizilien die Streitigkeiten zwischen den Lokalfürsten zu

Fenster des Kreuzgangs
mit Steinmetzarbeiten,
die in eine Bruchstein-
mauer eingesetzt sind.

Narthex der Kirche aus dem 13. Jahrhundert. Die kannelierten Säulenfragmente auf dem Boden stammen aus römischer Zeit.

schlichten (1173). Dafür überschütteten die sizilianischen Herrscher das Kloster mit Schenkungen, die es ihm ermöglichten, ehrgeizige Baupläne in Angriff zu nehmen.

Die aus Clairvaux entsandten Baumeister von Casamari – ohne Zweifel dieselben, die von 1186 bis 1208 Fossanova bauten – waren hier von 1203 bis 1217 tätig. Hatten sie Fossanova noch in Kreuzgrattechnik realisiert, wurde Casamari bereits mit Kreuzrippengewölbe errichtet und erreichte die typische Ausstrahlung der gewaltigen, kathedralenhaften Klosterkirchen jener Zeit. Da es sich um eine der jüngeren Kirchen der Zisterzienser handelte, griff Casamari zahlreiche Techniken auf, die man vorher bereits andernorts erprobt hatte, vor allem in den Bauwerken der

Tochterklöster von Clairvaux. Der Grundriß entspricht dem von Fontenay; die Wände des Mittelschiffs haben wie in Fountains große Arkaden und Lüftungsöffnungen zum Dachgeschoß der Seitenschiffe unterhalb der hohen Fenster, das Querschiff weist wie in Byland Kapellen an West- und Ostwänden auf, die Kreuzrippen des Gewölbes ruhen wie in Noirlac unmittelbar auf den Ecken der Pfeiler, die Fassade hat zwischen den beiden seitlichen Fenstern eine zentrale, sechsteilige Fensterrose wie Hauterive, die Vorhalle ähnelt der von Pontigny, die Fenster sind aus Alabaster wie die der Klosterkirche in Aragon.

Der Rundgang durch Casamari entspricht einer lehrhaften Einführung in die Welt der Zisterzienser. Man nähert sich dem Kloster

durch seine ländliche Umgebung, durchquert seine Gärten und die Natur, die Generationen weißer Mönche gestaltet haben, tritt in die karge steinerne Atmosphäre und Strenge der Kirche, von dort in die abgeschiedene Stille des Kreuzgangs und die Feierlichkeit des Kapitelsaals und des Refektoriums.

Seit 1929 werden die Gebäude wieder als Kloster genutzt. Im Mönchssaal sind ein Museum und eine Gemäldegalerie untergebracht. Das Refektorium dient als Bibliothek. Aus der Kirche könnte man vielleicht den gewaltigen Baldachin entfernen, der den Chor versperrt, wenn er nicht ein Geschenk Papst Clemens XI. an den Abt wäre, das er zu einer Zeit erhielt, als die Kommende die Mönche bereits ruiniert hatte.

Linke Seite:
Blick in den Paradiesgar-
ten des Klosters mit
Südfassade der Kirche
und Mönchstrakt.

Links:
Kapitell im Kreuzgang.
Hier siegten das Können
und der Humor der
Steinmetze über die
strengen Regeln, die nur
ein schlichtes, stark sti-
lisiertes Blattornament
duldeten.

CHIARAVALLE DELLA COLOMBA

Colomba
Gemeinde Fidenza, Region Emilia Romagna, Italien
Gründung: 1132 durch Clairvaux
Schließung: 1810
heute: Pfarrkirche und Zisterzienserkloster
(seit 1937)

Die Mönche aus Clairvaux, die das neue Kloster gründeten, gaben ihm den Namen Chiara Valle als Reminiszenz an ihr Mutterhaus. Anlage und Spiritualität des Klosters waren von bernhardinischem Geist geprägt – zumindest bis 1444, als die Abtei zur Kommende wurde und dem Niedergang preisgegeben war.

Nach der Aufhebung des Klosters 1810 – als das Verhältnis zwischen Napoleon und Papst Pius VII. sich verschlechterte –, nahmen die Bewohner der umliegenden Dörfer die Gebäude in Besitz. Die Kirche wurde zur Pfarrkirche. Noch heute zeugen davon die Orgel, das Kirchengestühl und die Kanzel, die den Raum überfüllt wirken lassen. Sie liegt in einer armen Gegend, in der viele Felder brachliegen, und die Autobahn nach Rom, die dreihundert Meter entfernt vorbeiführt, ist sehr laut! Vorbeifahrende Autofahrer können dank des Campaniles die Abtei sofort ausmachen.

Im Mittelalter erlebte das Kloster eine Hochblüte und beherbergte viele Mönche und Konversen. Im Querschiff der Abteikirche gab es an Ost- und Westwand jeweils drei Kapellen und zwei weitere an den Stirnseiten. Diese seltene Anordnung, wie sie auch in Pontigny existierte, zeigt deutlich, daß viele Mönche zugleich Priester gewesen sein müssen.

Die Abtei verstand es offensichtlich, gute Baumeister zu verpflichten, denn die Einarbeitung (weißen) Hausteins in die Backsteinwände der Gebäude ist auffallend gut gelungen. So bestehen zum Beispiel die Rundbögen der großen Mittelschiffarkaden abwechselnd aus Backstein und aus weißem Haustein. Ein ländliches Vézelay! Das Rundbogenportal der Kirche weist das gleiche Dekor auf. Und die große Fensterrose der Fassade hat eine weiße Steineinfassung, die unter dem Dach in einer Zwerggalerie mit kleinen Arkaturen vor weißem Hintergrund wiederkehrt.

Der Kreuzgang mit Kreuzrippengewölbe öffnet sich zum Paradiesgarten in acht Jochen mit vierfacher Rundbogenstellung auf kleinen gekuppelten Säulen aus Veroneser Marmor mit Blattkapitellen. Robuste Gurtbögen stützen die Gewölbe.

Im Kapitelsaal steht die zisterziensische Schlichtheit in starkem Kontrast zum kunstvollen Überschwang seiner Kreuzgangfassade, deren Dekor islamisch anmutet. Überall kehren der rote Backstein und der weiße Haustein wieder.

Linke Seite:

Ein Knoten umschlingt die vier Säulchen an der Südwestecke des Kreuzgangs. Dieses Meisterwerk der Steinmetzkunst findet sich in zahlreichen Klöstern vor allem in Böhmen. Seine symbolische Bedeutung ist ungeklärt.

Oben:

Paradiesgarten mit Blick auf den Mönchstrakt. Die Okuli im Schlafsaal der Mönche gehören zum traditionellen Vokabular der zisterziensischen Baumeister. Hier verstärken sie den Eindruck einer „Zitadelle des Glaubens", den jedes Zisterzienserkloster erwecken sollte.

*Blattornament im
Kreuzgang.*

Links:
Wandgemälde in einer
Kapelle des nördlichen
Kreuzarms: Der heilige
Bernhard als Wundertä-
ter.

Unten links:
Matintreppe im süd-
lichen Kreuzarm.

Unten rechts:
Orientalisch geprägte
Fensteröffnung vom öst-
lichen Kreuzgangflügel
in den Kapitelsaal.

CHIARAVALLE MILANESE

Clara Vallis
Gemeinde Mailand (Rogoredo), Region Lombardei,
Italien
Gründung: 1135 durch Clairvaux
Schließung: 1798
heute: Zisterzienserkloster (seit 1952)

In der zweiten Hälfte des 19. Jahrhunderts riß man beim Bau der Eisenbahnlinien bedenkenlos einige Baudenkmäler ab, die auf den Gebieten der geplanten Trassen standen. Auch die Zisterzienserklöster zollten Tribut: Die Kirche von Freistroff in Lothringen wurde abgerissen und der Park des Abteihofes von Villers in Brabant in zwei Teile geteilt. In Chiaravalle mußte der große Kreuzgang der Eisenbahnlinie Mailand–Genua weichen.

Diesen Teil des Klosters hatte Bramante errichtet, jener Meister, der Ende des 15. Jahrhunderts einen Plan für den Neubau des Petersdomes in Rom entwarf. Er vertrat zu Beginn der Renaissance einen vom Geist der Zisterzienser geprägten Stil (siehe den Kreuzgang von S. Maria della Pace in Rom).

Die Lage von Chiaravalle bestimmte Bernhard von Clairvaux selbst, als der berühmte Abt vom Konzil in Pisa (1135) nach Mailand reiste. Sobald er sich der Stadt näherte, eilte die Bevölkerung ihm entgegen. Die Menge jubelte, eine „Rasende" wurde geheilt. Der Abt von Clairvaux hielt eine Ansprache ans Volk und predigte, entsetzt über den Prunk der Kirchen in der Stadt, Schlichtheit in Kunst und Kleidung. Die Adeligen der Stadt boten ihm den Sitz des Erzbischofes an. Er lehnte ab, verließ die Stadt mit einigen Mönchen seines Gefolges und gründete ein neues Kloster mitten in den Sümpfen am Rand von Mailand: Chiaravalle, das lichte Tal (22. Juli 1135).

Das heute noch bestehende Backsteinkloster ist ein schönes Beispiel frühgotischer piemontesischer Architektur nach dem bernhardinischen Plan. Interessant sind auch die dekorativen Ergänzungen, die im Laufe der Jahrhunderte in einem vorbarocken Stil hin-

zukamen, wie der Glockenturm über der Vierung, ein fünfstöckiger, polygonaler Bau, der (ab 1290) von Pecorari unter dem Einfluß des Torrazzo von Cremona realisiert wurde und wie der Widerhall des Glockenturms von Saint-Sernin in Toulouse wirkt. Den weißen Verputz in der Kirche zierten bald Fresken, wobei die der Kuppel vom Meister der Krönung stammen, die des Mittelschiffs von einer flämischen Freskenmalerfamilie und die der Matintreppe von Bernardino Luini, einem Schüler Leonardo da Vincis. Als letztes kam das Chorgestühl aus Nußbaumholz hinzu (1645), dessen geschnitzte Szenen aus dem Leben des heiligen Bernhard von Caravaglia stammen. Schon damals engagierten die italienischen Zisterzienser die besten Künstler, wie es ihre deutschen und österreichischen Ordensbrüder im Hochbarock tun sollten.

Linke Seite unten:
Südlicher Kreuzarm mit
Matintreppe.

Unten:
Campanile und großer
Glockenturm.

Oben :
Der Kreuzgang zeugt
trotz des eleganten lom-
bardischen Frieses von zisterziensischer Schlicht-
heit, zu der die schweren
Strebepfeiler aus Back-
stein im Widerspruch
stehen.

CÎTEAUX

Cistercium (Novum monasterium)
Gemeinde Saint-Nicolas-les-Cîteaux (bei Beaune),
Département Côte-d'Or, Region Burgund, Frankreich
Gründung: 1098
Schließung: 1791 (Französische Revolution)
heute: Trappistenkloster

„An diesem Ort stand die erste Kirche von Cîteaux, geweiht am 18. November 1106 durch den Bischof von Chalon, in der sich die Gründungsväter Alberich und Stephan sowie der heilige Bernhard ins Gebet vertieften." Eine Gedenkplakette erinnert an die erste provisorische Kapelle aus Stein, von wo der Zisterzienserorden seinen Anfang nahm. Als im Jahre 1898, achthundert Jahre nach der Gründung des Ordens durch Robert von Molesme, die Trappisten das Gelände von Cîteaux erwerben konnten, fanden sie jedoch von dem alten Kloster und der Kirche der ersten Zisterzienser nichts mehr vor. Auch von der späteren monumentalen Kirche aus der Mitte des zwölften Jahrhunderts ist nichts übrig geblieben. Die Mönche leben in einem riesigen Gebäude aus dem 18. Jahrhundert, das architektonisch, trotz der Signatur von Lenoir, nicht sonderlich interessant ist.

Anläßlich des neunhundertsten Jahrestages der Gründung des Klosters begann man mit der Restaurierung der beiden einzigen Überreste aus der Vergangenheit: der alten Bibliothek aus dem 15. Jahrhundert, die über einem Kreuzgangflügel des Schreibertrakts lag, und des alten Definitoriums, in dem die Mönche arbeiteten, die mit der Vorbereitung und Ausführung der Entscheidungen des Generalkapitels und seiner ständigen Vertreter, der Definitoren, betraut waren. Diese beiden Zeugnisse für die Größe des Ordens fügen sich mittlerweile in einen „Besichtigungsparcours" ein, der die Ordens- und Baugeschichte von Cîteaux dokumentiert.

Die heutigen Mönche von Cîteaux haben darüber hinaus auch die Kirche des Klosters wieder aufgebaut, um am 21. März 1998 den Jahrestag der Ankunft Roberts von Molesme an dieser Stelle zu feiern. Dabei handelte es sich um eine besonders mutige Initiative in Anbetracht der symbolischen Bedeutung von Cîteaux, die dem Konvent als Bauherrn und seinem Architekten eine Art moralischer Verpflichtung auferlegte, aus Respekt vor der Vergangenheit und in Hinblick auf die Bauweise zukünftiger Generationen ein außergewöhnliches Resultat zu erzielen.

Im Rahmen dieser Arbeiten stellte man auch die Cent Fons wieder her, die Quelle, die gut zehn Kilometer von Cîteaux entspringt und deren Wasser, das die Mönche im 13. Jahrhundert kanalisierten, noch heute die Klostermauern umfließt. Das Land ist heute kein Sumpfgebiet mehr wie damals, als das Kloster – der Legende zufolge – nach der Cistel, einer Wasserpflanze, deren Blätter die Kapitelle der Zisterzienser schmücken, benannt wurde; in Wirklichkeit leitet sich der Name Cîteaux von *cistercium* (Brotkorb) her.

DIE ZISTERZIENSER HEUTE

Seit 1892 sind die Zisterzienser in zwei separate Orden gespalten – die Zisterzienser und die Trappisten –, die jeweils ihren eigenen Generalabt in Rom, ihr Generalkapitel und ihre eigenen Statuten haben. Diese Spaltung ist das Ergebnis einer Entwicklung, die im 17. Jahrhundert im Zuge von Erneuerungsbewegungen begann und unterschiedliche Formen monastischen Lebens hervorgebracht hat. Noch heute hat bei den Trappisten das Chorgebet oberste Priorität, während sich die Klöster der „Allgemeinen Observanz" in Seelsorge und Unterricht betätigen.

In Frankreich sind die Zisterzienser vertreten durch die Kongregation von Lérins, während die Trappisten – Zisterzienser von der „Strengen Observanz" – seit 1962 nicht mehr dem Generalvikariat des Abtes von Cîteaux unterstehen. Die Abteien sind wie in der Vergangenheit einer unmittelbaren „Paternität" unterstellt, besitzen aber genügend Autonomie, ihre spirituellen und materiellen Belange zu regeln. Derzeit zählen die Trappisten an die 3000 Mönche in 91 Klöstern und an die 2000 Nonnen in 60 Klöstern (Trappistinnen sowie drei angeschlossene Zweige der Bernhardinerinnen). In Frankreich gibt es 16 Trappistenklöster, davon sieben an historischen Orten: Acey, Aiguebelle, Cîteaux, Melleray, Sept Fons, Tamié und La Trappe. In Deutschland gibt es noch zwei Trappistenklöster: das Mönchskloster Mariawald und das Nonnenkloster Maria-Frieden.

Oben:
Das Definitorium.

Unten:
Blick auf Bibliothek (15. Jahrhundert) und Definitorium (18. Jahrhundert). „In Cîteaux gibt es kaum Ruinen. Ein Gebäude ohne Stil. Ein paar schwankende gotische Joche! Aber die Stille ist rundherum in den weiten Wäldern. Die Felder sind ruhig. Der Horizont ist friedlich." Gaston Roupnel, La Bourgogne.

Linke Seite:
Der burgundische Backstein der Bibliothek.

CLAIRVAUX

Claravallis
Gemeinde Ville-sous-La-Ferté (bei Bar-sur-Aube),
Département Aube, Region Champagne-Ardennen,
Frankreich
Gründung: 1115 durch Cîteaux (als eines der vier
Primarklöster)
Schließung: 1791
Heute: Strafvollzugsanstalt

An der Grenze zwischen Burgund und der Champagne bedeckt der alte gallische Wald noch immer die Hügel und Täler der Ausläufer des Plateau de Langres. Hierher kam Bernhard von Fontaine, um eine Lichtung zu roden, die er in Hinblick auf das bittere Leben, das er hier suchte, *Val d'Absinthe* (Tal des Wermuts) nannte nach der Offenbarung des Johannes 8.11. Als der berühmte Abt keine vierzig Jahre später am 20. August 1153 starb, umfaßte das Kloster 800 Mönche und Konversen; weitere 69 Klöster mit hundert Filiationen waren ihm angeschlossen. Innerhalb eines Vierteljahrhunderts hatte Bernhard von Clairvaux das Kloster zu einem politischen und religiösen Zentrum gemacht, das unter seiner Leitung als Mittler zwischen Königen und Fürsten wirkte, die Wahl von Bischöfen und Päpsten beeinflußte und über die Glaubenslehre mitbestimmte. Einen derart großen Einfluß erlangte Clairvaux nie wieder. Doch obwohl sich die Abtei den gleichen Wechselfällen ausgesetzt sah, die alle Klöster ab dem 14. Jahrhundert erlebten, erfuhr sie eine stetige wirtschaftliche Entwicklung, wurde nie zur Kommende und entwickelte sich im 14. Jahrhundert zu einer der mächtigen Einrichtungen des Ancien Régime.

Die Revolution überstand Clairvaux ohne größere Schäden. Im Kaiserreich baute man das Kloster 1808 zum Gefängnis um, das in der Geschichte des Strafvollzugs eine ganz eigene Berühmtheit erlangte und eine Fülle dramatischer Begebenheiten erlebte. Die Kirche, die vielleicht die schönste des Zisterzienserordens gewesen ist, überdauerte die Umbauarbeiten nicht und wurde 1812 als Steinbruch verkauft!

Clairvaux ist von einem Mythos umgeben, der sich speist aus der Parallele zwischen freiwilliger Abgeschiedenheit der Mönche hinter Klostermauern und erzwungener Eingeschlossenheit der Gefangenen. Noch heute ist Clairvaux ein Ort der Erinnerungen und Geheimnisse mit dem dreißig Hektar großen Gelände, umgeben von hohen Mauern, die jeden Blick auf die Reste vergangener Pracht verwehren.

Das Justizministerium hat mittlerweile im ehemaligen Obstgarten ein modernes Gefängnis errichtet und den größten Teil der historischen Gebäude freigegeben, die derzeit restauriert werden. So kann der Verein „Renaissance de l'abbaye de Clairvaux" regelmäßig Besichtigungen des Geländes organisieren. Der Besucherstrom hat den Verein veranlaßt, im ehemaligen Gästehaus für Damen aus dem 15. Jahrhundert außerhalb der Klostermauern und außerhalb der Gefängnismauern ein Besucherzentrum einzurichten.

Von Clairvaux I (Monasterium vetus) sind nur noch einige Mauerreste des Fischteichs übriggeblieben, der nach wie vor von den Quellen gespeist wird. Auf diesem Gelände wären Ausgrabungen lohnend, um die Kenntnisse über die Lebensumstände der Pioniere von Clairvaux in den ersten zwanzig Jahren nach Gründung des Klosters zu vertiefen.

Clairvaux II war die Antwort auf das beträchtliche Wachstum des Klosters. Zwischen 1135 und 1145 entstand die erste Zisterzienserabtei, die nach dem von Bernhard von Clairvaux und seinen Celleraren Gaufrid von Ainai und Achard entwickelten funktionalen Programm gebaut wurde. Die Kirche von Clairvaux II entstand in zwei Bauetappen. Beim Tod des Abtes bestand sie aus einem

Mittelschiff mit zwölf Jochen, einem Querschiff mit vier rechteckigen Kapellen und
einem Chor mit geradem Abschluß, alle mit
einem romanischen Tonnengewölbe überdeckt. Als man mit der Heiligsprechung Bernhards rechnete, erhielt die Kirche eine Apsis,
einen Chorumgang und neun strahlenförmig
angelegte Kapellen, und sie wurde insgesamt
mit Kreuzrippengewölben überdeckt. Von
dieser zweiten Klosteranlage ist heute nur
noch das Konversenhaus als Archetyp der Zisterzienserarchitektur erhalten.

Clairvaux III war Ausdruck des Reichtums
der Abtei im 13. Jahrhundert, als sie große
Ländereien, Eisenhütten und Schmieden besaß. Kirche und Konversenhaus sind noch erhalten, während die Pferdeställe des Ehren-
hofes und das Gästehaus für Männer derzeit
rekonstruiert werden. Um einen großen klassischen Kreuzgang gruppieren sich Refektorium, Dormitorien und Bibliothek – majestätisch und von einer Strenge, die daran erinnert, daß Clairvaux im 18. Jahrhundert zu
den Verfechtern einer strengen Observanz,
den Trappisten, gehörte.

Seit 1808 ist Clairvaux Gefängnis. In den
verschachtelten Mauern, den Wachgängen,
Wachtürmen und langen, vergitterten Fluren
ist das Kloster noch zu erkennen. Im Kerker
von Blanquis ist noch eine Säule aus dem Saal
der Mönche zu sehen! Die lange Geschichte
des Gefängnisses Clairvaux, die Victor Hugo
Stoff für sein Werk *Claude Gueux* lieferte,
bietet ein wichtiges Forschungsfeld über die
Entwicklung der Haftbedingungen (vom
Schlafsaal über den „Vogelkäfig" zur Zelle)
sowie über berühmte Gefangene, Anhänger
der Pariser Kommunarden von 1871 und Mit-
glieder der Résistance, Kropotkin und Charles Maurras.

Oben:
*Blick auf das Klosterdorf
Clairvaux mit seinem 30
Hektar großen Gelände,
umgeben von einer über
drei Kilometer langen
Mauer.*

Unten:
*Das Gefängnis Clairvaux,
das im Halbgeschoß der
großen Klausurgebäude
aus dem 18. Jahrhundert
untergebracht ist.*

175

Keller (im Südflügel als Refektorium genutzt) im Haus der Konversen von Clairvaux II. Die archäologischen Untersuchungen haben ergeben, daß die (gotischen) Kreuzrippengewölbe des Kellers erst nach Abschluß der Bauarbeiten und nach den (romanischen) Kreuzgratgewölben im ersten Stock entstanden sind.

Dormitorium der Kon- versen im Konversen- trakt von Clairvaux II (um 1150). Blick auf das mittlere Joch der West- wand (mit nicht restau- rierten Fenstern aus dem 19. Jahrhundert). Der dreischiffige Schlafsaal erstreckt sich auf einer Länge von fast 45 Me- tern über zwölf Joche.

DUNBRODY

Dun Broith, Portes S. Mariae
Gemeinde Dunbrody Abbey, County Wexford,
Republik Irland
Gründung: 1182 durch S. Mary, Dublin (Filiation
von Clairvaux)
Schließung: 1536 (durch Aufhebungsakte)
heute: Ruine

Die Reiseführer bezeichnen Dunbrody als „eine der schönsten Abteien Irlands". Um sie besichtigen zu können, muß man sich den Schlüssel im nächstgelegenen Cottage abholen.

Die Ruinen von Dunbrody liegen an einer Schleife des Flusses Barrow, der im Mittelalter eine wichtige Wasserstraße war, da die alte Nachbarstadt New Ross lange Zeit den größten Hafen der Insel besaß. Hervé de Montmorency schenkte die Ländereien von Dunbrody 1175 der englischen Abtei Buildwas. Als ein Konverse, der das Gelände in Augenschein nehmen sollte, einen unvorteilhaften Bericht ablieferte, lehnte Buildwas die Annahme der Schenkung ab; der Besitz ging an die Abtei Saint Mary in Dublin, die dort 1182 ein Tochterkloster gründete. Im 14. Jahrhundert wurde das Kloster mehrfach von bewaffneten Banden überfallen, wovon es sich nur schwer erholte. Zur Hälfte bereits aufgegeben, wurde es 1536 aufgehoben, und Sir Osborne Etchingham baute das südliche

Querschiff der Kirche in ein Herrenhaus im Tudorstil um.

Heute sind nur noch die Außenmauern des Klausurgevierts und der Turm über der Vierung der Kirche vorhanden. Die Abtei wirkt mit Bergfried und Vorhof wie eine Festung. Das Querschiff der Kirche hätte zudem ein hervorragendes Fort abgegeben. Von der Kirche (1210–1240) ist der gerade Chorschluß mit der schönen Dreiheit der Fenster und eine traditionelle Matintreppe erhalten. Darüber hinaus weist sie einige ungewöhnliche Merkmale in der Nordwand des Mittelschiffes auf: Die Mauer über den weit gespannten Arkaden ist oberhalb der Pfeiler von einigen Fenstern durchbrochen, die die Symmetrie stören. Eines ist leicht achsenverschoben, das andere ist ein Doppelfenster; aus welcher Zeit sie stammen, ist unbekannt. Diese Fensteröffnungen scheinen eher dem Zufall als einer Notwendigkeit entsprungen, was zwar immer interessant, aber auch unbefriedigend ist.

Rechte Seite oben:
• Matintreppe.
• Südliches Seitenschiff der Kirche mit Kreuzarmmauer.
• Arkatur des Kreuzgangs.

Links:
Vierung.

Rechte Seite unten:
• Mittelschiff mit Vierungsturm und geradem Chorschluß.
• Die (heute zugemauerte) Tür der Mönche in der Südwand der Kirche.

DUNDRENNAN

Dundrena
Gemeinde Rerrick, Region Dumfries and Galloway,
Schottland
Gründung: 1142 durch Rievaulx (Filiation von
Clairvaux)
Schließung: 1591
heute: Ruine

Es scheint, als hätte Dundrennan trotz seines Namens, Dornenhügel, keine schweren Schicksalsschläge in jenen langen Jahren erlebt, in denen Schottland unaufhörlich von den Kämpfen erschüttert wurde, die die neue schottische Monarchie gegen ihre allzu ambitionierten oder allzu unabhängigen Vasallen einerseits und gegen die englischen Könige andererseits, die Schottland unterjochen und der Krone unterstellen wollten, führen mußte.

Gegründet wurde die Abtei 1142 durch König David I. (König von 1124 bis 1153) in einer Zeit, als zwischen Schottland und England noch Waffenruhe herrschte. König David ließ Mönche aus Rievaulx kommen. Fast fünfhundert Jahre später, 1591, wurde die Abtei aufgehoben, als Schottland die finstersten Zeiten seiner Geschichte erlebte. Elisabeth I. hatte die protestantische Revolte gegen Maria Stuart unterstützt und sie 1587 hinrichten lassen. Jakob VI. von Schottland, der später als Jakob I. König von England und Schottland wurde, konnte nun die alte Aufhebungsakte Heinrichs VIII., die allen englischen Klöstern galt, auch gegen Dundrennan anwenden.

Von der gotischen Abtei des 12. Jahrhunderts sind nurmehr das Querschiff, ein Teil des Chores (ohne Chorabschluß) und die schöne Fassade des Kapitelsaals aus dem 13. Jahrhundert erhalten geblieben. Die Fundamente des Kreuzgangs rahmen den gepflegten Rasen eines öffentlichen Parks ein. Dundrennan hat etwas von einer grandiosen Skulptur, die in eine reizvolle Landschaft gestellt wurde.

Linke Seite oben:
Nordmauer des Chores.

Linke Seite unten:
Pfeiler der Vierung.

Links:
Blick durch die Ruinen-
skulptur auf die schöne
Umgebung des Klosters.

FLARAN

tion in Hütten gelebt und genügend Vermögen angespart hatte, um eine große Klosteranlage finanzieren zu können. Der zweite Abt des Klosters, Stephan, nahm 1180 die Arbeiten in Angriff, die sich über dreißig Jahre hinziehen sollten.

In Nordfrankreich beherrschten die Zisterzienser zu dieser Zeit bereits die Technik des Rippengewölbes, die in den Süden jedoch noch nicht vorgedrungen war. Daher ist Flaran wie seine drei provenzalischen Schwestern (Le Thoronet, Sénanque und Silvacane) im wesentlichen ein romanisches Kloster.

Fast alle ursprünglichen Gebäude dieser Abtei sind erhalten geblieben. Zwar hatte sie im Hundertjährigen Krieg zu leiden (1426), in den Hugenottenkriegen unter den Protestanten (1569), später unter Kommendeäbten und einem dezimierten Konvent, der nicht imstande war, die Gebäude zu erhalten. 1791 wurden die Abtei und ihre Ländereien verstaatlicht und von späteren Käufern teilweise

Flaranum
Gemeinde Vallence-sur-Baïse, Département Gers,
Region Midi-Pyrénées, Frankreich
Gründung: 1151 durch L'Escale-Dieu (Filiation von
Morimond)
Schließung: 1791 (Französische Revolution)
heute: Kulturzentrum des Départements

Seit einigen Jahren lebt das Kloster Flaran durch ein reges kulturelles Leben, das an seine religiöse Vergangenheit anknüpft, auf.

Die Zisterzienser kamen 1151 aus dem Kloster L'Escale-Dieu hierher, wo sie sumpfiges Land am Ufer der Baïse trockenlegten, das ihnen ein ortsansässiger Grundherr geschenkt hatte. Da die Mönche den Wasserstand des Flusses regulieren mußten, bauten sie zunächst einen Kanal, in dem sie das Flußwasser ableiteten. Auf der dadurch entstandenen künstlichen Halbinsel errichteten sie das Kloster, nachdem die erste Mönchsgenera-

zerstört. Dennoch konnte das Département Gers 1972 ein Erbe übernehmen, das gut bezeugt, wie eine Zisterzienserabtei Ende des 12. Jahrhunderts ausgesehen haben mag.

Die Kirche ist – dem Geist von Cîteaux entsprechend – sehr nüchtern; die Spitztonne ihres kurzen, dreijochigen Langhauses stützen drei Gurtbögen, die auf abgekragten Wandvorlagen ruhen; die Konsolen sind in vier Meter Höhe angebracht, um mehr Raum zu gewinnen. Jenseits der Vierung, die ein Kreuzrippengewölbe aufweist, setzt sich die Spitztonne fort und endet über der Apsis in einer Halbkuppel. Die drei Fenster, durch die der Chor beleuchtet wird, bringen die hellen Steinwände zur Geltung. Während das südliche Seitenschiff und das Querschiff ebenfalls romanisch überwölbt sind, weist das nördliche Seitenschiff ein Rippengewölbe auf, das niedriger abschließt und Raum für ein Obergeschoß läßt. Zu erreichen ist es über eine schmale Treppe, die in die Mauer eingelassen ist und erst in halber Mauerhöhe beginnt. Dieses Gelaß hat man wohl als Archiv genutzt. Die Dokumente, die dort verwahrt wurden, regelten das Zusammenleben und dienten dem rechtsprechenden Abt als Orientierung.

Da der ursprünglich über der Vierung geplante Glockenturm nie realisiert wurde, wirkt die Kirche von Flaran von außen massig und gedrungen. Die Westfassade hat nur zwei schmale Fenster und einen kaum durchbrochenen Okulus über einem Portal ohne Tympanon, flankiert von zwei nüchternen Strebepfeilern, die die Breite des Mittelschiffes markieren. Gefälliger wirkt die Ostseite mit den fünf halbrunden Apsiden, auch wenn der Bogenfries der Apsidiolen und die Fachwerkaufstockung des Chorabschlusses ebenfalls recht dezent sind.

Linke Seite unten:
„Zisterziensischer" Okulus in der Westfassade der Kirche.

Oben:
Der „benediktinische" Chorabschluß der Kirche. Bernhard von Clairvaux lehnte die Rundung aus geistlichen Gründen ab. Das Gerade wirkt der Nachlässigkeit und Nachsicht entgegen. Die gerade Linie ist das Abbild der „Geradheit", der er einen ausführlichen Kommentar widmete, ausgehend von der Passage des Hohenliedes *„Recti diligunt te" (*Hld 1,4).

183

Während der Hugenottenkriege zerstörten die Truppen Montmorencys drei Flügel des Kreuzgangs, die mittlerweile sehr ansprechend rekonstruiert wurden. Der vierte Flügel sollte 1913 verkauft und verschifft werden; die Steine waren bereits numeriert und der Käufer, ein „Pariser Antiquar mit Geschäft in New York", bereit zu zahlen. Ein örtlicher Verein verhinderte jedoch diesen gleichermaßen verlockenden wie absurden Handel.

Auch der Kapitelsaal ist in Flaran erhalten geblieben. Er hat einen rechteckigen Grundriß und trägt auf vier Marmorsäulen (einer roten, einer schwarzen und zwei weißen, die sicher aus einem antiken Tempel der Umgebung stammen) neun Rippengewölbe von schlichtem gotischem Charme. „Die wulstigen Rippen, die das Gewölbe kreuzen, laufen keilförmig zwischen den rechteckigen Gurtbögen aus, die auf Konsolen an den Mauern oder Säulen ruhen; ihre Kapitelle sind mit langen, glatten Blättern geschmückt und tragen kreuzförmige Abaki mit keilförmigem Profil" (Marcel Aubert). Von Osten erhält der Kapitelsaal Licht durch Fenster mit schlichter Laibungsschräge, während er zum Kreuzgang drei Rundbogenöffnungen hat – eine Tür und zwei große Fenster mit reich profilierten Archivolten. Die Sakristei und die kleine Bibliothek, die vom gleichen Baumeister stammen, sind größer und schöner, als der bernhardinische Plan sie vorsieht.

Flaran bietet zahlreiche Veranstaltungen an, durch die man die Zisterzienser und die Umgebung besser kennenlernen kann. Unter anderem beteiligt sich das Kulturzentrum Flaran an historischen Studien zum Zisterziensertum. Bei den internationalen Geschichtstagen, die der verstorbene Charles Higounet 1979 erstmals organisierte, kommen alljährlich Experten zusammen, die anschließend Tagungsprotokolle veröffentlichen.

Linke Seite oben:
Kapitelsaal.

Linke Seite unten:
Schlußstein eines Gewölbes im nördlichen Seitenschiff.

Links:
Blick vom Mittelschiff in das nördliche Seitenschiff mit der Tür der Mönche und dem nördlichen Kreuzarm mit der Matintreppe.

*Nördliches Seitenschiff
der Kirche.*

*Seitenkapellen mit Halb-
kuppel über der Apsis im
nördlichen Kreuzarm.*

FONTENAY

Fontaneum
Gemeinde Marmagne (bei Montbard),
Département Côte-d'Or, Region Burgund, Frankreich
Gründung: 1119 durch Clairvaux
Schließung: 1791 (Französische Revolution)
heute: Privatbesitz

Ob man dem Lauf der Brenne folgt oder durch den Wald kommt, der die Hügel bedeckt, es ist ein bewegender Moment, wenn man Fontenay erblickt. Erst im letzten Augenblick taucht die Abtei auf, still und vollkommen, inmitten der großen Bäume des engen Tales. Dieses Tochterkloster genoß die besondere Fürsorge Bernhards von Clairvaux. Er ernannte seinen Onkel Godefroy de Rochetaillé zum ersten Abt, dem sein Neffe Wilhelm von Spiriaco folgte. Das Grundstück gehörte seinem Onkel Raynard de Montbard. Seine Familie trug zur Finanzierung der Bauarbeiten bei, was sicher die Qualität und Geschwindigkeit des Baus erklärt. So wurde Fontenay zur ersten Abtei, die dem bernhardinischen Plan und dem Geist von Cîteaux aufs beste entsprach. In einer ungewöhnlichen Feier wurde die Kirche am 21. September 1147 geweiht. Noch Monographien aus dem 19. Jahrhundert überlieferten die legendäre Schilderung: „Die Kirche ist angefüllt mit der Menge, die aus der ganzen Umgebung herbeigeströmt ist. Die Vasallen, die Arbeiter der Abtei sind im hinteren Teil, die Seitenschiffe sind voller Frauen und Kinder auf Knien, dreihundert weiße Mönche im Mittelschiff. Der Abt von Clairvaux hat gerade eine lange Ansprache gehalten. Er selbst, den die Geschichte als Mittler der Könige und Völker bezeichnen wird, wirft sich auf den Stein des Sanktuariums. In diesem Moment erhebt sich ein weiß gekleideter Greis, der die Tiara trägt, er ist ein Nachfolger Petri, es ist Eugen III., der Mönch in Clairvaux war. Er ist umgeben von zehn Männern mit weißem Bart in roten Gewändern, es sind zehn Kardinäle; zur Rechten knien acht Bischöfe; zur Linken

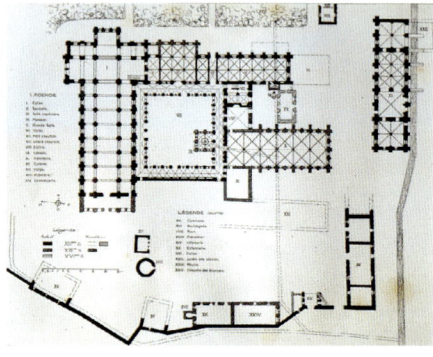

knien alle Äbte von Cîteaux in Mitra und Kreuz wie die Bischöfe; an beiden Seiten des Chores reiht sich an den Mauern der Apsis der alte burgundische Adel im Harnisch, jene, die in den Kreuzzügen fallen und ihr Leben lassen werden. Eugen III. segnet die Kirche und alle, die in ihr sind."

In Fontenay sind fast alle Gebäude erhalten geblieben. Die Engländer plünderten das Kloster im Jahre 1359, jedoch ohne es zu zerstören. Zwei Jahrhunderte später vernachlässigte es die Kommende, aber nur das Refektorium aus dem 13. Jahrhundert verfiel mangels erhaltender Maßnahmen, und im 19. Jahrhundert nutzten die Käufer des bisherigen Nationaleigentums die Gebäude als Fabriken, nicht als Steinbruch. Seit 1820 ist das ehemalige Kloster in Familienbesitz. Louis Élie de Montgolfier und sein Schwiegersohn Marc Seguin, Ingenieur der ersten Lokomotiven, bauten die Abtei in eine Papierfabrik um. Ein Jahrhundert später machten sich ihre Nachfahren daran, die historischen Klostergebäude und ihre Umgebung zu restaurieren. Fontenay gehört seitdem zum Weltkulturerbe der UNESCO.

Oben:
Blick vom Park auf die
Ostfassade des Klosters,
die wie eine Partitur von
Johann Sebastian Bach

wirkt: Die Ruhe des
Mönchstrakts mit dem
subtilen Zweierrhyth-
mus der gleichförmigen
Fensteröffnungen in re-

gelmäßigen Abständen
findet ihren Kontra-
punkt im Chorschluß
der Kirche, dessen Verti-
kalität im Giebel der

Triumphbogenwand be-
tont wird.

Folgende Doppelseite:
Blick vom Kapitelsaal in
den Kreuzgang.

Oben:
*Nordostecke des Kreuz-
gangs. Der Eckpfeiler ist
von miteinander verbun-
denen Säulen umgeben.*

Rechte Seite:
*Bulle Papst Alexanders
III. (1168), die die Eigen-
tumsrechte und Privilegi-
en des Klosters Fontenay
bestätigte.*

bestimmten Seite zum Licht öffneten, war
nie beliebig. Im Gegenteil: Immer waren es
drei, vier oder fünf. Die drei Fenster der Apsis
entsprechen der Dreifaltigkeit, den drei Tagen,
die Christus im Grab lag, den drei Zeitaltern
des jüdischen Volkes, den drei Aspekten der
heiligen Schrift (historisch, allegorisch und
moralisch). Die Vier steht für die Elemente,
die Jahreszeiten, die Flüsse des Paradieses, die
Himmelsrichtungen, die Evangelisten und
nach Bernhard von Clairvaux für die Maße
Gottes, „die Länge und Breite, Höhe und
Tiefe" (*De consideratione*, V, 27). Die Fünf
zeugt von den Büchern Moses und nach
Hildegard von Bingen vom Maß des
Menschen. Drei plus drei im Altarraum ergibt sechs, die Tage der Schöpfung. Und drei
plus vier am Eingang zur Kirche ergibt sieben,
die Zahl der Sakramente, während drei mal
vier zwölf, also die Zahl der Apostel und die
Zahl der Mönche ergibt, die für die Neu-
gründung eines Klosters notwendig sind. Die
Zahlen sind dank des Lichts, das sie an die
Wände wirft, „Instrumente der Meditation".
In Fontenay wird das Licht durch den Rhythmus der Pfeiler im Mittelschiff gebrochen (einem massigen rechteckigen Pfeiler mit einem vorgelagerten Pilaster und zwei Halbsäulen, verziert mit einem ganz schlichten
Blattmuster), wodurch der Blick auf den
Hauptaltar gelenkt wird.

Fontenay – das beinhaltet auch die *Erde* der
benachbarten Eisengrube, das *Feuer* der Klo-
sterschmiede, in der die Bäume sich zu Me-
tall verzehren, das *Wasser*, das den Boden des
Klosters tränkt, und das *Licht* (die *Luft*), das
die Klosterkirche erfüllt. Die vier Elemente,
die in der Welt der Zisterzienser immer prä-
sent sind, zeugen von einem präfranziskani-
schen Pantheismus. Daher rührt die Botschaft, die Bernhard von Clairvaux in seinen
Briefen mehrfach aufgriff: „Du wirst einiges
mehr in den Wäldern finden als in den Büchern. Holz und Steine werden Dich lehren,
was Du bei den Lehrern nicht hören kannst.
Oder glaubst Du nicht, Du könntest ‚Honig
vom Felsen und Öl vom härtesten Felsen'
saugen?" (Brief 106).

Tatsächlich ist die Abtei eines der vollstän-
digsten und vollkommensten Beispiele klösterlicher Architektur auf dem Höhepunkt der
Romanik, jener Kunst, deren Existenzberechtigung, wenn man André Malraux folgt, darin
liegt, „Zeichen in Symbole zu verwandeln".
Eine ganze Literatur deutet die mittelalterliche Architektur als Symbolsystem, in dem
sich das göttliche Mysterium offenbart.

Die weiteste Verbreitung fand im Mittelalter
offensichtlich die Zahlensymbolik in der neu-
platonischen Tradition, nach der die Zahlen
für ein System der Welt stehen. So konnten
die Erbauer von Fontenay, die ihre Technik
beherrschten, die Zahl der Fenster erhöhen,
ohne die Stabilität des Bauwerks zu gefähr-
den. Die Anzahl der Fenster, die sich an einer

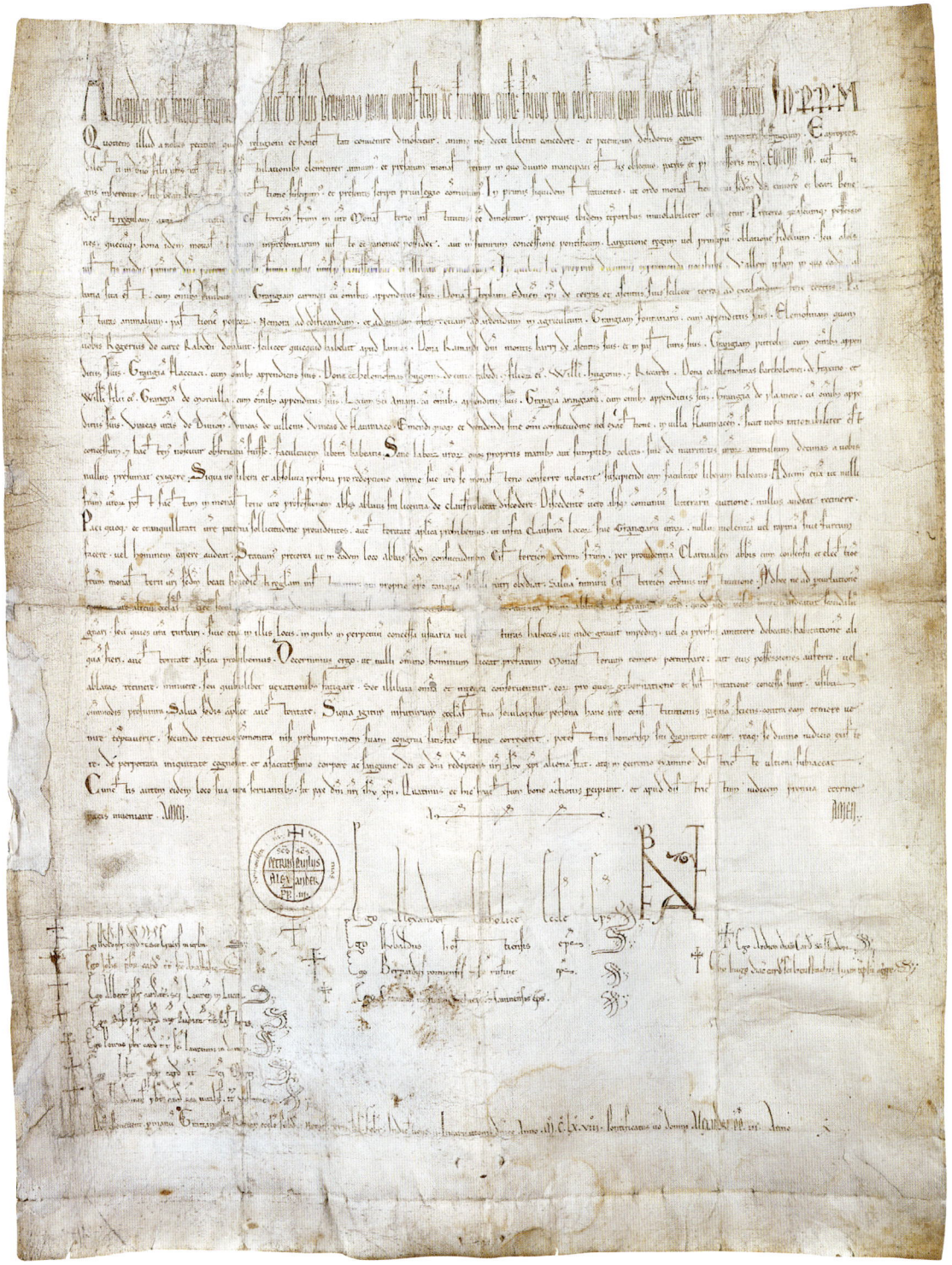

Das Mittelschiff.
„Dann wird die Nacht
vom Sieg verschlungen
sein, wenn Schatten und
Finsternis vertrieben
sind und der Glanz des
wahren Lichtes oben
und unten, innen und
außen alles zugleich
durchdringt.“
Bernhard von Clairvaux,
Weihnachtsvigil III, 2.

Quelle und Sankt-Bern-
hards-Teich. In Fontenay
ist das Wasser allgegen-
wärtig, eingedämmt wie
im Sankt-Bernhards-
Teich oder kanalisiert
wie im Park. Es versorgt

die Schmiede und die
Mühle mit Energie,
Küche und Latrine mit
Wasser, und dient zur
Zucht der Karpfen.

195

FONTFROIDE

Fons Frigidus
Gemeinde Narbonne, Département Aude,
Region Languedoc, Frankreich
Gründung: 1146 durch Grandselve (Filiation von
Clairvaux)
Schließung: 1791 (Französische Revolution)
heute: Privatbesitz (zu besichtigen)

Einige Stunden Fußmarsch durch die karstigen Höhen der Corbières genügten früher, die Abtei Fontfroide vom Lärm und Getriebe der Welt abzuschirmen. Noch heute liegt sie am Ende der Straße geschützt in einer Senke, eingebettet zwischen Bergen.

Dennoch scheint eine Spannung über dem Ort zu liegen, so daß seine Entdeckung einen Beigeschmack von Erwartung und Mysterium bekommt. Man glaubt zu spüren, daß die schönsten Tage abrupt getrübt werden könnten vom Tosen plötzlich einbrechender Sturzfluten, grollenden Donners und stürmischen Windes, der die Mauern in Brand setzt. Andererseits kann man in der Kirche von Fontfroide mit ihrer außergewöhnlich guten Akustik gregorianische Konzerte hören, die den Eindruck völligen Friedens vermitteln.

In Fontfroide siedelten sich bereits im Juni 1093 durch Aymeric II. von Narbonne die ersten Einsiedler an, die sich 1118 zu einer (vermutlich benediktinischen) Gemeinschaft zusammenschlossen; 1144 unterstellten sie sich dem von Gérard de Sales gegründeten Kloster Grandselve, das sich 1146 an Clairvaux anschloß. Bernhard von Clairvaux war 1145 ins Languedoc gekommen, um den Benediktinermönch Henri de Lausanne zu bekämpfen, der als Bußprediger und Polemiker gegen die Kirche aufgetreten war und viele Anhänger, die sogenannten „Henricaner", gewonnen hatte – allerdings ohne sonderlichen Erfolg. Bernhard konnte jedoch neue Tochterklöster gewinnen, darunter auch Fontfroide, das kaum vierzig Jahre später mit Poblet die berühmteste Abtei Kataloniens gründete.

Als „Zitadelle der Rechtgläubigkeit" inmitten eines Gebietes, das unter dem Einfluß des den Katharern zugeneigten Aragonien stand, war Fontfroide stark in den Kampf gegen die Häresie einbezogen. Als Papst Innozenz III. beschloß, die Manichäer zu vernichten, bestimmte er zwei Mönche aus Fontfroide zu seinen Legaten. Einer von ihnen, Pierre de Castelnau, wurde ermordet. Ein ehemaliger Abt von Fontfroide, der später Abt von Cîteaux wurde, leitete den blutigen Kreuzzug gegen die Albigenser (1209–1229). Noch heute gilt die Abtei als Bastion des katholischen Glaubens gegen die Katharer in Montségur und Queribus.

Ein Jahrhundert später machte die Abtei Einfluß durch zwei ihrer Äbte geltend, Arnaud Nouvel als Ratgeber von Papst Clemens V. und Jacques Fournier, dem späteren Papst Benedikt XII. Gleichzeitig entwickelte sich Fontfroide zu einer der reichsten Abteien des Ordens mit 25 Grangien, von denen sich besonders Fontcalvy auszeichnete. Sie betrieb Viehzucht und besaß 1341 dank ihrer Weiderechte in Aragonien an die 20 000 Stück Vieh.

Das Kloster konnte über die Jahrhunderte seinen Reichtum halten und erfuhr selbst, als es Kommende wurde, noch Verschönerungen, die auch die Äbte des 18. Jahrhunderts fortsetzten. Obwohl damals nicht mehr viele Mönche im Kloster lebten, hatten sie beträchtliche Einnahmen zur Verfügung und lebten in relativem Luxus (aus den Rechnungsbüchern geht hervor, daß der Lohn der Köche höher war als die Almosen an die Armen). Nach der Französischen Revolution richtete die Stadt Narbonne im Kloster ein Krankenhaus ein, wodurch es fast völlig erhalten blieb. Prosper Mérimée und Viollet-le-Duc erwirkten 1843, daß die Anlage unter

Ebenso wie das alte Ka-
tharinenkloster sich an
des Fuß des Berges Sinai
schmiegt, kauert Font-

froide sich mitten in den
Corbières in eine Ende-
der-Welt-Landschaft.

„Der Herr nahm sich
sein Volk als Anteil ... Er
fand ihn in der Steppe,
in der Wüste, wo wildes

Getier heult.“
5. Mose 32, 9–10.

Rechts:

Die karge, aber majestätische Westfassade der Kirche: Zwei Fenster und ein Okulus verweisen traditionell auf die Dreifaltigkeit. Das einzige Portal hat einen Tympanon mit drei Flachreliefs, von denen eins eine Kreuzigungsszene zeigt. Diese Tür wurde nur anläßlich der Beisetzungen der Vicomtes von Narbonne und anderer Wohltäter des Klosters geöffnet.

Rechte Seite:

Blick durch die romanische Arkatur des westlichen Kreuzgangflügels auf den Glockenturm aus dem 14. Jahrhundert.

Denkmalschutz gestellt wurde. Von 1858 bis 1901 konnten Zisterzienser aus Sénanque es wieder als Kloster nutzen. Als der Staat die Gebäude im Rahmen der Kongregationsgesetze zum Verkauf anbot, erwarben zwei Kunstliebhaber aus dem Languedoc das Kloster, um es zu retten. Sie machten Fontfroide zu einem Kunstzentrum, in dem sich Maler und Musiker trafen, und restaurierten die Abtei „prachtvoll" (Frédéric van der Meer).

Obwohl die Klosteranlage von Fontfroide durchaus dem bernhardinischen Plan entspricht, erschließt sie sich weniger leicht als Fontenay und ist durch die Ergänzungen, die sie unter den Äbten des 17. und 18. Jahrhunderts erfahren hat, komplexer als Le Thoronet.

Focillon beschreibt die Kirche folgendermaßen: „Die Struktur der Kirche von Fontfroide scheint zunächst in ihren großen Linien der Anlage von Fontenay treu zu folgen. Das Mittelschiff ist mit einer Spitztonne überwölbt, die über einem fortlaufenden Kämpfergesims ansetzt. Die Pfeiler bieten eine bewundernswerte und neue Interpretation zum zisterziensischen Thema der abgekragten Dienste. Der Pfeilerkern scheint mit seinen Halbsäulenvorlagen als komplexe Masse über dem Boden zu schweben, von dem er durch einen wuchtigen polygonalen Steinsockel getrennt ist, dessen einziger Schmuck in einem kräftigen Viertelstabwulst am oberen Ende besteht. Zum Mittelschiff hin bestehen die Dienste aus zwei gekuppelten Halbsäulen, die auf einer Vorkragung dieses Wulstes ruhen, betont durch eine Konsole an dieser Stelle. Auf diese Weise entsteht zwischen Boden und Säulenbasis eine abstrakte Kraftzone aus nackten Sockeln, die keine andere Funktion zu haben scheinen, als das ganze System, die gesamte Kirche, in die Lüfte zu heben."

Schon Viollet-le-Duc zeigte die Entwicklung in der Baukunst der zisterziensischen Baumeister auf: „Auch wenn es sich bei der Anlage [des Kreuzgangs] in Fontfroide im Prinzip um die gleiche wie die des Kreuzgangs von Fontenay handelt, so sind die architektonischen Details indes wesentlich

reicher: Die Archivolten sind ebenso profiliert wie die offenen Okuli in den Tympana der Joche; die Kapitelle der Arkatur sind fein skulptiert; die Säulchen sind dank des verwendeten Materials schlank und heben sich gut von der übrigen Konstruktion ab."

Viollet-le-Duc unterstrich auch die Bedeutung der Okuli in den Tympana als Lichtquellen für den Kapitelsaal. Dieser für das Gemeinschaftsleben wichtige Raum ist hier von wahrer Eleganz: „Die wulstigen Kreuzrippen aus langen Bogensteinen laufen quer über das Gewölbe und münden keilförmig zwischen den rechteckigen Gurtbögen, deren Rundbögen weit nach unten gezogen sind. Kreuzrippen und Gurtbögen ruhen auf vier zierlichen, freistehenden Marmorsäulen mit nach oben breiter werdenden Kapitellen, die mit zwei Reihen glatten Blattwerks geschmückt sind; an den Mauern ruhen sie nicht auf Konsolen, sondern auf Marmorsäulchen, die auf der oberen Stufe der zweistufigen Bank stehen, die rund um den Saal läuft."

Zur Erholung nach der Besichtigung der Klostergebäude bietet Fontfroide einen herrlichen Rosengarten als Ort der Meditation.

Oben:
Kapitell im Kreuzgang.

Unten, von links nach rechts:
• Gitter mit Weinrebenornament (18. Jahrhundert) an der Tür vom Hof „Ludwig XIV." in das Refektorium der Konversen.
• Ostflügel des Kreuzgangs.
• Brunnen im Ehrenhof.

Rechte Seite:
Blick auf die Nordwand des Mittelschiffs. Richard Burgsthal schuf die Fenster zu Beginn des 20. Jahrhunderts, als Fontfroide ein künstlerisches Forum war, das von Malern, Musikern und berühmten Schriftstellern besucht wurde.

Linke Seite:
*Blick auf die Südwand
des Mittelschiffs.*

Links:
*„Blick vom Kreuzarm in
das südliche Seitenschiff.
Die Zisterzienser waren
klug genug, um nicht
Konzessionen bei der
Qualität der Materiali-
en, der Perfektion der
Ausführung und der
Auswahl der bewährte-
sten Bautechniken zu
machen. Der Akt des
Bauens ist für sie Gebet.
Sie können den Blick
nur auf die Ewigkeit
richten. Wenn ich diese
Architektur sehe, weiß
ich, daß der heilige
Bernhard das Schöne er-
faßt hatte, das der erha-
bensten Konzeption, der
platonischen Konzepti-
on, dem Sinn für reine
Volumen, für die Harmo-
nie der Zahlen inne-
wohnt, der ein Strahl
des Göttlichen ist."
Pierre Dalloz.*

FONTMORIGNY

Fons Morigniaci
Gemeinde Menetou-Couture (bei Nevers),
Département Cher, Region Centre, Frankreich
Gründung: 1149 durch Clairvaux
heute: Privatbesitz

Das Kloster Fontmorigny ersteht dank des Engagements seiner Eigentümer derzeit aus seinen Ruinen – ein Unterfangen von mehreren Jahrzehnten, das sich in die allgemeine Bewegung einreiht, historische Gebäude in Privatbesitz nach dem Vorbild der englischen Schloßmuseen zu nutzen.

Ein solches Vorgehen ist für ehemalige Zisterzienserklöster von großer Bedeutung, da sie meist in strukturschwachen (im Sinne der Europäischen Union), ländlichen Gebieten liegen. Die Wiederbelebung eines Klosters bedeutet hier eine echte Raumordnungsmaßnahme nach dem Vorbild der weißen Mönche. Überall in Europa werden sich die Staaten, die Kommunen oder gemeinnützige Verbände, die Eigentümer von Zisterzienserklöstern sind, dieser Dimension bewußt, die über die öffentliche Denkmalpflege hinausgeht.

In unterschiedlichem Maße setzen zahlreiche Privateigentümer diese Politik seit Jahren um. In Frankreich geschieht das unter anderem in Fontenay, Fontfroide, Loc Dieu, Vaucelles, Valmagne, Vaux-de-Cernay, Val-Richer, Val-des-Choues und Villers-Canivet.

„Im Sommer 1987 besichtigten wir auf der Suche nach einem Ferienhaus eine ‚Zisterzienserkirche aus dem 12. Jahrhundert mit kleinem Wohnhaus', die zu verkaufen war. Wir hatten keine Ahnung, was uns erwartete. Uns erwarteten Gemäuer, die unter Brombeerranken und Efeu zerbröckelten. Wir waren uns sicher, daß wir dafür auserwählt waren, und kauften Fontmorigny, ohne weiter zu überlegen.

Das war der Beginn eines Abenteuers, das uns zu Spezialisten der Klostergeschichte, zu Meistern im Bauen, Organisieren von Konzerten und dem Verkauf von Andenken und schließlich zu Unternehmern machen sollte. Sehr bald waren wir gezwungen einzusehen, daß ein Baudenkmal zu besitzen, ein Vollzeitberuf war und wir unser Vorgehen rationalisieren mußten: Es galt, den Standort zu verstehen, uns in die Restauration einzubeziehen, das Denkmal wieder kollektiv in Erinnerung zu bringen und zum lokalen Kultur- und Wirtschaftsleben beizutragen.“

Obwohl Fontmorigny bereits seit dem 12. Jahrhundert verfiel und das Gelände wieder landwirtschaftlich genutzt wurde, war das Kloster nicht völlig in Vergessenheit geraten. Der Staat hatte 1923 verhindert, daß es als Steinbruch benutzt wurde, und Marcel Aubert führte es in seinem Werk über die Baukunst der Zisterzienser fünfundzwanzigmal an! Allerdings stürzte der Glockenturm über der Vierung 1981 ein. Und 1982 stützte der Staat nur unter dem Druck des neugegründeten Vereins der Freunde von Fontmorigny das Mittelschiff ab.

Ende 1997 waren die Kirche restauriert, die wassertechnischen Anlagen wieder in Betrieb genommen, die Gebäude von Schutt befreit und das Refektorium der Konversen wieder nutzbar. Und neue, langfristige Pläne waren in Vorbereitung.

Die historischen Studien und Ausgrabungen erwiesen sich als sehr interessant, da sie zeigten, daß die Kirche auf älteren Fundamenten aufgebaut war. Ob man wohl eines Tages wissen wird, wie viele Sakralbauten hier nacheinander auf geweihter Erde entstanden sind? In Fontmorigny existierte bereits seit dem 11. Jahrhundert eine Benediktinerabtei, die der Reformbewegung *Vita apostolica*, die

Der große rechteckige
Fischteich (80 x 25 m),
der parallel zur Südfas-
sade des Klausurgevierts
angelegt wurde, ist in
das komplexe wasser-
technische Versorgungs-
netz der Abtei einbezo-
gen. Ein Kanal führt un-
ter der Kirche hindurch.

sich geistig der „Urgemeinde" nahe fühlte, wie sie in der Apostelgeschichte beschrieben ist, angehörte. Der Mönch Foulques verließ 1128 das Kloster, um Abt von Les Dunes in Flandern zu werden. Vom Zisterziensertum angesprochen, band er sein neues Kloster 1138 an Clairvaux. Fontmorigny folgte seinem Beispiel 1149 und paßte die Architektur seines Klosters den Prinzipien der Zisterzienser an.

Wie viele Baudenkmäler wird auch Fontmorigny eine architektonische Perfektion erreichen, die es seit seiner Gründung nicht erlebt haben dürfte. Die Gesetze zur Denkmalpflege, die Bedingungen für die Bewilligung öffentlicher Gelder und eine Vielzahl von Subventionen und Einschränkungen stecken den Rahmen der Restauration ab. Es ist jedoch das Verdienst der Eigentümer, der zu ihrem eigenen Beitrag an Zeit und Geld hinzukommt, diesem ganzen Aufwand eine soziale Rechtfertigung zu geben. Die Öffnung für das Publikum, die ständige Zusammenarbeit mit Forschern (Historikern und Archäologen) und der Universität, die Organisation lokaler Kulturveranstaltungen (Ausstellungen, Konzerte, Kolloquien und so weiter); die Teilnahme an Gemeinschaftsaktionen der europäischen Zisterzienserklöster, die Förderung der lokalen Wirtschaft durch Schaffung von Dauerarbeitsplätzen, Ansiedlung von Hotels und Gaststätten und Herstellung ortstypischer Produkte – so sind die Eigentümer, die sich für die Klosteranlage begeistert einsetzen, ein kleines Unternehmen geworden.

Oben:

Zweischiffiger Keller im Haus der Konversen mit je vier Jochen, die durch drei achteckige Pfeiler getrennt sind.

Unten:

Fliesenboden der Kirche, von dem ungeklärt ist, ob er original ist, da das Gebäude mehrfach umgebaut wurde.

Eingang zum Garten.
Zur Blütezeit der Abtei
umschlossen die Kloster-
mauern ein Gelände von
etwa fünf Hektar.

FOSSANOVA

Fossa Nuova
Gemeinde Priverno, Region Latium, Italien
Gründung: 1135 durch Hautecombe (Filiation von
Clairvaux)
Schließung: 1795
heute: Pfarrkirche

Wie schön die Abteikirche Clairvaux II gewesen sein muß, läßt sich an Fossanova ablesen, das dem Mutterhaus nachgebaut wurde. Noch heute zeugt die Abtei von der Perfektion des bernhardinischen Plans. Mit der Zeit sind zwar ein gotisches Portal, ein Glockentürmchen mit Laterne über der Vierung und sogar ein Radfenster in der Fassade hinzugekommen, doch all diese, übrigens interessanten, Ergänzungen stören nicht die extreme Reinheit des Innenraumes mit seinem hellen, in sanftes Licht getauchten Stein und dem langgestreckten Mittelschiff ohne Gestühl, das die schweren Pfeiler mit den für die Zisterzienser typischen abgekragten Halbsäulenvorlagen rhythmisch gliedern.

Diese Konsolen tragen die Gurtbögen, die das Kreuzgratgewölbe verstärken. Auch in Chor, Querschiff, Kapellen und Seitenschif-

fen benutzten die Architekten von Fossanova diese Technik. Die zwischen 1186 und 1208 errichtete Kirche entstand zeitgleich mit ihren „drei provenzalischen Schwestern". Anfang des 13. Jahrhunderts hatten die Baumeister des Mittelmeerraumes die romanische Baukunst perfektioniert, ohne indes die im Norden neu entwickelten Techniken des Kreuzrippengewölbes einzubeziehen.

Diese beeindruckende Kirche war nicht die erste von Fossanova. Ursprünglich hatte sich hier ein Benediktinerkloster angesiedelt, das dem heiligen Stephanus geweiht war. Innozenz II. befürwortete die Übernahme des Klosters als Filiation von Clairvaux (1135). Sobald die Zisterzienser eintrafen, begannen sie die Sümpfe des von Malaria heimgesuchten Gebiets trockenzulegen. Sie bauten einen großen Entwässerungskanal, der dem Kloster

Linke Seite unten:
Der Kapitelsaal, der durch zwei mächtige Pfeiler unterteilt ist (um 1250).

Links:
Eingang zum „Klosterdorf".

seinen Namen gab, Fossa Nuova. Einige Jahre später (1173) nahm man den Umbau des Klosters in Angriff, um es den Normen des Ordens anzupassen. Die Arbeiten dauerten bis zur Weihe der Kirche durch Papst Innozenz III. im Jahr 1208.

Interessant ist Fossanova nicht nur wegen seiner Kirche. Der Refektoriumsflügel des alten romanischen Kreuzgangs, der noch von den Benediktinern stammte, wurde nach 1280 mit dem Bau eines Brunnenhauses umgestaltet, bei dem die römischen Marmorbildhauer ihre ganze Kunst entfalten konnten. Der Kapitelsaal erhielt ein Kreuzrippengewölbe. Refektorium und Infirmarium, das außerhalb des Klausurgevierts lag, um Ausdünstungen und Ansteckung fernzuhalten, wurden mit Gurtbögen ausgestattet.

Am 7. März 1274 starb Thomas von Aquin in Fossanova. Auf dem Weg zum Konzil von Lyon, wo er seine Thesen gegen die Vertreter des Vatikans verteidigen mußte, war er als Gast bei den Zisterziensern eingekehrt. Ein Relief aus der Schule von Bernini erinnert an dieses Ereignis. Der Heilige starb, umsorgt von den Mönchen, mit der Bibel in Händen, während er noch das Hohelied kommentierte.

Links:
Die beiden Bauperioden des Klosters treffen im Kreuzgang aufeinander.

Rechts:
Blick aus dem Querschiff in das nördliche Seitenschiff der Kirche.

Rechte Seite:
Die Säulchen und Kapitelle des gotischen Kreuzgangs erinnern an den Stil der Cosmaten, einer Gruppe von Dekorationskünstlern, die vom 12. bis zum 14. Jahrhundert in Rom tätig waren.

FOUNTAINS

S. Maria ad Fontes
Gemeinde Ripon, County North Yorkshire, England
Gründung: 1132 durch Clairvaux
Schließung: 1539 (durch Aufhebungsakte)
heute: Privatbesitz (Studley Royal), betrieben durch
The National Trust

„Am Nachmittag ausgedehnter Spaziergang bis zu den Ruinen von Fountains Abbey, die der antipapistische Furor der Könige nicht vollends zu zerstören vermochte. In den protestantischen Köpfen stellte sich die Frage: ‚Eine Kathedrale kann nützlich sein, aber was brauchen wir diese Mönche und ihre Klöster?‘ Weg also mit diesen Fanalen des Aberglaubens! Um zum Kloster zu gelangen, läuft man eine endlose Strecke durch einen völlig vereinsamten Park. Werden sie denn nie enden, diese von gigantischen Bäumen unterteilten Wiesen? Ab und an, in einem Hain, lugen kleine Tempel des 18. Jahrhunderts hervor, der antiken Venus geweiht, scheue Boten aus frivoler Zeit. Der Himmel ist grau,

doch wie angenehm läuft sich's durch dieses dichte Gras, selbst wenn man langsam müde wird! Der Eifer der Zerstörer dürfte auf dieser beträchtlichen Strecke auch allmählich erlahmt sein. Verschlafene Weiher, über die Wolken hinwegziehen, unterbrechen die Monotonie. Endlich sind wir da. ... Das auf zeitlicher Ebene räuberische Unternehmen Reformation hat sich hier wie anderswo reichlich bedient. Die Neureichen aus Heinrichs VIII. Zeit holten sich hier die Steine für ihre Prachtbauten, die wir vorbehaltlos bewundern. Und die Abtei, was gibt's über sie zu sagen? Daß sie die größte ist, die mir je vor Augen kam. Sie stammt aus der Zisterzienserhochblüte, aus dem 12. Jahrhundert, das auf mysteriöse Weise das Geheimnis ungetrübten Glaubens mit sich nahm, den wir nie völlig wiedergefunden haben. Hoch oben an diesem kolossalen Mauerwerk erkennt man noch die Rosettenadern aus etwas späterer Zeit. Glasfenster sind natürlich keine mehr da. Der Himmel liefert sie in allen Farben. Der Stein ist weiß wie Elfenbein, und die Bäume ringsum kontrastieren mit Schwarz. ... Wir steigen in den Weinkeller hinab. Unter diesem Flachtonnengewölbe ein Säulenwald. Wieder oben das imposante Refektorium und weiter weg, noch großräumiger und fast noch schweigsamer, die Kapelle, wo die letzte Messe gelesen wurde. Wir stapfen hier herum und sprechen ein wenig gedämpfter als gewöhnlich."

In diesem Text aus den *Tagebüchern* von Julien Green ist eigentlich schon alles gesagt. Es genügt, daran zu erinnern, daß Fountains wie viele andere Klöster dem Wunsch einiger Benediktinermönche entsprang – in diesem Fall jener des Klosters Saint-Mary in York –, zur strengen Befolgung der Benediktsregel zurückzukehren (1132). Unterstützt vom örtlichen Bischof wandten sie sich an Bernhard von Clairvaux, wie es vor ihnen auch die Mönche des benachbarten Klosters Rievaulx getan hatten. So übernahm Gaufrid von Ainai die Leitung der Bauarbeiten an der neuen Abtei (1135) und sorgte dafür, daß der bernhardinische Plan eingehalten wurde.

Linke Seite:
Blick von Südwest auf die Kirche mit ihrem 51 Meter hohen Turm aus dem 15. Jahrhundert.

Links:
Südliches Seitenschiff der Kirche.

Das war auch so, bis Abt John of York sich Anfang des 13. Jahrhunderts mit dem Problem der sich vergrößernden Zahl von Mönchen konfrontiert sah. Er ließ den Chor der Kirche einreißen, ersetzte ihn durch ein fünfjochiges Sanktuarium mit Seitenschiffen und schloß es mit einem zweiten Querschiff ab, an dessen hinterer Wand sich neun Seitenaltäre befanden. So entstand die „Chapel of the nine altars" (Kapelle der neun Altäre).

Eine weitere Veränderung der ursprünglichen Anlage bestand in der Vergrößerung des Kapitelsaals, der fast ebenso groß wurde wie das Refektorium und ebenfalls im rechten Winkel zum Kreuzgangflügel lag. Womöglich hielt man in diesem dreischiffigen Saal mit sechs Jochen das Kapitel aller Vertreter der vierzig Tochterklöster von Fountains ab.

Spektakulärer waren indes die Veränderungen, die Abt Marmaduke Huby (1495–1526) durchführen ließ. Dank beträchtlicher Einnahmen, die das Kloster durch seine großen Schafherden hatte, restaurierte der Abt die Holzdecke des Mittelschiffs (Rückkehr zur romanischen Decke) und erbaute den gewaltigen Turm im sogenannten „Perpendicular Style" (englische Spätgotik), der noch heute am nördlichen Querschiff zu sehen ist. Der Turm, wie auch die große Fensteröffnung in der Westfassade waren eine Bekräftigung klösterlicher Macht.

Die Aufhebungsakte setzte der ostentativen Sorglosigkeit der englischen Zisterzienser abrupt ein Ende. Abt William Thirske wurde 1537 gehängt, weil er an der Gnadenwallfahrt gegen die protestantische Reformation teilgenommen hatte. Sein Nachfolger gab die Abtei 1539 auf, nachdem man ihm eine Pension versprochen hatte.

Zunächst diente das Kloster seinem neuen Eigentümer als Steinbruch, doch im 18. Jahrhundert interessierte sich der Nachbar, Studley Royal, für die noch beträchtlichen Überreste. Die Zeit der Ruinenromantik war

angebrochen. Fountains Abbey wurde Teil eines weitläufigen Parks, in dem jahrhundertealte Bäume, die ebenso geschützt sind wie die alten Steine, Wege säumen. Dort kann man auch die klassizistischen Statuen und Tempel bewundern, die den Stolz englischer Gärten ausmachen.

Dank des National Trust stehen diese schöne, der Natur nachempfundene Parklandschaft und die bewundernswerten Ruinen jährlich mehr als 300 000 Besuchern offen. Der ästhetische Erfolg ist unbestreitbar, und gegen eine gewisse Künstlichkeit, die solchen Orten anhaftet, gibt es offenbar kein Mittel. Vielleicht würde diese Künstlichkeit selbst dann noch bestehen bleiben, wenn die Mönche zurückkehren und die Gebäude wieder aufbauen würden, wie einige Benediktiner es vor Jahren vorgeschlagen haben. Das gab übrigens in England Anlaß zu heftigen Protesten. Man kann das mittlerweile fest verwurzelte Bild der Klosterruinen nicht mehr verändern, die zu gewaltigen Statuen geworden sind, erstarrt inmitten von Orten jenseits des Alltäglichen.

Der großartige Chor-schluß der Kirche (in Form eines zweiten Querschiffes) ist dem Sonnenaufgang und dem Park Studley Royals zu-gewandt (Breite 40 m).

Oben links:
Kanal unter dem Keller.

Oben rechts:
*Durchfluß des Wasser-
laufs unter den beiden
letzten Jochen des Kon-
versenhauses, das mit
zwei Schiffen zu je zwan-
zig Jochen das größte al-
ler Zisterzienserklöster
ist (siehe Abb. S. 76).*

Rechte Seite:
*Kirchenportal in der Ver-
längerung des Mittel-
schiffs.*

FURNESS

Furnesium
Gemeinde Dalton in Furness, County Cumbria,
England
Gründung: 1123 in Tulket; 1127 in Furness durch
Savigny (Zisterzienserkloster seit 1147, Filiation
von Clairvaux)
Schließung: 1537
heute: Ruine (Monuments Commission)

Auf der Suche nach einem weltabgeschiedenen Ort drangen die Mönche des Ordens von Savigny auf die Halbinsel Barrow-in-Furness an der Irischen See vor. Dort fanden sie ein kleines felsiges Tal mit bewaldeten sanften Hügeln. Selbst Barrow war nur ein entlegenes Dorf und blieb es auch bis zur Eröffnung der Bahnstrecke von Furness 1846.

Bei Gründung des Klosters, die mit Unterstützung des zukünftigen Königs, Stephan I. von Blois, erfolgte, gehörten die Mönche zum Benediktinerorden, schlossen sich jedoch 1147 den Zisterziensern und Clairvaux an. Zu diesem Zeitpunkt befand sich die Kirche bereits im Bau. Obwohl man einige Korrekturen zugunsten des bernhardinischen Plans vornahm, behielt die Kirche auch Merkmale, die für die benediktinische Baukunst charakteristisch sind, vor allem die Kreuzarmflügel mit gestaffelten Apsidialkapellen. Die gleiche Anordnung findet man in Vaux-de-Cernay, einem Tochterkloster von Savigny, dessen Bau auch vor 1147 begonnen wurde.

Das Kloster entwickelte sich recht schnell und wurde fast ebenso mächtig wie Fountains. Der Abt beherrschte ein großes Gebiet, das bis an die schottische Grenze reichte. Allein die Macht des Königs konnte sich dem Einfluß von Furness entgegenstellen. Nach der Aufhebungsakte blieben nur Ruinen.

Sie liegen jedoch imposant in einer herrlichen Umgebung. Als erstes ist man beeindruckt von den überwältigend hohen Mauern von Chor, Querschiff und Turm, der 1500 begonnen, aber nie fertiggestellt wurde. An den Überresten läßt sich noch deutlich der normannische Stil erkennen, der die ersten Baumeister inspiriert hat. Anfang des 15. Jahr-

hunderts erhielt der Bau Fenster im „Perpendicular Style", der englischen Spätgotik, und eine gewaltige Rose, von der noch einige Maßwerkelemente erhalten sind.

Nicht übersehen sollte man die prächtigen Sedilen im Chor, ein seltenes Ensemble aus vier Sitzen für die Offizianten und dem für die Messe erforderlichen Doppelbecken unter einem gotischen Baldachin, von zwei Wandnischen flankiert.

Vom östlichen Kreuzgangflügel existiert noch eine schöne Bogenreihe vor dem gut erhaltenen Kapitelsaal aus dem 13. Jahrhundert, während von Refektorium und Konversenhaus nur die Grundmauern übrig sind.

Nicht weit entfernt hat man im Infirmarium mit noch überwölbter Kapelle ein Museum eingerichtet.

Linke Seite:
Türen des Infirmariums.

Oben:
Blick vom Mittelschiff
auf das romanische
Querschiff.

Blick vom Querschiff auf die Triumphbogenwand zum Chor.

Blick vom Querschiff in
das nördliche Seiten-
schiff.

HEILIGENKREUZ

Sancta Cruz

Gemeinde Heiligenkreuz, Niederösterreich, Österreich

Gründung: 1133 durch Morimond

Schließung: keine (eine von zwölf Abteien, die von der Gründung bis heute durchgängig als Kloster bestanden haben)

heute: Zisterzienserkloster mit philosophisch-theologischer Lehranstalt und Pfarreien

Ludwig der Fromme teilte das Fränkische Reich durch die Reichsordnung (817) unter seine drei Söhne auf, wobei Ludwig der Deutsche die Ostmark erhielt. Seit 976 wurde dieser Teilstaat vom Geschlecht der Babenberger regiert, die ihn bis zur Ankunft der Habsburger 1246 halten konnten. Markgraf Leopold III. von Babenberg beauftragte seinen Sohn Otto, ihm den dynamischsten Orden seiner Zeit zu suchen. Da der junge Mann gerade als Novize in das Kloster Morimond eingetreten war, fiel es natürlich dieser Abtei zu, 1133 das Kloster Sancta Cruz (Heiligenkreuz) zu gründen. Es verdankt seinen Namen einer Reliquie des Kreuzes Christi, die der Markgraf der neuen Abtei zum Geschenk gemacht hatte. Der Standort von Heiligenkreuz kam dem Wunsch des Markgrafen entgegen, an seiner noch offenen und ungesicherten Ostgrenze ein Zisterzienserkloster zu haben, das den Siedlern in dieser Region als „landwirt-

schaftlicher Modellbetrieb" dienen konnte. Otto von Babenberg wurde später Abt von Morimond und anschließend Bischof von Freising. Er gehörte zu den bedeutendsten Schriftstellern seiner Zeit und gilt aufgrund seiner *Gesta Friderici Imperatoris* (1156) als „Vater der deutschen Geschichtsschreibung".

Die Abtei, die nie aufgehoben wurde und stetig wuchs, besteht aus einer Abfolge mehrerer Innenhöfe, von denen die ersten der Öffentlichkeit teils zugänglich und die hinteren dem mönchischen Leben vorbehalten sind (Klausur und Konventshof). Die Abfolge geschlossener Innenhöfe und Räume entspricht dem Geist des barocken Urbanismus, der in der Benediktinerabtei Melk mit ihren sieben Innenhöfen auf die Spitze getrieben wurde. In Frankreich illustriert das Palais Royal in Paris dieses Prinzip.

Heiligenkreuz wurde zwar wie fast alle bedeutenden Bauten Mitteleuropas im 17. und

18. Jahrhundert barockisiert, hat aber die Architektur seiner Frühzeit vor allem in der Klosterkirche bewahrt. Wenn man den Stiftshof mit seinen zweigeschossigen Arkaden und den alten Bäumen betritt, in deren Schatten die Dreifaltigkeitssäule und der Josephsbrunnen mit seinen ausladenden Schalen (beide von Giovanni Giuliani) stehen, entdeckt man die stark überarbeitete romanische Westfassade der Kirche. Im Inneren erhebt sich das Mittelschiff mit jener dreizonigen Wandgestaltung (Rundbogen, glattes Mauerwerk, Lichtgaden), die typisch für die Spätromanik ist. Die Decke besteht jedoch schon aus einem gotischen Bandrippengewölbe, das

auf abgekragten Wandvorlagen ruht. Das Querschiff führt zu einem gotischen Chor, der wie in den Kirchen von Cîteaux und Morimond rechteckig ist. Die frühere barocke Ausstattung wurde im 19. Jahrhundert durch einen neugotischen Altar ersetzt. Die Schnitzarbeiten des Chorgestühls (von Giovanni Giuliani) zeigen Szenen aus dem Leben Christi.

Kreuzgang und Kapitelsaal sind den Toten gewidmet. Anstelle des Armariums befindet sich die Sankt-Annen-Kapelle, in der ein Abt aus dem 18. Jahrhundert beigesetzt ist. Im Sprechzimmer hat man eine Totenkapelle eingerichtet, in der verstorbene Mönche bis

Linke Seite:
Blick in den großen Stiftshof mit der Dreifaltigkeitssäule, die ebenso wie das Chorgestühl der Kirche von Giovanni Giuliani stammt.

Oben:
Blick in den Mönchssaal oder die „Fraterie". Die Säulen haben keine Kapitelle, vielmehr sind hier die Kämpfer der Gurtbögen zu eleganten Kragsteinen ausgebildet.

zu ihrer Beerdigung aufgebahrt werden. Im alten Kapitelsaal befindet sich das Mausoleum der Familie Babenberg.

Das an den Kreuzgang anschließende Refektorium existiert nicht mehr, aber das schöne spätgotische Brunnenhaus ist erhalten. Der Brunnen aus der Renaissance wurde von italienischen Brunnenschalen inspiriert.

Der Mönchssaal, in Heiligenkreuz „Fraterie" genannt, vermittelt eine Vorstellung vom Arbeitsbereich der mittelalterlichen Schreiber und Buchmaler, die hier tätig waren. Mauern

und Kreuzgratgewölbe sind verputzt und (passend zu den Steinplatten) mit falschen roten Mauerfugen bemalt. Früher schützte man den Stein durch einen Verputz, und auch Heiligenkreuz machte da keine Ausnahme.

Im 17. Jahrhundert baute man eine neue Sakristei, größer als die aus dem Mittelalter stammende, die seitdem eine reichere Ausstattung erhalten hat. Die Schränke für die Meßgewänder und die Gold- und Silbergefäße haben die Mönche im 19. Jahrhundert gefertigt und mit sehr schönen Marqueterien aus

naiven Trompe-l'œil-Einlegearbeiten versehen. Sich der Qualität ihrer Arbeit durchaus bewußt, haben sie die erste Tür des linken Schrankes mit ihrer Signatur versehen, was nach der Regel nicht gebräuchlich war.

Bei einem Besuch in Heiligenkreuz sieht man in der Nähe des Mönchssaals Böden von Fässern, die mit naiven Szenen bemalt sind und daran erinnern, daß die Abtei noch heute Weinberge in Gumpoldskirchen und im Burgenland besitzt, von denen die ältesten schon 1146 als Schenkungen in ihren Besitz kamen!

Oben links:
Blick in den östlichen
Kreuzgangflügel.

Oben rechts:
Das gotische Brunnen-
haus (1290) mit dem Re-
naissancebrunnen. Die
Verglasung der Fenster
stammt ebenso wie die
im Kreuzgang aus dem
19. Jahrhundert.

Linke Seite:
Blick in den Kapitelsaal,
dessen Architektur aus
dem 13. Jahrhundert der
Dekoration aus dem 18.
Jahrhundert widerstan-
den hat. Die Wand-
gemälde zeigen die
Markgrafen und Herzöge
von Österreich aus der
Familie der Babenberger,
die hier beigesetzt sind.

Folgende Doppelseite:
Blick in die Gewölbe der
Kirche an der Vierung
(um 1290), die zum Vor-
bild für die gesamte go-
tische Architektur
Österreichs wurden.

HOLY CROSS

Mainistir na Croise Nasfa, Santa Crux
Gemeinde Thurles, County Tipperary,
Republik Irland
Gründung: 1180 durch Monasteranenagh (Filiation
von Clairvaux)
Schließung: 1735
heute: Pfarrkirche (und Pilgerstätte)

Das heutige Holy Cross verkörpert das gängige Bild von Irland: eine Landschaft, die von Jahrhunderten der Landwirtschaft und Viehzucht geprägt ist, eine alte Steinbrücke, die mit acht Jochen die starke Strömung des Flusses Suir überspannt, schöne Ruinen einer mittelalterlichen Abtei, aber auch eine restaurierte Kirche und ein geöffneter Pub im Dorf.

Holy Cross ist das Erbe einer glorreichen und bewegten Vergangenheit. Als Benediktinerabtei gegründet von Donal O'Brien, dem König von Thomond, sah sich das Kloster großen Schwierigkeiten gegenüber, die auch die Zisterzienser, als sie es 1180 übernahmen, nur lösen konnten, indem sie eine Reliquie des heiligen Kreuzes zur Pilgerstätte machten. Dank dieser Einnahmequelle konnten sie das Kloster Ende des 15. Jahrhunderts in einem besonders eleganten spätgotischen Stil wiederaufbauen, wobei sie die Grundrisse der ursprünglichen Anlage beibehielten.

Durch Protektion der einflußreichen Familie Butler entging das Kloster der Schließung und wurde in eine weltliche Schule umgewandelt. Die Zisterzienser konnten dort bis 1735 bleiben, allerdings ohne von den Verfolgungen und Plünderungen durch die Truppen Cromwells und die Kombattanten der Jakobitenkriege verschont zu werden. Fünfzehn Jahre lang mußten die Mönche in Kilkenny leben und konnten keine Novizen aufnehmen. 1685 gab es nur noch zwei Mönche dort.

Seit 1971 hat man nach dreihundertjähriger Vernachlässigung umfangreiche Restaurierungen an der Abtei vorgenommen, die die Ruinen vor dem endgültigen Verfall bewahrt und wieder Leben in das Kloster gebracht haben, das heute als Pilgerstätte, Pfarrkirche, Kulturzentrum und Fremdenverkehrsbüro dient. Trotzdem hält der irische Experte für Geschichte und Baukunst der Zisterzienser, Roger Stalley, die Qualität vieler Arbeiten der jüngsten Zeit einem Baudenkmal dieser Bedeutung nicht für angemessen.

Die Kirche hat einen kleinen, zweijochigen Chor mit Kreuzrippengewölbe mit Ranken und Nebenrippen, ein ebenfalls gotisches Querschiff und ein sechsjochiges Mittelschiff mit Seitenschiffen. Über der Vierung erhebt sich ein hoher Turm. Im Chor befindet sich eine Sedilia mit dreifacher Arkatur. Wandmalereien aus dem 15. Jahrhundert zeigen im nördlichen Kreuzarm einen Hirsch, auf einem Pilaster des Chores eine Eule und auf dem Fries eines Wandpfeilers im nördlichen Querschiff einen Hund. Und die Einschränkungen der zisterziensischen Kunst vermochten auch nicht, die traditionellen irischen Skulpturen aus den Klosterkirchen zu verbannen.

Linke Seite unten:
Kragstein am südwestlichen Pfeiler der Vierung.

Oben:
Überreste des Kreuzgangs (Nordwestecke).

Linke Seite:
Altarblock mit Reliefs
der Jungfrau Maria und
Christus am Kreuz; heute
steht er an der Nord-
wand der Kirche.

Oben:
Kragsteine, die zwar
keine figürlichen Orna-
mente aufweisen, aber
nach der irischen Tradi-
tion von figürlichen Ele-
menten begleitet sind.

HORE

Furnesium
Gemeinde Dalton in Furness, County Cumbria,
England
Gründung: 1123 in Tulket, 1127 in Furness durch
Savigny (Zisterzienserkloster seit 1147, Filiation
von Clairvaux)
Schließung: 1537
heute: Ruine (Monuments Commission)

Nur zu Fuß über sumpfige Wiesen erreicht man das Zisterzienserkloster Hore, das noch heute fast völlig vergessen am Fuß des Rock of Cashel liegt. Auf diesem Felsen, der mächtigen Bischöfen als Festung diente, erheben sich die Ruinen einer Kathedrale mit kreuzförmigem Grundriß und ihrer Nebengebäude, vor allem Cormac's Chapel, ohne Zweifel das bemerkenswerteste romanische Baudenkmal, das man in Irland finden kann. In Scharen drängen sich die Besucher, um diesen „Mont-Saint-Michel Irlands" zu besichtigen, ohne einen Blick auf die kleine Abtei zu werfen, die abgelegen mitten im Hochmoor liegt und zu der nicht einmal ein Weg führt.

Der Bischof von Cashel konnte das Kloster Mellifont bewegen, Mönche zu entsenden,

die am Fuß seines Felsens ein Kloster gründeten. Es war die letzte Gründung eines Zisterzienserklosters in Irland, die allerdings den Voraussetzungen für die Ansiedlung eines Klosters in einem Punkt nicht ganz entsprach. Die Mönche beklagten sich: „Im Kloster hört man die Glocken der Kathedrale zu gut." Als 1540 nur noch drei Mönche in Hore lebten, wandelten sie das Kloster in eine Pfarrkirche um und blieben dort. Später kam das Land als Schenkung an James Butler, Duke of Ormond. Kirche, südlicher Kreuzarmflügel und Kapitelsaal wurden zu Wohnzwecken umgebaut. Heute ist die Abtei Besuchern frei zugänglich.

Wie immer lesen sich die Ruinen wie ein Grundriß im Relief. Und wie alle Zisterzienserklöster entspricht auch Hore dem bernhardinischen Plan. Der Besuch einer Zisterzienserabtei hat immer etwas Befriedigendes: Man weiß schon im voraus, was man vorfinden wird, sei es in Irland oder Portugal, man begreift die Funktion jedes Elementes, bewundert die seltenen Varianten, die die Grundprinzipien an den jeweiligen Standort anpassen. Manchmal träumt man davon, daß ein Abt das Programm geändert und seinem Architekten freie Hand gelassen hätte.

Und genau das ist in Irland im 15. Jahrhundert geschehen, wo fast alle Klöster Türme bauen ließen, obwohl das dem oft wiederholten Verbot solcher Zeichen von Eitelkeit zuwiderlief. Allerdings sind die Türme fast alle nach dem gleichen Muster gebaut! In Hore gibt es jedoch eine Besonderheit: Es ist das einzige irische Kloster, das seinen Glockenturm an die Nordseite setzte, ohne daß man den Grund dafür wüßte.

Links:
Blick in das Vierungsge-
wölbe mit Nebenrippen.

Rechts:
Blick auf den geraden
Chorabschluß mit den
drei teilweise zugemau-
erten Fenstern.

JERPOINT

Sciriopuin, Jeripons
Gemeinde Thomastown, County Kilkenny, Republik Irland
Gründung: 1180 durch Baltinglass (Filiation von Clairvaux durch Mellifont)
Schließung: 1540 (durch Aufhebungsakte)
heute: Ruine (Office of Public Works seit 1880)

Das Kloster wurde vom König von Ossory, Donald MacGillapatrick, in Auftrag gegeben (1160) und von Benediktinermönchen gegründet, die schon kurze Zeit nach der Klostergründung die Ordensregeln der Zisterzienser übernahmen und sich der Abtei Baltinglass anschlossen (1180).

Doch schon bald geriet Jerpoint, das einsam in einer friedlichen Landschaft lag, bewässert von dem hübschen Flüßchen Little Avrigle, in ernstliche Schwierigkeiten, als es in die „Verschwörung von Mellifont" (1227) verwickelt wurde, die zur Absetzung seines Abtes führte. Jerpoint wurde der Abtei Fountains in York unterstellt, was entscheidend zur Anglisierung Irlands beitrug.

Kloster Jerpoint errichtete Anfang des 15. Jahrhunderts einen zinnenbewehrten Turm über der Vierung und schmückte seinen Kreuzgang mit einer sehr schönen Säulenreihe und Statuen. Es besaß 5870 Hektar Land und Wald, mehrere Grangien, Mühlen und vor allem Staudämme für Fischteiche.

Zur Zeit der Aufhebung des Klosters lebten jedoch nur noch der Abt und fünf Mönche dort, die daraufhin eine Pension erhielten; die adeligen Schutzherren, die Familie Butler aus Kilkenny, konnten so die Einnahmen des Klosters ungeteilt nutzen, ohne die Gebäude erhalten zu müssen. Erst als im 19. Jahrhundert das Interesse an Mittelalterstudien wiedererwachte, betrieb die Kilkenny Archeological Society die Restaurierung der Anlage.

Der tonnengewölbte Chor der Kirche ist ein schönes Beispiel romanischer Architektur vom Ende des 12. Jahrhunderts. Die Fenster, die im 14. Jahrhundert anstelle der ursprünglichen drei Okuli eingesetzt wurden, erhellen

Grabnischen und die Reste von Fresken an der Nordseite sowie die Sedilen der Offizianten an der Südseite. Die liegende Figur auf dem Grabmal dürfte traditionsgemäß den Abt darstellen, der das Kloster gegründet hat.

In den Kreuzarmflügeln befinden sich je zwei kleine überwölbte Kapellen mit geradem Abschluß. Grab- oder Bodenplatten zeugen von der Qualität der Steinmetze von Jerpoint. Zwei Ritter in Kettenhemd, die „brethren" (Brüder), ruhen auf einer Grabplatte aus dem 13. Jahrhundert an der Südseite.

Der auf vier massiven Pfeilern ruhende Turm hat ein feinrippiges gotisches Sterngewölbe. Unter der Vierung befindet sich die Grabstätte von Robert Walsh und Katherine Power mit der Signatur von Rory O'Tunney. Anfang des 16. Jahrhunderts begannen die

Linke Seite rechts:
Nordwand des Mittel-
schiffs.

Links:
Blick in den Kreuzgang.
Im Vordergrund eines
der Reliefs, die zwischen
die Säulen der Arkatur
eingebunden sind.

Bildhauer, sich aus der Anonymität des Handwerkers herauszuheben und sich als Künstler zu fühlen, was sie durch ihren Namenszug oder ein persönliches Zeichen manifestierten.

Neben dem Mittelschiff ist noch das nördliche Seitenschiff erhalten, sehr schmal wie immer bei den Zisterziensern, die es mehr als Widerlager denn als Umgang für Prozessionen brauchten. Die Kapitelle der in regelmäßigem Wechsel angeordneten Pfeiler und Säulen sind mit Festons verziert.

Das interessanteste Element des Klosters Jerpoint sind die Arkaden des Kreuzgangs (1390–1400), dessen Süd- und Westflügel 1953 mit den Überresten rekonstruiert wurden, die man am Boden gefunden hatte. Die romanische Galerie öffnet sich zum Paradiesgarten mit einer Abfolge von Rundbögen in Dreierstellung, die auf kleinen Doppelsäulen ruhen. Sie bilden den Rahmen für Relieftafeln, die zu den besten Kunstwerken Irlands zählen und Prinzen und Prälaten, Bauern und Mönche in zeitgenössischer Kleidung darstellen. Es finden sich jedoch auch Grotesken (nach irischer Tradition) und Heilige wie Christophorus, der das Jesuskind trägt.

Das Haus der Mönche am östlichen Kreuzgangflügel ist vollständig erhalten. Sakristei und Armarium, Kapitelsaal, Sprechzimmer, (der heute geschlossene) Durchgang und Mönchssaal weisen schöne Tonnengewölbe auf. Bei den Restaurierungsarbeiten hat man einen Großteil der mittelalterlichen Bodenfliesen aus gebranntem Ton wiedergefunden, die in zwei Ausführungen vorkamen: Fliesen mit zweifarbigen Einlegearbeiten, die einen Löwenkopf (?) zeigen und Fliesen mit eingeprägten Linien, die vier Motive zeigen: einen liegenden Löwen, eine Lilie, wilden Wein und eine kreuzförmige Blüte. Diese eher naturalistische als religiöse Kunst entspricht durchaus der keltischen Tradition.

*Linke Seite, von links
nach rechts:*
• *Kapitell mit Feston-
schmuck an einem
Pfeiler der Kirche.*
• *Blick in den Chor.*

Oben:
• *Reliefs zwischen den
Säulen des Kreuzgangs,
ganz links eine Darstel-
lung des heiligen Chri-
stophorus.*
• *Kopf eines Menschen,
der erschöpft unter
seinem Joch geht.*

237

LEONCEL

Lioncellum
Gemeinde Léoncel, Département Drôme,
Region Rhône-Alpes, Frankreich
Gründung: 1137 durch Bonnevaux (Filiation von
Cîteaux)
Schließung: 1791
heute: Pfarrkirche

Es gibt keinen Ort, der den Zisterziensern widerstanden hätte. In Léoncel bewältigten sie die Unwägbarkeiten eines kleinen Hochmoors im westlichen Vercors oberhalb der Tiefebene von Valences und Romans, von wo aus sie über den Col de la Bataille den Zugang zur Zitadelle im oberen Vercors kontrollierten.

Es ist ein majestätischer Ort, dominiert von den Steilfelsen des Echaillon und den Hängen des Signal du Tourniol. Ein Karstrelief, in dem Kalkausstriche den Wald durchbrechen: Eichen und Kastanien in den Tälern, Buchen- und Nadelwälder in Richtung der Hochebene von Ambel, einer weiten Mulde, die von Almwiesen überzogen ist. Die erste Ansiedlung lag auf einer Erdaufschüttung, um sie vor den Hochwassern der Lionne (Lion-cellum) zu schützen und zugleich die erhebliche Strömung des Flüßchens zu hemmen.

Die Abtei konnte sich jedoch nur langsam entwickeln, da sie starken Winden ausgesetzt und mehrere Monate im Jahr schneebedeckt war. Wegen des rauhen Klimas konnten die Mönche die Felder nur im Sommer bestellen und waren auf Zuschüsse zu ihren Nahrungsvorräten aus der Ebene angewiesen. So beschlossen sie 1194, sich mit dem kleinen Kloster Part-Dieu zusammenzutun, das am Fuß der Berge lag. Das Generalkapitel erlaubte den weißen Mönchen, dort von Sankt Andreas (30. November) bis Ostern zu wohnen.

Diese zwei Standorte ermöglichten es den Zisterziensern, sich große Besitztümer zu sichern, indem sie den Getreideanbau und Weinbau in Terrassenkultur mit der Forst- und Weidewirtschaft in den Bergen verbanden. Mit der benachbarten Kartause Val Sainte-Marie-de-Bouvante hatten sie ein Abkommen über

Weiderechte getroffen und so viel Bergland unter klösterliche Verwaltung gebracht.

Mit der sich ausweitenden Eigenbewirtschaftung ging der geistige Aufschwung in Léoncel einher. Einer der ersten Äbte, Hugo von Chateauneuf, wurde heiliggesprochen. Doch nach der großen Pestepidemie und dem Hundertjährigen Krieg fand die Abtei nie wieder zu jener Blüte zurück, die sie in ihren ersten zweihundert Jahren erlebt hatte. Zahlreiche Schicksalsschläge trafen die Abtei über die Jahrhunderte hinweg: Zerstörung durch Räuberbanden aus der Gascogne (1390), dreißig Jahre währender Rückzug des Konvents nach Romans, Brand während der Religionskriege (1568), Abwesenheit der Äbte von der Abtei, ständige Prozesse mit benachbarten Gutsbesitzern, Kommendeäbte (1681), die sich die Einkünfte der Ländereien aneigneten und den wenigen Mönchen, die noch dort waren, nur die Einnahmen der Almwiesen ließen, Konflikte wegen der Wasser- und Holzungsrechte, erneute provisorische Aufgabe der Klosteranlage (1726), Zusammenstöße mit feindseligen Dorfbewohnern (1781) … Während der Revolution wurde das schon desolate Kloster schließlich aufgehoben.

Wenn man heute nach Léoncel kommt, bietet sich ein bewegender Anblick. Die alte Kirche, die die Revolution nur überdauert hat, weil sie 1791 zur Pfarrkirche wurde, erhebt sich in zisterziensischer Schlichtheit inmitten von Wiesen und vereinzelten Bäumen. Die Fassade wurde stark verändert: Anstatt der kleinen Seitentür für die Mönche existiert nun ein großes Portal für die Gemeindemitglieder. Der Glockenturm, der aus Stein ist, um dem Wind standzuhalten, besitzt die

*Blick von Nordost auf
Kloster Léoncel und den
Chorabschluß der Kir-
che.*

schöne Ausgewogenheit zweigeschossiger alpiner Glockentürme mit achteckigem Spitzdach. Bernhard von Clairvaux, der gegen solche für das klösterliche Leben unnötigen Zeichen der Macht war, hätte ihn abgelehnt.

Die Gestaltung des Innenraums entspricht dem Geist der Zisterzienser, mit der strengen Trompenkuppel über der Vierung und der Verwendung des örtlichen Kalksteins, wie es sich gehörte. Die Solidität der frühen, romanischen Architektur (1150–1188) zeigt sich im halbkreisförmigen Chor mit Halbkuppel, flankiert von zwei Apsidiolen, im Mittelschiff mit seinen Pfeilern wie auch in den niedrigeren Seitenschiffen mit Viertelkreisgewölben. Erste Ansätze einer gotischen Architektur finden sich im Rippengewölbe des Mittelschiffes (1188–1210), das die ursprüngliche Holzdecke ersetzte, allerdings noch in archaischer Technik, da die mächtigen Gurtbögen mehr tragen als die Kreuzrippen. Licht erhält das Mittelschiff durch die Rundbogenfenster zwischen den abgekragten Wandvorlagen, die die Schubkräfte aufnehmen und auf den typischen Konsolen ruhen.

Prosper Mérimée nahm die Kirche 1840 in die Liste der historischen Denkmäler auf. Andere Teile des Klosters, vor allem im ehemaligen Haus der Mönche, werden derzeit vom Haus Saint-Hugues genutzt. Jährlich stattfindende Kolloquien, organisiert vom Verein der Freunde von Léoncel, tragen seit 1986 zur geistigen Wiederbelebung der Anlage bei.

Linke Seite:
Blick auf die Nordwand
des Mittelschiffs.

Links:
Blindarkaden im nörd-
lichen Seitenschiff.

LERINS

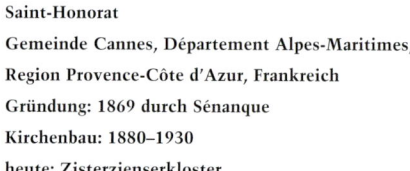

Saint-Honorat
Gemeinde Cannes, Département Alpes-Maritimes,
Region Provence-Côte d'Azur, Frankreich
Gründung: 1869 durch Sénanque
Kirchenbau: 1880–1930
heute: Zisterzienserkloster

Als die Zisterzienser von Sénanque 1869 die Insel Saint-Honorat erwarben, übernahmen sie einen Ort, der eine lange klösterliche Geschichte hinter sich hatte.

Gegründet wurde das Kloster auf der kleineren der beiden Lérins-Inseln vom heiligen Honorat um 400, einige Jahre, bevor Johannes Cassianus 415 in Marseille die Klöster Saint-Victor und Saint-Sauveur gründete, und einige Jahre, nachdem der heilige Martin seine Missionstätigkeit in Gallien aufgenommen hatte (Gründung von Kloster Ligugé 361).

Honorat und sein Gefährte Capras kamen aus dem gallischen Belgien und lebten als Eremiten, bevor sie ein Kloster gründeten, aus dem zahlreiche Bischöfe hervorgingen. Im 6. Jahrhundert übernahm das Kloster die Benediktsregel, schloß sich 978 Cluny an, 1366 Saint-Victor, 1638 Saint-Maur, 1645 der Kongregation von Montecassino und 1756 erneut Cluny, bevor es 1786 zum Bischofsgut Grasse kam und schließlich nach der Verstaatlichung 1791 verkauft wurde.

Von der Klosteranlage des 11. Jahrhunderts, die im Laufe der Jahrhunderte zu einer Befestigung ausgebaut wurde, um Übergriffe von Plünderern, die vom Meer kamen, abzuwehren, ist heute noch ein zweigeschossiger romanischer Kreuzgang erhalten, der in das moderne Kloster (1880–1930) einbezogen ist.

Linke Seite:
Luftaufnahme der Insel
Lérins.

Links:
Die Klosteranlage wurde
im Laufe der Zeit zu
einer Befestigung ausge-
baut.

Der alte Kreuzgang
(8. oder 9. Jahrhundert).

Kloster Lérins gehört heute als Mutterhaus der Kongregation von der Unbefleckten Empfängnis dem Zisterzienserorden an, der zwölf Kongregationen mit 64 Männerklöstern (und annähernd 1300 Mönchen) sowie fünf Kongregationen mit 86 Frauenklöstern (und 1500 Nonnen) umfaßt.

Das klösterliche Leben in Lérins (und in seiner Priorei Sénanque) ist dem der Zisterzienser der strengen Observanz (Trappisten) sehr nahe, die weiterhin nach den Grundprinzipien der Benediktsregel leben (Meditation, Gebet, Arbeit). Die anderen Kongregationen folgen dem im 18. Jahrhundert in Mitteleuropa

eingeschlagenen Weg, der dem Dienst am Nächsten (zum Beispiel in Waisenhäusern und Schulen) oder pastoralen Aufgaben innerhalb einer Pfarrei Vorrang einräumt.

Links:
Dreifaltigkeitskapelle in der primitiven Architektur des 6. Jahrhunderts.

Rechts:
Der zweigeschossige Kreuzgang des befestigten Klosters.

LOC DIEU

Locus Dei
Gemeinde Martiel (bei Villefranche-de-Rouergue),
Département Aveyron, Region Midi-Pyrénées,
Frankreich
Gründung: 1124 (Zisterzienserkloster seit 1162)
durch Dalon (Filiation von Pontigny)
Schließung: 1791 (Französische Revolution)
heute: Privatbesitz

Loc Dieu sieht weniger wie ein Kloster aus als wie ein romantisches Schloß oder eine Festung mit seinen hohen Mauern, hinter denen im zweiten Weltkrieg das Gemälde der Mona Lisa Schutz fand. Geradezu märchenhafte Züge erhält die Anlage durch den See, in dem sich die Klosterkirche spiegelt und auf dem weiße Schwäne ihre Kreise ziehen.

Loc Dieu wurde nur zum Zisterzienserkloster, weil die benediktinischen Gründer so sorglos waren. Zwanzig Jahre nach der Gründung hatten sie bereits viele Gebäude errichtet, offenbar sogar zu viele, da sie sich Geld leihen mußten, um 1159 den Grundstein für die Kirche legen zu können. Um dem Ruin zu entgehen, schlossen sie sich der Abtei Bonneval an, die die Schulden des neuen Tochterklosters beglich, und wurden Zisterzienser.

Den ersten Schwierigkeiten der Abtei folgten weitere: ab dem 13. Jahrhundert Vetternwirtschaft und Aufgabe nach der Revolution. Ende des 19. Jahrhunderts machten sich die Eigentümer an die Rekonstruktion der Klosteranlage, bei der sie die historischen Gebäude respektierten und für den Rest viel Phantasie aufbrachten. Das Kloster Loc Dieu war vielleicht niemals so schön wie um 1900.

Die Kirche hat ihre ursprüngliche Reinheit bewahrt, der Chor schließt mit einer Apsis ab und die Kapellen im Querschiff mit gerader Stirnwand (12. Jahrhundert), das Mittelschiff wurde aufgestockt und mit großen Rippengewölben (13. Jahrhundert) überdeckt, ohne die schmalen Seitenschiffe mit Spitztonnengewölbe zu verändern.

Der Kreuzgang stammt aus dem 15. Jahrhundert wie auch der sechsjochige Kapitelsaal mit Rippengewölbe auf zwei profilierten

Säulen, der seine Funktion als geschlossener Ort der Meditation neben dem Kreuzgang vergißt und sich weit zum Park hin öffnet.

Mehrere Jahre in Folge gaben hier im Sommer Michel Dintrich und Jerôme de Souza Konzerte mit Klavierwerken Johann Sebastian Bachs, bearbeitet für zehnsaitige Gitarren.

Linke Seite oben:
Blick vom Chor in das
südliche Seitenschiff
und das Mittelschiff der
Kirche.

Linke Seite unten:
Okulus im südlichen
Kreuzarm.

Oben:
Blick in den Kapitelsaal,
der mittlerweile hell
erleuchtet ist wie eine
Orangerie.

Folgende Doppelseite:
Blick auf die Klosteran-
lage.

MARGAM

Gemeinde Margam, County West Glamorgan, Wales
Gründung: 1147 durch Clairvaux
Schließung: 1536 (durch Aufhebungsakte)
heute: Ruine und protestantische Kirche

Margam ist schwer zu finden: Sämtliche Reiseführer haben diese walisische Abtei in einer engen Talmulde vergessen. Nur im *Atlas de l'Ordre cistercien* von Frédéric van der Meer ist es verzeichnet.

Margam liegt nicht weit vom Meer in den Höhenzügen von Südwales. Cardiff, wo das Kloster ein Stadthaus besaß, ist gut 35 Meilen weiter östlich.

Um 1200, als die Ländereien der Zisterzienser einen Großteil des kultivierten Landes von Wales ausmachten, war Margam ein recht bedeutendes Kloster und mit Sicherheit das reichste. Seine Besitztümer waren beeindruckend: 15 Grangien, 11 Wassermühlen, zwei Windmühlen, fünf Schäfereien, vier Fischgründe, fünf Kohlebergwerke, zwei Eisen- und Bleibergwerke, vier (zollpflichtige) Straßen, fünf Stadthäuser.

Die Aufstände der Laienbrüder, die der Orden im 13. Jahrhundert erlebte, waren in Margam 1206 besonders heftig: Nachdem die Rebellen den Cellerar und den Abt vom Kloster vertrieben hatten, griff der Abt von Fountains ein, um die Ordnung wiederherzustellen. Man verurteilte die Schuldigen, zu Fuß nach Clairvaux zu gehen, von wo sie auf verschiedene Abteien des Ordens verteilt wurden.

Noch heute wirkt die Atmosphäre in Margam und seiner Umgebung quasi zisterziensisch: ein Talgrund mit Wiesen und großen Bäumen; ein schöner verwilderter Teich, etwas weiter die verkohlten Fassaden eines riesigen Herrenhauses im Stil des Gothic Revival, den die Briten so liebten. Oberhalb der Abtei auf einem kahlen Hügel sind in etwa 100 Metern Höhe die Spuren eines Ringwalls zu finden und in seiner Mitte eine kleine Kapelle – Cryke Chapel. Handelt es sich um eine mittelalterliche Ansiedlung oder eine alte keltische Befestigung?

Die mittlerweile protestantische Kirche entspricht dem bernhardinischen Plan, gibt mit ihrer Fassade jedoch Rätsel auf. Vor allem zu bewundern sind die beträchtlichen Überreste eines außergewöhnlichen Kapitelsaals mit rundem Innenraum innerhalb einer zwölfeckigen Außenmauer. Ihm vorgelagert ist ein zum Kreuzgang hin offenes Atrium. Der Kreuzgang ist ebenso wie der Rest des Klosters bis auf einige Mauerreste des alten Klosterspitals völlig zerstört. Seit 1933 sind einige alte Stücke in einem kleinen Museum zusammengestellt.

Oben:

Der große Baum von Margam wird noch heute in Ehren gehalten. Bernhard von Clairvaux verehrte Bäume und Wälder ganz nach der keltischen Tradition.

Unten links:

Der Ansatz der schirmförmig auseinanderlaufenden Gewölberippen auf der Mittelsäule des zwölfeckigen Kapitelsaals, ein monolithisches Meisterwerk der Steinmetzkunst.

Unten rechts:

Das schöne Vestibül vor dem Kapitelsaal ist eine Erfindung des Baumeisters von Margam, die sich in keinem anderen Zisterzienserkloster findet. Das gleiche gilt für die beiden schmalen Türme, die die Westfassade der Kirche einrahmen.

MAULBRONN

Maulbrunnum
Gemeinde Maulbronn, Baden-Württemberg,
Deutschland
Gründung: 1138 durch Neubourg-en-Forêt (Filiation
von Morimond)
Schließung: 1557 (Reformation)
heute: Evangelisch-Theologisches Seminar

Es kann gar nicht oft genug wiederholt werden, daß ein Zisterzienserkloster sich nicht auf das Klausurgeviert reduzieren läßt, in dem sich das liturgische Leben abspielte. Ein Kloster umfaßte auch die Wirtschaftsgebäude, die für die Arbeit der Mönche und Konversen unverzichtbar waren, sowie die Grangien, auf denen die Laienbrüder und Lohnarbeiter alles produzierten – Nahrung und Werkzeuge –, was die Klostergemeinschaft, die Gäste und die Armen, die sich an der Pforte drängten, brauchten.

Maulbronn ist in dieser Hinsicht exemplarisch. Innerhalb der Klostermauern sind noch sämtliche Werkstätten und Wirtschaftsräume erhalten, die eine nach der Benediktsregel autarke Zisterzienserabtei benötigte. Jenseits des Pförtnerhauses, dem einzigen Ort des Aus-

tauschs mit der Außenwelt, befinden sich das Gästehaus und die Fremdenkapelle (für alle, die das Kloster nicht betreten durften), Stellmacherwerkstatt, Schmiede, Vieh- und Pferdeställe, Getreidemühle und Backhaus, Kelter und das Haus der Winzer.

Das Klausurgeviert ist noch besser erhalten und weist bis auf den Schlafsaal der Mönche alle Gebäude des bernhardinischen Plans auf. Ebenso wie Alcobaça, Fountains und Fontenay hat die UNESCO auch Maulbronn als Weltkulturerbe eingestuft.

Die um 1150 begonnene und 1178 geweihte Kirche ist in den Wandflächen romanisch: Rundbögen auf schweren Pfeilern, glatte Mauern und kleine Fenster im Obergaden, die noch aus der Zeit stammen, als das Mittelschiff eine flache Holzdecke hatte. Erst im

Linke Seite unten:

*Blick in den Paradiesgar-
ten des Kreuzgangs mit
Brunnenhaus, der um
1350 erbaut wurde und
zwei Jahrhunderte später
ein zweites Geschoß
erhielt.*

Links:

*Nach dem Wunsch der
Mönche sollte das Brun-
nenhaus den Charakter
einer Taufkapelle tragen.
Den Entwurf schreibt
man dem „Meister des
Paradieses" zu, der mit
der Vorhalle der Kirche
Berühmtheit erlangte. Er
war auf französischen
Baustellen geschult und
brachte mit seinem Werk
die Gotik nach Deutsch-
land.*

15. Jahrhundert erhielt es Netzgewölbe, als man auch den geraden Chorschluß öffnete, um ein riesiges gotisches Maßwerkfenster einzubauen. Das seitlich einfallende Licht mildert die Strenge der Sandsteinmauern.

Als eine von wenigen Kirchen hat sie nach wie vor eine hohe steinerne Chorschranke, die das Mittelschiff in Mönchs- und Laienchor teilt und von der strikten Trennung zwischen Mönchen und Konversen, die die Statuten vorschrieben, zeugt.

Anfang des 13. Jahrhunderts erhielt die Kirche eine große dreijochige Vorhalle mit Kreuzrippengewölbe („Paradies"), die sich mit weiten Doppelbögen zum Wirtschaftshof öffnet.

Der Kreuzgang mit dem achteckigen Turm des Brunnenhauses, neben dem eine herrliche Kastanie steht, weist neben den romanischen Arkaden der ursprünglichen Abtei auch gotische Arkaden auf, die aus dem 13. Jahrhundert stammen und dem Flamboyant-Stil entsprechen. Das zweischiffige Herrenrefektorium (1220–1240) hat acht Joche, die von sieben, im Wechsel kräftigen und schlanken Säulen getragen werden. Hierher kamen die Mönche, nachdem sie sich an einem der schönsten dreischaligen Brunnen, den die zisterziensischen Baumeister uns hinterlassen haben, Hände und Gesicht gewaschen hatten. Die Gewölbe in Refektorium und Brunnenhaus malte Jörg Ratgeb aus Schwäbisch-Gmünd aus (1512). Zum östlichen Kreuzgangflügel öffnet sich der Kapitelsaal mit Netzgewölben, deren Eleganz in starkem Kontrast zum Kreuzgratgewölbe des romanischen Refektoriums der Konversen am Westflügel des Kreuzganges steht.

Der Herzog von Württemberg wandelte das Kloster nach der Reformation in eine evangelische Klosterschule um. Johannes Kepler, Friedrich Hölderlin und Hermann Hesse gingen hier zur Schule.

Oben:
Kapitelsaal mit Sterngewölbe (um 1320). Die Wandgemälde von Mei- *ster Ulrich (1424) wurden restauriert.*

Rechte Seite:
Blick in das Gewölbe des Herrenrefektoriums mit seinen sechs Gewölbe- *rippen pro Joch (um 1225).*

MELLIFONT

Mainistir Mhor, Mellifons
Gemeinde Drogheda, County Louth,
Republik Irland
Gründung: 1142 durch Clairvaux
Schließung: 1539 (durch Aufhebungsakte)
heute: Ruine

Mit Mellifont nahm 1142 die Geschichte der Zisterzienser in Irland ihren Anfang – eine Geschichte der beispiellosen Ausbreitung, da diese Abtei bald 38 Tochterklöster hatte. Gegründet wurde Mellifont von Malachias, dem Erzbischof von Armagh und engen Freund Bernhards von Clairvaux. Der heilige Bernhard verfaßte seine Lebensgeschichte, was seine baldige Heiligsprechung förderte. Ebenso wie Stephan Harding auf der Rückkehr von einer Wallfahrt nach Rom in Molesme blieb, führte auch Malachias' Romreise letztendlich nach Clairvaux, wo er starb und begraben liegt. Vorher kehrte er auf Rat des Papstes und Bernhards von Clairvaux nach Irland zurück

und gründete dort ein Zisterzienserkloster. Er wählte einen unwirtlichen Ort in einem Tal bei Drogheda an den Ufern des Mattock, nah am Territorium des Königs von Airghialla, der der Klosterneugründung seinen Schutz und Schenkungen zusicherte.

Aus Clairvaux kamen Mönche, um die irischen Novizen in der Regel zu unterweisen und die Bauarbeiten an der Klosteranlage zu leiten. Sehr schnell verschlechterte sich jedoch das Klima zwischen den Einheimischen und den Franzosen. Auch die Beziehungen zwischen den irischen Zisterzienserabteien und den anglonormannischen Klöstern, die nach der Invasion der Insel 1169 entstanden, waren problematisch. Mellifont jedoch florierte. Es erlebte einen Zustrom neuer Berufungen, sicherte sich bald als Mutterhaus die Autorität über seine sämtlichen Tochterklöster und kultivierte einen irischen Lokalpartikularismus. Schon 1152 kamen die irischen Zisterzienser zu einer Synode zusammen. Als der Abt von Mellifont 1200 einwilligte, mit der englischen Staatsmacht zu kooperieren, wurde er von seinen Mönchen abgesetzt. Später wurde von sechs Äbten die sogenannte „Verschwörung von Mellifont" (1227) angezettelt, die sich gegen die Autorität der vom Generalkapitel zur Visitation entsandten Äbte richtete. Sie mußten vom Generalkapitel abgesetzt werden.

Mit ihrem rigorosen baulichen Modell, ihrer strengen Einhaltung der Regel, ihrer einsiedlerischen Askese und der Begeisterung für technischen Fortschritt hatten die Zisterzienser für das überaus christliche Irland etwas sehr Ansprechendes, erschütterten aber auch die traditionelle Monarchie, die seit

Links:
Als sinnbildliches Bauwerk von Mellifont bildet das achteckige, zweigeschossige Brunnenhaus heute die letzte zisterziensische Bastion inmitten eines ergreifenden Ruinenfeldes. Die irische Romanik erscheint in ihrer rauhen Schlichtheit dem Geist der Zisterzienser durchaus gemäß.

Rechts:
Blick durch eine Arkade des Brunnenhauses auf die Überreste des Kreuzgangs.

dem 6. Jahrhundert auf der Insel verwurzelt war. Es ist darauf verwiesen worden, daß die Prinzipien der Zisterzienser stark dazu beigetragen haben, die Entwicklung der irischen Kunst zu hemmen. Umgekehrt beeinflußte die keltische Kunst die zisterziensische Architektur vielerorts, vor allem dank der Kunst der Steinmetze und Bildhauer. Was die Architektur der irischen Zisterzienserklöster angeht, so blieben sie immer in den Bautechniken der Romanik verhaftet, während die Gotik erst im Zuge der Restaurationen und Verschönerungen des 14. und 15. Jahrhunderts allgemeine Verbreitung fand.

Sobald man die Hauptpforte passiert hat, kann man in den Ruinen des Klosters Mellifont die Überreste der Kirche mit kreuzförmigem Grundriß bewundern, die 1157 mit großem Pomp eingeweiht und bis zur Aufhebung der Abtei 1539 (als dort noch 150 Mönche lebten) mehrfach umgebaut und vergrößert wurde. Der teilweise restaurierte Kreuzgang bildet den Rahmen für das achteckige, zweigeschossige Brunnenhaus, in dem die Mönche sich die Hände wuschen, bevor sie ins Refektorium gingen. Im Kapitelsaal sind einige archäologische Fundstücke ausgestellt, die bei Ausgrabungen in der Kirche entdeckt wurden. Auch die Reste eines großen steinernen Glockenturms sind erhalten geblieben.

Linke Seite und links:
*Überreste des Kapitel-
saals: Gewölbe (Anfang
13. Jahrhundert), Boden-
fliesen und Säulen an
einem Eckpfeiler.*

MELROSE

Melrosa
Gemeinde Melrose, Distrikt Ettrick and Lauderdale,
Region Borders, Schottland
Gründung: 1136 durch Rievaulx (Filiation von
Clairvaux)
Schließung: 1560
heute: Ruine

Gegründet wurde Melrose 1136 durch den schottischen König David I. Ganz in der Nähe existierte seit dem 7. Jahrhundert ein altes Kloster unter der Leitung einer Reihe von Mönchen, die fast alle vom örtlichen Bischof heiliggesprochen wurden.

Die Friedenszeiten, die es König David I. erlaubten, englische Mönche nach Schottland zu holen, währten nicht lange. Der fast ununterbrochene Krieg zwischen den beiden Ländern hatte für das Kloster, das sich unweigerlich inmitten der umkämpften Gebiete befand, fatale Folgen. Zwischen 1300 und 1385 plünderten und verwüsteten die Engländer die Abtei dreimal. Sie wurde wieder aufgebaut, und heute kann man die Überreste eines Klosters bewundern, das zu den schönsten schottischen Beispielen aus der Zeit des aufkommenden Perpendicular Style der Spätgotik gehört, der die großen britischen Kirchen berühmt gemacht hat.

Nur die Klosterkirche ist erhalten geblieben. Sie hat die Größe jener „Kathedralen", die die Zisterzienser in Vaucelles oder Royaumont Anfang des 13. Jahrhunderts errichteten. Doch ein Jahrhundert später (1385–1550) standen den Architekten sämtliche Möglichkeiten der Gotik zur Verfügung, und Melrose profitierte von den Techniken dieser spätgotischen Baukunst: riesige Fenster in den Fassaden (von denen drei erhalten sind), Wandgliederung mit durchbrochenen Triforien und Strebewerk. Die Fensterrose aus rotem Sandstein verleiht der Architektur im hellen nördlichen Licht einen Hauch von Sinnlichkeit.

In der Abteikirche kann man die hohe steinerne Chorschranke sehen. Davon existieren nur noch wenige Beispiele in den Klöstern des

Ordens. Die Trennung zwischen Mönchen und Laienbrüdern ist auch an den Überresten der Konversengasse zu erkennen, die parallel zum westlichen Kreuzgangflügel verlief. Man weiß, daß in Melrose etwa dreihundert Konversen arbeiteten (für um die hundert Mönche) und man für sie einen eigenen Kreuzgang gebaut hatte. Diese Zahlen vermitteln eine Ahnung davon, wie viele Männer während der Hochblüte des Ordens in den 700 zisterziensischen Klöstern als Konversen oder Lohnarbeiter beschäftigt wurden.

Es ist bekannt, daß der Chor der Kirche von Melrose das Werk von Steinmetzen aus Yorkshire war, das Querschiff aber von einem Franzosen namens Jean Moreau stammt, der in Paris geboren wurde, aber lange Zeit auf der anderen Seite des Ärmelkanals lebte. Eingravierte Verse auf einer Klostermauer bezeugen, daß John Morrow hier Maurermeister war, aber auch am Bau der Kathedralen von Saint Andrews und Glasgow sowie am Bau der Klöster Paisley, Nithsdale und Galloway beteiligt war.

Linke Seite rechts:
Ein komplexes Geflecht aus Bossenwerk und Rippen ziert das Chorgewölbe. Das Kloster wurde zu einer Zeit wiederaufgebaut, in der die Baumeister ihr Können demonstrieren wollten. Die Epoche der anonymen Handwerker ging zu Ende und die neue Ära der Architekten und Künstler begann.

„If thou would’st view fair Melrose aright,
Go visit it by the pale moonlight;
For the gay beams of lightsome day
Gild, but to flout, the ruins grey.“

(Willst du das schöne Melrose richtig seh’n,
geh hin im bleichen Mondenschein;
denn des hellen Tageslichts heitere Strahlen
tauchen die grauen Ruinen wie zum
Hohn in güldene Farben.)
Walter Scott, Lai du dernier Menestrel, 2. Gesang,
1. Strophe

Links:

Blick vom Kreuzarm in das nördliche Seitenschiff, das majestätisch wirkt wie das einer Kathedrale. Im südlichen Seitenschiff befanden sich acht Grabkapellen für die Wohltäter des Klosters, was dem benediktinischen Brauch entsprach, von den Zisterziensern aber grundsätzlich abgelehnt wurde.

Rechts:

Giebelwand des nördlichen Kreuzarms mit der Tür zur Sakristei und den Überresten der Matintreppe. Die Tür zum Schlafsaal der Mönche rahmt heute den Blick in eine üppige Vegetation.

Die mächtigen Pfeiler des Mittelschiffes.

MORIMONDO

Morimondus
Gemeinde Abbiategrasso, Region Lombardei, Italien
Gründung: in Coronago 1133 durch Morimond
Schließung: 1799 (durch die Zisalpine Republik)
heute: Pfarrkirche

Die Namensgleichheit der Abtei Morimondo verbindet sie mit ihrem französischen Mutterkloster Morimond, das den Auftrag hatte, Tochterklöster in Osteuropa zu gründen. Diese Ausnahme in Italien belegt die Unabhängigkeit der Zisterzienserklöster.

Der Name des Klosters drückt den Geist des zisterzienischen Klosterlebens aus: Morimondo heißt „tot für die Welt". Doch Autarkie und Eigenbewirtschaftung verboten keineswegs eine starke Expansion innerhalb der Klostermauern. In Morimondo lebten in den Jahren nach der Gründung an die dreihundert Mönche.

Nach der Umsiedlung 1136 entstanden die Klostergebäude zwischen 1141 und 1158, die Kirche zwischen 1182 und 1296. Diese bildet den Gipfel zisterzienischer Baukunst in der Lombardei: Triumph der Backsteingotik mit ihren wuchtigen Säulen und hohen Kreuzrippengewölben mit weiß verputzten Gewölbefeldern. Auch Kreuzgang, Kapitelsaal und sämtliche Klostergebäude zeugen von einer meisterhaften Verwendung des Backsteins, dem Grundmaterial der Baukunst nördlich der Alpen.

Wie viele Klöster und Städte Norditaliens litt auch Morimondo im Laufe der Jahrhunderte unter den Konflikten zwischen den benachbarten Städten und Fürstentümern. Im Grenzgebiet zwischen Mailand und Pavia gelegen, wurde Morimondo von Pavia 1237, 1245, 1266, 1273 und 1290 angegriffen.

In der Geschichte Morimondos spielten große historische Persönlichkeiten eine Rolle: Friedrich Barbarossa, Carlo Borromeo, Papst Gregor XII., Napoleon Bonaparte. Die Abtei erlebte Konflikte mit Konversen und Mißbrauch durch Kommendeäbte, Kontroversen über die Glaubenslehre und die Liturgie, die das klösterliche Leben oft trübten.

Große Kulturveranstaltungen beleben heute das religiöse Zentrum von Morimondo. Ein Museum für Landwirtschaftsgeschichte ist im Aufbau.

Oben und unten:
*Triumph des Backsteins,
des ersten genormten
Baumaterials. Schon die
römischen und italieni-
schen Baumeister setz-
ten Backstein überaus
gekonnt ein, um die Ar-
chitektur „singen" zu
lassen (wie Paul Valéry
es nannte).*

Linke Seite rechts:
Der Kreuzgang.

265

NOIRLAC

Niger lacus

Gemeinde Bruère-Allichamps (bei Saint-Amand-Mont-Rond), Département Chers, Region Centre, Frankreich

Gründung: 1136 durch Clairvaux

Schließung: 1791 (Französische Revolution)

heute: Kulturzentrum

Noirlac ist eine typische Zisterzienserabtei, die ebenso vollständig und gut restauriert ist wie Fontenay oder Le Thoronet, aber nur um die 50 000 Besucher jährlich verzeichnet (ein Drittel der Besucherzahlen von Sénanque und die Hälfte der Besucherzahlen von Fontfroide). Dies mag daran liegen, daß die Restaurierung erst 1949 begonnen hat und die damals der Öffentlichkeit noch nicht zugängliche Abtei nicht von der Fülle der Reiseliteratur um die Jahrhundertwende profitieren konnte. Zudem besitzt die Umgebung der Abtei nicht die Ausstrahlung einer Wald-lichtung (Fontenay) oder eines einsamen Tales (Fontfroide), und die meistbesuchten Klöster liegen in der Nähe von Urlaubsregionen. Dennoch ist Noirlac eine schöne und bewegende Zisterzienserabtei.

Dokumente ihrer Geschichte berichten von der langen Abfolge von Ärgernissen, die die Abtei erlebt hat. Es begann bereits mit der Wahl des Standortes, der den von Cîteaux gesetzten Anforderungen durchaus nicht entsprach. Eine Ansiedlung zwischen den Ufern der (damals noch schiffbaren) Cher und der vielbefahrenen alten Römerstraße ließ sich wohl kaum als weltflüchtig ausgeben. Auch konnten die Mönche die Legende nicht unterbinden, nach dem in den toten Seitenarmen des Flusses („noirs lacs": schwarze Seen) ein Kind ertrunken sein soll. Der ursprüngliche Name der Abtei lautete nämlich Maison-Dieu-sur-Cher, aber er ließ sich offensichtlich nicht halten.

Der erste, vom heiligen Bernhard berufene Abt war sein Neffe Robert. Zehn Jahre nach der Gründung war das Kloster nicht mehr imstande, sich selbst zu tragen, und erhielt vom König eine Getreidezuwendung. Um 1175 dezimierte eine Epidemie die Zahl der Mönche. Später wurde ein Abt wegen Insubordination gegenüber dem Generalkapitel seines Amtes enthoben. Ein anderer Abt ließ den Boden unter der Abtei aufgraben, weil er hoffte, dort Edelmetalle zu finden (1234). Im Hundertjährigen Krieg verwüsteten Söldnertruppen Noirlac und die Grafschaft Berry. 1476 wurde ein Mönch von seinen Mitbrüdern ermordet. 1506 rebellierten die Mönche gegen ihren Abt. 1510 wurde das Kloster wie viele andere zur Kommende. 1562 verwüsteten die

*Blick auf die Nordfassa-
de der Kirche.*

Hugenotten die Anlage. Nach der Französischen Revolution übernahm eine Porzellanfabrik die Gebäude und stellte ihre Brennöfen in der Kirche auf. Ab 1890 beherbergten die Gebäude ein Waisenhaus, anschließend eine von Rom nicht akzeptierte Ordensgemeinschaft; dann diente sie nacheinander als Ferienkolonie, als Unterkunft für spanische Bürgerkriegsflüchtlinge und als Krankenhaus. Dennoch ist mit Noirlac eines der schönsten Klöster Frankreichs erhalten geblieben, ein vollkommenes Beispiel für die zisterziensische Baukunst der zweiten Hälfte des 12. Jahrhunderts und vielleicht ein Zeugnis für die Flexibilität der Räume, die Cîteaux für das Gemeinschaftsleben der Mönche vorgesehen hat.

Neben Fontenay ist Noirlac eines der beiden Tochterklöster von Clairvaux, die sich getreulich an den Grundriß der alten Kirche ihres Mutterhauses hielten. Die Kirche von Fontenay (1137–1147) wurde innerhalb recht kurzer Zeit fertiggestellt, da sie von den großzügigen Spenden des englischen Bischofs Ebrard von Norwich profitierte, der dort Zuflucht gesucht hatte. Noirlac hatte keinen so großzügigen Spender. Die Arbeiten am Chor (mit geradem Abschluß) dauerten von 1150 bis 1160, was sein Spitztonnengewölbe, die drei romanischen Fenster und den Okulus erklärt. Gleichzeitig baute man das Querschiff

Linke Seite:
Blattkapitell an einem
der beiden Pfeiler im Ka-
pitelsaal. Das Blattorna-
ment war der einzige
Schmuck, den die Zister-
zienser in ihren Klöstern
duldeten. Schon sehr
bald erfuhr dieses einzi-
ge erlaubte Motiv eine
Fülle von Variationen.

Links:
Nordwand des Mittel-
schiffes.

und die vier Seitenkapellen für die Mönchspriester. Hier experimentierte man mit Kreuzgratgewölben. Das Querschiff, für das erst ein Tonnengewölbe vorgesehen war, wurde aufgestockt und erhielt die ersten in Noirlac realisierten Kreuzrippengewölbe. Nach zehnjähriger Unterbrechung nahm man die Arbeiten am Langhaus auf, das gotisch werden sollte. Wegen Geldmangels konnte man zunächst jedoch nur die beiden Joche des Mönchschors (die die Triumphbogenwand mit ihrem zentralen Fenster zur Geltung brachten) und die südliche Außenmauer errichten, die als Stütze für den Kollationsgang des zukünftigen Kreuzgangs dienen sollte. Erst Anfang des 13.

Jahrhunderts wurden das (sechsjochige) Langhaus und die Westfassade fertiggestellt (zwei kleine Türen unter einer nicht mehr vorhandenen Vorhalle und eine sechsblättrige Fensterrose). Die Geschlossenheit der Kirche hat unter der langen Bauzeit nicht gelitten.

Dieses Programm kam auch in allen Gebäuden des Klausurgevierts zur Geltung. Der heutige Kreuzgang ist nicht mehr der ursprüngliche, allerdings wurde sein Westflügel nach dem Abriß der Konversengasse rekonstruiert. Der Ostflügel stammt aus dem 14. Jahrhundert, während der Kapitelsaal (mit sechs quadratischen Jochen) noch im ursprünglichen Zustand ist (vom Ende des 12.

Jahrhunderts). Über den Südflügel gelangt man in das bemerkenswert restaurierte Refektorium, dessen zwei Schiffe sich über vier Joche erstrecken. Die Gewölberippen ruhen an den Wänden auf abgekragten Diensten. In der südlichen Giebelmauer befinden sich vier große Fenster und zwei Fensterrosen, deren weiße Verglasung von Jean-Pierre Raynaud sich hervorragend an die zisterziensische Architektur anpaßt.

Im Konversenhaus ist ein schöner Vorratsraum vom Ende des 12. Jahrhunderts erhalten. In allen Räumen des Klosters finden ständig Kulturveranstaltungen statt, um diese Anlage besser zur Geltung zu bringen.

Linke Seite:

Strebebögen an der Nordfassade der Kirche. „Die viertelkreisförmigen Strebebögen ohne Überladenheit oder Schmuck, die den Gewölben des Mittelschiffs als Widerlager dienen, wurden nachträglich hinzugefügt.“ (Marcel Aubert, L' Architecture cistercienne en France*). Es handelt sich um eine konstruktive Verstärkung des Mittelschiffes, die um 1190 erfolgte.*

Links:

Das Refektorium von Noirlac ist eines der elegantesten in der zisterziensischen Architektur. Die weiß in weiß gehaltenen Fenster von J. P. Raynaud tragen zur Perfektion des Ensembles bei.

Rechts:

*„Der fast völlig erhalte-
ne Kreuzgang von Noir-
lac stammt aus jüngerer
Zeit. Sein Bau, der im
14. Jahrhundert begon-
nen wurde, zog sich oh-
ne Zweifel bis Mitte des
folgenden Jahrhunderts
hin. In den Details ist er
schlicht und anmutig,
und die Arkaden zeich-
nen sich durch ihre
Leichtigkeit und die Ele-
ganz ihrer Spitzbögen
aus.“*
Prosper Mérimée, Notes
d'un voyage en Auvergne,
1838.

Rechte Seite:
Allee mit 200 Jahre alten
Linden.

OBAZINE

Obazina
Gemeinde Aubazine (bei Brive-la-Gaillarde),
Département Corrèze, Region Limousin, Frankreich
Gründung: 1147 durch Cîteaux
Schließung: 1791 (Französische Revolution)
heute: Pfarrkirche

Das Kloster Obazine, mitten im Département Corrèze auf halber Höhe am Hang zwischen Tal und Plateau gelegen, entspricht durchaus nicht den Anforderungen, die die Zisterzienser an den Standort neuer Klosteransiedlungen stellten. Doch das Generalkapitel und Bernhard von Clairvaux konnten ihre dogmatische Haltung auch schon einmal hintanstellen, wenn eine große Abtei samt Tochterkloster sich ihnen anschließen wollte. So war es auch beim Kloster Obazine, das sich 1147 Cîteaux anschloß, ebenso bei Savigny und seinen 29 Filiationen, die sich etwa um die gleiche Zeit Clairvaux anschlossen.

Seit 1142 hatte Stephan von Vielzot (hl. Stephan von Aubazine) im Wald von Obazine Männer und Frauen um sich geschart, die als Einsiedler in Armut und Gebet lebten. Als die Gruppe wuchs, beschloß er, zwei Zönobitenklöster zu gründen, eins für Männer am derzeitigen Standort der Abtei und eins für Frauen in Coyroux, sechshundert Meter entfernt. Um die Zukunft seiner Kongregation besser abzusichern, schloß Stephan sie an Cîteaux an, behielt allerdings die Besonderheit des Doppelklosters bei: Das Mönchskloster übernahm die Verantwortung für das spirituelle und materielle Wohl des Nonnenklosters, dem sein Gründer völlige Klausur auferlegt hatte.

Cîteaux griff dennoch in das klösterliche Leben von Obazine ein und paßte Liturgie und Wirtschaftsweise den Gebräuchen der Zisterzienser an. Innerhalb eines Jahrhunderts

Linke Seite rechts:
Die Kirche wirkt eigen-
tümlich gestaucht, weil
nur drei ihrer ursprüng-
lich sechs Joche erhalten
sind. Vor diese wurde im
18. oder 19. Jahrhundert
eine historisierende Fas-
sade gesetzt.

Links:
Der romanische Glok-
kenturm, ein Meister-
werk, das die Zimmer-
leute von Obazine zur
Vervollkommnung der
Klosterkirche schufen.

erwarb die Abtei sich ein Vermögen von über zwanzig Grangien, die bemerkenswert unterschiedlich waren: Getreideanbau im unteren Limousin und oberen Quercy, Weinbau in Donzenac, Forst- und Weidewirtschaft in der Auvergne und sogar Salinen auf der Insel Oléron. Der wichtigste Eingriff der Zisterzienser bestand jedoch in der wassertechnischen Versorgung des Klosters. Da Obazine nicht über den notwendigen Wasserlauf verfügte, leiteten die Mönche das Wasser von Coyroux in 1500 Metern Entfernung vom Kloster in den berühmten „Mönchskanal" ab, den sie am Berghang anlegten. Man erreicht die Abteikirche über den kleinen Marktplatz des Dorfes Aubazine. Das von niedrigeren Seitenschiffen mit Kreuzgratge-

wölben eingefaßte Mittelschiff ist von einer Spitztonne überdeckt, getragen von Gurtbögen, die auf abgekragten Wandvorlagen mit überaus schlichten, glatten Kapitellen ruhen. Die gleiche Wölbung findet sich über den Kreuzarmen, die jeweils drei Kapellen mit gerader Stirnwand aufweisen. Der einjochige Chor mit dreiseitiger Apsis und drei Fenstern ist niedriger als das Hauptschiff und läßt Raum für eine Triumphbogenwand, die ebenfalls drei Fenster aufweist. Immer wieder finden wir also die Dreizahl vor als Symbol für die Dreifaltigkeit, die in dieser Zeit unter den Theologen noch heftig umstritten war.

Drei hochinteressante Elemente verdienen besondere Aufmerksamkeit: zunächst einige fast weiße Grisaillefenster, die noch Origi-

nalteile enthalten (in der Nordwand) und auf die Glaskunst der Zisterzienser verweisen; als nächstes der berühmte Schrank für die liturgischen Gewänder vom Ende des 12. Jahrhunderts, eines der wenigen mittelalterlichen Möbelstücke, die in gutem Zustand erhalten sind, und schließlich die Pendentifkuppel aus Werkstein über der Vierung, ein selten gelungenes Beispiel dieser Bauweise. Über ihr erhebt sich ein sehr origineller achteckiger Glockenturm. Der Übergang vom quadratischen zum achteckigen Grundriß über ein „hyperbolisches Paraboloid", den andere Kirchenbaumeister zwar imitiert haben, aber nie mit Erfolg, ist hier durchaus gelungen. Der Glockenturm von Obazine ist bis heute einzigartig.

Linke Seite:
*Blick in das Mittelschiff
und den Chor mit der
niedrigeren, dreiseitigen
Apsis. Die Triumphbo-
genwand hat drei kleine
Rundbogenfenster. Auch
in jeder Seitenfläche der
Apsis befindet sich ein
Rundbogenfenster mit
einer steinernen Archi-
volte, die unter dem
Bogen verläuft und auf
Säulchen gleichen Durch-
messers ruht.*

Links:
*Abgekragte Wandvorlage
im südlichen Kreuzarm.*

ORVAL

Aurea Vallis
Gemeinde Villers devant Orval, Provinz Luxemburg,
Belgien
Gründung: 1132 durch Trois Fontaines (Filiation von
Clairvaux)
Schließung: 1797
heute: Trappistenkloster (seit 1926)

In Orval bestehen zwei Klosteranlagen nebeneinander: das moderne Kloster mit seinem Klausurgeviert, das vom traditionellen Idealplan inspiriert ist, und das alte Kloster, das seit dem Mittelalter immer wieder umgebaut und rekonstruiert wurde und von dem heute noch sehr schöne Ruinen stehen.

Der Besuch dieser Ruinen ist beeindruckend, auch wenn es schwer fällt, die Überreste der verschiedenen Abteien zu unterscheiden, die an diesem von Mönchen wie auch von Armeen allzu frequentierten Ort nacheinander gestanden haben.

Gegründet wurde das Kloster von Benediktinern aus Kalabrien, die sich 1070 inmitten der Wälder der Ostardennen niederließen. Eine Legende erzählt, daß Gräfin Mathilde von Toskana, unter deren Schutz sie standen, in der Klosterquelle ihren Ehering verlor, den eine Forelle dieses „goldenen Tales" (Aurea Vallis) ihr zurückbrachte. Da die Mönche, die das Kloster gegründet hatten, sich zu weit entfernt von ihrem Mutterhaus befanden, kehrten sie nach Italien zurück und überließen die Gebäude für einige Jahre Regularkapitularen, bevor Bernhard von Clairvaux den Abt von Trois Fontaine beauftragte, das Kloster zu übernehmen. Ende des 12. Jahrhunderts konnten die Zisterziensermönche die (gotischen) Gebäude in Betrieb nehmen.

Im Dreißigjährigen Krieg brandschatzten die Truppen des Marschalls von Châtillon die Abtei (1637), die 1680 wieder aufgebaut wurde. Nachdem im 18. Jahrhundert die jansenistischen Wirren überwunden waren und das Kloster einen gewissen Reichtum erlangt hatte, rissen die Mönche einen Teil der Gebäude ab und beauftragten den Architekten Dewez 1759 mit einem Neubau, den sie jedoch kaum noch nutzen konnten, da die Revolutionstruppen das Kloster 1793 verwüsteten. Nach dem Verkauf 1797 dienten die Klostergebäude als Steinbruch, und erst 1926 fanden sie durch Mönche aus Sept-Fons wieder zu ihrer ursprünglichen Bestimmung zurück. Der Bau des modernen Klosters, im Besitz der Trappisten, begann 1938.

Orval entspricht auf allen Gebieten den allgemeinen Vorstellungen von Zisterzienserklöstern. Zum einen liegt es mitten im Wald in einem Tal, in dem die Mönche Fischteiche mit Seerosen und Teichhühnern anlegen konnten. Zum anderen bezeugen die Ruinen, daß der Orden lange und oft auf dramatische Weise Anteil an der Geschichte hatte, und zwar nicht nur religiös, sondern auch politisch, wirtschaftlich und sozial. Und schließlich hielt die Abtei bei jedem Klosterbau streng am architektonischen Konzept von Cîteaux fest, auch wenn die Fassade der neuen Kirche mit ihrer monumentalen Madonna und ihren Glockentürmen in eine neofaschistische Ästhetik abgeglitten ist, die der heutigen Lebensweise der Zisterzienser zuwiderläuft. Bei dem berühmten Bier, gebraut in großen, modernen Brauereien, profitiert Orval vom Bild des Trappisten, der zwar selbst asketisch lebt, aber nichtsdestotrotz Lieferant gastronomischer Erzeugnisse sowie pharmazeutischer Produkte ist, wie der Kräutergarten und das pharmazeutische Museum belegen, die zu besichtigen sind.

Bevor der Touristenansturm auf Orval begann, besuchte Victor Hugo die Abtei am 29. August 1862. Er malte dort Aquarelle von einem jungen Mädchen inmitten der Ruinen.

*Kleine Kapelle am süd-
lichen Chorschluß der
ursprünglichen Kirche.*

*Brunnen des ursprüng-
lichen Kreuzgangs und
Reste des Westflügels.*

*Südliches Seitenschiff
der alten Kirche.*

*Kleeblattbogen der Fried-
hofspforte im nördlichen
Kreuzarm der Kirche. Sie
wurde nur zur Beerdi-
gung eines Mitbruders
oder Konversen geöffnet.
Der Friedhof lag nördlich
von Querschiff und Chor.*

OSEK

Ossecum

**Gemeinde Osek, Region Nordböhmen, Tschechische
Republik**

**Gründung: 1193 bis 1199 durch Waldsassen
(Filiation von Morimond)**

Schließung: 1420 bis 1624 und 1945 bis 1990

heute: Kloster

Der Marktflecken Osek (Ossegg) beherbergt
eine schöne Zisterzienserabtei, die den Mönchen nach der „samtenen Revolution" wieder übergeben wurde. Nach über einem Jahrhundert intensiver industrieller Nutzung des
Erzgebirges ist die Landschaft noch heute
geprägt von Kohlegruben, Wärmekraftwer-
ken, Eisen- und Stahlindustrie, Chemiefabri-
ken, schmutzigen Industriestädten und vom
sauren Regen zerfressenen Wäldern.

Unter der Protektion der Adelsfamilie Hra-
bysice, die hier ihre Grablege einrichten wollte, erfuhr das Zisterzienserkloster Osek eine
lange Bauperiode. Die dreischiffige gotische
Abteikirche, inspiriert von burgundischen
Kirchenbauten – sie hat einen rechteckigen
Chor wie Cîteaux –, wurde zwischen 1207
und 1280 erbaut. Abt Slavko, der Sohn des
Stifters, errichtete den Ostflügel des Kreuz-

gangs und den Kapitelsaal (1225–1250). Die
übrigen Kreuzgangflügel wurden erst ein
Jahrhundert später fertiggestellt. Kreuzgang,
Brunnenhaus und Kapitelsaal sind heute die
einzigen Überreste der ursprünglichen Abtei.

Damals bewirtschaftete die Abtei ein kleines landwirtschaftliches Gebiet, das etwa
zehn Grangien und fünfzig Dörfer umfaßte.

Grenzgebiete sind jedoch nie sonderlich
friedlich, was Osek mehrfach erfahren mußte. Schon 1248 wurde das Kloster bei Kämpfen zwischen Wenzel I. und seinem Sohn
und Erben Přemysl Ottokar II. beschädigt.
Rudolph von Habsburg plünderte die Abtei
1278. Ein Brand zerstörte 1341 die Abteikirche, und das Kloster mußte sich dem Schutz
König Johanns von Luxemburg unterstellen.
Doch auch das konnte seine Zerstörung 1420
durch die Hussiten nicht verhindern.

Erst 1624, als Böhmen nach Beendigung
des Böhmisch-Pfälzischen Krieges rekatholi-
siert wurde, fand Osek zu klösterlichem
Leben zurück. Neue Schutzherren ermöglichten es dem Kloster, in der Zeit des Barock
zur wichtigsten Zisterzienserabtei Böhmens
zu werden.

Der Architekt Ottavio Broggio, der mit der
Restaurierung der Abteikirche (1712–1718)
betraut war, bezog zahlreiche Künstler in
ihre Umgestaltung ein. Die barocke Freige-
bigkeit wollte es, daß immer viele Künstler
zusammenarbeiteten. Diese oft zweitrangi-
gen „Talente" entwickelten jedoch in Osek
wie andernorts im Mitteleuropa des 18. Jahrhunderts viel Erfindungsreichtum, neue Formen und eine Phantasie, die den baulichen
Raum veränderten, indem sie in ihn das Element der Bewegung einführten. Hierbei be-

Bei der Restaurierung der Abteikirche zu Beginn des 18. Jahrhunderts arbeiteten unter der Leitung des Architekten Ottavio Broggio zahlreiche Künstler des Barock zusammen. Sie schufen eine bewegte, aber nicht überladene Ausstattung, die sich von zisterziensischen Vorgaben entfernte.

wiesen sie eine Freiheit, die als Beginn einer Loslösung von Vorgaben der spezifisch zisterziensischen Architektur einzustufen ist.

Die dreizonig angelegte Westfassade mit weißem Vorbau und schweren Voluten wurde von Franz Anton Kuen mit Statuen ausgeschmückt, die diverse Ordensheilige, die Evangelisten und die Schutzpatrone Böhmens darstellen. Edmund Johann Richter ergänzte sie 1713 durch die Figur des heiligen Johannes des Täufers, umgeben von Engeln. Die üppigen Dekorationen des Innenraums verdanken wir Giacomo Antonio Corbellini, während die Gemälde von verschiedenen anderen Künstlern stammen: Wenzel Lorenz Reiner aus Prag malte die Fresken in edler italienischer Manier; Johann Jakob Steinfels, berühmt für seinen illusionistischen Stil, schuf 1716 bis 1718 die Deckenfresken und Stuckarbeiten mit Szenen aus dem Leben Jesu. Das Altarbild mit dem Martyrium des heiligen Sebastian stammt von Michael Willman, während die Altarbilder des heiligen Bernhard ebenfalls von Reiner sind.

Die deutschen Mönche wurden 1945 aus dem Kloster vertrieben, und da der Konvent anschließend nicht mehr groß genug war, vermietete er die Gebäude an die Salesianer, einer Kongregation von Weltpriestern. Die totalitäre Regierung ließ jedoch 1950 sämtliche Klöster des Landes schließen und schickte die Mönche und Nonnen in Lager. Auch Osek gehörte dazu. 1953 wurde das Kloster zum Altersheim für Mönche. Die Gebäude, die nun dem Staat gehörten, wurden vernachlässigt und verfielen rasch. Nach der friedlichen Revolution kehrten die Mönche 1990 nach Osek zurück. Ein kleiner Konvent von sechs Mönchen versucht heute, das Kloster wiederzubeleben.

Die große und die kleine Orgel.

Seit dem 9, Jahrhundert hatte die Orgel in der westlichen Kirche ihren Platz gefunden, man hat jedoch keinerlei Hinweise, daß die Zisterzienser sie zur Begleitung ihrer Gesänge eingesetzt hätten. Im 13. Jahrhundert gewann die Musik an Bedeutung, was sich u. a. in der kunstvollen Gestaltung der Instrumente dokumentierte. Vor allem die Orgelgehäuse wurden künstlerisch gestaltet – mit Skulpturen und Malereien überladen und prangend von seltenen Hölzern und funkelnden Metallen. Böhmen tat sich in dieser Kunst besonders hervor.

Links:

Kapitelsaal des gotischen Klosters. Der Knoten, der die beiden Säulen des Lesepultes verbindet, ist ein Meisterwerk der Steinmetzkunst, wie es sich auch in anderen Zisterzienserklöstern findet (s. Chiaravalle della Colomba, S. 167).

Rechts:

Der Kreuzgang mit seinen gotischen Fenstern, die sicher bereits beim Bau verglast wurden, trägt dem rauhen Klima Rechnung.

OTTERBERG

Otterburgum

Gemeinde: Otterberg, Rheinland-Pfalz, Deutschland

Gründung: 1145 durch Eberbach (Filiation von Clairvaux)

Schließung: 1560 (Reformation)

heute: evangelische und katholische Simultankirche

Wer Otterberg nicht gesehen habe, könne den Geist der Zisterzienser nicht begreifen, schrieb Georg Dehio in seinem Buch über deutsche Baudenkmäler. Tatsächlich ist die Kirche, die als einziges Gebäude von der alten Klosteranlage übriggeblieben ist, weder rein romanisch noch gotisch, sondern einfach nur zisterziensisch. Daß Bautechniken nicht im Dienst eines Stiles, sondern einer architektonischen Funktion stehen, das haben die Zisterzienser uns gelehrt.

Die Mönche von Eberbach erhielten 1143 Land, um ein neues Kloster zu gründen, und begannen 1145, es urbar zu machen. Da die Nutzung sich als schwierig erwies, riet Hil-degard von Bingen, die man zu Rate gezogen hatte, das Kloster umzusiedeln; 1160 ließen die Mönche sich am Ufer der Otter nieder und begannen mit dem Bau der Abtei: Chor und Querschiff der romanischen Kirche entstanden. Nach einigen Jahren, die das Kloster brauchte, um neue Finanzmittel zu erlangen, nahm man die Arbeiten 1230 wieder auf, und 1254 weihte der Bischof von Mainz die Kirche, die nun ein Kreuzrippengewölbe hatte. In der Fassade prangte eine strahlenförmige Fensterrose, allerdings mit weißem Glas, und das Kircheninnere blieb schmucklos, wie die Lehren Bernhards von Clairvaux es verlangten.

Nach der Reformation verließen die Mönche 1560 das Kloster. Einige Jahre später stellte Pfalzgraf Johann Kasimir die leeren Klostergebäude der Familie de Walons zur Verfügung, die mit den ersten Abrißarbeiten begann. Als die Spanier 1621 die Pfalz besetzten, gaben sie das Kloster 1629 den Zisterziensern zurück. Doch die Schweden eroberten das Land erneut, und 1648 (Westfälischer Friede) vertrieb man die weißen Mönche endgültig. Erst nach dem Frieden von Rijswijk (1697) wurde die Kirche geteilt und in Chor und Querschiff eine katholische, im Langhaus eine evangelische Kirche eingerichtet. Eine eingezogene Mauer trennte die Gläubigen beider Konfessionen. Unter französischer Besatzung diente die Kirche als Heuschuppen.

Mittlerweile ist die Trennwand eingerissen (1979) und die Kirche renoviert. Sicher war sie noch nie so schön. Bei Ausgrabungen fand man einen Teil des Kapitelsaals unter einem Nachbargebäude.

Blick in das Gewölbe der Vierung, das mit Rundbögen und Kreuzrippengewölbe eine Architektur in reinstem zisterziensischem Geist darstellt.

Verschiedene Ansichten
des Seitenschiffs.

POBLET

Populetum
Gemeinde Vimbodi (bei Valls), Provinz Tarragona,
Region Katalonien, Spanien
Gründung: 1150 durch Fontfroide (Filiation von
Clairvaux)
Schließung: 1835 (Verstaatlichung von Kirchen-
gütern)
heute: Zisterzienserkloster (seit 1940)

Santa Maria de Poblet muß damals wie heute die Menschen allein schon durch ihren Anblick bewegt haben, wenn diese sich dem Kloster durch ein Meer von Weinbergen näherten, die bis an die ockerfarbenen Klostermauern reichten. In einem der zwölf Türme der Klostermauer ist die Pforte, die die Inschrift „Benedicamus domino – Deo gratias" trägt. Dahinter führt eine lange Allee zur „Porta Daurada", der Goldenen Pforte. „Hier setzten die Könige den Fuß auf die Erde und küßten die Reliquie des Wahren Kreuzes, die der Abt, der sie in Begleitung des gesamten Konvents in Empfang nahm, ihm reichte." (Anselme Dimier). Ein weiterer langer Weg führt zum Narthex der Kirche oder

zur „Porta Reial", der Königspforte, die sich zwischen zwei Türmen öffnet. Poblet verkörpert durch seine Architektur die Macht der Kirche im christlichen Spanien mit jener hochmütigen Selbstsicherheit, die sicher maßgeblich dafür war, daß das Volk während der Revolution die Statuen, Fensterscheiben und Zeichen des religiösen Einflusses auf das Alltagsleben zerstören konnte.

Mönche aus Fontfroide gründeten die Abtei in einer Hügellandschaft mit Eichen- und Mandelbaumwäldern. Sie sollten große Ländereien urbar machen, die ihnen Ramón Berenguer IV. geschenkt hatte, nachdem seine Eheschließung mit der Erbin des Königreichs Aragonien ihn 1137 zum Graf und

Linke Seite rechts:
Westfassade der Kirche mit Eingang zum Narthex, verziert mit Darstellungen von Mariä Himmelfahrt, Benedikt von Nursia und Bernhard von Clairvaux.

Links:
Blick in das Gewölbe der Chorapsis mit dem Altaraufsatz von Damia Forment aus weißem Alabaster (1527).

Oben:

Die stolze Laterne über der Vierung, ein auffälliges Zeichen für den Prunk des Zisterzienserordens im Katalonien des 14. Jahrhunderts.

Rechte Seite:

Blick vom Paradiesgarten in das Brunnenhaus, vor dem ein Akanthus wächst – das immer wiederkehrende Schmuckmotiv korinthischer Kapitelle.

bischof von Narbonne) beauftragte, gemeinsam mit Simon de Montfort, dem Abt von Poblet, einen Kreuzzug gegen die Albigenser zu führen, gab es ungeahnte Schwierigkeiten. Als die Kreuzritter im Languedoc eintrafen, konnte Peter II. von Aragonien, der Katholische, seine dortigen Vasallen nicht ohne Schutz lassen. Er stellte sich Simon de Montfort mit Waffengewalt entgegen und starb 1213 in der Schlacht von Muret. Bei dieser Gelegenheit sollte der Abt von Poblet erfahren, wie sehr die supranationale Ausrichtung des Ordens in Widerstreit mit Staatsinteressen geraten konnte. Er war Zisterzienser und ein Freund von Arnaud Amaury, aber er war auch Katalane und ein Freund Peters II. von Aragonien. 1214 wurde er ermordet.

Wie alle Zisterzienserklöster Europas erlebte auch Poblet im Laufe der Jahrhunderte Blütezeiten und Schwierigkeiten. Und wie bei allen spanischen Klöstern fand die Entwicklung im 19. Jahrhundert ein jähes Ende, als sie vom Staat geschlossen wurden (1835). Doch bereits 1883 konnte die Restauration der von Plünderungen und Verwüstungen beschädigten Gebäude beginnen. Die Kirche wurde 1935 neu geweiht, und 1940 kehrten die Zisterzienser wieder in die Abtei zurück.

Die Kirche (1166–1190) ist ein schönes Beispiel romanischer Architektur, ganz im Geist der frühen großen Bauwerke des Ordens. Das hohe Mittelschiff mit Spitztonne und Gurtbögen, die auf abgekragten Wandvorlagen mit Konsolen in drei Metern Höhe ruhen, erreicht ein seltenes Maß an Vollkommenheit. Die Seitenschiffe haben wie die Vierung und der Chorumgang Kreuzrippengewölbe.

Im 14. Jahrhundert erfuhr die Kirche einige Erweiterungen. Die Grafen und Könige von Katalonien und Aragonien richteten ihre Grablegen in der Klosterkirche ein. Über der Vierung errichtete man während einer Pestepidemie – ein Zeichen für den starken Willen, dem Unglück zu widerstehen – den berühmten achteckigen Turm, der durchbrochen ist wie ein Spitzenhäubchen. Im 18. Jahrhundert nahm man die Verschönerungsarbeiten wieder auf: Die Westfassade wurde

König von Katalonien und Aragonien gemacht hatte. Diese neue Dynastie bedurfte einer großen Abtei als Grablege. Darüber hinaus sollten die Zisterzienser hier die Reconquista – die Rückeroberung Spaniens von den Mauren – durch Gebet und letzlich auch durch finanzielle Unterstützung fördern.

Im 13. Jahrhundert, als Papst Innozenz III. Abt Arnaud Amaury von Cîteaux (später Erz-

barockisiert, die Grablegung der Heilig-Grab-Kapelle im Narthex zur Geltung gebracht und eine neue Sakristei am Giebel des südlichen Kreuzarmflügels errichtet. Die Kuppel mit Laterne, die höher ist als der Vierungsturm, hat die Silhouette der Abtei völlig verändert. Der allgemeinen Barockisierung ging bereits die Aufstellung eines riesigen Alabasteraltares voraus (1527–1529), den der Bildhauer Damia Froment aus Valencia schuf.

Über den gotischen Kreuzgang gelangt man nacheinander in alle Räume des Klausurgeviers. Der Paradiesgarten mit seinen Zypressen, den das Langhaus der Kirche vor der Mittagssonne schützt, ist ein Ort der Medita-

tion. Zu bewundern sind die schöne tonnengewölbte Passage, der Saal der Mönche, der zunächst als Skriptorium und dann als Bibliothek diente, die Wärmestube, das ebenfalls tonnengewölbte Refektorium mit seiner aus der Mauer vorkragenden Lesekanzel, die alte Küche und das alte Refektorium der Konversen. Unübertroffen ist die Perfektion des Kapitelsaals mit seinen vier schlanken Säulen, die neun Kreuzrippengewölbe tragen. Von maßloser Größe wie Poblet im Ganzen ist auch das Dormitorium im ersten Stock, das sich über eine Länge von 90 Metern erstreckt; es hat wie in Santes Creus ein hölzernes Satteldach auf 19 Transversalbögen,

die auf Konsolen mit fein skulptierten Kapitellen ruhen. Eine doppelte Fensterreihe taucht den Saal in sanftes Licht, zwei niedrige Fenster pro Joch, die die Betten erhellen, und in jedem zweiten Joch ein hohes Fenster, das den Raum belichtet und belüftet.

Auch die Wirtschaftsgebäude enthalten interessante Elemente, vor allem Kreuzgänge und Kapellen, die Besuchern jedoch nicht zugänglich sind (zum Beispiel den Stephanskreuzgang und die Sankt-Georgs-Kapelle). Zwei Museen informieren über die Geschichte von Poblet, das Museum der Restauration und das Museum des Palastes von König Martin.

Linke Seite:
Brunnenhaus mit
Brunnen.

Links:
Kapitelsaal.

Rechts:
Nördliches Seitenschiff
der Kirche mit Friedhofs-
pforte (rechts) und Grab-
stätte der Prinzen von
Aragon (links).

PONTIGNY

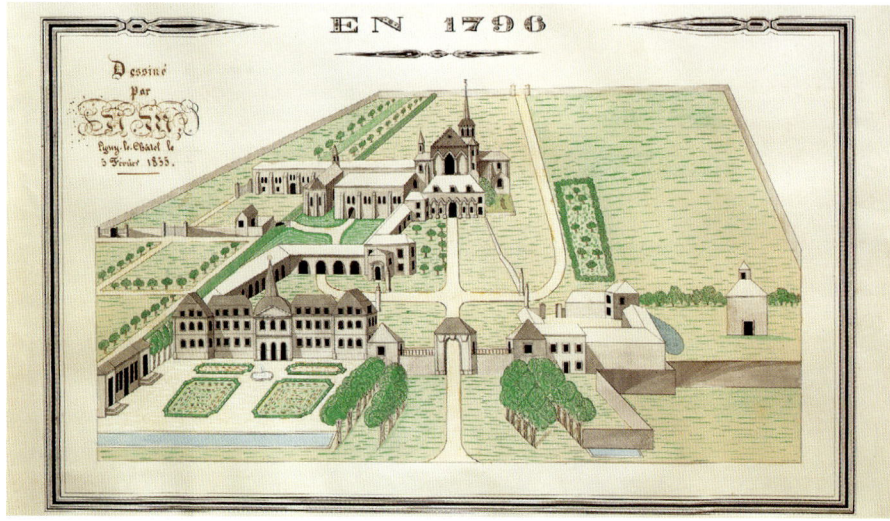

Pontiniacum

Gemeinde Pontigny, Département Yonne,

Region Burgund, Frankreich

Gründung: 1114 durch Citeaux

Kirchenbau: 1140 bis 1170 und 1185 bis 1205

Schließung: 1791 (Französische Revolution)

heute: Pfarrkirche und Informationszentrum

Die Lage Pontignys inmitten von Feldern muß man zunächst aus der Ferne bewundern. Die schönste Sicht auf den Chorschluß hat man von der Straße aus, die von Ligny-le-Chatel an der Ziegelei vorbeiführt. Erst dann sollte man die Allee hinaufsteigen, die zur Vorhalle dieser mittlerweile einzigartigen Abteikirche führt, die als einzige von den vier Primarklöstern übriggeblieben ist.

Im Inneren wirkt sie noch größer, höher und heller – 119 Meter lang und 20 Meter hoch – als von außen. Die Seitenschiffe sind mit Kreuzgratgewölben überdeckt; da sie dem Mittelschiff als Widerlager dienen, wurden sie zuerst errichtet. Das Kreuzrippengewölbe war damals bei den Zisterziensern noch nicht allgemein üblich, setzte sich aber rasch durch, als man merkte, daß es gegenüber dem traditionellen romanischen Gewölbe eine Einsparung an Stein und Gewicht

bedeutete. Die Entscheidung für das gotische Mittelschiff fiel während der Bauarbeiten. Die Archäologen haben Belege für diesen organischen Übergang gefunden. Als die Zisterzienser später während ihres Aufschwungs kathedralenhafte Kirchen bauten, rissen die Mönche von Pontigny den geraden Chorschluß der ursprünglichen Kirche ab, um ihn durch ein großes gotisches Sanktuarium zu ersetzen, dessen elegant geripptes Gewölbe auf einem monolithischen Säulenkranz ruht; es ist umgeben von einem Chorumgang und einem Kranz aus elf Kapellen. Das Mittelschiff wird durch das Chorgestühl und eine hölzerne Chorschranke aus dem 17. Jahrhundert (1676) in zwei Teile unterteilt; früher reichte das Gestühl fast bis in die Vierung hinein, wo die Akustik besonders gut war. Die Konversen im hinteren Teil der Kirche konnten jedoch den Altar nicht sehen.

Linke Seite:
Die Klosteranlage im
18. Jahrhundert.

Links:
Südliches Seitenschiff,
das noch stärker als das
Mittelschiff den Ein-
druck von Strenge, Rein-
heit und Stille vermit-
telt.

Pontigny gründete zahlreiche Tochterklöster. Die Abtei erwarb einigen Reichtum, erlangte aber nie die gleichen Einkünfte wie die mächtigsten Zisterzienserklöster

Der Reichtum der Abtei lag vielmehr in ihren Freundschaften, im Mittelalter insbesondere zu bedeutenden Engländern. Zunächst nahm sie (von 1164 bis 1166) Thomas Becket auf, den englischen Erzbischof von Canterbury, der ins Exil gehen mußte, weil er sich König Heinrich II. in Bezug auf die Wiedereinführung königlicher Vorrechte im kirchlichen Bereich widersetzt hatte, und nach seiner Rückkehr nach England zum Opfer des *Mordes im Dom* (wie T. S. Eliot 1935 sein Theaterstück über dieses Ereignis betitelte) wurde. Ein anderer Erzbischof von Canterbury, Stephan Langton, fand nach ihm Zuflucht in Pontigny (1208 bis 1213), als er ins Exil gehen mußte. Noch ein weiterer Erzbischof von Canterbury, der später heiliggesprochene Edmund Rich, kehrte auf einer Reise nach Rom in Pontigny ein. Während einer zweiten Reise nach Rom, wo er der Kurie seine Streitigkeiten mit dem König vortragen wollte, starb er in Soisy (1240) und wurde in Pontigny beigesetzt. Seine Grabstätte, die noch heute das Sanktuarium verstellt, war jahrhundertelang das Ziel von Wallfahrten, die alljährlich zu Pfingsten zu Ehren des Heiligen stattfanden.

Bis heute veranstaltet der Verein der Freunde von Pontigny in der Klosterkirche Konzerte altenglischer Musik. Darüber hinaus organisierte der Pazifist Paul Desjardins hier jeden Sommer die „Déscades de Pontigny", unter anderen mit André Gide, André Malraux, Martin du Gard, François Mauriac und Gaston Bachelard. Seit dem Krieg ist im ehemaligen Konversenhaus eine Schule für Körperbehinderte untergebracht.

Oben:
Blick vom Chorumgang in das nördliche Seitenschiff. Links sieht man die Gitter zum Chorraum (18. Jahrhundert).

Rechte Seite:
Südwand des Mittelschiffs. Deutlich zu erkennen sind die abgekragten Wandvorlagen, die es erlaubten, das

Chorgestühl an die Pfeiler zu setzen.

Folgende Doppelseite:
Die große Klosterkirche, die ohne Krypta oder

Gründung auf die dicke Tonschicht (aus dem die berühmten Ziegel von Pontigny gefertigt sind) des Serein-Tales gebaut ist, wirkt, als sei sie von

weither inmitten der Felder gestrandet. Auf die bäuerliche Bevölkerung im 12. Jahrhundert dürften die streng organisierten und fortschritt-

lichen Zisterzienser tatsächlich den Eindruck erweckt haben, sie kämen von weither.

PORTALEGRE

São Bernardo de Portalegre
Gemeinde Portalegre, Region Alentejo, Portugal
Gründung: 1518 durch Alcobaça (Filiation von
Clairvaux)
Schließung: 1854
heute: Kaserne

In keinem anderen Land Europas war der Einfluß der Zisterzienser so groß wie in Portugal. Der Ruf Alcobaças stellt allzu sehr die Rolle der anderen 18 Männerklöster, 14 Frauenklöster und der beiden Ritterorden in den Schatten, die Cîteaux in diesem neuen Land repräsentierten, nachdem der Begründer der portugiesischen Monarchie, Alfonso Henriquez – bei uns als Alfons I., der Eroberer bekannt (1128–1185) –, die weißen Mönche aufgerufen hatte, das Territorium zu erschließen. Später begründete ein Zisterzienser und Meister des Avisordens, Johann I. (1385 –1433), die portugiesische Königsdynastie Aviz.

Besonders ein Frauenkloster ist hervorzuheben, das 1518 in einem Marktflecken am äußersten Ostrand der Provinz Alentejo gegründet wurde: Portalegre liegt in einer wenig besiedelten Gegend mit schönen Steineichenwäldern und Adlern, die über den Gipfeln der Serra de São Mamede kreisen, und ist eine geschichtsträchtige Kleinstadt, die innerhalb ihrer Stadtmauern zahlreiche Zeugnisse ihrer bewegten Vergangenheit bewahrt hat und noch heute zu Recht für ihre Gobelinmanufaktur berühmt ist.

Der Gründer des Klosters, Jorge de Melo, war eine schillernde Persönlichkeit, Bischof von Egitane, Kommendeabt und später Regularabt von Alcobaça. In Portalegre wollte er junge Mädchen ohne Mitgift aufnehmen, und zwar nicht als Konversen, wie es Tradition war, sondern als reguläre Nonnen. Da er recht vermögend war, konnte er für den Unterhalt des Klosters aufkommen, das er seiner Schwester unterstellte. Nach seinem Tod wurde sein Erbe unter seiner Konkubine, seinem Sohn und dem Konvent aufgeteilt.

Linke Seite rechts:
Das Kloster Portalegre
besitzt zwei zweigeschos-
sige Kreuzgänge, die
durch eine überdachte
Passage verbunden sind.

Unten:
Leere Fensteröffnungen
in den Überresten eines
abgerissenen Gebäude-
teils, dessen Fassadenge-
staltung jedoch beispiel-
haft für die Architektur
von Portalegre ist.

Oben:
Vorhalle der Kirche.

Die Innenausstattung der Kirche umfaßt einen Altaraufsatz an der Nordwand des Mittelschiffes, Azulejos, Grabplatten, eine schöne Kanzel, die Grabstätte Dom Jorges de Melos und die beiden Chöre der Nonnen.

Die 50 bis 70 Nonnen von Portalegre führten das Kloster bis 1854 weiter, als in Portugal die Klöster per Dekret geschlossen wurden.

Der Eingang des Zisterzienserinnenklosters Portalegre ist von erlesener Eleganz: Über dem Marmorportal prangen die Wappen des Königreiches und der Kongregation. Dahinter liegt ein geschlossener Hof mit einem schönen Barockbrunnen in der Mitte. Wenn man durch das Kirchenportal tritt, sieht man zunächst nur die weite Fläche der Azulejos – der glasierten, mit Mustern bemalten Fliesen – unter den manuelinischen Netzgewölben, die auf abgekragten Diensten mit einem gedrehten Taufries ruhen, einem typischen Motiv, das an allen Bauten der Umgebung zu finden ist. Die Kirche ist ohne jedes Gestühl und weist nur noch das Gitter der Chorschranke und das marmorne Grabmal des Stifters Jorge de Melo auf. Der zweistöckige Chor der Nonnen ermöglichte es, auch auf dem Stockwerk des Schlafsaals ein Gestühl aufzustellen, in dem sie ihre Matin beten konnten. Auch der Kreuzgang ist zweistöckig und hat im ersten Stock über eine Galerie Zugang zur Kirche.

Die Azulejos der Kirche und der Galerie sind mit religiösen und profanen Szenen bemalt; sie stammen aus einer Werkstatt in Lissabon, die sie 1739 angefertigt hat. Zu den schönsten Szenen gehören die berühmte Episode vom heiligen Bernhard, der als Kind vor der Kirchentür einschlief, als er auf die Mette wartete; der Tod des heiligen Benedikt, der Tod Bernhards von Clairvaux und zwei Episoden aus der Heiligenlegende: der heilige Bernhard vor Christus, der den linken Arm vom Kreuz genommen und Bernhard auf die Schulter gelegt hat; aus der offenen Wunde Christi tropft Blut auf die Lippen des Abts von Clairvaux. Die zweite zeigt die Laktation der Jungfrau Maria: Bernhard kniet vor der Madonna mit Kind und rezitiert die Hymne *Ave Maris Stella*. Als er die Worte „Monstra te esse Matrem" spricht, öffnet die Jungfrau ihr Mieder, und ein Tropfen der Milch, die Christus genährt hat, netzt das Gesicht des Heiligen.

Kapitelle des Kreuzgangs.

RIEVAULX

Rievallis
Gemeinde Helmsley, County North Yorkshire,
England
Gründung: 1132 durch Clairvaux
Schließung: 1538 (durch Aufhebungsakte)
heute: Privatbesitz,
verwaltet durch The English Heritage

Als erstes Zisterzienserkloster Nordenglands wurde Rievaulx von Clairvaux unterstützt. Der frühere Sekretär Bernhards war der erste Abt des Klosters. Sehr bald erlangte es jedoch Autonomie und wuchs an Mitgliedern (140 Mönche und 500 Konversen), Tochterklöstern (elf Abteien) und Besitztümern (über zehn Grangien).

In der Architektur des Klosters spiegeln sich die beiden Phasen seiner Geschichte wider. Seine Lage in einem engen Tal am Ufer des Flusses Rie entsprach durchaus den Prinzipien des bernhardinischen Plans, während man den Chor der Kirche wegen der Enge nach Norden ausrichten mußte. Baubeginn der Kirche war 1135, also etwa zur gleichen Zeit, als Bernhard von Clairvaux den Bau von Clairvaux II in Angriff nahm. Mit ihrem rechteckigen Chor, den Kreuzarmen mit je-

weils drei Kapellen und dem schmucklosen, romanischen Langhaus hielt sich die Klosterkirche also an den Geist von Cîteaux, und es gelang um so besser, als das Kloster unter dem Einfluß eines Mönches von starker Persönlichkeit stand, Aelred von Rievaulx, der von 1147 bis 1167 dort Abt war. Als Autor zahlreicher geistiger Schriften besaß er auf die Kirche von England und die englischen Zisterzienser einen ebenso starken Einfluß wie der Abt von Clairvaux auf die lateinische Kirche seiner Zeit. In seiner Schrift *Speculum Caritatis* griff er bereits 1141 die Themen auf, die Bernhard von Clairvaux in seiner *Apologie an den Abt Wilhelm* behandelt hatte, wie das der mönchischen Armut und Schlichtheit der Bauwerke.

Schon 1230 wurden das ursprüngliche Sanktuarium durch einen neuen sechsjochi-

Linke Seite rechts:
Die fünf erhaltenen
Bögen des Kreuzgangs
sind wie in Fontenay
noch romanisch, wirken
aber bereits weit mehr
elegant als wuchtig.

Oben:
Blick von außen auf die
Nordwand des Mittel-
schiffs. Die Ruinen lassen
die Konstruktion des
Baus erkennen: Die gro-
ßen Arkaden, die Öffnun-
gen des Mittelgadens und
die Fenster des Ober-
gadens sind von einer
regelmäßigen Komposi-
tion, die durch die Last-
verteilung bestimmt ist.

gen Chor mit Umgang ersetzt, die neun Joche des Mittelschiffs aufgestockt (an den Seitenwänden ist noch deutlich der unterschiedliche Stein zu erkennen) und die Kirche auf über hundert Meter verlängert. Mit seiner dreizonigen Wandgliederung (spitzbogige Arkaden und zwei Fenstergaden) illustriert das Bauwerk die Perfektion der englischen Gotik im 13. Jahrhundert. Trotz der Zerstörungen aus der Zeit nach der Aufhebung sind imposante Ruinen der Kirche erhalten geblieben. Es lohnt sich, durch das Langhaus der Kirche von Rievaulx zu gehen, durch deren fehlende Gewölbedecke man den Himmel sieht und deren Arkaden sich in der ländlichen Umgebung erheben wie auf einem romantischen Gemälde, sich von den mächtigen Säulen beeindrucken zu lassen, denen die Zeit nichts hat anhaben können, und den ehemals gefliesten Boden zu betreten, wo noch heute außergewöhnliche Tonfliesen zwischen den gepflegten Rasenflächen zu finden sind, um die sich die Denkmalsverwaltung *English Heritage* kümmert.

Auch die Grundmauern des Kapitelsaals, der in einen Halbkreis mit Umgang mündete, sind noch zu erkennen; vom Kreuzgang sind noch einige Rundbogenarkaden erhalten, getragen von abwechselnd runden und sechseckigen Doppelsäulchen; vom großen Refektorium ist neben den Grundmauern nur eine schöne Durchreiche zur Küche geblieben. Bemerkenswert sind auch die Ruinen des kleinen Kreuzgangs im Klosterspital – ein Bauelement, das nur in den größten und reichsten Abteien zu finden war.

Linke Seite:
Blick vom Mittelschiff
auf den geraden Chor-
schluß.

Oben links:
Blick von außen auf den
geraden Chorschluß, der
die Dreiheit der Fenster
früherer Zisterzienser-
chöre metaphorisch auf-
greift, allerdings mit
einer Kraft, aus der der
unbestreitbare Wille zur
Monumentalität spricht.

Oben rechts:
Öffnung im Mittelgaden
des Mittelschiffs.

ROYAUMONT

Regalis mons
Gemeinde Asnières-sur-Oise, Département
Val-d'Oise, Region Île-de-France, Frankreich
Gründung: 1228 durch Cîteaux
Kirchenbau: 1229 bis 1235
Schließung: 1791 (Französische Revolution)
heute: Kulturzentrum

Ludwig der Heilige hegte eine besondere Passion für seine Abtei Royaumont: „Wir haben beschlossen, zur Ehre Gottes, der heiligen Jungfrau und aller Heiligen ein Kloster des Ordens von Cîteaux an einem Ort namens Aulmont zu errichten, das nach unserem Beschluß in Zukunft den Namen Royaumont tragen soll." Ein durch und durch zisterziensischer Standort: keine Siedlungen, ein Wald, ein Fluß, eine Quelle. Doch bereits zu Beginn des 13. Jahrhunderts (1228) wichen die Zisterzienser von den Ordensregeln ab und legten in der Gründungscharta Einnahmequellen fest: Getreideabgaben, Brückenzoll und Abgaben für Keltereien; darin lag eine Rückkehr zu cluniaszensischen Gewohnhei-

ten, die Bernhard von Clairvaux so angeprangert hatte.

Royaumont lag nahe der königlichen Residenz in Asnières-sur-Oise und geriet bald unter den Einfluß des Hofes. Man nahm die königlichen Zuwendungen, die die Bauarbeiten beschleunigten, gerne an. Der König hatte Anteil an der Entwicklung einer abweichenden Form der Askese, wie sie auch in gewissen Epochen mystischer Reformen innerhalb des Zisterzienserordens bei den Feuillanten oder den Trappisten unter Auguste de Lestrange im 19. Jahrhundert zu finden war. Nach der Beichte verlangte der König, mit einer Rute gezüchtigt zu werden, die mit Eisenketten versehen war. Die Gründungsväter, die kein Büßerhemd trugen, hatten den Äbten geraten, den königlichen Hof nicht zu empfangen und die königliche Grablege nicht in der Abteikirche einzurichten. Ludwig der Heilige wurde trotzdem mit seiner ganzen Familie in Royaumont beigesetzt und das Defilee der Großen riß über Jahrhunderte hinweg nicht ab. Im 14. Jahrhundert baten die Mönche das Königshaus, nicht länger seine Leute und Pferde in den Gebäuden der Abtei unterzubringen, wenn sie sich in der Umgebung befänden. In der langen Liste der Kommendeäbte findet sich auch Kardinal Mazarin (der 14 Abteien zur Kommende hatte). Richelieu wohnte in Royaumont, als Ludwig XIII. in Chantilly residierte. Über mehrere Generationen hinweg war die Abtei Kommende des Hauses Lothringen. Der letzte Kommendeabt, Henri Éléonore le Cornut de Balivière, der Schloßkaplan Ludwigs XVI., der zahlreiche gekrönte Häupter empfing, schenkte dem Kloster einen neuen Abts-

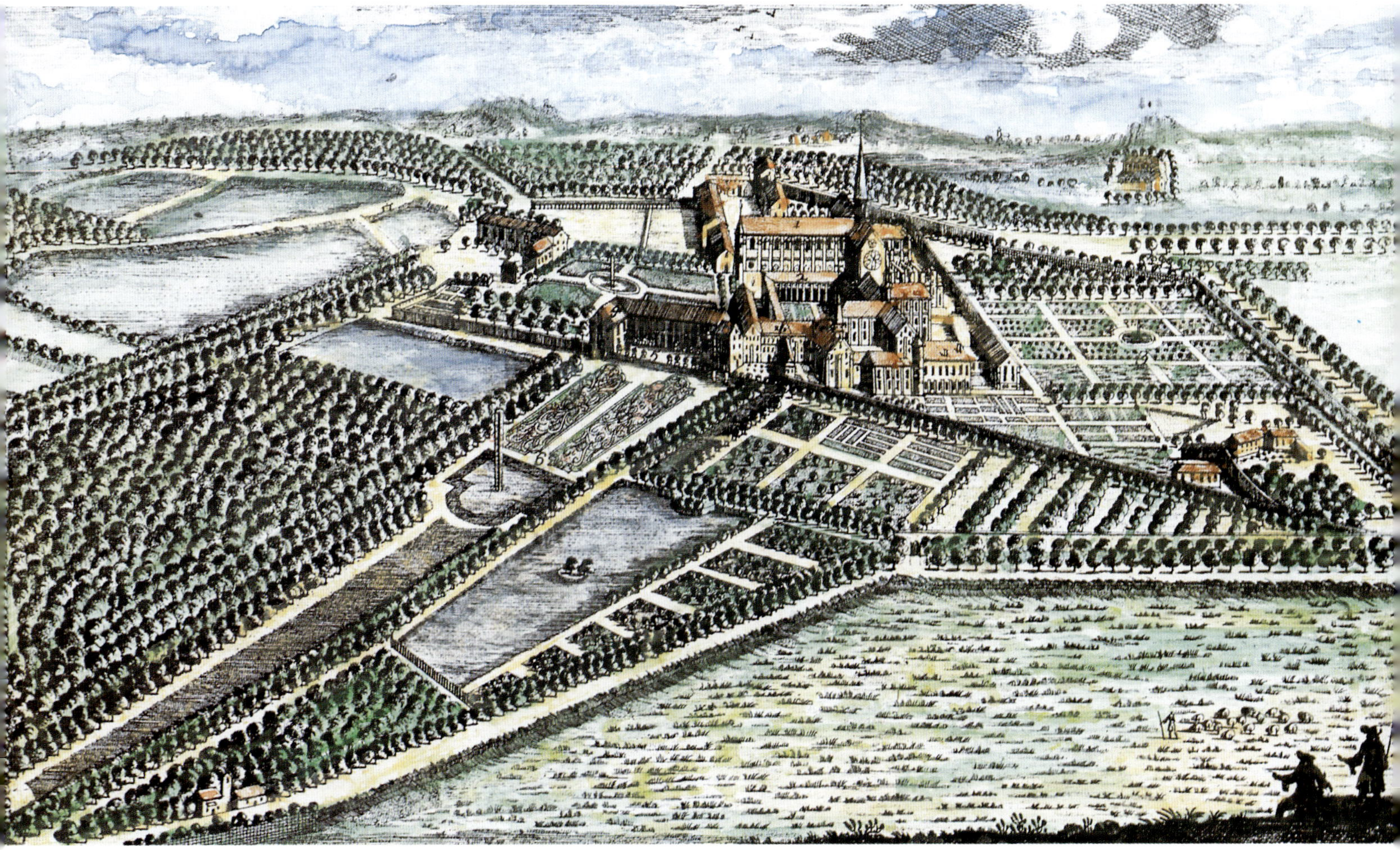

Unten:
*Blick auf den Mönchs-
trakt und die Südwand
des Mittelschiffs. Im
Vordergrund sind die
Ruinen des halbrunden
Chorschlusses zu sehen.*

Oben:
*Die Klosteranlage im
17. Jahrhundert.*

Blick auf den Westflügel
des Kreuzgangs vor den
Überresten der Konver-
sengasse. Rechts sind die
Ruinen der Südfassade
der Kirche zu sehen.

palast (1785–1789), der Louis Le Masson zugeschrieben wird. Da er zu den ersten Exilanten der Französischen Revolution gehörte, bewohnte er ihn nie.

Als das Kloster verstaatlicht und verkauft wurde, erwarb es erneut ein Adeliger. Joseph Bourget de Guilhem begann die Gebäude abzutragen, um sie als Steinbruch für den Bau einer Modellfabrik und der dazugehörigen Arbeiterwohnungen zu nutzen. Man stand am Beginn der industriellen Revolution, die in England bereits in vollem Gange war. Jetzt huldigte man der Industrie so wie zuvor der Religion, was zu brutalen ikonoklastischen Zerstörungen führte. Royaumont verlor seine Kirche, und der Rest der Gebäude wurde zu einer Baumwollspinnerei mit vornehmlich englischer Arbeiterschaft umgebaut. Im Latrinengebäude ist noch heute ein großes Schaufelrad zu sehen, das der Energielieferant der Fabrik war.

Nach der Julirevolution begeisterte sich die frivole Pariser Gesellschaft für die Ruinen der Abtei. Zum Rhythmus der Dampfmaschinen veranstaltete man Theatervorführungen in den gotischen Salons des Industriellen. Im Second Empire erwarben Mönche und Nonnen hier und da in Frankreich alte Klosteranlagen, darunter auch Royaumont, bis das Kongregationsgesetz von 1905 die Nonnen von La Sainte Famille, die sich dort niedergelassen hatten, zwang, ihr Kloster zu verlassen.

Heute ist „Schloß Royaumont" vom Rest der Anlage getrennt und wurde von der Familie Goüin in langjähriger Arbeit mit dem Ziel restauriert, dort einen internationalen Kulturzirkel zu schaffen. Was 1937 noch Utopie war, ist mit der „Stiftung Royaumont für den Fortschritt der Humanwissenschaften" Wirklichkeit geworden, die seit 1964 Forschungsprogramme, Fortbildungsveranstaltungen, Kolloquien und anerkannte Musikveranstaltungen organisiert.

Die Überreste der Treppe im nördlichen Kreuzarm der Kirche mit den Säulenstümpfen des Chores im Vordergrund, die mittlerweile zum Wahrzeichen von Royaumont geworden sind.

Blick auf die Überreste
des Chores mit den deut-
lich erkennbaren Spuren
des Kapellenkranzes.

„Schon als Ludwig [IX.,
der Heilige] sein König-
reich übernahm und sich
Bekanntheit zu verschaf-

fen verstand, begann er,
Kirchen und mehrere
Klöster zu errichten,
unter denen Kloster

Royaumont an Schön-
heit und Größe alle
anderen übertrifft."
Jean Sire de Joinville,

Le Livre des Saintes
paroles et des bons faits
de notre Saint roi Louis,
1309.

Blick in das gotische Refektorium der Mönche, in dem die Fondation Royaumont heute Konzerte veranstaltet. Seit 1993 ist hier eine kleine romanische Orgel installiert.

SALEM

Gemeinde Salem, Baden-Württemberg, Deutschland
**Gründung: 1134 durch Lützel (Lucelle) (Filiation von
Morimond)**
Schließung: 1804
**heute: Pfarrkirche, Kultur- und Freizeitzentrum,
Museum und Schule**

Es gibt wohl kein zweites Kloster wie dieses
riesige Schloß Salem, das vor Reichtum
glänzt und Pracht entfaltet wie ein kleines
Versailles. Ein Rundgang um das Kloster
bedeutet, einen langen Spaziergang zu
machen unter den hohen weißen Fassaden
mit ihren Hunderten gelb gerahmter Fenster,
die man im Barock so schätzte.

Im Zentrum des Gebäudekomplexes stehen Klosterkirche und Klausurgebäude. Die
spätgotische Basilika wurde 1297 begonnen,
mehr als hundert Jahre nach der Ankunft der
weißen Mönche in Salem unter dem doppel-
ten Schutz von Kaiser und Papst. Man brauchte eine starke religiöse Präsenz im Linzgau
zwischen Bodensee, Heiligenberg und Höch-
stein. Den Auftrag zur Klostergründung erhielten die Zisterzienser aus Lützel im Elsaß.

Aber es zogen auch Truppen durch dieses
Grenzgebiet, und der Dreißigjährige Krieg
hatte für Salem fatale Folgen. Kaum war das
Kloster wiederaufgebaut, verwüstete 1697
erneut ein Brand die Abtei. Im folgenden
Jahrhundert trieben die Äbte Stephan I.
(1697–1707) und Anselm II. (1746–1778) den
Wiederaufbau der Gebäude voran, zum Teil
in barockem (Klausurgeviert, Pforte, Marstall), zum Teil in klassizistischem Stil (Rent-
amt). Nach Beendigung der Restaurierungen
erlangte die Abtei ihre Hochblüte, was sie
mit dem Bau eines 60 Meter hohen Glockenturms über der Vierung unter Beweis stellte,
dessen sechs Glocken so laut waren, daß
man dieses Sinnbild der Eitelkeit schon kurze Zeit später wieder abreißen mußte. Unter
Napoleon ging das säkularisierte Kloster
1804 in den Besitz des Markgrafen von Baden
über, der es als Entschädigung für den Verlust
seiner linksrheinischen Güter erhielt. Er setzte die prunkvolle Ausstattung der Gebäude
fort und richtete innerhalb der Klostermauern
eine renommierte Schule (1820) ein.

Trotz der dekorativen Ergänzungen, die die
Gebäude im Laufe der Jahrhunderte erfahren
haben, ist die Nüchternheit der zisterziensischen Architektur erhalten geblieben. In der
Kirche zeigt sie sich im großen rechteckigen
Chor, den hohen Gewölben mit ihrer überaus klaren Linienführung und den verbreiter-
ten Pfeilern der Arkaden, die den Schub auf-
fangen und Raum für Seitenkappellen zwischen Mittel- und Seitenschiff bieten. Die
Barockisierung ist prunkvoll, aber nicht auf-
dringlich, obwohl im Mittelschiff 27 Alaba-
steraltäre, 94 Kirchenbänke mit Basreliefs zu
alttestamentarischen Szenen, drei Emporen

Unten:

Blick in den Kaisersaal, der dem Empfang hochrangiger Gäste vorbehalten war.

Oben links:

Mönchschor und Sanktuarium der Kirche.

Oben rechts:

Blick in das südliche Seitenschiff; an den Längsseiten der tiefen Pfeiler zum Mittelschiff befindet sich jeweils ein Altar.

Rechts:

Wie alle Klöster des
18. Jahrhunderts besaß
auch Salem eine bedeu-
tende Bibliothek.

Rechte Seite:

Kachelofen im alten
Refektorium mit Szenen
aus dem Alltag der
Zisterzienser.

– darunter eine für die Orgel –, vier pyramidenförmige Monumente zu Ehren der Gründungsväter und mehr als 20 recht große Statuen zu finden sind.

In den Klostergebäuden befanden sich neben den Unterkünften der Mönche und den Räumlichkeiten des Abtes auch zahlreiche Säle und Zimmer, um von zwei Fürstenhäusern gleichzeitig Besuch empfangen zu können. Deshalb ist eines der Klostergebäude 180 Meter lang.

Barock ohne Stuck ist undenkbar. In Salem kann man die berühmtesten Stuckarbeiten Deutschlands aus der Zeit nach der Entwicklung der Stukkateurskunst durch die Wessobrunner Schule im 17. bis 18. Jahrhundert bewundern. Der dem heiligen Bernhard gewidmete Kreuzgang, das Sommerrefektorium (zur Kapelle umgestaltet), die Bibliothek, der Kaisersaal, das Münzkabinett (ehemals Audienzzimmer) und die Privatgemächer des Abtes (darunter der berühmte Rokokosalon mit dem Schwanenmotiv, dem Emblem Abt Anselms II.) übertreffen sich gegenseitig in ihrer künstlerischen Gestaltung.

Unter den Wirtschaftsgebäuden innerhalb der Klostermauern befinden sich einige interessante Bauten aus dem 18. Jahrhundert wie der Marstall mit einer Ausstellung über die Geschichte Salems. Außerdem bietet die Anlage verschiedene Touristenattraktionen, darunter einen barock gestalteten „Phantasiegarten", ein Spielehaus, ein Kunsthandwerkerdorf und einen Abenteuerspielplatz. In der Zehntscheune wird der Wein von Salem hergestellt, den man in der Gaststätte kosten kann.

Eng mit Salem verknüpft ist die Wallfahrtskirche Birnau, die seit dem 13. Jahrhundert zu Ruhm und Reichtum der Abtei beitrug. Die heutige Kirche von Peter Thumb, dem Barockmeister der Vorarlberger Schule, liegt etwas erhöht an einem Ufer des Bodensees. Ein Bernhard von Clairvaux geweihter Altaraufsatz ist flankiert von der Statue eines Engelchens, das Honig nascht – eine Anspielung auf den Beinamen des Abts und Kirchenlehrers: „honigfließender Lehrer".

SAN GALGANO

S. Galgani

Gemeinde Chiusdino (bei Monticiano), Region
Toskana, Italien

Gründung: 1201 durch Casamari (Filiation von
Clairvaux)

Schließung: um 1600

heute: Ruine

Der Legende zufolge haben die Zisterzienser von San Galgano am Bau des Doms von Siena mitgewirkt. Ihre meisterhafte Beherrschung der gotischen Baukunst hätte es ihnen zumindest erlaubt. Von der großen Kirche (gebaut 1224 bis 1288) des 1201 gegründeten Klosters stehen nur noch die Mauern; das Gewölbe ist im 17. Jahrhundert eingestürzt.

Das prachtvolle Gemäuer aus Travertin und Backstein, das in der Abgeschiedenheit eines Naturschutzgebietes liegt, gehört mit zu den schönsten Ruinen, die in Europa zu finden sind. Die Fassade ist von absoluter Reinheit. Das strenge Mittelschiff wird von den mächtigen kreuzförmigen Pfeilern mit abgekragten Halbsäulenvorlagen zwischen den Arkaden rhythmisch gegliedert; über jedem Spitzbogen befindet sich ein großes Lanzettfenster mit Okulus. Im traditionellen geraden Chorschluß sind unter einem kleinen und einem großen Okulus Fenster in zwei Dreiergruppen.

Doch trotz dieses überwältigenden Kirchenbaus konnten die Mönche das Kloster nicht halten: Zu den Angriffen der florentinischen Truppen kam die Plünderung durch Kommendeäbte und das Ausbleiben neuer Berufungen nach der Renaissance. Um 1550 lebten nur noch fünf Mönche im Kloster, und 1600 war nur noch ein einziger Mönch übrig.

Die Abtei stand immer in Konkurrenz mit der Wallfahrtskapelle des heiligen Galgano, die sich einige hundert Meter entfernt auf einem kleinen Hügel erhebt und den Anlaß für die Klostergründung darstellte.

Galgano Guidotti (1148–1181) war ein Ritter aus Chiusdino. Auf Drängen des Erzengels Michael, der ihm im Traum erschienen war, gründete er eine Eremitensiedlung. Eines Tages verklemmte sich sein Schwert in einer Felsspalte und ließ sich nicht mehr herausziehen; Blatt und Heft bildeten ein Kreuz, das Galgano für den Rest seines Lebens verehrte. Nach seinem Tod weihte man ihm eine Rundkapelle (1182–1185). Der Zustrom an Pilgern und Spenden veranlaßte den örtlichen Bischof, ein Kloster zu errichten, das er den Zisterziensern anvertraute.

Die Wallfahrtskapelle hat einen kleinen Chor mit Apsis und einen rechteckigen Narthex. Im Zentrum steht das Schwert in seiner Felsspalte. Die angebaute Sakristei ist mit herrlichen Fresken von Ambrogio Lorenzetti ausgemalt. Das Zentrum ist mit einer ungewöhnlichen Kuppel aus konzentrischen Natur- und Backsteinkreisen überwölbt. Die Mauern mit abwechselnden Lagen aus Backstein und weißem Kalkstein auf einem Hausteinsockel verleihen dem Rundbau eine gewisse Strenge. Der Hügel (Montesiepi), auf dem die Kapelle steht, war früher von einer Ringmauer umgeben.

Linke Seite rechts:
*Chorabschluß der Kir-
che, die mit ihrem Oku-
lus und den zwei Reihen
zu je drei Fenstern kaum
stärker vom Geist der
Zisterzienser geprägt
sein könnte.*

Oben:
*Südfassade der Kirche
und Überreste des
Kreuzgangs.*

Links:
Blick auf die Südwand
des Mittelschiffs.

Rechts:
Südliches Seitenschiff.

Links:
Nördliches Seitenschiff.

Rechts:
Blick in den Kapitelsaal
aus dem 13. Jahrhundert,
der zeigt, daß in Italien
die ursprünglichen Bau-
prinzipien der Zister-
zienser wesentlich länger
Bestand hatten als in
Frankreich.

SANTES CREUS

Sanctae Cruces
Gemeinde Aiguamurcia (bei Valls), Provinz Tarra-
gona, Region Katalonien, Spanien
Gründung: 1150–1158 durch Granselve (Filiation
von Clairvaux)
Schließung: 1835 (Verstaatlichung von Kirchen-
gütern)
heute: Kulturzentrum

Santes Creus ist mit Poblet eine der „Zisterzienserzitadellen" Kataloniens, um die im Laufe der Jahrhunderte zahlreiche neue Gebäude entstanden sind. Man wandert wie in einer Stadt von einer Sehenswürdigkeit zur anderen, um schließlich im Herzen dieser Klosterstadt auf das Klausurgeviert zu stoßen.

Gegründet wurde die Abtei 1150 in Valdaura del Valles von Mönchen aus Granselve, die von mehreren katalanischen Adelsfamilien Land erhalten hatten. Die Grafschaft Barcelona (Katalonien) war kurz zuvor mit

Aragonien vereint worden, und die Reconquista mobilisierte den Adel des Landes. Die Mönche brauchte man, um durch ihre Gebete für den „Kreuzzug" gegen die Almoraviden Unterstützung zu erhalten – und Valdaura del Valles lag recht nah an der Frontlinie zwischen Christen und Muslimen.

Mehr als zehn Jahre brauchten die Mönche, um den geeigneten Standort für ihr Kloster zu finden. Zunächst siedelten sie nach Ancosa um (das später zur Grangie wurde), dann nach Santes Creus, einem von Bergen umge-

Der gotische Kreuzgang (1332–1341) mit Orangenbäumen im Paradiesgarten. Er ist das Werk des englischen Baumeisters Raynard Fonoyll, der den Flamboyantstil der Spätgotik nach Katalonien brachte.

benen Plateau oberhalb des Flusses Gaya.
Hier ließen die Schäfer ihre Herden weiden
und erhellten nachts die Kreuze, die ihre Wei-
deplätze absteckten, mit Feuern, daher der
Name Santes Creus.

Lange Zeit spielten die weißen Mönche
eine wichtige politische Rolle im Land, vor
allem, indem sie den Bauern, die man in den
von den Almoraviden zurückeroberten Gebieten ansiedelte, mit ihren Fachkenntnissen
zur Seite standen. Manche Äbte dienten den

Königen von Katalonien und Aragonien, die
die Abtei befestigen ließen (1375–1378), als
Ratgeber oder geistlicher Beistand. Eine
Grabstätte in Santes Creus war beim Adel
sehr begehrt. Und die Gelehrten bedienten
sich eifrig der großen Bibliothek (heute in
Tarragona).

Im 19. Jahrhundert wurden die spanischen
Klöster von den Folgen der Französischen
Revolution heimgesucht. Als Napoleon in
Spanien einmarschierte, plünderten die fran-

zösischen Truppen bevorzugt die Klöster.
Über Jahrzehnte hinweg erlebte Spanien weitere Revolutionen und Unruhen, und nachdem man 1835 einen Großteil der Kirchengüter gesetzlich eingezogen und verkauft
hatte, um die Staatsschuld zu tilgen, gab es
keine Klöster mehr. Bereits 1844 nahm sich
die Baukommission der Provinz des Klosters
Santes Creus an, das zunächst einige Jahre
als Krankenhaus und anschließend als Gefängnis diente.

Die Klosterstadt erschließt sich über zwei aufeinanderfolgende Plätze: Den zweiten beherrschen das majestätische Himmelfahrtstor und im Zentrum ein barocker Brunnen mit der Statue des heiligen Bernhard Calvo, jenes Zisterzienserabtes, der außerhalb der Klostermauern das Hospital Sankt-Peter-der-Armen gründete. Am Südrand des Platzes steht der alte Abtspalast mit seinem hübschen Patio, der heute als Rathaus und Schule dient.

Die Klosterkirche wirkt nach wie vor wie eine Festung. Die massige Fassade, überragt von sechs breiten Zinnen, deutet bereits auf die Strenge des Mittelschiffs hin. Gewaltige kreuzförmige Pfeiler tragen ein noch recht primitives Bandrippengewölbe mit breiten Gurtbögen auf Wandvorlagen, die in drei Metern Höhe auf den typischen Konsolen der Zisterzienser ruhen und hier mit Voluten ausgeführt sind. Wenn man sich die Wandgliederung genau ansieht, ist deutlich zu

Linke Seite:
Patio mit Brunnen im königlichen Palais, errichtet im 14. Jahrhundert für Jakob II., den Gerechten, der das Kloster gern besuchte.

Oben:
Blick vom Kollationsgang auf das Brunnenhaus.

erkennen, daß das gotische Gewölbe (um 1220) eine Holzdecke ersetzt hat (um 1180). Später kamen das große Fenster der Westfassade und die schöne Fensterrose im Chorschluß hinzu und zuletzt der achteckige Turm über der Vierung, gekrönt von einer Kuppel mit Laterne.

Der Kreuzgang (1332–1341) stammt von einem englischen Baumeister, der die Spätgotik nach Katalonien brachte. Wie in vielen Klöstern hatte der ursprüngliche Kreuzgang auch hier ein schlichtes hölzernes Pultdach; da der jetzige Kreuzgang die letzte bauliche Erweiterung von Santes Creus darstellt, weist er einen raffinierten, kunstvolleren Stil auf als die übrigen Gebäude und zeigt sich freier in der dekorativen Gestaltung der Kapitelle.

Die Klausurgebäude mit dem nüchternen Kapitelsaal, dem schönen Brunnenhaus gegenüber vom Refektorium, dem Dormitorium mit seinen Transversalbögen und der Holzdecke stammen dagegen aus der gleichen Zeit wie die Kirche.

Außerhalb des Klausurgevierts führt ein Weg vorbei am mediterranen Garten des alten Kreuzgangs bis zum königlichen Palais Jakobs II., des Gerechten, mit seinem raffinierten Patio und der kunstvoll gearbeiteten Treppe.

Könige und Prinzen zogen sich immer gern in die Klöster zurück. In Santes Creus konnten sie sich fernab von Gepränge und Intrigen zum Gebet in die kleine Dreifaltigkeitskapelle begeben, ein romanisches Kleinod mit schönem Tonnengewölbe, das sich an die Klostermauer schmiegt. Diese Kapelle errichteten die Mönche gleich nach ihrer Ankunft an dieser Stelle.

Oben:

Das dem Kreuzgang vorgelagerte Brunnenhaus hat Ähnlichkeit mit dem in Poblet. Im Tympanon der Spitzbogenarkaden mit zweifacher Bogenstellung öffnen sich im Wechsel ein Okulus und eine Raute.

Rechte Seite:

Romanische Kapelle im nördlichen Kreuzarm.

Empfehlung:

Seit 1997 gibt es einen didaktischen Rundgang mit audiovisueller Begleitung, der an einigen museographischen Rekonstruktionen vorbeiführt und einen schönen Überblick über die Geschichte der Zisterzienser bietet. Wer Gelegenheit hat, Santes Creus zu besuchen, sollte sich diese anschaulichen Informationen nicht entgehen lassen.

Rechts:
Nördliches Seitenschiff.

Rechte Seite oben:
Blick in das Kreuzrippen-
gewölbe des Kapitel-
saals, das auf Säulen mit
äußerst nüchtern gestal-
teten Kapitellen ruht.

Rechte Seite unten:
Blick auf die für Santes
Creus charakteristischen
Konsolen mit gestaffel-
tem Rundstabprofil.

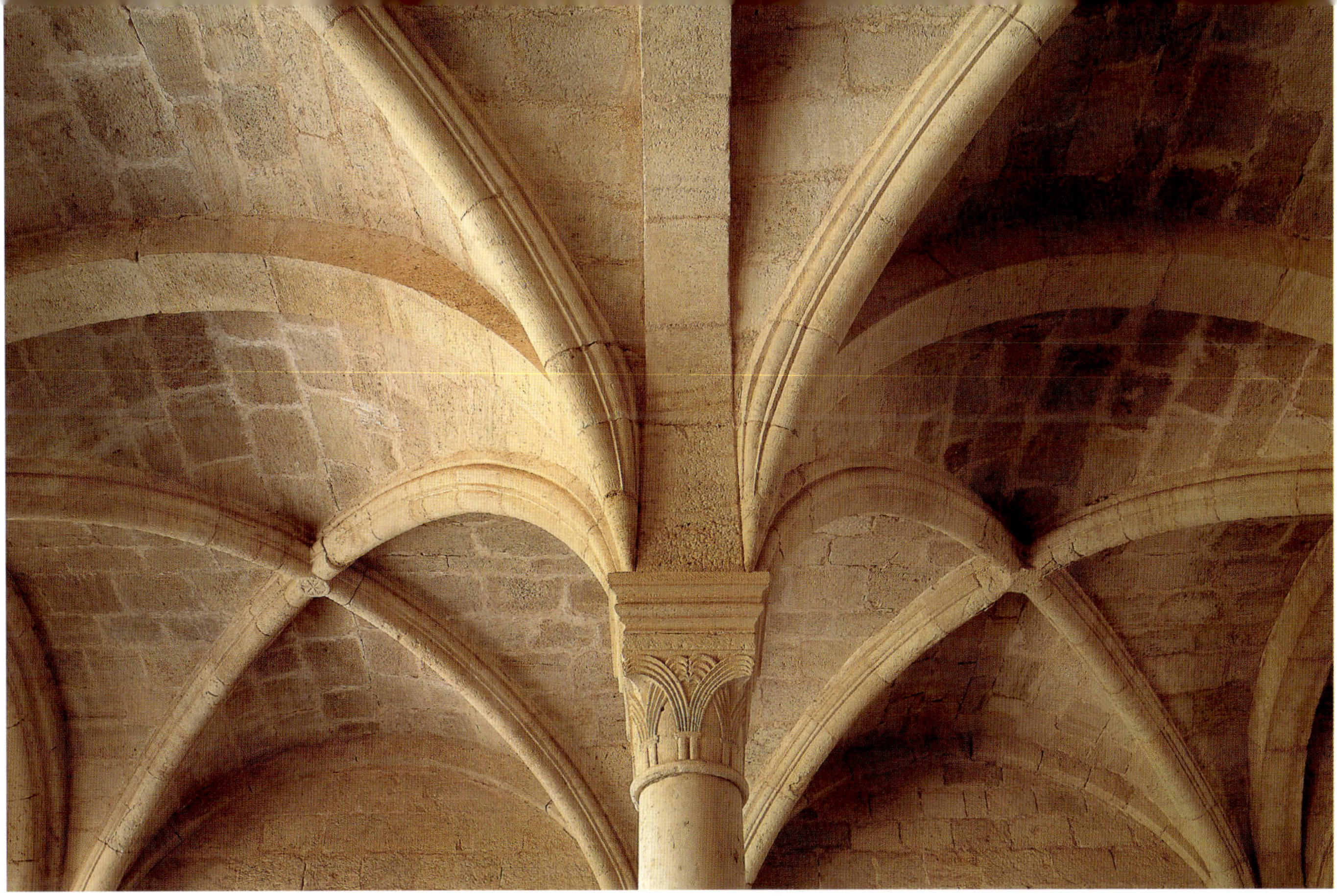

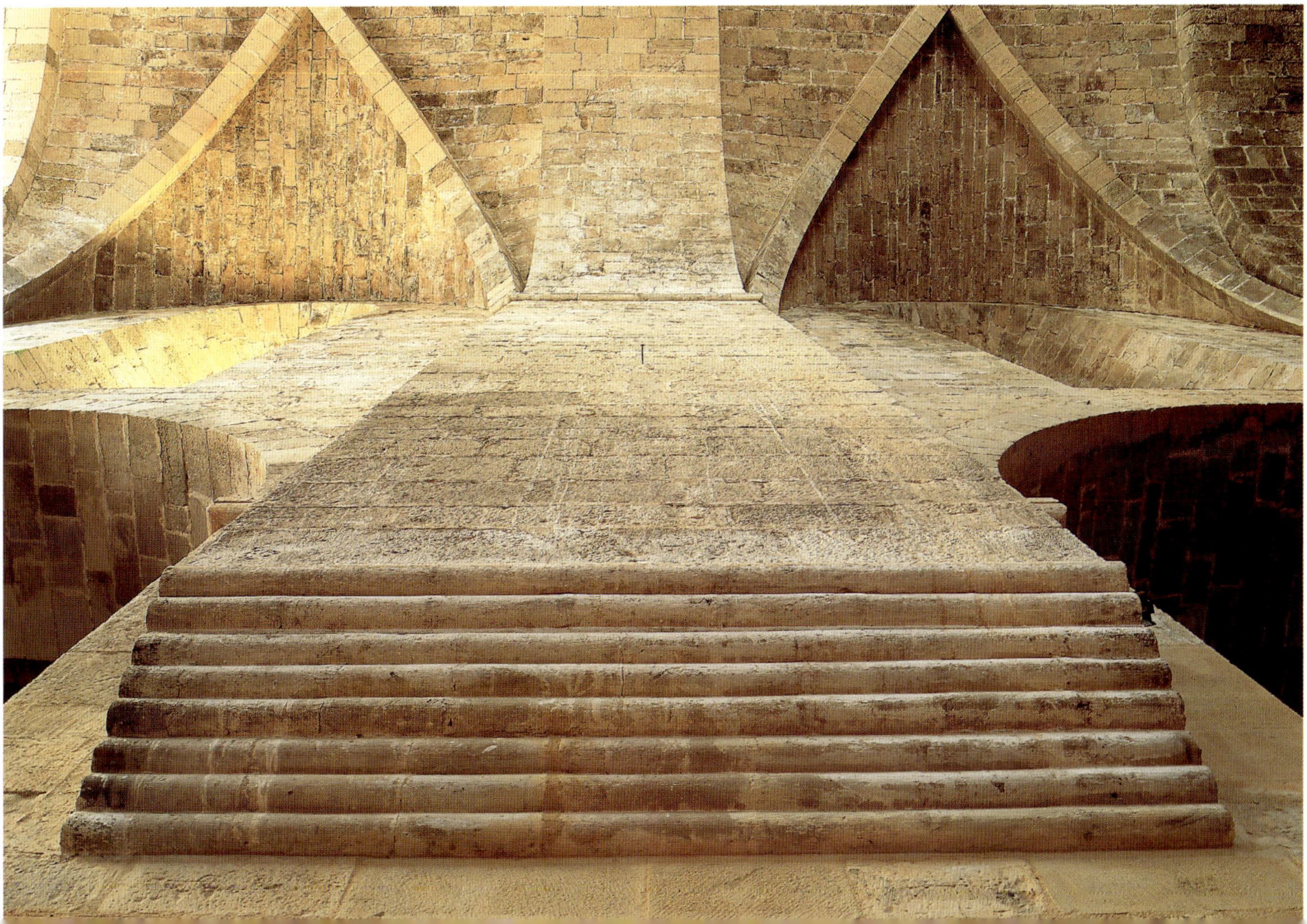

SEDLEC

Sedlecium

**Gemeinde Kutná Hora (Kuttenberg), Region Mittel-
böhmen, Tschechische Republik**

**Gründung: 1143 durch Waldsassen (Filiation von
Morimond)**

Schließung: 1421–1700 und 1783 (durch Joseph II.)

heute: Pfarrkirche und Fabrik (Zigaretten)

Wie sehr viele Klöster Böhmens läßt sich
auch die Geschichte der Zisterzienserabtei
Sedlec in zwei große Perioden einteilen, die
durch die Hussitenkriege getrennt sind.

Gegründet wurde das Kloster 1143 durch
Waldsassen im Rahmen der „Ostkolonisa-
tion", die das Generalkapitel von Cîteaux
Morimond mit Hilfe seiner deutschen und
österreichischen Tochterklöster aufgetragen
hatte. Waldsassen gründete Osek (Ossegg,
1199); Ebrach gründete Plasy (Plaß, 1144),
Zdár nad Sázavou (Saar, 1251) sowie Vyšší
Brod (Hohenfurt, 1259), und Heiligenkreuz

gründete Zlatá Koruna (Goldenkron, 1263).
Nachdem diese Klöster im 13. Jahrhundert
eigene Filiationen geschaffen hatten, gab es
in Böhmen insgesamt 18 Zisterzienserabteien
(13 Männer- und 5 Frauenklöster).

In seiner Anfangszeit hatte Sedlec hart zu
kämpfen, da Böhmen von Seuchen und Hun-
gersnöten heimgesucht wurde. Als der Mönch
Heidenreich zum Abt gewählt wurde, gelang
es ihm 1282, dem Kloster durch eine ge-
schickte Finanzpolitik eine Beteiligung an
den Erträgen der Silberminen zu sichern, die
man in Kutná Hora entdeckt hatte und die
teilweise auf den Ländereien des Klosters
lagen. Noch im gleichen Jahr begann er mit
dem Bau einer neuen Klosterkirche (1282 –
1320), inspiriert von den „Kathedralen" der
Zisterzienser in der Île-de-France. Dieser Bau
stellte für die Bürger von Kutná Hora – stolz
auf die Bedeutung und Macht der zum Wirt-
schaftszentrum Böhmens aufgestiegenen
Stadt – eine Herausforderung dar. So begannen sie 1384 mit dem Bau der Sankt-Barbara-
Kathedrale in antizisterziensischem Geist,
nach dem Vorbild der Ornamentik, der Glasfenster und Statuen des Prager Veitsdoms.

Dieser Bau-Euphorie setzten die Hussiten
ein Ende. Die Lehren des ehemaligen Dekans
der Prager Universität, Jan Hus, mobilisier-
ten eine ganze Schar von Anhängern. Er
prangerte mit der ihm eigenen Eloquenz die
Verderbtheit und Gier des Klerus, die Simonie und den Ablaßhandel an, der sich von
neuem in der Kirche ausbreitete. Er griff die
römischen Dogmen an und willigte ein, sich
unter dem Schutz eines königlichen Geleit-
briefes nach Konstanz zu begeben, um sich
auf dem dortigen Konzil zu rechtfertigen.

Dort verhaftete man ihn jedoch, hielt ihn sieben Monate lang angekettet und ohne Verteidiger im Gefängnis, bis man ihn 1415 als Ketzer verbrannte. Sein Tod war das Signal für einen zehn Jahre währenden, überaus gewaltsamen Volksaufstand, der sich gegen die Prälaten und Klöster richtete. Die Abtei Sedlec wurde 1421 gebrandschatzt und die Mönche zum Verlassen des Klosters gezwungen.

Erst um 1700 erlebt die Abtei eine neue Blütezeit und konnte die Klostergebäude wiederaufbauen und verschönern. Mit der Restauration der Kirche betrauten die Mönche den Baumeister Johann Blasius Santin-Aichel, bekannter unter dem Namen Giovanni Santini, der die ursprünglich gotische Architektur um lyrische Schöpfungen zu ergänzen verstand. Mit dem „Gotizismus" ihrer verschlungenen Rippengewölbe treibt die Abteikirche Sedlec (1702–1707) die dekorative Kraft der Gotik ins Extrem. Dieses Meisterwerk machte Schule, und Santini griff die dort angewandte Technik bei zahlreichen Kirchen Böhmens wieder auf, unter anderem auch um 1710 in der Zisterzienserabtei Zdár.

Nach der Aufhebung der Klöster durch Joseph II. wurde die Klosterkirche 1783 zur Pfarrkirche. Die kontemplativen Mönche, die nach Auffassung des Kaisers für die Gesellschaft nutzlos waren, mußten ihre Klöster verlassen oder sich bereit erklären, pastorale Aufgaben zu übernehmen. Unter anderem hatten die Mönche von Sedlec Wallfahrten zur Allerheiligenkapelle zuzulassen, die als Beinhaus gedient hatte. Der Legende nach soll ein Abt im 13. Jahrhundert eine Handvoll Erde vom Ölberg in Jerusalem mitgebracht und auf dem Friedhof der Stadt verteilt haben. In den folgenden Jahren wollten sich mehr als 40 000 Menschen an diesem geweihten Ort beerdigen lassen. Im 16. Jahrhundert begann ein blinder Mönch, das Innere der Kapelle mit menschlichen Schädeln und Knochen auszugestalten. Vollendet wurde dieses Werk durch den Bildhauer František Rint. Es zeugt ebenso wie das Beinhaus im Kapuzinerkloster in Palermo von einem „phantastischen Surrealismus".

Die gotisierenden Formen des Architekten Santini verleihen der Klosterkirche von Sedlec eine Leichtigkeit und Üppigkeit, wie sie in der Architektur selten zu finden ist. Die religiöse Poesie dieser bislang noch wenig bekannten Kunst dürfte all diejenigen fesseln, die derzeit Böhmen und seine architektonischen Schätze wiederentdecken.

SÉNANQUE

Sinanqua (Sana aqua)
Gemeinde Gordes, Department Vaucluse, Region
Provence-Côte d'Azur, Frankreich
Gründung: 1148 durch Mazan (Bonnevaux-Cîteaux)
Schließung: 1780
heute: Zisterzienserkloster

Wenn man von dem alten Dorf Gordes auf der modernen Umgehungsstraße kommt, die unvermittelt in eine Verwerfungsmulde des Plateaus von Vaucluse taucht, entdeckt man weiter unten ein Kloster, überschaubar wie ein Modell und in seiner grandiosen Umgebung ungeschützt den Blicken preisgegeben: Sénanque. Die Harmonie der braunen Schindeln, hellen Steinmauern und des violetten Lavendels steht in Kontrast zu den karstigen Ausblühungen des Plateaus, der spärlichen Heidevegetation und den Steinhütten, in denen früher Schäfer und Eremiten lebten.

Zur Zeit der ersten Mönche gelangte man durch das Tal der Sénancole nach Sénanque.

Auf diesem Weg kommend erkennt man auch heute noch am besten die Ausgewogenheit zwischen Bauwerk und Umgebung. Seine Proportionen und Materialien harmonieren auf vollkommene Weise mit dem Tal. Das Baumaterial der Abtei stammt aus den Bergen, von denen sie sich nur durch die Geschlossenheit ihrer Architektur abhebt.

Wie die meisten Zisterzienserklöster verdankt auch Sénanque seine Existenz dem guten Einvernehmen zwischen einem Abt, der zugleich ein guter Organisator war (Pierre de Mazan), einem Bischof, der den Zisterziensern wohlgesonnen war (Alfan de Cavaillon) und einem weltlichen Schutzherren – der Familie d'Agoult-Simiane, die der Abtei das Land schenkte.

Die Abtei gedieh gut und kam zu Wohlstand. Die dank umfangreicher Arbeiten gut bewässerten Ländereien des Klosters ernährten an die dreißig Mönche. Der Konvent konnte eigene Filiationen gründen (Chambon) und gut zehn Grangien und Stadthäuser aufbauen. Die Einnahmen aus diesem Besitz ermöglichten den Bau der Klosterkirche (1160–1180), der Klostergebäude (1190–1200) und einige Jahre später des Kapitelsaals.

Im 14. Jahrhundert profitierte Sénanque von der politischen und wirtschaftlichen Ausstrahlung Avignons, das in dieser Zeit Papstsitz war.

Der Legende nach soll Petrarca zu seiner Schrift *De vita solitaria* durch Aufenthalte in Sénanque inspiriert worden sein. Sogar mit einem heiligen Kommendeabt, François d'Estaing, dem mildtätigen Bischof von Rodez, der den Beinamen „Vater der Armen" erhielt, konnte das Kloster aufwarten.

Vorhergehende Seite:
*Die traditionelle Post-
kartenansicht von
Sénanque zeigt den run-
den Chorabschluß
inmitten eines Lavendel-
feldes. Die Architektur
dieses Baus vereinigt
zisterziensischen und
provenzalischen Stil.*

Rechts:
*Kreuzgang und Glocken-
turm. Jeder der vier Flü-
gel weist vier große
Rundbögen auf, die auf
drei schweren Pfeilern
ruhen und sich in dreifa-
cher Bogenstellung auf
kleinen Zwillingssäulen
zum Innenhof öffnen.*

336

Doch das klösterliche Leben fand 1544 ein
jähes Ende, als die Waldenser der Umgebung
aus Rache für die Inquisition, die sie zwangs-
weise bekehren wollte und an die dreißig
ihrer Bergdörfer gebrandschatzt hatte, die
Abtei angriffen, einige Mönche erhängten,
die Keller plünderten, die Bibliothek nieder-
brannten und Konversenhaus sowie Refektorium zerstörten. Erst im 17. Jahrhundert
baute man die Gebäude wieder auf, in die
jedoch mangels Neuberufungen kein klösterliches Leben mehr Einzug hielt, und so
begrub man 1780 den letzten Mönch, der in
Sénanque gelebt hatte. Während der Revolution erwarb ein Offizier das Kloster, um es
landwirtschaftlich zu nutzen, und bewahrte
die Gebäude damit vor der Zerstörung.

Im 19. Jahrhundert gehörte Sénanque zu
den wenigen Klöstern, die sich wieder in reli-
giösem Rahmen betätigten. Abt Barnouin
sammelte dort 1854 einige Eremiten um
sich, die sich den Zisterziensern anschlossen. Der Zustrom von Novizen erlaubte dem
Konvent die Gründung von Tochterklöstern
in Fontfroide, Hautecombe, La Garde Dieu,
Segries und die Bildung einer eigenen Kongregation mit Sitz in Lérins. Unter dem
Druck der französischen Ordensgesetze
(1880 und 1901) gingen die Mönche ins Exil,
kehrten aber 1928 zurück. Da in Sénanque
letztlich zu wenig Mönche übrigblieben,
überließen sie die Anlage den Betreibern
einer Kultur- und Begegnungsstätte, die die
Gebäude und ihre Umgebung zwanzig Jahre
lang (1968–1988) restaurierten, der Öffentlichkeit zugänglich machten und dort ethno-
logische und gregorianische Sammlungen
sowie ein Zentrum für mittelalterliche
(Georges Duby) und gregorianische Studien
unterbrachten. Seit 1988 wird die Abtei wieder ihrer ursprünglichen Bestimmung gemäß
genutzt und beherbergt eine Priorei, die
Lérins unterstellt ist.

Die ersten Baumeister von Sénanque verschrieben sich mit großer Perfektion der
romanischen Architektur, die ganz im Geiste
von Cîteaux und dem Idealplan Bernhards
von Clairvaux gehalten war. Während der

Orden in Nordfrankreich überall zu den
neuen Techniken der Kreuzrippengewölbe
überging, hielten die Baumeister und Steinmetze in Südfrankreich an den traditionellen
Verfahren fest. Das gleiche gilt für die
Restauratoren im Laufe der Jahrhunderte.

*Blick in ein Seitenschiff
mit angeschnittener
Spitztonne.*

Oben:
Kapitelle der Vierung.

Unten links:
Der Wasserspeier gegenüber dem Kapitelsaal erinnert daran, daß das Böse überall lauert und zu bekämpfen ist.

Unten rechts:
Blattkapitell.

Rechte Seite:
Blick in den Kapitelsaal mit drei Steinstufen, auf denen die Mönche saßen, wenn sie dem Abt zuhörten.

SILVACANE

Silva Cana
Gemeinde La Roque-d'Antheron (bei Pertuis),
Département Bouches-du-Rhône, Region Provence,
Frankreich
Gründung: um 1144 durch Morimond
Kirchenbau: 1175 bis 1230
Schließung: 1443
heute: Staatsbesitz

Wie zufällig scheint die Abtei Silvacane, die nach dem sie umgebenden Ried benannt wurde, am Ufer der Durance zu stehen, denn dieser Ort entspricht so gar nicht den Anforderungen der Zisterzienser. Die Mönche von Saint-Victor, die die Furt oder Fähre über den Fluß unterhielten, hatten sich an die Mönche von Morimond gewandt und sie gebeten, das Kloster mitsamt der zugesicherten Schenkungen von Raymond de Baux und Ramon Berenguer aus Barcelona zu übernehmen. Die schnell zu Reichtum gekommene Abtei mit ihren erlesenen Bauten weckte den Neid der Benediktinermönche von Montmajour bei

Arles, die das Kloster besetzten und die Mönche als Geiseln nahmen (1289). Im 14. Jahrhundert plünderten die Banden des Herrn von Aubignan das Kloster (1358). Dazu kamen schlechte Ernten (1364), so daß die Mönche das Kloster aufgaben und es dem Domkapitel von Aix unterstellten (1443).

So ist uns eine Klosteranlage erhalten geblieben, die nicht durch Umbauten mehrerer Mönchsgenerationen verändert wurde. Ebenso wie seine beiden provenzalischen Schwesterklöster (Le Thoronet und Sénanque) ist auch Silvacane das Werk eines Architekten, der die Techniken der Romanik vollauf beherrschte und zugleich bereits Kreuzrippengewölbe einzusetzen verstand. Da sich die Bauzeit nicht allzulange hinzog, ist eine völlig kohärent wirkende Anlage entstanden. Mittelschiff, Seitenschiffe und Querschiff der Kirche haben Spitztonnengewölbe, während die Vierung ein fast archaisches Kreuzrippengewölbe aufweist. Der Kreuzgang ist mit einem Tonnengewölbe und Rundbogenarkaden ausgestattet. Kapitelsaal, Saal der Mönche und Refektorium, die zuletzt errichtet wurden, haben bereits Kreuzrippengewölbe, während das Dormitorium ebenfalls tonnengewölbt ist.

Henri Gaud, der gut hundert Klöster in Europa fotografiert hat, hielt die Kirche von Silvacane für „die schönste". Marcel Aubert, der als Archäologe jede Mauer des Klosters untersucht und in seinem maßgeblichen Werk dokumentiert hat, unterstreicht „die Macht dieser Formen und die Größe ihrer Gliederung, das schöne Gleichgewicht der Massen sowie die Qualität der Sichtflächen und die Strenge der Dekoration".

Brunnen an der Nord-
westecke des Kreuzgangs
– das Brunnenhaus
wurde abgerissen.

*Die Südwand des Mittel-
schiffs (unten) und ein
Pfeiler der Vierung
(rechte Seite). Die Sei-
tenschiffe sind vom Mit-
telschiff durch Stufen*
*getrennt, die den Bau an
das abschüssige Gelände
anpassen – ein äußerer
Zwang, der zum funktio-
nalen Gestaltungsele-
ment der Kirche wurde.*

Die Kirche von Silvacane mag vielleicht die
schönste sein, allerdings neben vielen anderen. Es bedürfte einer ganzen Enzyklopädie,
alle Zisterzienserklöster vorzustellen. Die in
diesem Buch vorgestellte Auswahl beruht
eher auf dem Zufall, wohin die Reisen führten, als auf einem Konzept, das eine hierar-
chische Ordnung der von den Zisterziensern
besiedelten Orte aufstellen würde. Neben
ihnen gibt es noch sehr viele, die es zu entdecken lohnt: in Frankreich Vaucelles mit
seinem großartigen Saal der Mönche; Valloi-

res mit der Barockausstattung des Chores;
Longpont, Trois Fontaine, Chaalis, Preuilly,
Notre-Dame du Lys und Aulps mit ihren
Ruinen; Ourscamp mit dem eleganten goti-
schen Infirmarium; Notre-Dame du Val mit
dem hellen Dormitorium; Maubuisson mit
dem schönen Saal der Mönche; Les Vaux-de-
Cernay mit den prunkvollen Gebäuden;
Morimond mit dem romantischen See;
Villers Bettnach mit der Katherinenkapelle;
La Bussière und Vauluisant mit ihren Parks;
Le Val des Choues mit seiner abgeschiedenen

Lage; Bonport, Le Breuil Benoît, Fontaine Guérard, L'Abbaye Blanche, Aiguebelle, Le Vignogoul, Villelongue, L'Escale-Dieu, Belloc, Cadouin, Bonnecombe, L'Étoile, Boquen, Clairmont, L'Épau mit seinem noch beträchtlichen zisterziensischen Erbe; Mégemont, das verlassen in der Einsamkeit liegt; Le Bénisson Dieu mit den schönen Dächern aus glasierten Ziegeln; Boscaud und seine ungewöhnlichen Kuppeln; Hautecombe am Rand seines Sees; Tamié in den Bergen. In Spanien sind zu nennen Santa Maria de Huerta mit seinem Ritterkreuzgang; Moreruela in Kastilien; Las Huelgas, das berühmte Nonnenkloster; Piedra an seinen Wasserfällen; Valdedios mit der San-Salvador-Kapelle; La Oliva mit seinen Alabasterfenstern; Leyre auf seinem Berg; Oseta, der Escorial Galiziens; Valbonna, das dritte Kloster Kataloniens. In Deutschland gibt es Eberbach mit seinen alten Keltern; Ebrach mit seiner Barockkirche; Himmerod mit seiner Barockfassade; Arnsburg mit seinem Kapitelsaal; Bronnbach mit seinen hohen Fenstern; Haina mit seiner Doppelturmfassade mit vorgelagertem Paradies; Heilsbronn mit seinem Heiligenaltar; Kaisheim mit seinem zwölfseitigen Chorumgang; Altenberg mit seinem „Dom". In England ist zu erwähnen Kirkstall mit seinen schönen Ruinen im Herzen von Leeds, in Schottland Culross mit seinen Ruinen in der alten Königsstadt, in Wales Neth mit seinem Torturm. In Österreich Lilienfeld mit seinem gotischen Mittelschiff; Schlierbach in prunkvollem Barock. In Belgien Aulne mit seinem schönen Chorschluß. In Irland die Ruinen von Corcomroe, Grey, Inch und Kilbeggan. In Italien Valvisciolo, ein weiteres Fossanova in Olivenhainen; Fontevivo mit der Madonna mit Kind aus buntem Stein. In der Schweiz Bonmont, Hauterive und Montheron mit den Überresten zisterziensischen Geistes und Weltingen in diskretem Barock. In Polen Wachock, Krzeszow, Henrykow mit ihren Barockkirchen, Oliva mit seinem alljährlichen Orgelfestival und Mogila mit seinen Fresken. In Griechenland Daphni mit seiner byzantinischen Architektur.

344

Oben:
Fenster im Seitenschiff.

Unten:
Stufen zwischen Mittel-
und Seitenschiff.

Linke Seite:
Der Kreuzgang in seiner
romanischen Schlicht-
heit.

SILVANÈS

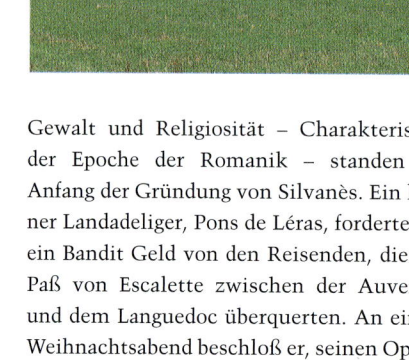

Silvanesium
Gemeinde Silvanès (bei St. Affrique), Department
Aveyron, Region Midi-Provence, Frankreich
Gründung: 1136 durch Mazan (Filiation von
Cîteaux)
Schließung: 1768
heute: Pfarrkirche und Kulturzentrum

Gewalt und Religiosität – Charakteristika der Epoche der Romanik – standen am Anfang der Gründung von Silvanès. Ein kleiner Landadeliger, Pons de Léras, forderte wie ein Bandit Geld von den Reisenden, die den Paß von Escalette zwischen der Auvergne und dem Languedoc überquerten. An einem Weihnachtsabend beschloß er, seinen Opfern ihr Hab und Gut zurückzugeben, sich auf eine Pilgerfahrt zu begeben, um Vergebung für seine Sünden zu erlangen, und – gemeinsam mit seinen ebenfalls bekehrten räuberischen Kumpanen – Mönch zu werden. In der Nähe von Camarès gründeten sie 1132 eine Einsiedelei, aus der 1136 die Abtei in Silvanès hervorging. Der Bau der Kirche und der

Klostergebäude begann 1151 und sollte sich über fast ein Jahrhundert hinziehen.

Gewalt und Religiosität sind in die Architektur der Abtei übersetzt worden, die massiv wie eine Stein gewordene Gewißheit quer im Tal steht. Der Bau einer solchen Anlage dürfte bei den Mönchen, die ihren Ort des Gebetes gefunden hatten, bei den Konversen, die mit dem Bau des Bethauses betraut waren, und bei allen Helfern, die von weither kamen, um Pläne zu zeichnen und Steine zu behauen, Begeisterung ausgelöst haben. Die Arbeiten waren ein Kampf gegen die Elemente, das rauhe Klima und die Schwierigkeiten des Baus. Als die Gebäude fertiggestellt waren, mußte man zur Routine von

Linke Seite:
*Blick auf die Klosteran-
lage und den geraden
Chorabschluß der Kirche.*

Oben:
*Blick vom Mittelschiff in
Vierung und Chor; die*
*zisterziensische Dreiheit
der Fenster findet sich
sowohl in der Triumph-
bogenwand als auch im
geraden Chorschluß, wo
sie von drei Okuli über-
ragt ist.*

schen rechteckigen Seitenkapellen nach dem traditionellen Plan. Durch zwei Dreierreihen – drei Fenster, drei Fensterrosen und einen kleinen Okulus – fällt das weiße Licht des anbrechenden Tages auf den Altar, während der Mönchschor durch drei Fenster in der Triumphbogenwand erhellt wird. Auch die in das Gewölbe integrierten Gurtbögen erinnern an Fontenay. Während der Bauarbeiten versuchten die Baumeister, die anerkannte Experten romanischer Bauverfahren waren, auch die neuen gotischen Techniken einzubeziehen, die die Baustellen Nordfrankreichs revolutionierten. Marcel Aubert schrieb: „Die Kreuzarme des Querschiffes sind mit quergestellten Tonnengewölben überdeckt, die mit einem äußerst geschickt berechneten Steinschnitt in das Tonnengewölbe des Mittelschiffes vordringen: Im unteren Teil der Stichkappe verläuft die Gewölbekurve normal, erst im oberen Teil der Kappe neigt sie sich horizontal. Als Nachbildung des Querschiffs schmiegt sich im letzten Joch des Mittelschiffs ein großes, wulstiges Rippenkreuz spitz zulaufend an das Gewölbe an, das es durchdringt und von dem Versuch zeugt, ein Verfahren nachzuahmen, dessen Sinn man nicht verstand." Im Ostflügel der Klausurgebäude beherrschte man das Kreuzrippengewölbe bereits besser. Es ist der einzige Teil des Klosters, der bis heute erhalten ist.

Silvanès erfährt eine intensive Wiederbelebung, seit die Kommune diese noch bestehenden Gebäude 1969 erwarb, man hier eine kulturelle Begegnungsstätte einrichtete und 1979 die Restauration der historischen Bauten begann. Alljährlich kommen 100 000 Besucher und Kursteilnehmer an diesen bedeutenden Ort der Musik in Frankreich, der neben Konzerten und musikalischen Schöpfungen auch Kurse in Instrumentenbau, Chorgesang, Malerei und Tanz sowie liturgische, theologische und philosphische Tagungen, Konferenzen, handwerkliche Fortbildungen und Ausstellungen veranstaltet.

Stundengebeten und Feldarbeit zurückkehren. Schon Ende des 13. Jahrhunderts ging die Blütezeit der Abtei zu Ende; sie erlebte sämtliche Schicksalsschläge, die das Mönchtum in jenen dunklen Jahrhunderten treffen konnten: Epidemien, Kriege, Kommendeäbte, Rekrutierungsprobleme. Im Jahr 1768 empfahl die von Ludwig XV. eingesetzte Regularkommission den sechs noch in Silvanès lebenden Mönchen, sich anderen Abteien anzuschließen. Einige Jahre später wurde die Klosterkirche zur Pfarrkirche.

Die Abtei ist durch und durch zisterziensisch. Die Westfassade besteht aus einem großen steinernen Giebel ohne Schmuck oder Ornamente. Das gotische Portal, unterstrichen von den beiden kleinen romanischen Türen, die seitlich ins Langhaus führen, mildert nicht ihre Strenge. Das Gebäude wirkt wie eine „Zitadelle", was durch die geringe Dachneigung und die Schindeldeckung ebenso betont wird wie durch den behauenen Sandstein der grob gefügten Mauern. Die Fenster und selbst die Okuli wirken wie Schießscharten.

Und dennoch ist man beim Eintritt in die Kirche überrascht von ihrer Weite und Helligkeit. Das einschiffige Langhaus, dessen ungewöhnliche Breite der Höhe bis zum Schlußstein des Spitztonnengewölbes entspricht, mündet in einen Chor mit gerader Stirnwand und niedrigerem Gewölbe zwi-

Oben:
Eingang zum Kapitelsaal.

Rechte Seite:
Die Mönchspforte.

STAFFARDA

Staffarda
Gemeinde Revello, Region Piemont, Italien
Gründung: 1135 durch Tiglieto (Filiation von
La Ferté)
Schließung: 1804
heute: Pfarrkirche

Nicht immer siedelten die Zisterzienser ihre Klöster in der „Einöde" an. In Staffarda profitierten die weißen Mönche, die aus Tiglieto in Ligurien kamen, von den Anstrengungen früherer Siedler. Da das Sumpfgebiet schon in römischer Zeit trockengelegt wurde, brauchten sie die Drainage nur fortzusetzen.

Auch das Benediktinerkloster, das seit 1122 hier bestand, konnten sie vollständig übernehmen. Allerdings kamen sie nicht mit leeren Händen: Manfred I. von Saluzzo hatte ihnen um 1135 – das genaue Jahr ist nicht belegt – Land geschenkt. Weitere Schenkungen, die beurkundet sind, folgten 1138.

Die romanische Architektur der gotisch überwölbten Klosterkirche ist von großer Homogenität. Nach einem Brand 1189, der die Mönche für einige Jahre zwang, nach S. Martino al Cimino überzusiedeln, bauten sie das Kloster Anfang des 13. Jahrhunderts vollständig wieder auf. Zu dieser Zeit bestand wohl der Wunsch nach Dekorationen, wie er in der Musterung des Mauerwerks aus Back- und Naturstein zum Ausdruck kommt, die die Zisterzienser der Gründungszeit wohl kaum akzeptiert hätten. Dieser noch unbeholfene architektonische Aspekt entspricht einerseits nicht mehr der bernhardinischen Schlichtheit, erreicht andererseits aber auch nicht die Eleganz großer gotischer Kathedralen. In Staffarda ist der zisterziensische Geist stärker in der *Fonasteria* erhalten, dem großen zweischiffigen Saal des Infirmariums mit seinen Kreuzrippengewölben, die auf schweren Steinsäulen mit sehr zurückhaltenden Kapitellen ruhen.

Die Abtei wurde 1463 zur Kommende, im spanischen Erbfolgekrieg teilweise zerstört (in Staffarda kam es am 18. August 1690 zur Konfrontation zwischen Marshall Catinat und Herzog Viktor Amadeus I. von Savoyen, der später die Reparationen zahlen sollte) und 1799 von den französischen Truppen geplündert. Da die Zisterzienser ihr Kloster nicht mehr halten konnten, übertrug Papst Benedikt XIV. es als ständige Kommende an den Ritterorden des heiligen Mauritius, der es jedoch 1804 aufgab. Seitdem dient die Kirche als Pfarrkirche.

Schon 1826 begann man mit Erhaltungsmaßnahmen, um das Kloster vor dem Verfall zu bewahren. Da sie nach 1923 systematisch weiterbetrieben wurden, blieb uns eines der schönsten Klöster Piemonts erhalten.

Unten links:
Südflügel des Kreuzgangs mit einem der Strebebögen, die man errichten mußte, um eine Neigung der Kirchenfassade zu verhindern.

Unten rechts:
Die immer wiederkehrenden Dekorationen der Backsteinarchitektur.

Oben:
Ein Fresko, das die Mönche von Staffarda zeigt.

SWEETHEART

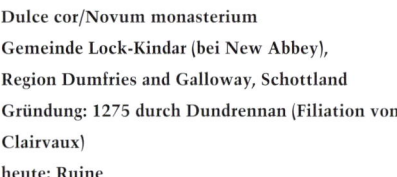

Dulce cor/Novum monasterium
Gemeinde Lock-Kindar (bei New Abbey),
Region Dumfries and Galloway, Schottland
Gründung: 1275 durch Dundrennan (Filiation von
Clairvaux)
heute: Ruine

In Sweetheart haben die Mauern der alten Abtei die Jahrhunderte zwar überdauert, aber die Gewölbe sind eingestürzt. Die Überreste des letzten in Schottland gegründeten Zisterzienserklosters sind dennoch imposant und prachtvoll durch den roten Sandstein der Mauern, der sich von den grünen Wiesen des regenreichen schottischen Tieflands abhebt.

Die Klosterkirche, die im 14. Jahrhundert erbaut wurde, präsentiert sich in einer recht plumpen Gotik. Das Mittelschiff hat keine großen Arkaden und die Fassade nicht die schöne Fensterrose, die die englischen Baumeister so liebten. Mit ihrem gewaltigen Vierungsturm wirkt die Anlage eher wie eine Festung, die auf Eindringlinge von der Irischen See wartet – ein Eindruck, den die gigantische Klostermauer noch verstärkt.

Es fragt sich allerdings, was es in dieser Abtei am Ende der Welt zu schützen gab: Vielleicht das einbalsamierte Herz von Lord John Balliol, dem Gründer des Balliol College in Oxford, das seine Frau, Lady Devorgilla, den Mönchen nach seinem Tod 1269 anvertraute. Als sie 1289 starb, wurde sie ihrem Wunsch gemäß in seiner Nähe beigesetzt. Sie war es im übrigen gewesen, die dem Kloster die für die Gründung erforderlichen Ländereien schenkte.

Oben:
Der gerade Chorschluß
der Kirche.

Rechte Seite:
Blick in das recht gut
erhaltene Mittelschiff.

LE THORONET

Thoronetum

Gemeinde: Le Thoronet (bei Carces), Département

Var, Region Provence, Frankreich

Gründung: 1136/1176 durch Mazan (Filiation von

Cîteaux)

Kirchenbau: 1160 bis 1190

Schließung: 1791 (Französische Revolution)

heute: im Besitz des C.N.M.H.S.

(Kultusministerium)

Le Thoronet kann heute noch Architekten als Vorbild dienen, wenn sie komplexe Bauprojekte mit beschränkten Mitteln ausführen müssen. Zudem ist eine Kontinuität zwischen der zisterziensischen Funktionalität und den Anforderungen an die Architektur der Moderne erkennbar.

Auch Le Corbusier war von Le Thoronet fasziniert, als er das Kloster mit Lucien Hervé besuchte, der damals an seinem Bildband über diese Abtei arbeitete. Le Corbusier schrieb für dieses Buch das Vorwort:

„Jedes Element des Gebäudes ist hier ein kreativer Wert der Architektur.

Einer Architektur, die aus der unablässigen Summierung positiver Gesten lebt. Das Ganze und das Detail bilden eine Einheit.

Der Stein ist hier der Freund des Menschen; seine durch die Kante gewährleistete Klarheit schließt rauhe Außenflächen ein ...

Licht und Schatten sind die Fürsprecher dieser Architektur der Wahrheit, Ruhe und Kraft. Und nichts ist dem hinzufügen.

In der Zeit des „beton brut" ist eine derart bewundernswerte Begegnung am Wegesrand sehr willkommen."

Le Thoronet hat auch Fernand Pouillon begeistert. Er nahm den Grundriß und Auf-

Linke Seite rechts:
*Die Kirche mit dem run-
den Chorschluß. Die
Aufteilung der Volumen
hat manche moderne
Architekten veranlaßt,
vom „Geometrismus"
von Le Thoronet zu
sprechen.*

Links:
*Das Brunnenhaus mit
dem Brunnen, den der
Architekt Revoil im
19. Jahrhundert anhand
eines von Archäologen
entdeckten Fragments
rekonstruierte.*

Linke Seite und oben:

Blick in den Kreuzgang. Die Mauer des Kollationsgangs säumte eine Steinbank, auf der die Mönche die heiligen Schriften lasen, die sie aus dem Armarium neben dem Kapitelsaal holten. Der Kreuzgangflügel am Kapitelsaal führt hier in Stufen zum Brunnenhaus hinunter. In der Stille hört man lediglich das Wasser des Brunnens plätschern. Die Regel sah vor, daß jeder Mönch sich für die lectio divina vom Kantor ein Buch aus dem Armarium geben lassen konnte. Daher rührt der Spruch: „Claustrum sine armario, Castum sine armamentio" (Ein Kloster ohne Armarium ist wie eine Festung ohne Waffen).

riß, entzifferte Dokumente, grub die Fundamente aus und identifizierte sich so sehr mit dem Architekten der Abtei, daß er ein imaginäres Tagebuch ihres Baus schrieb. *Les Pierres sauvages* ist ein literarisches Meisterwerk, das ein realistisches Bild vom Leben auf einer mittelalterlichen Baustelle zeichnet, aber auch ein wertvolles Dokument über den baulichen Schöpfungsakt darstellt.

Fernand Pouillon betont ebenso wie Le Corbusier die Perfektion der Steinmetzarbeit und die Ausgewogenheit, die das gesamte Bauwerk durch die Zeichnung der Mauern erhält: „Innen sollen die Sichtflächen glatt

und so gleichmäßig wie möglich sein. Die Blöcke der einzelnen Lagen ... sollen in Kalkmörtel gesetzt werden ... Wir riskieren keinerlei Unordnung, diese Fugung ist für innen vorgesehen, geschützt vor Frost und sengender Sonne. Die Fugen werden sich über Jahrhunderte hinweg nicht zersetzen, da der Kalk unendlich aushärtet, bis er schließlich hart wie Stein ist.

[Die Außenmauern haben] Trockenfugen, also Fugen ohne Mörtel. Dieses selten angewendete Verfahren war in der Antike klassisch; heutzutage ist es selbst bei feinen Steinen die Ausnahme. Es erfordert viel Sorgfalt: Flächen, die genauestens auf die einzelnen Lagen zugeschnitten sind. Strichfeine Fugen, schwierige Verarbeitung, die das Nacharbeiten von Unebenheiten an Ort und Stelle verlangt ... Das Bearbeiten und Mauern des Steins braucht mindestens die doppelte Zeit ... Diese Fugung vermittelt Luxus in der Armut ... Während die Mörtelfugen und die glatten Wände den Innenräumen und der Kirche im Dämmerlicht etwas Weiches verleihen, so würden gefüllte, glatte Mörtelfugen im grellen Sonnenlicht so glanzvoll bearbeitetem Material wie gefaßten Edelsteinen jedes Raffinement nehmen. Unsere schlichten, geraden Klostermauern verlangen dringend nach der schönsten Außenhaut."

Le Thoronet ist in diesem Text hervorragend erfaßt. Seine Geschichte entspricht der vieler Zisterzienserabteien. Sie wurde von Ramón Berenguer gegründet. Die Mönche siedelten zunächst in Tourtour im Tal der Florège und waren anfangs arm, kamen dann aber zu Reichtum. Sie wurden von ihren Kommendeäbten ausgebeutet, im 18. Jahrhundert dem Bistum unterstellt und schließlich während der Revolution ausgeplündert. Prosper Mérimée und Viollet-le-Duc kamen hierher und waren von der Abtei fasziniert. Ihnen haben wir es zu verdanken, daß dieses Meisterwerk der Steinmetzkunst restauriert wurde, das fast perfekt nach dem bernhardinischen Plan angelegt ist, wobei man den halbrunden Chorschluß verzeiht, da er ebenso streng gehalten ist wie ein gerader.

Unten links:
Treppe im Kreuzgang.

Unten rechts:
Kapitell im Kreuzgang.

Oben:
Der Kapitelsaal.

Linke Seite:
Archivolte im Kreuz-
gang.

Das nördliche Seiten-
schiff der Kirche.

Kapitelle im Kapitelsaal.

TINTERN

Tinterna Major
Gemeinde: Chapel Hill (bei Tintern Parva),
County Gwent, Wales
Gründung: 1131 durch Aumone (Filiation von
Citeaux)
Schließung: 1538 (durch Aufhebungsakte)
heute: Ruine

Eine romantische Landschaft, romantische Ruinen und Dichter, die sie besingen – das ist Tintern. Das Tal des Wye, der sich zwischen bewaldeten Hügeln dahinschlängelt, ist tatsächlich besonders malerisch. Und ob die Abtei als Ruine nicht schöner ist als zu ihren Glanzzeiten, sei dahingestellt. In Tintern ergänzt das Auge die fehlenden Bauteile von selbst; man sieht die Klosterkirche, als sei sie perfekt. William Wordsworth (1770–1850), der Vater der romantischen Dichtung Englands, hat die Pracht von Tintern in einem Gedicht beschrieben, dem er die Anmerkung beifügte: „Geschrieben einige Meilen oberhalb von Tintern Abbey, 13. Juli 1798":

„...An again I hear
These waters, rolling from their mountain
     springs
With a soft inland murmur – once again
Do I behold these steep and lofty cliffs,
That on a wild secluded scene impress
Thoughs of more deep seclusion; and connect
The landscape with the quiet of the sky."

(„... Und wieder höre ich das Wasser mit sanftem Murmeln von den Bergquellen ins Land fließen – wieder sehe ich die steilen, luftigen Steinwände, die in einer wilden, abgelegenen Szenerie Gedanken an noch tiefere Abgeschiedenheit wecken; und die Landschaft mit der Stille des Himmels verbinden.")

Der damalige Besitzer, der Duke of Beaufort, war sicher mitverantwortlich für die schwärmerische Begeisterung, die die Ruinen von Tintern auslösten. Er restaurierte die Abtei nicht, sondern bemühte sich, die Ruinen in ihrem derzeitigen Zustand zu erhalten. Eine schwierige Aufgabe, die architektonisches und gärtnerisches Können erforderte.

Gleich nach ihrer Ankunft in Tintern errichteten die Mönche eine kleine einschiffige Kirche, wie es auch die Mönche ihres französischen Mutterhauses L'Étoile getan hatten. Erst über hundert Jahre später, 1269, begannen sie mit dem Bau der gotischen Klosterkirche, deren Reste wir heute bewundern. Ende des 13. Jahrhunderts beherrschten die Baumeister der Zisterzienser die Kunst des Rippengewölbes und der gigantischen Maueröffnungen mit Maßwerk bereits perfekt.

Während die Klostergebäude völlig verschwunden und nur noch anhand der Grundmauern zu erkennen sind, ist die Kirche mit allen vier Fassaden, dem großen Chor und den Seitenschiffen fast vollständig erhalten. Anselm Dimier beschreibt sie folgendermaßen: „In der Hauptfassade befindet sich ein Spitzbogenportal mit zwei Laibungsbögen und zwei Türen, getrennt durch einen Mittelpfosten; es ist flankiert von zwei Scheinfenstern in Zwillingsform. Darüber öffnet sich ein riesiges siebenfach unterteiltes Lanzettfenster mit komplexem, strahlenförmigem Maßwerk, das von einem Okulus gekrönt wird. Im Giebel darüber befindet sich ein Spitzbogenfenster. Ins südliche Seitenschiff führt eine kleine Tür, über der sich ein Drillingsfenster und ein kleiner rautenförmiger Okulus öffnet."

Man kann jedoch auch alle Worte vergessen, auf jede Analyse verzichten und einfach in der gewaltigen Ruine wie in einer gigantischen Skulptur umherwandern, um sie herumgehen oder sie von innen betrachten.

Die Kirche wirkt in ihrer
Perfektion so, als seien
die Bauarbeiten nur
unterbrochen worden,
um bald fortgesetzt zu
werden.

TINTERN MINOR

Cinn Eich, Tinterna Minor
Gemeinde Duncannon Castle, County Wexford,
Republik Irland
Gründung: 1200 durch Tintern major (Filiation von
Citeaux durch Aumone)
Schließung: 1536 (durch Aufhebungsakte)
heute: Privatbesitz (Wohnhaus)

Über eine hübsche mittelalterliche Brücke, so romantisch, wie man es sich nur wünschen kann, gelangt man nach Tintern Minor, das seinen Namen dem Mutterhaus Tintern Major, County Gwent in Wales, verdankt.

Gegründet wurde es 1200 aufgrund eines Schwures, den William Marshal, Earl of Pembroke, bei der Rückkehr aus England ablegte, als er bei einem schrecklichen Sturm auf der Irischen See einem Schiffbruch entging. 1447 wurde ein Mönch zum Abt gewählt, der genügend Mittel besaß, um die bauliche Ausstattung des Klosters auf seine Kosten verbessern zu lassen. Nach der Schließung des Klosters durch die königliche Aufhebungsakte von 1536 ging es in den Besitz von Sir Anthony Colclough über, dessen Nachkommen die Gebäude bis 1963 bewohnten und Chor und Mittelschiff der Kirche in ein neugotisches Herrenhaus umbauten.

1982 hat man mit umfangreichen Ausgrabungen begonnen.

Oben:
Die gotische Brücke, die zum Kloster führt.

Rechte Seite:
Die Kirche mit ihrem Turm im „Perpendicular Style" aus dem 14. Jahrhundert.

TISNOV (PORTA COELI)

Porta Coeli

Gemeinde Tišnov (Tischnowitz), Region Süd-mähren, Tschechische Republik

Gründung: 1234 (als Nonnenkloster)

Schließung: 1782 (durch Joseph II.)

heute: Zisterzienserinnenkloster

Sehr oft wurden die Zisterzienserinnenklö-ster von Königinnen gegründet. Wie Blanca von Kastilien Kloster Maubuisson und Köni-gin Berengaria Kloster Épau so gründete Köni-gin Konstanze, die Tochter des ungarischen Königs Bela III. und Witwe des böhmischen Königs Přemysl Ottokar I., 1234 das Kloster Porta Coeli (Himmelspforte). Noch heute trägt die Abtei diesen schönen Namen.

Die dreischiffige, gotische Kirche, die 1239 geweiht wurde, besitzt ein sehr schönes Por-tal, das die Jahrhunderte und die Wechsel-fälle der Geschichte überdauert hat. Das Klo-ster wurde 1241 von den Tartaren und 1425 von den Hussiten geplündert. Die meisten Gebäude wurden im 15. Jahrhundert restau-riert, ohne den ursprünglichen Kreuzgang und Kapitelsaal zu zerstören. Nach der Auf-hebung des Klosters 1782 durch Joseph II.

baute man die Klostergebäude zur Textilfa-brik um und machte die Kirche zur Pfarrkir-che. Seit 1899 besteht hier jedoch wieder eine Zisterzienserinnenabtei, die die Schwie-rigkeiten unter dem kommunistischen Re-gime (Zwang zur landwirtschaftlichen Arbeit außerhalb der Klausur, Verbot, das liturgi-sche Leben mit der Bevölkerung zu teilen) überstanden hat.

Durch die Restaurierungsarbeiten an der Abtei ist es Touristen möglich, dieses Kloster zu besichtigen, ohne das monastische Leben zu stören. Gegenüber dem berühmten Portal der Klosterkirche steht ein langgestrecktes Gebäude, das „alte Stift", das seit den fünfzi-ger Jahren das Heimatmuseum von Podhor-acko beherbergt.

Linke Seite rechts:
Die Grangie des Klosters, die früher als Hopfen-lager für die Brauerei diente.

Links:
Der geschlossene Kreuz-gang, den die Nonnen auch als Gewächshaus nutzen.

Oben:
Porta Coeli: die Himmelspforte, die vom Portal der Kathedrale in Chartres inspiriert sein soll.

Blick in das Mittelschiff
und das südliche Seiten-
schiff der Kirche. Trotz
der Barockisierung ist
die gotische Architektur
des 13. Jahrhunderts
noch deutlich erkennbar.

VALCROISSANT

Valais Cresceus
Gemeinde Die, Département Drôme,
Region Rhône-Alpes, Frankreich
Gründung: 1188 (umstritten, vielleicht auch 1140)
durch Bonnevaux (Filiation von Cîteaux)
Schließung: 1568 (Aufgabe) und 1791 (Französische
Revolution)
heute: landwirtschaftlich genutzt

Manche Klöster, die schon vor der französischen Revolution aufgegeben wurden und in fast unzugänglichem Gelände verfielen, sind ebenso in Vergessenheit geraten wie die meisten Grangien der Zisterzienserklöster. Sie wurden landwirtschaftlich genutzt; Kühe standen im Kapitelsaal, und Heu lagerte in der Klosterkirche. Noch heute entdeckt man gelegentlich solche Anlagen, kann sie bewundern und sich freuen, wenn sie durch die landwirtschaftliche Nutzung (zumindest teilweise) erhalten geblieben sind; manchmal wurden sie dank einiger Kommunalpolitiker restauriert, häufiger aber auf Betreiben eines Kulturvereins in dem Bewußtsein, daß solche Anlagen für die Entwicklung einer regionalen Identität und eines sanften Tourismus von Bedeutung sind. Mégemont (Puy-de-Dome) ist diesen Weg bereits vor einiger Zeit gegangen, Valcroissant erst heute.

Marcel Aubert hatte vor fünfzig Jahren erhebliche Schwierigkeiten, Valcroissant in Begleitung der Marquise de Maillé zu erreichen, wie die Beschreibung in seiner unverzichtbaren Enzyklopädie der Zisterzienserklöster belegt: „Die Abtei inmitten eines Kreises hoher Berge, mit der Außenwelt kaum verbunden durch einen schmalen Fußpfad, der sich an das Bett eines Wildbaches schmiegt [...]; inmitten einer wilden, kargen Landschaft, die Sonne und Kälte so ausgesetzt ist, daß sie nur vereinzelte Nußbäume und magere Felder mit Roggen, Hafer, Karotten und Kohl hervorbringt, kauern sich die heute als Bauernhof genutzten Gebäude in eine etwas geschützte Senke am Fuß des Glandasse ganz in der Nähe der Quelle des Wildbaches, durch ein paar verkrüppelte Pinien und Tannen vor scharfen Winden und Schneelawinen geschützt."

Auch Bernard Peugniez beschrieb den schwierigen Weg nach Valcroissant, aber ebenso den lohnenden Anblick, der sich dem Reisenden mit diesem Bergkloster bietet.

Der Standort erlaubte kein ruhiges klösterliches Leben, da die Mönche hier hart ums Überleben zu kämpfen hatten. Die Klosteranlage entsprach dem bernhardinischen Plan in reduzierter Form: Das Mittelschiff der Kirche hat nur zwei Joche, der Paradiesgarten des Kreuzgangs mißt nur zwölf Meter im Quadrat und der Kapitelsaal sechs mal zehn Meter. 1496 lebten nur noch vier Mönche im Kloster. Als 1568 Protestanten das Kloster plünderten, verließen die letzten Mönche die Abtei. Kirche, Sakristei, Armarium, Kapitelsaal, Durchgang, Noviziat, Refektorium und ein Teil der Küche existieren noch heute.

Dieser Raum mit dem schönen Tonnengewölbe, der zwischen Kirche und Kapitelsaal liegt, diente vermutlich als Sakristei und Armarium.

VALLE CRUCIS

Vallis Crucis/Llanegurist
Gemeinde Llangollen, County Clwyd, Wales
Gründung: 1201 durch Shata Marcella (Filiation von Clairvaux)
Schließung: 1536 (durch Aufhebungsakte)
heute: Ruine

1201 eine neue Abtei auf walisischem Boden gründeten, war das Land noch nicht von den Engländern kolonisiert; in den Grenzgebieten gab es noch zahlreiche Scharmützel, und die Eroberung durch Eduard I. (1282–1283) zeichnete sich ab. Einige walisische Mönche wurden nach England verschleppt. Aus dieser Zeit stammt das Kapitell, welches noch heute in Valle Crucis zu sehen ist, das eine auf dem Kopf stehende Lilie zeigt als Zeichen der Ablehnung der englischen Königsmacht.

Beim Gang durch die Ruinen des Klosters entdeckt man eine kleine Sakristei (zur damaligen Zeit diente sie lediglich zur Aufbewahrung der Meßgewänder), den Anfang der Tagestreppe, die hier als Wendeltreppe ausgeführt war, ein schönes Armarium, das rechteckige Wasserbecken in der Mitte des Paradiesgartens, den Kapitelsaal, der restauriert werden konnte, und dessen Fenster mit Blick in eine schöne Landschaft.

Der Zisterzienserorden verstand sich als übernational. Allerdings wußten die Mönche auch, die Kultur der Orte zu wahren, an denen sie Protektion und Schenkungen erhielten. So waren die Mönche von Valle Crucis sicher so walisisch wie die Waliser. Der Name ihres Klosters verweist auf *Eliseg's Pilar*, ein Steinkreuz aus dem 9. Jahrhundert, das ganz in der Nähe des Klosters steht und an die alten keltischen Könige von Powys erinnert, die nach der Eroberung durch die Normannen 1066 mit Waffengewalt für den Fortbestand der walisischen Unabhängigkeit kämpften. Als die Mönche von Shata Marcella (Yshad Margel) auf Initiative von Madog ap Gruffydd Maelor, dem König von Powys,

Linke Seite unten:
Blick in den Durchgang
der Mönche, der vom
Kreuzgang in den Garten
führt.

Links:
Der im 14. Jahrhundert
restaurierte Kapitelsaal,
dessen Gewölbe auf Säu-
len ohne Kapitelle ruhen.

VALMAGNE

Vallis Magne

Gemeinde Villeveyrac (bei Montagnac), Département Hérault, Region Languedoc, Frankreich

Gründung: 1145 durch Bonnevaux (Filiation von Cîteaux)

Schließung: 1790 (Französische Revolution)

heute: Weingut

Wie in Poblet reichen die Weinberge auch in Valmagne, dieser zweiten Zisterzienserzitadelle im Languedoc, bis an die Klostermauern heran. Doch abgesehen von der imposanten Kirche besitzt diese Anlage einen gewissen toskanischen Charme, der von den ungewöhnlichen Blumen und dem Wasser im Garten des Kreuzgangs ausgeht, der im gedämpften Licht am Ufer des Weihers Thau liegt.

Die Geschichte der Abtei begann, als auf Bitten von Raymond Tuncavel und Adeligen der Diözese Agde 1138 einige Mönche des Klosters Ardorel sich in der Diözese Albi im unteren Languedoc unweit der alten Römerstraße Via Domitia zwischen Narbonne und Montpellier ansiedelten. Ardorel war ein Tochterkloster von Cadouin, das Géraud de Sales gegründet hatte, der ein Schüler von Robert von Arbrissel war. Cadouin übernahm recht bald die Ordensregeln von Cîteaux. Ardorel und Cadouin schlossen sich Pontigny an. Da auch das neue Kloster Valmagne zisterziensisch werden wollte, unterstellte der Papst es 1145 Bonnevaux, dem unmittelbaren Tochterkloster von Cîteaux, was seinem eigentlichen Mutterhaus Ardorel nicht gefallen haben dürfte.

Valmagne erlebte sehr bald einen beträchtlichen Aufschwung. Die Schenkungen flossen reichlich, und das einzige Kartular (Schenkungsverzeichnis) des Klosters, das die Zeit von 1185 bis 1225 abdeckt, beinhaltet über 900 Urkunden. Das Klostergut umfaßte Grangien, die bis vor die Tore von Béziers reichten. Später profitierten die weißen Mönche auch von den Zolleinnahmen für die Brücke von Lunel auf der Salzstraße. Zudem bildete die Abtei Valmagne wie Font-

froide einen zuverlässigen Stützpunkt für die Sache des Papstes im Kampf gegen die Häresie auf aragonischem Gebiet, wo der Katharismus geduldet wurde. 1257 rissen die Mönche die alte romanische Kirche ab, die hundert Jahre zuvor errichtet worden war, um am selben Ort eine „Kathedrale" zu bauen. Die Abtei holte Baumeister aus Nordfrankreich, die die damals noch neue Architektur der Hochgotik ins Languedoc brachten, und zwar zwanzig Jahre vor dem Bau der Langhäuser von Saint-Juste in Narbonne, Saint-Étienne in Toulouse und der Kathedrale von Rodez. Mit einer Länge von 83 Metern, einer Breite von 23 Metern und einem Grundriß in

Linke Seite rechts:
*Blick in das Brunnen-
haus mit Brunnen.*
Links:
*Blick aus dem Kapitel-
saal in den Kreuzgang.*

Form eines lateinischen Kreuzes sowie einem Chorumgang mit einem Kranz von sieben Kapellen zeugt die Kirche von einem Bestreben nach ästhetischen Effekten, das dem Geist der Zisterzienser entgegenstand: Die Pfeiler des Chores rückten immer weiter dem Chorschluß zu, trugen immer stärker lanzettförmige Spitzbögen und betonten damit die perspektivische Wirkung. Den Bau dieser Kathedrale finanzierte das Kloster durch Ablaßhandel.

Die Pestepidemie, der Hundertjährige Krieg und die Kommende ließen die Abtei verarmen, die sich befestigen mußte (Fassadentürme). Die Religionskriege zerrütteten die Abtei völlig: Der Abt, der sich der Reformation anschloß, plünderte Valmagne, um seine protestantischen Truppen zu ernähren. Das Kloster wurde aufgegeben und verwüstet. Es dauerte ein Jahrhundert, bis die Mönche zurückkehren konnten. Die setzten die Kirche instand, überwölbten den Kreuzgang aus dem 14. Jahrhundert neu (1610) und beauftragten die Brunnenbauer aus Saint-Jean-de-Fos, Jacques und Pierre Hugolz, wieder einen Brunnen zu errichten. Das Brunnenhaus, das Kleinod der Abtei, wurde 1768 fertiggestellt. Ein Kommendeabt, Kardinal Pierre de Bouzi, der das Languedoc und Valmagne liebte, hatte der Abtei ein prunkvolles Palais (1680–1697) überlassen, in dem die übriggebliebenen Mönche bis zur Französischen Revolution leben konnten.

Nach der Plünderung durch die Dorfbewohner wurde Valmagne als Staatseigentum verkauft. Der neue Besitzer ließ in den Seitenschiffen und Kapellen der Kirche große Weinfässer aufstellen, in denen über zweihundert Jahre hinweg Weine der Region reiften, was die Klostergebäude vor dem Verfall bewahrte. 1838 erwarb der Comte de Turenne das Anwesen, das sich seitdem in Familienbesitz befindet. Seit 1975 ist die restaurierte Klosterkirche der Öffentlichkeit wieder zugänglich.

Oben:
Blick in den Kreuzgang.

Rechte Seite:
Die „Kathedrale des
Weins" mit Weinfässern
in den Nischen der Sei-
tenschiffe, deren Duft
den weiten, hellen Raum
durchdringt.

VERUELA

Veruela
Gemeinde Vera de Moncayo (bei Tarazona),
Region Aragonien, Spanien
Gründung: 1146 durch L'Escale-Dieu (Filiation von Morimond)
Schließung: 1835 (Verstaatlichung von Kirchengütern)
heute: Kulturzentrum

Unweit von Tarazona, einer verschlafenen Kleinstadt im tiefsten Aragonien, hatten die Zisterzienser 1146 Land geerbt. Unter der Protektion des Königs und Grafen von Aragonien entstand Kloster Veruela. Sehr bald bauten die weißen Mönche Getreide und Gerste, Oliven, Wein, Flachs und Hanf mit solchem Erfolg an, daß sie den Bau ihrer Klosterkirche finanzieren und 1190 fertigstellen konnten. Da Veruela jedoch nah an der Grenze zu Kastilien lag, erlitt das Kloster 1357 Verwüstungen. Die Mönche mußten vor den eindringenden Kastiliern fliehen und die Abtei nach ihrer Rückkehr wiederaufbauen. Bis ins 18. Jahrhundert vergrößerten und verschönerten sie die Anlage. Es folgten die bewegten Zeiten der Klosterschließungen (1835), ihrer jahrelangen Plünderung und ihrer Rettung, als man sie zu nationalen Denkmälern erklärte. Veruela beherbergte zunächst ein Hotel, dann ein Jesuitenkolleg. Heute dient die Anlage als Weinmuseum, Bildungs- und Tagungszentrum.

Das Kloster ist vollständig von einer hohen zinnenbewehrten Mauer mit Wehrtürmen umgeben. Den beeindruckenden Zugang stellt ein wuchtiger Torturm dar, den Ornamente im Platereskenstil schmücken. Im Ehrenhof führt eine Allee am Abtsgebäude aus dem 16. Jahrhundert vorbei zur Westfassade der Kirche, deren romanisches Portal eine fünffache Archivolte auf Blattkapitellen aufweist. Die dreischiffige Klosterkirche wirkt mit ihrem sechsjochigen Kreuzrippengewölbe typisch zisterziensisch. Das Sanktuarium im Zentrum eines runden Chorumgangs mit fünf Apsidiolen hat ein schlichtes Rippengewölbe.

Interessant ist der Kreuzgang von Veruela mit drei Geschossen, die in unterschiedlichen Stilarten ausgeführt sind. Über den unteren, gotischen Kreuzgang erreicht man Kapitelsaal, Refektorium, Küche und Sprechzimmer. Ein wuchtiges Brunnenhaus – leider ohne Brunnen – öffnet sich merkwürdigerweise zum Paradiesgarten nicht mit leichten Arkaden, wie sie an einem solchen Gebäude ansonsten üblich sind, sondern mit übermäßig großen Portalen mit Archivolten, wie man sie eher an Kirchenfassaden sieht. Der obere Kreuzgang, ein elegantes Renaissancewerk mit Rundbogenarkaden und Dekorationen im Platereskenstil, führt zum Dormitorium und zu den Räumen des Abtes aus dem 16. Jahrhundert. Das Ensemble zeigt, daß man jedem bestehenden Bau eine neue Baustufe hinzufügen kann, sofern die Talente der Baumeister einander ergänzen.

Blick in den Paradiesgarten des dreigeschossigen Kreuzgangs.

Unten:
Die kleeblattförmigen Okuli sind mit milchigem Alabaster verglast.

Linke Seite rechts:
Wasserspeier im Kreuzgang.

VILLERS-LA-VILLE

Villarium
Gemeinde Villers la Ville, Provinz Brabant, Belgien
Gründung: 1146 durch Clairvaux
Schließung: 1796
heute: Kulturzentrum

Diese Abtei konnte uns nur Ruinen hinterlassen. Victor Hugo, der während seines langen Exils in Belgien hierherkam, beschrieb die Melancholie, die von dieser Abtei ausgeht:

„...Ainsi je méditais / Dans Villers, l'abbaye écroulée et farouche / Où l'on voit chaque soir, quand le soleil se couche, / Pour regagner leurs nids chachés dans les tombeaux, / Arriver à grands cris des troupes de corbeaux."

(„So meditierte ich in Villers, der verfallenen, unbeugsamen Abtei, wo man allabendlich, wenn die Sonne untergeht, mit lautem Schrei die Rabenschwärme kommen sieht, die ihre versteckten Winkel zwischen den Gräbern aufsuchen.")

Die Initiative zur Gründung des Klosters an einem bereits besiedelten Ort ging vom Adelsherrn von Marbais aus.

Ende des 12. Jahrhunderts beschloß der achte Abt des Klosters, Charles de Seyne (1197–1209), den Bau einer Kirche und die Modernisierung der provisorischen Klostergebäude, da die Abtei aufgrund der umsichtigen Geschäftsführung seiner Vorgänger ausreichende Mittel besaß. Die Arbeiten erstreckten sich über 70 Jahre. Ein Jahrhundert später befand sich Villers sowohl materiell als auch spirituell auf dem Gipfel seiner Macht: Die Abtei hatte einen Abt von Clairvaux gestellt (Guillaume de Dongelbert), zwei Tochterklöster gegründet (Grandpré und Saint-Bernard-sur-Escaut), das Nonnenkloster Cambre geleitet und erreicht, daß mehrere ihrer Äbte seliggesprochen wurden; sie besaß 10 000 Hektar Ackerland, Weiden und Wälder und zahlreiche Grangien; im Kloster lebten 100 Mönche und 300 Konversen.

Wie alle Zisterzienserklöster fand auch Villers ab dem 14. Jahrhundert nicht mehr zu der Größe und Macht zurück, die die ersten zweihundert Jahre seiner Geschichte geprägt hatten. Die Abtei lag mitten in einem Gebiet Europas, das regelmäßig von Kriegen und Seuchen heimgesucht wurde. Es kam sogar vor, daß die Mönche das Kloster verlassen und über lange Zeit Zuflucht in ihren Stadthäusern suchen mußten: im 16. Jahrhundert für 16 Jahre, und im 17. Jahrhundert mindestens viermal in kürzerer Zeit während der französisch-spanischen Kriege.

Da die Abtei jedoch ihre Ländereien behalten hatte, verfügten die Äbte des 18. Jahrhunderts über ausreichende Mittel, um Villers

*Die Ostwand im Refek-
torium der Mönche. In
Villers hat man die
Kunst, Ruinen mit Pflan-
zen dekorativ aufzuwer-
ten, perfektioniert.*

Oben:
Die Okuli in Chorschluß und Querschiff der Kirche von Villers bilden eine Art „fellinisches" Dekor, das mit dem traditionellen Bild des zisterziensischen Chorschlusses bricht. Die Wand des Chorabschlusses durchbrechen drei Arten von Fensteröffnungen, die in der Mitte aus zwei Reihen von Okuli bestehen.

In den Giebelwänden des Querschiffs bilden neun große Okuli ein Schachbrettmuster.

Rechts:
Pfeiler im südlichen Kreuzarm.

Rechte Seite:
Blick vom Kreuzgang in den Kapitelsaal.

umbauen und verschönern zu lassen. Es entstand ein Abtshof, die Kirche erhielt ein majestätisches Portal, und die Mönche bezogen Einzelzellen. Der neue Glanz des Klosters währte jedoch nicht lange. Ende des Jahrhunderts geriet es in die revolutionären Wirren. Der Abt mußte ins Exil gehen, weil er sich Joseph II. von Österreich, den er für antiklerikal hielt, widersetzt hatte; als Frankreich im Ersten Koalitionskrieg die Österreicher bei Fleurus (1794) besiegte, wurde das Kloster geschlossen, weil es sich angesichts der Bedrohung durch die französischen Truppen dem Kaiser von Österreich, Franz II., angeschlossen hatte.

Sobald die verstaatlichte Klosteranlage verkauft war, begann der Abriß. Die Gebäude wurden sowohl von den neuen Besitzern als auch von den Bewohnern der umliegenden Ortschaften als Steinbruch genutzt. Die 1855 gebaute Eisenbahnlinie führte quer über das Klostergelände. Die Dächer fielen ein, und die Mauern wurden brüchig. 1892 enteignete der belgische Staat den Besitzer, um die noch vorhandenen Überreste des Klosters zu erhalten.

Mit der Restauration, die das Straßenbauamt unternahm, verbindet sich der Name des Architekten Charles Licot. Begeistert von den Lehren Viollet-le-Ducs, bemühte er

sich, ein Ensemble wiederherzustellen, das trotz aller Zerstörungen als eines der bedeutendsten Beispiele für eine große Zisterzienserabtei des Mittelalters gelten kann.

Sein Ziel war es, die noch vorhandenen Mauern zu stabilisieren und zur Geltung zu bringen, wie es die „Ruinenarchitekten" in Großbritannien bereits seit Jahrzehnten verstehen. Einem solchen Vorgehen liegt eine Ethik und eine Ästhetik zugrunde, die zum einen der Archäologie entspringt, die immer auf Erhaltung bedacht ist, zum anderen der Geschichte, die gern auf eine identische Wiederherstellung drängt, und zum dritten der Architektur, die für sich das Recht in

Anspruch nimmt, die „Stadt auf der Stadt" zu errichten, indem sie Werke ihrer Zeit auf der Basis des Vergangenen hinzufügt.

Die Abtei Villers ist von einer 1700 Meter langen Mauer umgeben. Einen guten Eindruck von der Lage des Klosters erhält man, wenn man sie durch die Brüsseler Pforte betritt und sich die Straße, die den Vorhof durchquert, wegdenkt. Bevor man die Kirche mit ihrer imposanten Westfassade erreicht, bekommt man einen Überblick über die ausgedehnten Wirtschaftsgebäude: die heute zum Restaurant umfunktionierte Mühle und die Brauerei (deren Verwendungszweck noch umstritten ist), die unter den Liebhabern des

„Trappistenbieres" Freunde finden dürfte. Sobald man das Klausurgeviert erreicht, steht man vor einem beeindruckenden Gewirr von Säulen- und Pfeilerstümpfen, offenen Gewölben und durchbrochenem Mauerwerk, in dem jedoch noch der bernhardinische Plan erkennbar ist. Der schwarze Schiefer, das Gras, die grünen Ranken und der Himmel jenseits der Fensteröffnungen bieten ein großartiges Schauspiel, das seinen Höhepunkt im Herzen der Klosterkirche findet, einer majestätischen Kathedrale, die auf den Betrachter heute vielleicht noch geheimnisvoller wirkt als vor ihrer teilweisen Zerstörung.

VYŠŠÍ BROD

Altovadum
Gemeinde Vyšší Brod (Hohenfurt), Region Südböh-
men, Tschechische Republik
Gründung: 1259 durch Wilhering (Ebrach und Rein,
Filiation von Morimond)
Schließung: 1946–1992
heute: Zisterzienserkloster

Ganz in der Nähe der Kleinstadt Cesky-Krumlov (Krumau) liegt am Rand des Moldautales das Kloster Vyšší Brod, das ebenso wie Osek inzwischen wieder seiner klösterlichen Bestimmung übergeben wurde. Alte Mönche, die 1950 von hier vertrieben wurden und in Rein Zuflucht suchen mußten, haben ihre Zellen wieder bezogen und hüten das ehrwürdige Kloster, das Peter Wok von Rosenberg vor achthundert Jahren stiftete.

Über zehn Generationen hinweg förderten die Rosenbergs vom 13. bis ins 17. Jahrhundert die Abtei, die ihre Ländereien in bis dahin unbewohnte Gegenden ausdehnte und fünfhundert Dörfer und zwei Kleinstädte samt Umland (Vyšší Brod und Horice) besaß. Das Kloster, das von den Hussiten zwar 1422 besetzt, aber nicht beschädigt wurde, setzte seine Expansion im Laufe der Jahrhunderte

fort. Die Klostergesetze Josephs II. betrafen die Abtei nicht, da sie seit 1629 Pfarreien betreute. Noch 1939 waren es 16 Pfarreien.

Die 1259 erbaute und 1370 vergrößerte gotische Hallenkirche hat die von der Regel geforderte Schlichtheit bewahrt, ist aber durch das Mobiliar barockisiert. Das Chorgestühl aus rotem Holz trägt Statuen von Peter und Paul in deklamatorischer Haltung. Der große Altaraufsatz des Sanktuariums verdeckt die Fenster der Apsis, damit das vergoldete Holz im Kerzenlicht besser schimmert. Eine der Statuen des Altars stellt Robert von Molesme dar, der zwei Abteien in den Händen hält, jene, nach der er selbst seinen Namen trägt, und Cîteaux.

Inmitten dieser Meisterwerke des 18. Jahrhunderts finden sich zwei neuere Statuen aus bemaltem Ton, die Joseph mit Jesuskind und das Herz Jesu darstellen. Sie stammen aus der Manufaktur für Sakralkunst aus Vendeuvre in der Champagne, die um 1900 einen beträchtlichen Aufschwung mit ihren konventionellen Plastiken erlebte, von denen sie damals mehr als zehntausend jährlich in alle Welt lieferte.

Wahre Meisterwerke sind in der Klosterbibliothek erhalten, die dem Vergleich mit den berühmtesten Bibliotheken wie Sankt Gallen oder Melk ohne weiteres standhält. Sie umfaßt 70 000 Bände und um die 1000 Handschriften, Pergamente und Inkunabeln in zwei Spezialsälen – dem philosophischen Saal mit wissenschaftlichen Werken und dem theologischen Saal. In der benachbarten Gemäldegalerie sind die Altaraufsätze des Meisters von Hohenfurth zu sehen, die Szenen aus dem Leben Christi zeigen.

Die barocke Bibliothek
(Philosophischer Saal).

*Das Gewölbe des
Kapitelsaals.*

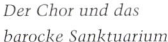

Der Chor und das barocke Sanktuarium.

ŽDÁR

Fons Sancta Maria in Saar
Gemeinde Žďár, Region Südmähren,
Tschechische Republik
Gründung: 1251 durch Nepomuk/Westböhmen
(Filiation von Morimond)
Schließung: 1784 durch Joseph II.
heute: Pfarrkirche und Kulturzentrum

Über die Umstände der Gründung von Kloster Žďár ist wenig bekannt. Der erste, schlecht vorbereitete Versuch einer Niederlassung durch fünf Mönche aus Osek 1240 blieb erfolglos. Ein zweiter Versuch, der Anregung eines örtlichen Adeligen folgend, ein Kloster namens Bernhardi Cella zu gründen, währte nur fünf Jahre. Eine dauerhaftere Ansiedlung von Mönchen der Abtei Nepomuk ermöglichte schließlich zwischen 1253 und 1264 den Bau einer Kirche, die bis 1330 vergrößert und zwischen 1458 und 1471 nach dem Durchzug der Hussiten (1422) restauriert wurde; um 1710 erfuhr sie eine erhebliche Umgestaltung durch Johann Blasius Santin-Aichel, genannt Santini.

Die Eingriffe Santinis, der in der Kirche von Žďár seine gotizistischen Erfahrungen aus Sedlec aufgriff, stellen einen wichtigen Moment in der Geschichte dieser Abtei dar. Doch das Meisterwerk von Žďár – und Santini – liegt einige hundert Meter entfernt auf einem grünen Hügel: Ein Friedhof, der von einer zehneckigen Mauer mit innenliegendem Kreuzgang, fünf kleinen Kapellen und fünf Toren umfriedet ist und in dessen Mitte sich eine überraschend prachtvolle, kleine Kirche erhebt, ein Zentralbau, der dem heiligen Johannes von Nepomuk geweiht ist. Seit dem Konzil von Trient maß die Kirche der Verehrung der Heiligen große Bedeutung bei. Man wallfahrte zu Orten, an denen Reliquien aufbewahrt wurden. Der Abt von Žďár besaß mit dem Zungenbein des heiligen Johannes von Nepomuk eine solche Reliquie. Die von Santini entworfene St.-Johann-Nepomuk-Gnadenkirche hat einen sternförmigen Grundriß, bei dem fünf ovale und fünf dreieckige Kapellen in gleichmäßigem Wechsel einen zentralen Kreis umschließen – eine Erinnerung an die fünf Sterne, die der Legende nach auf der Moldau schwammen, als man den Märtyrer ertränkte, weil er das Beichtgeheimnis nicht brechen wollte. Das Kircheninnere ist barock und im verfeinerten Geist der schönen oberbayerischen Wieskirche gehalten.

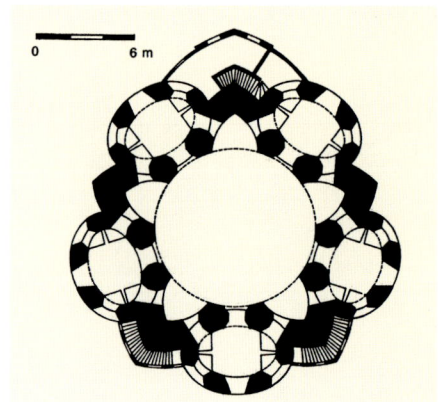

388

Die St.-Johann-Nepo-
muk-Gnadenkirche auf
dem Friedhof von Ždár –

ein Meisterwerk
barocker Baukunst von
Giovanni Santini.

ZLATÁ KORUNA

Aurea Corona
Gemeinde Zlatá Koruna, Region Südböhmen,
Tschechische Republik
Gründung: 1263 durch Heiligenkreuz (Filiation von
Morimond)
Schließung: 1785 (durch Joseph II.)
heute: Pfarrkirche

Ursprünglich sollte die Abtei den Namen Santa Corona (Heiligenkron) tragen, weil es König Přemysl Ottokar II. (1253–1278) gelungen war, dem französischen König Ludwig IX. einen Dorn aus der Dornenkrone Christi abzukaufen, den er dem Kloster überließ. Sehr bald wurde daraus jedoch der Name Aurea Corona oder Goldenkron (Zlatá Koruna).

Damals war Přemysl Ottokar II. König von Böhmen und Österreich, und die Abtei sollte der Annäherung der beiden Völker dienen. Deshalb siedelte man sie auch in Grenznähe unweit der Straße Prag-Wien und Česky-Krumlov (Krumau) an. Außerdem bat Přemysl Ottokar II. den Vaterabt der österreichischen Abtei Heiligenkreuz, die „Paternität" des Klosters zu übernehmen, womit er aber den Verlust Österreichs 1276 nicht verhinderte.

Neben der heiligen Dorne, die beträchtliche Wallfahrtseinnahmen bringen sollte, gehörten zum Gründungsbesitz von Zlatá Koruna auch unbesiedelte und ungenutzte Wälder, deren Ausmaße auf etwa 880 Quadratkilometer geschätzt werden und die die Mönche urbar machen sollten. Die Kolonisation ermöglichte die Schaffung von hundert neuen Dörfern. Zlatá Koruna war dem ortsansässigen Adel ein Dorn im Auge. Während des Krieges gegen die Habsburger (1276), der Přemysl Ottokar II. schwächte, griffen einige rebellierende Vasallen des Königs das Kloster an und brannten es nieder. Nach dem Wiederaufbau machten erneute königliche Schenkungen die Abtei zum größten Grundbesitzer Böhmens: Ihr gehörten 20 Grangien, 150 Dörfer und der Marktflecken Netolice.

1420 wurde Zlatá Koruna von den revolutionären Hussiten gebrandschatzt. Die reiche Familie der Rosenbergs aus Česky-Krumlov brachte den Klosterbesitz an sich. Erst 1599 kehrten die Mönche zurück, erhielten jedoch nur ein Zehntel ihrer früheren Besitztümer. Die Abtei erholte sich nicht wieder und wurde von Joseph II. 1785 geschlossen.

Die gotische Kirche, die ihre große Höhe durch eine gewaltige, glatte Mauer zwischen Arkaden und Fenstergaden des Mittelschiffs erreicht, hat ihre zisterziensische Schlichtheit bewahrt. Der weiße Mauerverputz des lichtdurchfluteten Innenraumes ist durch Wandvorlagen aus braunem Sandstein rhythmisch gegliedert. Lediglich der Chor wurde umgestaltet, um einen großen Barockaltar zu Ehren der Kirchenväter aufstellen zu können. Der besterhaltene gotische Bau von Zlatá Koruna ist die ursprünglich zweigeschossige (heute nur noch eingeschossige) Schutzengelkapelle, die Anfang des 13. Jahrhunderts als Königskapelle errichtet wurde.

Nach Restaurierungsarbeiten lassen die Klausurgebäude, das alte Abtshaus und die Bibliothek heute erkennen, daß die Mönche des 13. Jahrhunderts noch über genügend finanzielle Mittel verfügten, um ihr Kloster dem Zeitgeschmack anpassen zu können.

Linke Seite rechts:
Detail des Gewölbes im
Kreuzgang.

Links:
Blick in den Kreuzgang
vor dem Kapitelsaal.

ZWETTL

Claravallis
Gemeinde Zwettl, Waldviertel, Österreich
Gründung: 1137 durch Heiligenkreuz (Filiation von Morimond)
Schließung: keine
heute: Zisterzienserkloster mit Gymnasium

Die prachtvolle Abtei Zwettl, die im Laufe der Jahrhunderte immer wieder durch neue architektonische Elemente bereichert wurde, besitzt den höchsten Glockenturm aller Zisterzienserklöster, den in 99 Metern Höhe die vergoldete Statue eines segnenden Christus krönt – ein provokativer Verstoß gegen die alte Bestimmung des Generalkapitels, die Glockentürme aus Stein verbot und niedrige Holztürmchen für die Glocken empfahl. Hier aber wollten die Zisterzienser durch barocke Architektur und Pracht Fürsten und Volk beeindrucken und sie vom wachsenden Einfluß der Reformierten ablenken.

Bei der „Barockisierung" Zwettls sind die ältesten Gebäude der Abtei erhalten geblie-ben, angefangen bei der Brücke über den Kamp, über die man die Fuhren Granit für die ersten Bauten herangebracht hatte. Kapitelsaal, Dormitorium der Mönche und Kreuzgang weisen nach wie vor äußerst charakteristisches romanisches Mauerwerk (1159–1180) unter Kreuzrippengewölben (1180–1240) von großer burgundischer Perfektion auf. Da die Beschaffung des Steins einige Schwierigkeiten bereitete, zog sich der Bau über Jahrzehnte hin, was die stilistische Weiterentwicklung zwischen den vier Kreuzgangflügeln erklärt. Daß die österreichischen Baumeister die Gotik beherrschten, zeigt sich im Hallenchor der Kirche mit seinem Kapellenkranz (1343–1348) und im hohen Mittelschiff (1360–1390), das ein Zeichen für die wiedergefundene Vitalität nach der großen Pestepidemie war. Aus dieser Zeit stammt auch das elegante Brunnenhaus im Kreuzgang.

Die Hussitenkriege und den Dreißigjährigen Krieg überstand die Abtei ohne sonderlichen Schaden. Im 17. und 18. Jahrhundert profitierte das Kloster von einer Reihe bemerkenswerter Äbte: zunächst Abt Link (1646–1671), dem Gelehrten und Historiker, der die *Annales austrioclaravellenses* verfaßte. Ihm folgte Caspar Bernhardt (1672 – 1695), der die Erweiterung des Klosters zu einer Abfolge geschlossener Höfe anordnete, wie sie für den barocken Urbanismus charakteristisch sind. Der Abteihof mit seinem Brunnen in der Mitte präsentiert sich mit weißen Fassaden, die hellgelb abgesetzt sind. Lediglich die Fenster und das toskanische Portal weisen ein Dekor auf, wie es auch die Prunksäle im ersten Stock ziert.

Der Kapitelsaal, der um 1160 erbaut wurde.

Der Umbau der Klosterkirche Zwettl erfolgte unter Abt Melchior Zaunagg (1706–1747). Er ließ zwei Joche anbauen, um den berühmten Turm über dem Eingangsbereich zu errichten, versah den Altar mit einem riesigen Altaraufsatz und engagierte die besten Künstler seiner Zeit, um die Mauern ausschmük-ken und die Klosterkirche ausstatten zu lassen. Ebenso wie Bernhard von Clairvaux oder Suger zu ihrer Zeit führte der Abt einen ständigen Dialog mit seinem Baumeister (Joseph Mungenast) über die Ausführung der Pläne, leitete die Besprechungen auf der Baustelle und setzte die Vorgaben für die Künstler fest.

Die Einzigartigkeit des Werkes besteht darin, daß jede barocke Üppigkeit, die ein gesamtes Gebäude in Goldtöne und Überfülle taucht, vermieden wurde und trotz der zahlreichen barocken Elemente die Reinheit der gotischen Architektur in majestätischer Strenge hervortritt.

Oben:
Blick in das Gewölbe
des Chorumgangs.

Rechte Seite:
Fensteröffnung vom
Kreuzgang in den Kapi-
telsaal.

Zisterziensische Originaldokumente

DIE BENEDIKTSREGEL. Eine Anleitung zu christlichem Leben, übersetzt und erklärt von Georg Holzherr, Zürich, Einsiedeln, Köln, 1980
EINMÜTIG IN DER LIEBE. Die frühesten Quellentexte von Cîteaux, Langwaden, 1998
BERNHARD VON CLAIRVAUX, Sämtliche Werke, Hrsg. Gerhard B. Winkler, Innsbruck, 1992

Bibliographie/Zisterzienser

ALBUMS DE CROŸ, Monastères bénédictins et cisterciens dans les albums de Croÿ (1596–1611), Crédit communal, Bruxelles, 1990
ALTERMATT, P. A., Bernhard von Clairvaux. Entschiedenheit in Demut, Würzburg, 1991
ARBOIS de JUBAINVILLE, Henri, Études sur l'état intérieur des abbayes cisterciennes et principalement de Clairvaux aux XIIe et XIIIe siècles, Durand, Paris, 1858
AUBERGER, Jean-Baptiste, L'Unanimité cistercienne primitive: mythe ou réalité?, Cîteaux, Commentarii cistercienses, Achel, 1986
AUBERT, Marcel und MARQUISE DE MAILLÉ, L'Architecture cistercienne en France, Vanoest, Paris, 1947
BERLIOZ, Jacques, „Tuez les tous. Dieu reconnaîtra les siens", la croisade contre les albigeois vue par Cesaire de Heisterbach, Loubatières, Portet, 1994
BOCK, P. Columban, Les Codifications du droit cistercien, Westmalle
BREDERO, A. H., Bernard de Clairvaux, culte et histoire, Brepols, Turnhout, 1993/98
CAHIERS DE BOSCODON, L'Art des bâtisseurs romans, n° 4, Boscodon, 1996
CAHIERS DE FANJEAUX, Les Cisterciens en Languedoc, n° 21, Toulouse, 1986
CALI, François, L'Ordre cistercien, Arthaud, Paris, 1972
– La plus grande aventure du monde, Cîteaux, Arthaud, Paris, 1956
COLLOQUE DE CLAIRVAUX (Juni 1990), Histoire de Clairvaux, Nemont, Bar-sur-Aube, 1991
COLLOQUE DE FONTFROIDE (März 1993), L'Espace cistercien, CTHS, Paris, 1994
COLLOQUE DE LYON-CÎTEAUX-DIJON (Juni 1990), Bernard de Clairvaux, histoire, mentalités, spiritualité, Cerf, Paris, 1992
COMMISSION D'HISTOIRE DE L'ORDRE DE CÎTEAUX, Bernard de Clairvaux, Alsatia, Paris, 1953
CONGRÈS DES SOCIÉTÉS SAVANTES DE DIJON (1927), Saint Bernard et son temps (2 vol.), Académie, Dijon, 1929
CONGRÈS DES SOCIÉTÉS SAVANTES DE DIJON (1953), Mélanges Saint Bernard, Amis de St Bernard, Dijon, 1953
DALLOZ, Pierre, L'Architecture selon Saint Bernard, in: De la Considération, Paris, 1990
DAVY, Marie-Madeleine, Bernard de Clairvaux, Éditions du Félin, Paris, 1990
DESMONS, Gilles, Mystères et beauté des abbayes cisterciennes, Privat, Toulouse, 1996
DIE ZISTERZIENSER: ORDENSLEBEN ZWISCHEN IDEAL UND WIRKLICHKEIT. 2 Bde., Köln 1980
DIMIER, Anselme, Die Kunst der Zisterzienser in Frankreich, Echter, Würzburg, 1986
– Les Moines bâtisseurs, architecture et vie monastique, Fayard, Paris, 1964
– Recueil de plans d'églises cisterciennes, Paris, 1949/1967
– Saint Bernard, pêcheur de Dieu, Letouzey et Ané, Paris, 1953
– Saint Louis et Cîteaux, Letouzey et Ané, Paris, 1954
DONNELLY, J. S., The decline of the Medieval Cistercian Laybrotherhood, Fordham U. P. New York 1949
DOSSIERS DE L'ARCHÉOLOGIE, Cîteaux 98, Dijon, 1997.
DUBOIS, Marie Gérard, Le Bonheur de Dieu, souvenirs et réflexions du père abbé de la Trappe, Robert Laffont, Paris, 1995
DUBY, Georges, Der heilige Bernhard und die Kunst der Zisterzienser, Stuttgart, 1981

DUFIEF, André, Les Cisterciens en Bretagne XIIe et XIIIe siècles, PUR, Rennes, 1997
EXPOSITION SAINT BERNARD (Dezember 1990), Saint Bernard et le monde cistercien, CNMHS-SAND, Paris, 1990
FLARAN, L'Économie cistercienne, n° 3, Auch, 1983
FOSSIER, Robert, La Vie économique de l'abbaye de Clairvaux, des origines à la fin de la guerre de Cent Ans (1115–1471), Archives de l'Aube, Troyes, 1949
GILSON, Étienne, La Théologie mystique de Saint Bernard, J. Vrin, Paris, 1986
HAHN, Hanno, Die frühe Kirchenbaukunst der Zisterzienser, Berlin, 1957
HAHN, Jean Berthold, L'Ordre cistercien et son gouvernement (1098–1265), Broccard, Paris, 1945–1982
JUBAINVILLE, H. d'Arbois, Études sur l'état intérieur des abbayes cisterciennes et principalement de Clairvaux aux XIIe et XIIIe siècles, Durand, Paris, 1858
KINDER, Terryl N., L'Europe cistercienne, Zodiaque, La Pierre-qui-Vire, 1998
L'ESPACE CISTERCIEN, Comité des travaux historiques et scientifiques, unter Leitung von Léon Pressouyre, Paris, 1994
LA VIE CISTERCIENNE HIER ET AUJOURD'HUI, Cerf-Zodiaque, Paris, 1998
LAON, Adalbero von, Carmen ad Robertum regem, Hg. von C. Carozzi, 1979
LAURENT, Jacques, Les noms des monastères cisterciens dans la toponomie européenne, in: Saint Bernard et son Temps
LEBEAU, Marcel, Abrégé chronologique de l'histoire de Cîteaux, Cîteaux, 1983
LECLERCQ, Jean, Nouveau visage de Saint Bernard, approches psycho-historiques, Cerf, Paris, 1976
– Recueil d'études sur Saint Bernard et ses écrits (4 vol.), Edizioni di Storia e litteratura, Rome, 1969
– Saint Bernard et l'esprit cistercien, Le Seuil-Maîtres spirituels, Paris, 1966
LEFEVRE, J. A., Saint Robert de Molesme dans l'opinion monastique, Analecta Bollandiana LXXIV, 1956
LEKAI, Ludwig, Geschichte und Wirken der Weißen Mönche. Der Orden der Cistercienser. Deutsche Ausgabe hg. von Ambrosius Schneider, Köln, 1958
LINDEN, F.-K., SYDOW, Frh. v., J. u. a., Die Zisterzienser, 2. Aufl., Stuttgart, 1991
MAHN, Jean Berthold, L'Ordre cistercien et son gouvernement, des origines au milieu du XIIIe siècle (1098–1265), Editions E. de Broccard, Paris, 1982
MAITRE, Claire, La Réforme cistercienne du plain-chant, Cîteaux, Commentarii cistercienses, Brecht, 1995
MEER, Frédéric van der, Atlas de L'Ordre cistercien, Sequoia, Paris, Brüssel, 1965
MÉLANGES À LA MÉMOIRE DU PÈRE ANSELME DIMIER (6 vol.), B. Chauvin, Arbois, 1982
MIGUET, Michel, Les Convers cisterciens, l'institution, les hommes, les bâtiments, unveröffentlicht, Paris, 1997
NESLE, E., Statistique monumentale, pittoresque et historique de la Côte d'Or, Beaune, 1860
OLDENBOURG, Zoé, Saint Bernard, Albin Michel, Paris, 1970
ORDRES RELIGIEUX, Kapitel „Les Cisterciens" (Maur Cocheril), Flammarion, Paris, 1979
OURSEL, Raymond, L'Esprit de Cîteaux, Zodiaque, La Pierre-qui-Vire, 1978
PACAUT, Marcel, Les Moines blancs, Fayard, Paris, 1993
PAFFRATH, A., Bernhard von Clairvaux, Köln, 1984
PEUGNIEZ, Bernard, Routier des abbayes cisterciennes de France, Signe, Strasbourg, 1994
PRESSOUYRE, Léon, Le Rêve cistercien, Gallimard-Découvertes, Paris, 1990
RENCONTRES DE DIJON (Juni 1991), Vies et légendes de saint Bernard de Clairvaux, Cîteaux, Commentarii cistercienses, Brecht, 1993
RENCONTRES DE ROYAUMONT (Juni 1992), L'Hydraulique monastique, Créaphis, Giane, 1996
RICHE, Pierre, Petite vie de Saint Bernard, Desclée de Brouwer, Paris, 1989
SCHNEIDER, Ambrosius, Die Cistercienser: Geschichte, Geist, Kunst, Köln 1977

SINZ, Paul, Das Leben des hl. Bernhard von Clairvaux (Vita prima), in: Heilige der ungeteilten Christenheit, hrsg. von Walter Nigg und Wilhelm Schamoni, Düsseldorf, 1962.
THÉO, Encyclopédie catholique, Droguet et Ardant/Fayard, Paris, 1992
TOBIN, Stephen, Les Cisterciens, moines et monastères d'Europe, Cerf, Paris, 1995
VACANDARD, E., Vie de Saint Bernard (2 vol.), Lecoffre, Paris, 1995
VERGER, Jacques und JOLIVET, J., Bernard-Abelard ou le Cloître et l'École, Paris, 1982
VERNA, Catherine, Les Mines et les forges des cisterciens en Champagne du Nord et en Bourgogne du Nord, AEDEH, Paris, 1995
VERNET, André in Zusammenarbeit mit GENEST, J. F., La Bibliothèque de Clairvaux au XIIe et XIIIe siècle, Paris, 1979
ZALUSKA, Yolanta, L'Enluminure et le scriptorium de Cîteaux au XIIe siècle, Cîteaux, Commentarii cistercienses, Brecht, 1989
ZODIAQUE - LES FORMES DE LA NUIT, L'Europe des monastères, Zodiaque, La Pierre-qui-Vire, 1996

Bibliographie zu einzelnen Zisterzienserklöstern

ALBERGO, Vito, San Galgano, Andrea Pistolesi, Florenz, 1990
ALLAINES, Diane Gaudart d', Abbaye de Valmagne, SAEP, Colmar, 1989
ALTARRIBA, Emilia und BALUJA, Joseph, Poblet, 1988
– Santes Creus, 1988
ANDOQUE Nicolas d' und MELE, André, Abbaye de Fontfroide, Éditions Gaud, Moisenay, 1996
ANGELO, P. und CASSIN, M., L'Abbazia di Chiaravalle, Moneta, Mailand, 1979
AUSSIBAL, Robert und GOUZES, André o.p., Sylvanès, Editions du Beffroi, Millau, 1989
BAGUERIS, Françoise, Ancienne Abbaye Notre-Dame de Loc Dieu in: Anciennes Abbaye en Midi-Pyrénées, Addoc, Tarbes, 1991
BARRIÈRE, Bernadette, L'Abbaye cistercienne d'Obazine en bas Limousin (Origines-Patrimoine), Tulle, 1977
BARRIÈRE, Bernadette, Aubazine en bas Limousin, Association histoire et archéologique en Pays d'Obazine, Limoges, 1991.
BAUD, Philippe, La Ruche de Cîteaux, Cerf, Paris, 1997.
BEBENHAUSEN, 800 Jahre Geschichte und Kunst, Wannweil, o. J.
BERENGUIER, Raoul, L'Abbaye du Thoronet, C.N.M.H.S., Paris, 1973.
BERNHARD, Marianne, Klöster, München, 1994.
BIBOLET, Françoise, La Bibliothèque de Clairvaux, in: Vie en Champagne, Sonderheft Klöster, Troyes
BLARY, François, Le Domaine de Chaalis, XIIe –XIVe siècles, Paris, 1989
BONAL, Hubert, „Electrolyse Abbaye d'Acey ou l'ascétisme managerial", in: MCS, Nr. 523, 5.1.1998
CALLIARI, Paolo, L'Abbazia cistercense di Morimondo, Morimondo, 1991
CHARATOVA, Katerina und LIBAL, Dobroslav, Rád Cisterciàkù, Prag, 1992
CHAUVIN, Benoît, Fontmorigny, abbaye cistercianne en Berry, 1993
COCHERIL, Dom Maur, Alcobaça, Imprensa nacional, Lissabon, 1989
– Note sur la décoration de l'église de Santa Maria de Cos Alcobaça, Alcobaciana, Alcobaça, 1983
– Routier des abbayes cisterciennes du Portugal, Fondation C. Gulbenkian, Lissabon-Paris, 1986
COLLOQUE DE VILLERS-LA-VILLE (April 1996), Villers, une abbaye revisitée, APTCV, Villers, 1996
COOMANS, Thomas, Analyse critique des gravures anciennes de l'abbaye de Villers, Villers–Brüssel, 1996
CORBOLIN, Abbé, Monographie de Fontenay, Cîteaux, 1882.
COPPACK, Glyn, Fountains Abbey, English Heritage, London, 1993
COPPACK, Glyn und FERGUSON, Peter, Rievaulx Abbey, English Heritage, London, 1994

DELL'AQUA, Francesca, *Casamari*, in: *Architettura cistercense, Fontenay e le abbazie in Italie dal 1120 als 1160*, Edizioni Casamari, Certosa di Firenze, 1995

DEROY, Louis und MULON, Marianne, *Dictionnaire des noms de lieux*, LeRobert, Paris, 1992

DUBY, Georges, Vorwort zu: *Conques, les vitreaux de Soulages*, Seuil, 1994

DUBY, Georges, Vorwort zu: *Noirlac, Abbaye cistercienne. Virtaux de J.P. Raynaud*, E.M.A., Paris

DURAND, Geneviève und ANDRIEU, Nicole, *Sylvanès, ancient abbaye Notre-Dame*, in: *Anciennes Abbayes en Midi-Pyrénées*, Addoc, Tarbes, 1991

DURAND, Serge, *L'Abbaye cistercienne Notre-Dame de Valcroissant* (2 Bde), Die, 1997

DURLIAT, Marcel, *L'Abbaye de Flaran*, Sud-Ouest, Bordeaux, 1994

ELLIS, Malcolm Railton, *Margam Abbey*, Margam, o. J.

ESQUIEU, Yves, *L'Abbaye du Thoronet*, Ouest-France/C.N.M.H.S., Paris, 1985/1995

ESQUIEU, Yves, *Silvacane*, Ouest-France/C.N.M.H.S., Rennes, 1995

FAWCETT, Richard, *Scottish Abbeys and Priories*, BT Batsford, London, 1994

– *Scottish Medieval Churches*, HBMD, Edinburgh, 1985

FERGUSON, Peter und HARRISON, Stuart, *The Rievaulx Abbey Chapter House in the Antiquaries Journal*, Band 84, 1994.

FLAPA, G. und WESTRICH, R., *Otterberg (Pfalz)*, München, Berlin, 1995

FORET, Jacques, *Fountains Abbey, l'éblouissement de la découverte*, in: *Villers*, Nr. 3, 3. Trimester 1997, Villers (Belgien)

FORT I COGUL, Eufemia, *El monestir de Santes Creus*, 1987.

GARCIA, Eladio Romero, *Monasteiro de Veruela*, Quinel, Huesca, 1996

GRÉGOIRE, Reginald, MOULIN, Léo und OURSEL, Raymond, *Die Kultur der Klöster*, 1995

GILLES, Henri, *Abbaye Notre-Dame de Villers en Brabant*, S.I. de Villers, Villers-Brüssel, 1989

GOUIN, Henri, *L'Abbaye de Royaumont*, CLT, Paris, 1967

GRESSER, P., LOCATELLI, R., GRESSET, M. und VUILLEMIN, E., *L'Abbaye Notre-Dame d'Acey*, Certe, Besançon, 1986

HENCKEL-DONNERSMACK, P. Gregor O. C., *L'Abbaye cistercienne de Heiligenkreuz*, Heiligenkreuz, 1989

HENRY, Françoise, *La Sculpture irlandaise pendant les douze premiers siècles de l'ere chrétienne*, Bd. 1, Paris, 1933

HIGOUNET, Charles, *La Grange de Vaulerent*, Paris, 1965

HLINOMAZ, Milan, *Vyšší Brod, Cistercian abbey*, Vega

KNAPP, Ulrich, *Salem. Ehemalige Zisterzienserabtei*, Regensburg, 1998

KÖHLER, Mathias, *Bebenhausen, Klosteranlage und Schloß*, hrg. von Staatliche Schlösser und Gärten Baden-Württembergs, Heidelberg, o. J.

KUTHAN, Jiři, *Die mittelalterliche Baukunst der Zisterzienser in Böhmen und Mähren*, München, 1982

L'ABBAYE DE SÉNANQUE, Editions Gaud, Moisenay, 1993

LAGE PABLO DA TRINIDADE FERREIRA, Maria A., *Mosteiro de S. Maria de Alcobaça*, ELO, Lissabon, 1987

LAGNEAU, J.-F. und GARCIA, A., *Flaran, ancienne abbaye Notre-Dame*, in: *Anciennes abbayes en Midi-Pyrénées*, Addocc, Tarbes, 1991

LAPOSTOLLE, Christine, *L'Abbaye de Royaumont*, Ouest-France, Rennes, 1995

LES CAHIERS DE LÉONCEL. Léoncel, une abbaye cistercienne en Vercors, Sonderheft der *Revue drômoise*, Valence, 1991

MANGEOT, Claude, *Notre-Dame de Fontmorigny*, 1997

MASSON, Roger, *Abbaye de Villers*, Masson, Villers, 1983

MAUROLOI, Padre, *L'Abbazia cistercense di Morimondo*, Fondazione Abbazia, S.M. de Morimondo, 1993

MELLIFONT ABBEY AND ITS ENVIRONS, Mellifont Abbey Press, Collon, 1980

MESLE, Émile und JENN, J.M., *L'Abbaye de Noirlac*, C.N.M.H.S., 1980

MONASTEIRO DE VERUELA, guia historica, Provinzverwaltung Zaragoza, 1993

MONCIATTI, Alessio, *Staffarda*, in: *Architettura cistercense, Fontenay e le abbazie in Italia dal 1120 al 1160*, Edizioni Casamari, Certosa di Firenza, 1995

MORETTI, Italo und STOPANI, Renato, *Toscane romane*, Zodiaque, La-Pierre-qui-Vire, 1966

MORRIS, Thomas, *Holy Cross Abbey*, Eason, Dublin, 1986

MUHEIM, Emmanuel, *L'Abbaye de Sénanque*, Ouest-France, 1982

NOCENTINI, Silvia, *Chiaravalle di Milano*, in: *Architettura cistercense, Fontenay e le abbazie in Italia dal 1120 a 1160*, Edizioni Casamari di Firenze, 1995

– *Morimondo*, in: *Architettura cistercense, Fontenay e le abbazie in Italia dal 1120 als 1160*, Edizioni Casamari, Certosa di Firenze, 1995

OLIVIER, Jésus M., *Abbaye de Poblet*, Escudo de Oro, Barcelona, 1997

OTTERBERG. KIRCHE, KONFESSION, GESCHICHTE, Speyer, 1994

PRETTE, Maria Carla, *Guida all'Abbazia di S. Maria di Staffarda*, Mariogros, Turin

RICHARDSON, J.S., *Dundrennan Abbey*, Historic Scotland, 1994

ROBINSON, David M., *Tintern Abbey*, CADW, Cardiff, 1995

RÖSENER, W., *Reichsabtei Salem*, Sigmaringen, 1974

SPINAR, Jindřich, *Zlatá Koruna*, Zlatá Koruna District, 1995

SCHLOSS SALEM, Hrg. von Salemer Kultur und Freizeit GmbH, Salem

STALLEY, Roger, *The Cistercian Monasteries of Ireland*, Yale University Press, London, 1987

SYDOW, Jürgen, *Bebenhausen. 800 Jahre Geschichte und Kunst*, Tübingen, 1984

THOROLD, Henry, *The Ruined Abbeys of England, Wales and Scotland*, Harper Collins, London, 1993

TOMASCHEK, Johann, *Zisterzienserstift Zwettl*, C. Brandstatter Verlag, Wien, 1989

QUAILLARBOUROU, Denis, *La restructuration de l'église de Cîteaux*, in: *Liturgie*, 1996

VENTURA, Vaclav, *Les cisterciens en Bohême et Moravia*, in: *Oculus*, Nr. 10, 1997

VINCENT, Auguste, *Typonomie de la France*, Monfort, Brienne, 1984

WILLIAMS, David H., *Atlas Cistercian Pands in Wales*, University of Wales Press, Cardiff, 1990

WILNER, Claude, *Pontigny*, Zodiaque, La-Pierre-qui-Vire, 1964

WOOD, Marguerit und RICHARDSON, J.S., *Melrose Abbey*, Historic Scotland, 1995

ZACPAL, Josef, *Porta Coeli*, Nakladatelstvi Ave, Brno (Brünn), 1997

ZISTERZIENSERKIRCHE OTTERBERG, Evangelisches Presbyterium katholischer Pfarrgemeinderat von Otterberg, 1990

Allgemeine Bibliographie

BEIGBEDER, Olivier, *Lexique des symboles*, Zodiaque, La Pierre-qui-Vire, 1969

BENOÎT, Paul und CILLAUX, Denis, *Moines et Métallurgique dans la France médiévale*, Paris, 1991

BRAUNFELS, W., *Abendländische Klosterbaukunst*, Köln, 1969

BUR, Michel, *Suger*, Perrin, Paris, 1991

CHAMPEAUX, Gérard de, STERCKX, Dom Sebastien, *Einführung in die Welt der Symbole*, Echter, Würzburg, 1990

CHARPENTRAT, Pierre, *L'Art baroque*, P.U.F., 1967

DANTE, *Die göttliche Komödie*, Frankfurt/Main, 1974

DAVY, Marie-Madeleine, *Initiation à la symbolique romane*, Champs Flammarion, Paris, 1977

DUBY, Georges, *L'Économie rurale et la vie des campagnes dans l'Occident médiéval* (2 Bde.), Champs Flammarion, Paris, 1962/1977

DURLIAT, Marcel, *L'Art roman*, Lucien Mazenod, Paris, 1982

ECO, Umberto, *Art et beauté dans l'esthétique médiévale*, Grasset, Paris, 1987/97

ERLANDE-BRANDENBURG, Alain, *Triumph der Gotik: 1260–1380*, Beck, München 1988

ERLANDE-BRANDENBURG, Alain und MEREL-BRANDENBURG, Anne Bénédicte, *Histoire de l'architecture française, Du Moyen Âge à la Renaissance*, C.N.M.H.S./ Mengès, Paris, 1995

FERNANDEZ, Dominique, *Le Banquet des anges*, Plon, Paris, 1984

FOCILLON, Henri, *Art d'Occident, Le Moyen Âge roman et gotique*, Armand Colin, Paris, 1963

FONTAINE, J. M., *Un système historique de correction sonore: les vases acoustiques*

FOURNIER, Sylvie, *Brève histoire du parchemin et de l'enluminure*, Fragile, Tiralet, 1995

GIMPEL, Jean, *La révolution industrielle au Moyen Âge*, Seuil Points Histoire, Paris, 1975

GARNERIN, Bernard, *La Musique française du Moyen Âge*, PUF, Paris, 1961

GILLE, Bertrand, *Origine de la grande industrie métallurgique en France*

GIMPEL, Jean, *La Révolution industrielle au Moyen Âge*, Le Seuil-Points Histoire, 1975

GREEN, Julien, *Tagebücher 1972–1981*, München, 1994

GRODECKI, Louis, *Le Moyen Âge retrouvé* (2 Bde.), Flammarion, Paris, 1991

LA BELGIQUE SELON VICTOR HUGO, Desoer, 1978

LE GOFF, Jacques, *l'Imaginaire médiéval*, Gallimard, Paris, 1985

– *La Civilisation de l'Occident médiéval*, Arthaud-Champs Flammarion, Paris, 1964–1982

– *Kultur des europäischen Mittelalters*, Bertelsmann, Gütersloh, 1973

LETORT-TREGANO, Jean-Pierre, *Pierre Abelard*, Payot, Paris, 1981

MIQUEL, Pierre u. a., *Déserts chrétiens d'Égypte*, Le Portique, Vintimille, 1993

MOULIN, Léo, *La Vie quotidienne des religieux au Moyen Âge Xe–XVe siècle*, Hachette, Paris, 1978

PACAUT, Marcel, *Les Ordres monastiques et religieux au Moyen Âge*, Nathan, Paris, 1993

– *L'Ordre de Cluny*, Fayard, Paris, 1986

PANOFSKY, Erwin, *Gotische Architektur und Scholastik*, Köln

PERNOUD, Régine und HERSCHER, Georges, *Jardins de monastères*, Actes Sud, Paris, 1996

PÉROUSE DE MONTCLOS, Jean-Marie, *Histoire de l'architecture française, De la Renaissance à la Révolution*, C.N.M.H.S./Mengès, Paris, 1989

POUILLON, Fernand, *Les Pierres sauvages*, Seuil, Paris, 1964

REGNAULT, Lucien, *La Vie quotidienne des pères du désert en Égypte au IVe siècle*, Hachette, Paris, 1990

RICHARDS, J.M., *Who's who de l'architecture de 1400 à nos jours*, Albin Michel, 1979

ROYER, Claude, *Les Vignerons, usages et mentalités des pays des vignobles*, Berger-Levrault, Paris, 1980

SOUTHERN, R. W., *Kirche und Gesellschaft im Abendland des Mittelalters*, Berlin/New York, 1976

VAUCHEZ, André, *La Spiritualité du Moyen Âge occidental VIIIe–XIIIe siècle*, Le Seuil-Points Histoire, Paris, 1994

VERGNOLLE, Eliane, *L'Art roman en France*, Flammarion, Paris, 1994

VIOLLET-LE-DUC, Eugène E., *Definitionen: Sieben Stichworte aus dem* Dictionnaire raisonné de l'architecture française du XIe au XVIe siècle, Birkhäuser-Architektur-Bibliothek, 1993

VIOLLET-LE-DUC, Eugène E., *Dictionnaire raisonné de l'architecture française du XIe au XVIe siècle*, Nobelé, Paris, 1967

WHITE, Lynn, *Technologie médiévale et transformations sociales*, Mouton, Paris, 1969

WISCHERMANN, Heinfried, *Romanische Architektur in Großbritannien*, in: *Romanik*, Könemann Verlag, Köln, 1996

ZUMTHOR, Paul, *Guillaume le Conquérant*, Tallandier, Paris, 1978

Dieser Index bezieht sich auf den ersten, historischen Teil.
Die Begriffe *Cîteaux, Clairvaux, Benedikt von Nursia* und
Bernhard von Clairvaux ziehen sich durch den ganzen Text
und werden deshalb nicht einzeln aufgeführt.

Die kursiven Seitenzahlen kennzeichnen den Beginn einer
Monographie einer Zisterzienserabtei.

Danksagung

Jean-François Leroux-Dhuys möchte an dieser Stelle alle Experten
zur Geschichte der Zisterzienser würdigen, die seit einigen Jahren eine Fülle
neuer Studien veröffentlicht haben, auf die das vorliegende Buch zurückgreift.
Insbesondere gilt sein Dank Frère Jean-Baptiste Lefèvre,
O.S.B. von der Abtei Maredsous, der freundlicherweise den Text
aufmerksam durchgesehen hat.

Der Dank Henri Gauds gilt all jenen, die ehemalige und aktive Zisterzienserklöster mit Leben erfüllen und ihn in seiner
Arbeit unterstützt haben. Ihnen und ihrem leidenschaftlichen Einsatz für „ihre" Zisterzienserklöster ist es zu verdanken,
daß eine ständig wachsende Öffentlichkeit die Möglichkeit hat, an Ort und Stelle Geschichte und Architektur dieser Klöster zu
entdecken und somit auch die Botschaft zu begreifen, die sie über die Jahrhunderte hinweg dem Menschen von heute vermitteln.

Textquellen

Die Benediktsregel. Eine Anleitung zu christlichem Leben, übersetzt und erklärt von Georg Holzherr,
abgedruckt mit freundlicher Genehmigung des Benziger Verlages.
Einmütig in der Liebe. Die frühesten Quellentexte von Cîteaux, abgedruckt mit freundlicher Genehmigung des Bernardus-Verlages.
Bernhard von Clairvaux, Bd. 2 „Über Gemälde und Skulpturen, Gold und Silber in den Klöstern",
abgedruckt mit freundlicher Genehmigung des Stifts Wilhering, Arge St. Bernhard.
Julien Green, Tagebücher 1972–1981, abgedruckt mit freundlicher Genehmigung des Paul List Verlages.